컨테이너선 해운경제

양창호 저

Container
CHANGHO
YANG
Shipping
Economics

박영사

머리말

컨테이너 운송은 화물이 적재된 컨테이너가 선박, 기차, 트럭 같은 서로 다른 운송수단에 의해 운송되고 컨테이너터미널, 크레인, 트레일러, 창고 같은 다양한 유형의 취급 장비 및 시설에 의해 처리되는 전 세계적인 글로벌 공급사슬이라 할 수 있다. 컨테이너 운송 공급사슬은 내륙운송업자, 해상운송 선사, 컨테이너 터미널 운영자, 내륙 터미널 운영자와 같은 여러 주요 이해관계자로 구성되어 있다.

또한 컨테이너 운송 공급사슬은 해사산업, 해운업, 물류서비스, 공급사슬, 무역의 개념 속에서 이해될 수 있다. 해사산업(maritime industry)은 원양, 바다, 선박, 선박의 항행, 선원, 선박소유 및 기타 관련 활동과 관련된 모든 것을 지칭한다. 해사산업을 이용한 운송은 이집트, 그리스, 로마, 아랍, 인도, 중국, 유럽인들이 돛단배, 각종 보트, 증기선으로부터 항해를 시작한 이래로 현재의 초대형 컨테이너선, 초대형 유조선, 초대형 광석선에 이르기까지 세계 무역을 이끄는 중추적 역할을 수행했다. 세계 무역의 약 89.5%가 바다를 통해 이루어진다. UNCTAD에 따르면 2019년 세계 해상 무역은 110억 톤에 달했고, 전 세계 컨테이너 항만에서 7억 9,326만 TEU의 컨테이너 화물이 처리됐고, 지금도 전 세계에는 2,300만 TEU 이상을 실은 6천척 이상의 선박이 운항하고 있다. 적재중량톤 기준으로 전 세계 선박 중 43%가 건화물선이며, 그 다음이 유조선으로 28%를 차지하고 있으며, 컨테이너선은 13.5%를 점유하고 있다. 또한 해사산업은 세계 약 165만 명의 선원들에게 고용을 제공하고 있다.

해운업(shipping business)은 해사산업에 속하는 선박을 이용하여 A 지점에서 B 지점까지 화물을 운송하는 행위이다. 전 세계적으로 유조선, 건화물선, 다목적 화물선, 컨테이너선, 가스 운반선, Ro-Ro선, 페리/여객선, 기타선박 등 다양한 종류의 선박이 화물을 운반한다. 이 선박들은 모두 상업적 이익을 위해 선사에 의해 운영된다. 이들 선박은 운항방식에 따라 정기선 서비스 또는 부정기선 서비스를 운영하는 것으로 나누어 볼 수 있다. 수송화물은 상업적 이익을 대가로 운송업자가 운송하는 화물을 말한다. 해상운송 화물은 해사산업에 해당하는 선박을 이용하여 선사가 제공하는 운송 서비스를 이용하여 운송되는 화물을 말한다. 선적화물도 다양하다. 철광석, 석탄, 곡물, 보크사이트 및 알루미나, 인광석 등 5개의 주요 벌크화물, 임산물, 시멘트, 소량광물 등의 마이너 벌크화물, 컨테이너화물, 일반화물/브레이크 벌크화물, 원유, 석유제품, 가스 등이 있다.

로지스틱스라는 용어는 군에서 유래된 것으로, 처음에는 군사 작전의 다양한 영역에서 병력과 장비 이동을 규정하는 데 사용되었다. 기업에서 이 개념을 사용하면서 기업활동에서의 물류(logistics)서비스는 화물을 제조업자의 창고, 원산지, 광산, 농장 등에서 수취인의 창고, 문, 상점 등으로 운송하는 서비스 개념으로 사용하고 있다. 물류서비스 제공자(lgistics services provider)는 화물의 이동을 위한 최적의 솔루션을 선택할 수 있는 전문 지식을 갖춰야 한다. 화물은 도로, 철도, 항공 및 해상을 사용하여 이동되며 이러한 운송 방식은 각각 고유한 특성을 가지고 있다. 물류의 주요 기능은 자재, 서비스, 정보, 선적, 문서화, 스케줄링, 추적 및 배송과 같은 화물의 이동을 포함하는 다양한 측면의 계획 및 실행이다.

공급사슬(supply chain)은 원자재 구매, 생산, 포장, 유통에서부터 위에 언급한 모든 산업, 비즈니스 및 서비스를 사용하여 제품을 소매점 선반에 전달하는 데 이르기까지 제품 사이클의 모든 측면을 구성하는 전체 프로세스이다. 따라서 공급사슬은 제품 제조와 판매부터 최종 소비자에게 배송될 때까지 협력하는 공급자, 운송업자, 창고, 유통 센터, 운송업자, 물류 서비스 제공자들의 네트워크를 의미한다. 공급사슬관리(SCM)는 공급사슬을 최대한 효과적이고 효율적으로 개발하고 운영하는 모든 공급사슬 활동을 관리하는 것이다. 이러한 관리에는 제품 개발, 소싱, 생산, 물류 및 이러한 활동을 조정하고 전달하는 데 필요한 모든 시스템이 포함될 수 있다.

무역(trade)은 구매자와 판매자 간의 상품과 용역의 구매와 판매를 수반하는 기본적인 경제 개념이다. 국제 무역과 세계 무역으로도 알려진 세계 무역은 단순히 국제 경계를 넘어 상품과 서비스의 수출입이다. 상업적 목적을 위해 한 나라에 들어오는 상품과 서비스를 수입이라고 하고 상업적 목적을 위해 한 나라를 떠나는 상품과 서비스를 수출이라고 한다. 2018년 기준 세계 무역은 세계무역기구(WTO)에 의하면 총 19조 6,700억 달러에 이르며 이 중 제조업 제품이 전체의 68%, 연료 및 광물이 19%, 그리고 농산물이 약 10%에 달한다. 국별로 보면 수출은 중국이 수입은 미국이 수위를 차지하고 있다. 무역은 해사산업, 해운업, 물류서비스, 공급사슬이 존재하는 이유이다.

컨테이너 운송 공급사슬은 해사, 해운, 물류서비스, 공급사슬, 무역 안에서 이루어지고 있지만 모두 화주를 위한 운송서비스임을 알 수 있다. 컨테이너 운송 공급사슬 중에서도 컨테이너선 해운 서비스가 무역의 운송인프라 역할을 하는 핵심기능을 수행하고 있기 때문에 가장 중요한 역할을 하고 있다고 볼 수 있다.

글로벌 화주는 세계 각지에서 원자재 및 부품을 조달하고, 세계적으로 분업화된 생산 활동을 원활하게 연결하고, 전 세계 판매 시장에서의 경쟁력을 높여 나가기 위해서는 고도의 공급사슬을 구축하는 것이 필수적이다. 글로벌 시대에 전 세계적으로 퍼져있는 복잡한 공정을 시스템으로 관리하는 것이 공급사슬 관리이다.

수요를 전망하여 대량으로 싸게 제품을 생산하고 신속하게 수송하는 것을 우선으로 했던 물류에서, 소비자의 요구에 따른 생산 및 배송을 세밀하게 동기화하는 물류, 즉 공급사슬관리로 진화하였다. 즉 글로벌 시대의 시장에서의 가치창조는 제품의 생산에 의해 이루어지는 것이 아니라, 시장의 요구에 치밀하게 대응하는 공급사슬관리에 의해 이루어지고 있다고 할 수 있다.

수출입 기업 측면에서 컨테이너선 해운은 수출화물을 적기에 현지에 수출하기 위해서 필수적인 수송활동이다. 컨테이너선 해운이 수출기업 공급사슬의 중요한 한 축을 구성하고 있는 것이다. 컨테이너선사도 단순히 화주에 대한 일회성 운송서비스를 제공하는 것이 아니라 화주에게 어떤 가치를 제공할 수 있는가를 고민하는 화주의 물류서비스 제공자로서, 그리고 공급사슬 파트너로 컨테이너선 해운 서비스를 제공하는 것이다.

컨테이너선 해운업체가 화주에게 어떤 가치를 전달할 수 있을까를 고민하는 물류서비스 제공자(3PL)가 되어야 하는 이유이다. 3PL 사업자는 해운 및 물류에 대한 전문지식은 물론 화주에 대한 지식도 갖추어야 한다. 고도의 물류전문지식과 높은 서비스 능력, 화주 니즈의 이해와, 디지털 전환 능력, 국제 복합일관 수송능력 같은 물류전반에 걸친 능력, 해운경기 변동과 시장수요 분석 등 컨설팅 능력이다.

컨테이너 해운선사가 물류서비스 제공자 기업이 되는 데 필요한 내용을 포함하여 기술하려고 노력했다. 이 책으로 우리나라 컨테이너 해운선사들이 화주에게 가치를 전달할 수 있는 시장 지향적(market focused firm) 기업으로 전환되는 데 일조하기를 기원한다.

이 책에서는 컨테이너선 해운에 대한 경제, 경영적 측면을 중심으로 살펴본다. 이를 위해 우선 컨테이너선 서비스의 기원과 정기선과 부정기선의 차이, 정기선 화물과, 정기선 운항서비스 개요에 대해 살펴본다. 컨테이너 시스템의 특성과 수송혁명에 미친 영향을 살펴보고 우리나라의 컨테이너 수송의 발전을 검토한다. 정기선 항로를 원양항로와 근해항로로 나누어 살펴보고 특히 아시아 역내, 한·동남아, 한·일, 한·중항로별로 분석한다. 그리고 정기선 서비스의 운송수요와 선대공급, 그리고 정기선 서비스와 주요 정기선사에 대해 살펴본다. 특히 컨테이너 선사들의 수직적 수평적 통합의 추이를 분석한다. 선사간 전략적 제휴인 얼라이언스에 대해 동기와 현황, 그리고 법적 문제점에 대해 살펴본다. 또한 초대형 컨테이너선의 동향과 전망을 본 후 초대형화에 따른 해운, 항만, 화주에 미치는 영향을 살펴본다. 컨테이너선 해운 주기 변동을 분석하고 투자의사결정과 해운경기 변동요인을 분석한다. 정기선 해운 동맹과 컨테이너선에 대한 선사간 공동행위의 의의를 해운법에 따라 살펴본다. 국제복합운송의 현황과 의미, 국제 복합운송에서 포워더의 역할을 살펴본

후 마지막으로 컨테이너 터미널과 글로벌 터미널 운영자에 대해 알아본다.

그동안의 정기선 컨테이너선에 대한 문헌이 주로 북미항로와 유럽항로 등 원양항로 위주로 기술되어 있어 근해항로에 대한 분석이 소홀하였다. 이 책에서는 우리나라 수출입화물의 68%가 동남아, 중국, 일본 등 근해해운에 집중되어 있음을 감안하여 가급적 근해해운의 현황과 분석사례를 많이 기술하려고 노력했다.

특히 근해해운 컨테이너선 서비스의 다양성을 유지하고 다수의 선사가 참여하는 경쟁적 운송시장으로 유지되도록 하는 것이 대다수의 우리나라 화주에게 도움이 되는 방향일 것이다. 해운법에서 허용하고 있는 정기선사간 공동행위가 정기선사간 파멸적 경쟁 속에서도 생존할 수 있는 장치임에도 불구하고 최근 공정거래위원회가 해운법상 공동행위를 공정거래법상 운임담합이라고 심결하여 근해항로에서의 우리선사들의 공동행위가 금기시 되는 현상을 보이고 있다. 완고한 공정거래법 집행으로 선사들간의 공동행위 허용이라는 해운법의 입법정신이 침해받고 있다. 공동행위를 운임담합이라고 판단하면서 경쟁적 운송시장을 구성하고 있는 중소 선사의 퇴출까지 걱정되는 상황이다. 자칫 근해항로가 해외 대규모 선사들에 의한 과점운송시장이 되어 궁극적으로 화주에게 불공정한 운송시장을 만드는 우를 범하고 있는 것은 아닌가 우려되어 해운법에 대한 분석을 추가하여 집필하였다.

이 책을 쓰는 동안 많은 영감과 조언을 주신 장금상선 정태순 회장님과 서강대학교 전준수 교수님, 그리고 윤남호 변호사님께 감사의 말씀을 드린다. 또한 여러 실무적인 자료협조를 해주신 장금상선 홍승만 부장님께도 감사드린다. 그리고 책을 쓰는 동안 많은 용기를 준 집사람과 며느리에게 사랑의 마음을 전한다.

2022년 8월
용인 昶賢房에서

목차

01

컨테이너 해운 발전

세계경제와 해운

1) 세계경제와 해운의 발전

갈수록 치열해지는 글로벌 무역 경쟁은 해운을 포함한 국제물류의 비즈니스 수행 방식을 변화시키고 있다. 해운도 혁신적인 시스템과 새로운 기술의 발전, 그리고 고도로 전문화된 인력이 필요하게 되었다.

5,000년 이전부터 바다를 통해 화물을 수송하면서 해운은 항상 전 세계 경제 발전을 견인해왔다. 신대륙을 발견한 콜롬부스, 희망봉을 발견한 포르투갈 선장 바르톨로뮤 디아즈 그리고 최초로 유럽에서 말라카 지역까지 항해를 한 마젤란 등의 위대한 항해는 전 세계에 해상 고속도로를 열었으며, 이러한 개척정신은 오늘 날 전 세계 모든 사람들에게 소비의 풍요로움을 가져다주는 컨테이너선, 초대형 유조선, 건화물선, 그리고 다양한 형태의 특수선 시대를 열게 만들었다.

2010년대에 불어 닥친 최대의 해운 불황기로 2016년에 한진해운이 파산되고 현대상선도 은행관리로 들어가 공적자금이 7조 이상 투입이 되어 현대상선은 HMM으로 변신할 수 있었다. 그러나 2021년 한 해 동안 코로나19 팬더믹으로 인한 운임상승과 물동량 증가로 HMM의 주가가 상승해 은행관리로 투입된 자금의 3배 이상의 자금회수가 가능해졌다. 이러한 변동성(volatility)은 해운의 커다란 리스크인 동시에 해운이 역동적인 산업임을 입증하는 사례이다.

경제 발전의 초기 시대에 해상운송이 얼마나 중요했는지는 경제학자들에게 잘 알려져 있다. 1776년에 발간된 국부론에서 아담 스미드(Adam Smith)는 자본주의 사회에서 성공의 핵심은 '분업'이라고 주장하였다. 생산성이 증가하고 기업의 생산량이 자신의 지역에서 판매할 수 있는 양을 넘어서자 기업들은 보다 넓은 시장으로 진출할 필요가 생겼다. 아담 스미드는 핀(pin)을 만드는 공정을 예로 들어 이러한 점을 설명하였다. 10명의 장인들이 각각 혼자 일을 할 경우 하루에 100개 정도의 핀을 만들 수 있지만, 만일 10명의 장인들이 핀 만드는 전체 공정 중 각각의 공정에 특화한다면 하루에 48,000개의 핀을 생산할 수 있다는 것이다. 이러한 생산량은 자신이 속한 지역에 팔기에는 너무 많았다. 따라서 이러한 '분업'의 막강한 힘을 충분히 활용할 수 있는가의 여부는 타 지역으로의 수송에 달려있었으며, 이러한 역할의 핵심은 바로 해운이었다.[1]

영국, 포르투갈, 네덜란드 등 유럽 각국과 극동, 오세아니아, 아프리카, 남 아프리카 등 식민지와의 원료 및 공산품 교역이 급속도로 증가됨에 따라 보다 빠르고 값싸며 정기적으로 운항하는 해운서비스에 대한 수요가 창출되었다. 이러한 수요에 부응하여 해운산업은 여객과 우편, 그리고 화물을 모두 함께 수송할 수 있도록 설계된 선박을 이용하여 정기화물선 서비스가 생겨났다. 이들 정기화물선은 세계 교역의 중추적 역할을 하였다. 이들은 출항시 일반 화물의 운송에서 신뢰성과 유연성을 제공하였으며, 회항시 선박의 바닥에 목재, 곡물 및 소량 벌크화물 등을 탑재하였고 선박 상부에 여객과 선박이 실을 수 있는 모든 특수 화물 등을 선적하였다.

19세기 정기화물선 서비스는 100년 이상 잘 작동했으며, 20세기의 컨테이너화와 마찬가지로 당시 이 시대의 혁명적인 서비스였다. 1870년대 이후 정기선 서비스 네트워크는 전 세계로 뻗어나갔으며, 특히 유럽과 그들의 식민지 사이에는 증기선을 이용한 새로운 정기화물선이 취항하였다.

제2차 세계대전 이후 서방 국가들에 의해 채택된 새로운 무역 전략에 의해 변화가 시작되었다. 1940년대 초반부터 미국은 전쟁 이후 식민지 체제를 없애고 전 세계적으로 상품과 원자재의 자유로운 국제교역이 가능하도록 하는 정책을 추진하였다. 이를 실현하기 위해 1941년 7월에 미국 외교협회(US Council

---

1 Stopford, Martin(2008), p.4

on Foreign Relations)는 후진국과 개발도상국의 자본투자 지원 프로그램과 통화의 안정화를 위해서는 세계적 금융기관의 설치가 필요하다는 제안서를 발표하였고, 이후 1944년의 브레튼 우즈(Bretton Woods) 회담으로 세계은행(World Bank)과 국제통화기금(International Monetary Fund; IMF)이 창설되었으며 '관세 및 무역에 관한 일반협정(General Agreement on Tariffs and Trade; GATT)'을 위한 준비 작업이 시작되었다. 전 세계 모든 국민들이 평화 속에서 자신의 잠재력을 구체화시킬 수 있고, 지구상에 무한히 축복받는 자연적 부를 통해 지속적으로 증가하는 물질적 번영을 향유할 수 있는 능동적인 세계경제의 창조라는 목적으로 이와 같은 일들이 추진되었다.

이와 같은 정책은 해운산업에 매우 큰 영향을 미쳤다. 1960년대 말까지 유럽의 거의 모든 식민지 국가들이 독립을 하였으며, 이들 국가는 기존의 자급자족 경제에서 수출 생산을 위한 새로운 경제로 전환되었다. 재화와 자본의 자유로운 이동을 위해 GATT의 중재에 의한 무역협정이 전 세계적으로 이루어졌다. 이를 통해 자본의 흐름은 자유화되었으며, 다국적기업들은 체계적으로 원재료, 생산 및 소비 시장을 개척할 수 있게 되었다. 이러한 변화는 모두 무역에 의존하는 시스템이기 때문에 글로벌 세계 경제로 이행하는데 있어서 효율적인 해운이 중심적인 역할을 수행하였다. 따라서 그 이전의 제국주의에 기초한 정기선 서비스와 달리 새로운 글로벌 교역 질서의 요구에 부합되는 정기선 서비스가 발전하게 되었다.

해상무역은 19세기 초 이후 그 어느 시기보다 빠른 속도로 증가하여 1950년에 5억 톤에 불과하였던 수입 물량이 2005년에는 70억 톤으로 증가하였다. 이러한 성장의 주역은 유럽과 일본 등 전쟁으로 심하게 피해를 입었으나 전쟁 이후 경제재건 정책을 수립한 국가들이었다. 특히 1960년대에 걸쳐 유럽 각국은 전후 재건사업을 추진하면서 전력 생산 등에 사용되던 석탄을 석유로 대체하여 석유 수입수요가 증가하였고, 자동차 산업 등의 발전으로 제철소 및 중공업이 확대되면서 철광석, 석유 같은 벌크화물의 수입이 크게 증가하였다.

또한 세계 경제는 새로운 소비자 주도 시대로 접어들었다. 1960년대에 자동차, 전기 제품, 그리고 수많은 물품의 흐름이 매우 급속히 증가하였으며, 글로벌 무역도 폭넓게 확대되었다. 특히 아시아 경제권의 참여와 아프리카 및 남아메리카의 무역 확대도 이루어졌고 원재료를 수입하고 공산품을 수출하는 해상교역이 증가했다. 전 세계 교역의 약 60%를 발생시키는 북반구 온대 지방인 북미, 서유럽, 극동 3개 지역을 연결하는 복잡한 교역 네트워크가 발전하게 되었다.

이와 같은 글로벌 교역의 확대는 더욱 효율적인 해상 운송을 가능케 하는 혁신을 가져오게 하는 원인이 되었다. 해운에서도 컨테이너 해운, 부정기선 해운, 특수선 해운의 3개 분야에서 혁신이 나타났고, 이후 35년 동안 컨테이너선, 건화물선, 초대형유조선, 액화가스선박, 화학운반선, 자동차운반선, 원목선 등을 포함하여 많은 새로운 형태의 선박이 개발되어 운항하게 되었다.

2) 글로벌리제이션

(1) 생산의 글로벌화

생산의 글로벌화, 세계화 추세로 세계 경제의 상호연관성이 더욱 심화되고 있다. 지난 반세기 동안 대부분의 국가에서 GDP에서 차지하는 수출의 비중이 증가했으며 세계 무역의 수직적, 수평적 분업이 증가했다. 또한 세계 여러 지역에서 생산된 제품들은 점점 더 동일 시장에서 경쟁해야 한다. 최근 보호무역주의가 일부 선진국에서 다시 등장하고 있지만, 이는 장기 경제침체에 의한 현상이며, 조달과 생산, 판매의 글로벌화, 즉 글로벌 무역경쟁은 앞으로도 그 추세가 지속될 것으로 예상되고 있다.

세계 무역의 수직 분업화와 수평적 분업화는 제조업체들의 최적 글로벌 물류 시스템 구축의 필요성을 증대시켰고, 글로벌 공급사슬에서 특히 운송의 중요성이 증가했다. 기업은 핵심 역량에 집중하고 비핵심 제조 및 조립 활동은 외부기업을 활용하는 아웃소싱을 확대해 나갔다. 운송 중 가공 같은 물류 아웃소싱이 증가하면서 전통적인 생산 라인 작업이 주 공장에서 지역적으로 멀리 떨어진 외국 하청 공장이나 소비지 국가의 유통 센터 등 원거리로 이전되었다.

(2) 집중 생산시스템

제조업체는 기존에 지역별로 생산하던 방식에서 벗어나 생산능력을 한 곳에 집중시키는 집중생산 채택을 늘려가고 있다. 현지 시장별로 여러 제품을 제조하는 생산방식에서 대륙 또는 일부는 전 세계 시장을 대상으로 특정 제품의 생산을 한 곳에 집중시키는 방식이다. 이를 통해 기업은 생산에서 규모의 경제효과를 극대화할 수 있다.

그러나 집중 생산은 다양한 소비지까지 운송시간이 길어지고, 정시운송에 대한 신뢰성 문제를 발생시킬 수 있다. 운송 신뢰성이 떨어지면 소비지 근처 물류센터의 재고증가로 이어질 수 있다. 생산의 규모의 경제효과가 운송비 증가 및 재고비 증가에 비해 더 크게 유지해야 이와 같은 집중 생산시스템을 채택할 수 있는 것이다. 따라서 집중 생산 시스템은 신뢰성 있는 육상운송, 항만, 해상운송을 포함한 물류사슬에 대한 의존성이 높아질 수밖에 없다.

(3) 물류범위 확대

글로벌 환경에서 경쟁하는 기업들은 꾸준히 조달, 생산, 판매지역을 범세계적으로 확대할 수밖에 없고, 이에 따라 원자재, 부품 등의 구매와 완제품 유통, 판매의 지역적 대상이 확대, 즉 "물류범위"가 확대되었다. 전 세계적으로 이 범위를 확장하는 것은 지난 30년 동안 국제무역 및 국제물류에서 지배적인 추세 중 하나였다. 예를 들면 다양한 부품들로 구성되는 컴퓨터 등 전자제품을 생산하기 위해서는 중국, 인도네시아, 태국 등 여러 나라에서 생산된 부품들을 조달해서 조립하게 되는데, 이런 과정들이 물류 범위의 확대를 가져오게 된 것이다.

물류범위가 확대되면 운송거리가 길어지면서 신뢰성이 있는 해상운송이 요구된다. 동시에 운송과 보관을 함께 고려한 물류비용 최적화, 소비자나 공장에 대한 공급신뢰성을 유지시키는 등의 공급사슬관리(SCM)가 더욱 중요해진다.

02

정기선과 부정기선

전 세계적으로 5만 5천 척 이상의 상선이 무역에 이용되고 있으며, 상선은 일반 화물선, 벌크선, 컨테이너선, 유조선 등 다양한 종류의 선박으로 구성되어 있다. 이 상선들은 크게 정기적으로 해상운송서비스를 제공하는 정기선과 부정기적으로 해상운송을 하는 부정기선의 두 가지로 나누어 볼 수 있다.

정기선 해운산업은 컨테이너 운송업자가 고정된 항로, 컨테이너선을 통해 연결된 항만 간의 정기적 일정으로 화주에게 제공하는 상용 서비스로 구성된다.[2] 주로 컨테이너화물(containerized cargo)을 수송하며 정기선(liner) 운송이라 한다. 정기선 서비스는 공표된 날짜나 요일 스케줄에 따라 고지된 항만 간을 고정된 빈도(매주, 격주, 매월)로 운항하는 서비스로 정의될 수 있다. 정기선 운송은 컨테이너선에만 국한되지 않으며 로로선, 일반화물선, 다목적선 등의 화물선으로도 운영이 가능하다. 컨테이너선의 수송능력은 TEU를 기준으로 한다.

이에 비해 부정기선 해운산업은 선사와 화주와의 개별 계약에 의해 화물이 운송하는 상용서비스로 정해진 항로나 빈도, 일정 없이, 어느 항만간에서든지 화물운송 수요가 있으면 그에 맞추어 화물을 운송하는 선박운송 서비스를 말한다. 주로 벌크화물(bulk cargo)을 수송하며 부정기선(tramper) 운송이라 한다. 부정기선 운송은 다시 건화물선(드라이 벌크선)과 유조선으로 나누어진다.

2021년 기준으로 건화물선과 유조선, 컨테이너선은 각각 53억 톤, 30억

---

2 Haralambides, H.E.(2019)

표 1-1 정기선과 부정기선 차이

구분	정기선	부정기선
영업방식	불특정 다수의 화주를 대상 항로, 기항지, 배선스케줄 사전공고	선사와 화주 간 계별 계약에 의해 화물 운송. 계약에 의해 화물, 항로 결정
운임결정방식	사전 공시된 운임률에 의해 결정	시황에 따라 운임 결정
운송조건	운임에 화물 적양하 비용포함	적양하를 화주부담으로 계약 가능
계약	정기선 운송계약, 선화증권발행	부정기선 운송계약, 용선계약서
집화방식	본사, 지사, 집화 대리점을 통해 화주 유치	해운중개업자(브로커)를 통한 계약
경영조직	기항항만마다 집화조직운영, 거대조직운영필요, 항로개설준비	브로커 대상영업, 거대 조직불필요, 개시, 폐쇄에 비용부담 없음
시장, 경기변동	상대적으로 안정적, 경기순환사이클 완만	완전경쟁시장, 공급부족시 운임폭등 등 시장이 불안정, 사이클 짧음

자료: 저자 작성

톤, 19억 톤을 운송하였다. 이중에 컨테이너선 운송이 세계 무역 흐름의 핵심 역할을 수행하고 있다.[3]

정기선 서비스는 사전에 공지된 항만을 일정한 주기로 운항하며, 한 예로 HMM의 한 유럽항로 정기선 서비스를 보면 수출항로에서는 부산－로텔담－함부르크－ 안트워프－사우스햄턴, 수입항로는 사우스햄턴－르하브르－함부르크－로텔담－부산을 총 6주간(42일)의 항해로 순환하고 있다.

정기선운항은 시기와 항로에 따라 가끔씩 선박 수송능력보다 적은 선적을 하면서 일부 빈 배로 항해하는 경우가 일반적이다. 이 경우 선사 간 과당경쟁을 할 경우 항로 서비스 유지가 어려워질 수 있어 국제적으로 정기선사들의 해운동맹(conference) 같은 선사 간 공동행위를 허용해왔다. 해운동맹은 다양한 무역 항로에 종사하는 해운사들 간의 공식적인 협정으로 해운사들이 다양한 무역항로에서 운임 공동행위를 하는 내용이 포함되어 있다. 오랫동안 수백

---

3 Clarkson(2021)

개의 해운동맹이 체결되었지만, 그것들은 반경쟁적인 것이 아니라 오히려 운임을 안정시키고 수요 변동을 피하면서 정기선 서비스를 안정적으로 확대시키는 메커니즘으로 작용했다.

부정기선의 운항형태의 예를 들면 한국에서 남아프리카공화국 더반에 도착해서 화물을 양하한 경우 더반에서 미 서안 오클랜드까지 다른 화물을 운송할 수 있다. 다시 오클랜드에서 독일 브레머하벤까지 또 다른 화물을 운송할 수도 있다.

부정기선 서비스가 운송수요에 따라서 항해할 때마다 화물수송 항로와 운송시간이 바뀌는 운항형태임에 반해서, 정기선(liner) 서비스는 고정된 항로(fixed itinerary)를 규칙적으로 선박운송서비스를 제공하는 것으로, 모든 화주로부터 화물수령을 받아들여야 하고, 화물의 만재여부와 관계없이 공표된 스케줄대로 운항하는 서비스를 말한다. 또한 정기선서비스는 공표한 운임으로 화물을 운송하게 된다. 정기선이 운송하는 화물은, 제품/반제품을 중심으로 한 공업제품이 주가 되며, 부정기선박에 비해서 운임은 높다. 운송량은 부정기선에 비해서 적지만, 항공운송화물량과는 비교가 되지 않을 정도로 많다.

정기선 분야에서는 오랜 기간 동안 본선의 크레인으로 선창으로 혹은 선창에서 화물을 싣고 내리는 하역방식을 해왔고, 연간 운항일수와 정박일수가 반반이 되는 비효율적인 운항이 이루어져 왔다. 1960년대 중반이 되면서 컨테이너선에 의한 정기운송이 시작되었고, 컨테이너화(containerization)로 불리는 화물의 유닛화와 하역의 기계화가 항만에서의 정박시간을 단축하였으며, 정기선 운항의 효율성을 높이게 되었다. 이 운송형식은 급속히 세계로 퍼졌으며, 현재 정기항로는 컨테이너운송이 주류를 이룬다. 기존 재래정기선에 의해 운송되던 화물을 컨테이너에 적입하여 운송하는 컨테이너화의 진전에 따라 대부분의 정기선 화물은 컨테이너 화물로 변화하게 되었다. 컨테이너의 등장으로 해상운송뿐만 아니라 세계 경제활동이 크게 변화했다.

03

부정기선과 벌크화물

부정기선은 정기선과 달리 사전에 정해진 일정한 항로와 일정에 따라 운항 되지 않고 일반적으로 수송수요에 따라 수시로 항로를 변경하여 운항된다. 이 결과 화물수송수요가 집중되는 특정한 시기, 그리고 특정한 항로에 선박 운항 이 집중되는 경향이 발생한다. 브라질의 최대 철광석 수출항인 투바라오항, 호주의 최대 석탄수출항인 뉴캐슬항, 아프리카 최대 석탄수출항인 남아공의 리처드베이항, 미 최대 곡물 수출항인 미걸프만의 뉴올리언즈항 등에 벌크선 들이 집중된다.

부정기선이 벌크(bulk)선으로 불리는 이유는 수송화물이 정기선 같이 개품 이나 컨테이너가 아니라 대량의 산화물, 혹은 대량의 액체화물을 적재하여 운 송하기 때문이다. 벌크(bulk)라는 용어는 철광석, 곡물, 석탄, 알루미나, 인광

▼ 그림 1-1 **철광석과 곡물**

석과 같은 건화물을 가루 형태로 운반하여 선박의 홀드에 직접 적재하는 무역에서 기인된 것이다.

벌크선 해운은 제철소와 정유회사 같은 다국적기업에 의해 주로 주도되었다. 신규 제철소의 원료 공급을 위해 해외 철광석과 석탄을 수입하게 되었고, 해안지역에 제철소를 입지시키게 되었다. 이를 위해 새로운 대형 벌크선(bulk carrier)이 건조되었으며, 선박 대형화의 제한 요인이었던 화물 규모와 부두 수심도 급속도로 개선되었다. 이와 동시에 1950년대 초반까지 유류화물의 교역은 매우 소규모로 이루어졌고 유류화물은 주로 소형 유조선에 석유제품을 운송하는 형태였으나, 시장 규모가 증가함에 따라 원유를 대량으로 선적하여 시장에 인접한 정유소로 대량 운송하게 되었다.

철광석, 석탄, 유류 등과 같은 화물은 10만 톤 또는 그 이상의 대량화물로 운송되었으며, 화주들은 대수심 터미널과 고속화물처리시스템을 건설하였다. 대형 화물선과 고속 화물처리시스템의 투자로 인해 수천 킬로m 떨어진 원료 공급지로부터 해상으로 원자재를 수입하는 것이 수백 킬로m 떨어진 원료 공급지로부터 육상으로 원자재를 조달하는 것보다 훨씬 저렴할 수 있었다.[4]

건화물 벌크해운의 경우 벌크선 대형화의 경향이 나타났다. 이러한 건화물을 운송하는 선박은 건화물선(벌크 캐리어), 광석선 또는 벌커(bulker)로 불리며 선형을 재화중량톤(dwt) 기준으로 나누어 볼 수 있다.[5] 1950년대에도 대부분의 벌크화물은 여전히 10,000dwt에서 12,000dwt 선형의 건화물선에 의해 수송되었다. 1970년대에 물동량이 많은 항로에는 20만dwt급 선박이 취항하였으며, 1980년대 중반에는 30만dwt급 선박이 처음으로 서비스에 투입되었다. 또한 곡물, 설탕, 비철금속, 철광석, 그리고 목재 생산품 등의 수송에서도 보다 대형 선박의 움직임이 있었다. 곡물 수송을 예로 들면, 1960년대 말에 곡물의

---

4 플로리다(Florida)의 잭슨빌(Jacksonville)에서 버지니아(Virginia)까지 철도로 석탄을 운송하는 것이 1만 마일 떨어진 햄프턴로드(Hampton Roads)에서 일본까지의 해상운송 요금보다 3배나 비쌌다.

5 선박의 크기는 재화중량톤(deadweight tonnage; dwt)을 기준으로 한다. 재화중량톤은 선박에 실린 화물, 승무원, 창고, 연료, 물, 밸러스트 등을 포함한 중량톤으로 선박이 안전하게 운반할 수 있는 중량을 말한다. 총중량이 조선소가 인증한 재화중량톤을 초과할 경우 선박이 침몰하거나 파손될 위험이 있다.

해상 운송에 사용된 선박은 25,000dwt급 이하의 선박이었다. 그러나 1980년 대 초반에는 60,000dwt 선박이 대부분의 곡물수송에 사용되었다.

또한 건화물선과 유조선 선대가 증가하고 독립 선주(independent owners)가 늘어남에 따라 다국적기업들은 점차로 자신의 소유 또는 용선 선박의 규모를 줄였으며, 점차로 독립 선주에 의해 급속히 팽창한 현물 용선시장에 더욱 의존하게 되었다.

1970년대 이후 건화물선은 핸디 벌크선(Handy Bulkers), 파나막스(Panamax), 케이프사이즈(Capesize)으로 그리고 유조선도 석유제품운반선(products tankers), 화학제품운반선(chemicals), 원유운반 초대형유조선(VLCC) 등과 같이 선박의 종류에 따라 세분화되기 시작하였다.

▼ 그림 1-2 **선형별 건화물선 구분**

HANDY	10,000 - 49,999
SUPRAMAX	50,000 - 59,999
PANAMAX	60,000 - 99,999
CAPE SIZE	100,000 - 199,999
VLOC	200,000 - 299,999
ULOC	300,000 - 399,999
CHINAMAX/VALEMAX	400,000 DWT 이상

자료: 저자 정리

04

정기선 해운의 발전[6]

지난 수세기 동안 화물의 해상운송을 단순화하기 위해 다양한 시도가 이루어졌다. 화물취급 기술의 한계로 인해 이러한 노력이 실패했다. 그동안 석유, 석탄 또는 곡물을 담을 수 있는 특수한 설계의 선박으로 교체되면서 벌크화물 취급의 발전이 있었지만, 일반화물 운송에서는 거의 발전이 일어나지 않았다. 1950년대까지 일반화물은 계속해서 포대나 묶음화물인 브레이크벌크 화물로 처리되었다.

정기선은 해운 비즈니스 역사에서 보면 비교적 최근에 시작된 사업이다. 150년 전인 1870년대 증기선 기술이 발달되면서 선주들은 일정표에 따른 서비스를 제공할 수 있었다. 그 이전까지 대부분의 일반화물은 항만 간을 운송하던 부정기선에 의해 운송되었다. 여기에 범 세계적인 상업화 발달도 정기선 서비스 발전을 가속화시켰다. 증기선 대리점은 점점 조직화되었고, 극동지역까지 거래 거점이 확대되었다. 사업을 위한 금융 서비스도 함께 발달되고, 극동지역까지 전신이 확장되어 중국에 있는 거래소에서 런던과 중국에 전신환 전송으로 물건을 판매할 수 있었다.

증기선은 공급을 창조하였고, 새로운 상업시스템은 수요를 자극하였으며, 해운 공동체는 성장의 기회를 잡을 수 있었다. 1869년 수에즈 운하의 개통으로 증기선의 장점이 더욱 부각되었다. 번성하는 극동 항로에 정기선 취항을

6 Stopford, Martin(2008), pp. 506–511 내용을 참조하여 기술

위해 증기선의 주문이 크게 증가했다. 정기선 운항 체제가 일단 갖추어지자 정기선 서비스 네트워크는 현재 존재하는 정도로 급속하게 성장하였다.

1) 정기화물선 시대

1870년대부터 1960년대까지 약 100년 동안 정기선 선사(cargo liner)들은 자체적으로 화물을 선적하고 양하할 수 있는 화물처리장치를 갖춘 선박인 다중갑판 선박(multi-deck vessel)으로 운영되었다. 당시 해운은 지금처럼 전문적 기능으로 세분화되지 않았기 때문에 정기화물선은 완제품, 반제품, 마이너 벌크, 여객 등을 혼합하여 운송할 수밖에 없었다. 무역노선은 주로 유럽국가와 아시아 식민지 간, 남아메리카 간, 아프리카와 남아메리카 간이었으며, 여러 노선에서 무역은 수출입 간에 화물의 불균형이 발생되었다. 따라서 화물을 채우는 것을 목표로 하면서 선박 설계자는 모든 종류의 화물을 선적할 수 있도록 유연한 선박을 만드는 데 중점을 두게 되었다. 심지어 이 시기에 설계된 유조선은 화물 하역 후 돌아오는 항로에 일반 화물도 실을 수 있도록 설계되었다. 일반화물과 벌크화물 모두를 수용할 수 있는 다중갑판 '정기화물선'은 최선의 선택이었다.

또한 정기화물선은 당시 부정기선 운영자가 주로 사용하던 '이중갑판(tweendecker)' 선박과 크기, 디자인, 속도 측면에서 매우 비슷하였기 때문에 이들 선박은 정기선으로 교체 사용이 가능하였다. 부정기선은 정기선이 될 수 있었고, 정기선도 종종 부정기선이 될 수 있었다. 정기선 회사들은 자신의 선대를 확충하기 위해 부정기선을 용선하기도 했다. 예를 들어 부정기선이 영국에서 남미로 곡물을 수송하기 위해 가는 도중 일반화물을 선적하기도 했다. 정기선사는 부정기 선박에 대한 용선자가 되는 반면, 부정기선 선주는 벌크시장의 경기 순환에 대응하기 위해 정기선 사업을 수행하기도 했다. 따라서 선박을 속도 높은 이중갑판으로 설계하고 필요에 따라 정기선사의 운항 일정에 맞추도록 노력하였다. 벌크선과 정기선 시장에 사용되는 선박은 거의 같은 크기였기 때문에 양쪽 모두에게 위험을 관리할 수 있는 방안으로 운영된 것이다.

20세기에 들어 무역이 성장함에 따라 이에 따른 시스템도 정비되고 발달하였다. 정기선사는 생산성을 개선하고 그들의 화물 기반을 확대하기 위해 식용유 등 액체화물 수송을 위한 탱크, 냉장화물용 홀드, 로로(ro-ro) 데크, 기타 선적, 양하를 위한 화물처리장치 같은 장비 등을 추가하여 더욱 정교한 정기화물선을 건조하였다. 따라서 선박들은 점점 복잡해지고 가격도 비싸지게 되었다.

1970년대 초 CGM사가 유럽-카브리해 서비스를 위해 건조한 선박을 보면 정기선사가 정기화물선의 비용 절감을 위해 할 수 있는 여러 가지를 볼 수 있다. 이 8,000톤(DWT) 선박은 기존의 정기화물 수송과 냉동선(reefer ship) 역할을 모두 할 수 있도록 설계되었다. 앞쪽 화물칸은 냉동화물을 운반하기 위해 나누어졌으며, 여기에 접이식 컨테이너 셀 가이드(cell guides)와 냉동 컨테이너를 위한 전기 시설을 설치하였다. 화물창 덮개(hatch covers)는 컨테이너를 올려놓을 수 있도록 강화되었으며, 35톤 크레인으로 서인도 제도의 소형 항만에서 선박이 스스로 컨테이너를 양적하할 수 있도록 했다. 후미 화물칸에서는 두 갑판에 팔레트나 차량 화물을 선적했으며, 선미 부두 하역을 위해 선미 램프(stern ramp)를 설치하였다. 또한 럼주 등 액체 벌크화물 운송을 위한 탱크도 설치하였다.

비록 정기화물선은 많은 투자비가 소요되어 유연한 화물 선적을 위해 설계되었지만, 여전히 노동집약적 방식으로 하역되었다. 일반화물을 공장이나 창고에서 항만 부두로 운반할 때 팔레트에 올려 철도 차량이나 트럭을 이용한 것이다. 그곳에서 각 팔레트는 그물망에 넣어 크레인으로 도크에서 선박으로 선적되었다. 팔레트가 선박의 화물창에 들어간 후에는 해상운송 시 손상을 방지하기 위해 팔레트를 고정해야 했다. 이 과정은 항해 후 도착지 항만에서도 똑같이 수행되었다. 일반화물은 해상운송이 느리고 노동집약적이며 비싼 과정일 수밖에 없었다.

1950년대 들면서 노동비용은 점점 비싸지면서 세계 무역은 유연성보다 생산성이 더 중요한 요인이 되었다. 식민지가 독립을 함으로써 정기선사는 정기화물선의 주력항로였던 특권 있는 많은 핵심 거래 지역을 잃게 되었다. 이와 동시에 이전에 정기선으로 일부 수송하던 마이너벌크 화물이 정기화물선이 경쟁할 수 없는 가격으로 떨어지면서 벌크 화물선 화물로 바뀌었다. 벌크 화물선의 선대가 증가하면서 정기선 해운과 부정기선 해운은 점점 차별화되었다. 그러나 가장 중요한 변화는 무역의 패턴이었다. 1950년대와 1960년대에 세계 경제가 급속도로 발전하면서 무역의 실질적 성장은 유럽, 북미, 일본 등과 같은 번영하는 산업 중심지에서 이루어졌다. 이러한 무역 환경에서 화주는 빠르고, 신뢰할 만하며, 안전한 수송이 필요했지만, 기존의 정기화물선은 고비용, 복잡성, 열악한 운송 효율의 단점으로 성장에 큰 장애물이 되었다. 화주의 화물이 10여 개 항만을 들려가면서 화물 수송에 시간이 오래 걸리고 종종 손상되기도 했다. 또한 선주들도 자신의 값비싼 선박이 여러 항만에 대기하면서 너무 많은 시간을 소비한다는 것을 알게 되었다.

이와 같이 정기선사에게 있어서 정기화물선 운항이 점차 비효율적이 되어가고 있었다. 값 비싼 선박은 전체 시간의 절반 이상을 항만에서 소비하였다. 이 때문에 정기화물선의 수송용량을 두 배로 증대시켜도 항만 시간 역시 두 배로 증가하기 때문에 규모의 경제효과를 기대하기 어렵게 되었다.

2) 컨테이너 시스템, 1966~2005

효율성이 높은 정기선 사업을 위한 유일한 해법은 일반화물을 규격화, 단위화하는 것이었다. 화물 단위를 컨테이너 용기로 표준화함으로써 정기선사는 운송과정을 자동화하고 생산성을 올리는 장비와 기계화 시스템에 투자하게 되었다. 새로운 시스템은 세 가지 구성요소로 이루어졌다. 첫째, 운송되는 제품인 일반화물은 전체 운송 과정에서 처리될 수 있는 표준화된 단위로 포장되는데, 팔레트화와 바지 등과 같은 여러 다른 시스템이 고려되었지만, 모든 주요 운송업자에 의해 컨테이너가 채택되었다. 둘째, 표준화된 단위를 처리하기 위해 운송사슬의 각 단계마다 적절한 운송장비로 통합운송시스템(integrated transport system)을 제공하기 위해서 각 단계별로 투자가 이루어졌다. 해상에서는 컨테이너 전용선 건조를 하였고, 육상에서는 효율적으로 컨테이너 수송을 위해 도로와 철도에 투자를 하였다. 세 번째는 운송시스템 간 컨테이너를 이동하는 고속의 화물처리시설에 대한 투자였다. 이 과정에서 컨테이너 터미널, 내륙 컨테이너 기지, 그리고 개별화물을 컨테이너로 포장하는 컨테이너

조작시설이 그 역할을 수행한다.

우리가 오늘날 사용하고 있는 외항 컨테이너 시스템은 미국에서 1960년대 중반까지 이미 존재하였던 경험에 의해 발전되었다. 정기선 산업에 대한 회의론이 감돌던 시기에 해운에 경험이 없었던 한 미국 사업가에 의해 처음으로 시도되었다. 말콤 맥린(Malcolm McLean)은 맥린 운송회사(McLean Trucking)를 설립, 운영하였는데, 이 회사는 1,700대의 트럭으로 도로운송을 하는 회사였다. 1955년에 그는 600만 달러에 이 회사를 매각하고는 유조선을 다수 보유한 팬 아틀랜틱 탱커컴퍼니(Pan Atlantic Tanker Company)를 사들였다. 이들 유조선 중 한 척이 10년 선령의 폴테로 힐즈(Poltero Hills)였고,[7] 맥린은 기계엔지니어인 카이스 탕틀링거(Keith Tangtlinger)와 함께 이 선박을 35피트 컨테이너 60개를 수송하도록 개조하였다. 표준화된 컨테이너 박스를 이용하면 출발지에서 선적하고 도착지에서 하역하면, 즉 두 번만 취급하면 된다고 믿으면서 컨테이너선으로 개조를 시작한 것이다. 1956년 4월 26일에 SS 아이디얼 엑스로 명명된 이 선박은 미국 뉴저지항에서 58개의 컨테이너를 싣고 휴스턴으로 항해하였는데, 이것이 현대화된 컨테이너의 첫 해상 항해였다. 이 컨테이너선은 3,000마일의 여정을 무사히 마쳤으며, 상업적 성공이었다. 1957년 10월 4일에 두 번째 유조선을 개조한 최초의 컨테이너 전용선인 226TEU의 게이트웨이 시티(Gateway City)호가 뉴왁(Newark)에서 마이애미까지 처녀 운항을 하였다. 이 행사에는 400명의 군중이 지켜보았다. 이 선박이 마이애미에 도착한 후 화물은 불과 90분 안에 수취인에게 전달되었다.

그러나 기존의 정기선사는 이에 대해 회의적이었다. 1960년대 초에도 당시 정기선사들은 이를 그들의 기존 정기화물선 운영을 조금 개선시킨 것으로 보고 경제성이 결여된다고 보았기 때문에 이 새로운 시스템에 대해 여전히 회의적이었다. 컨테이너 전용선박, 컨테이너 터미널, 육상 운송 배송망의 급진적 변화는 대규모 정기화물선대를 보유한 선사들에게 환영받지 못했다.

맥린은 회사 이름을 시랜드(Sea-Land)로 변경하고 1966년 4월에 첫 번째 대서양 횡단 컨테이너 서비스를 개시하였다. SS 페어랜드(Fairland)호가 뉴저지에 새로 건설된 포트 엘리자베스(Port Elizabeth) 터미널에서 로텔담(Rotterdam)의 새

---

7 맥린은 이 선박의 이름을 SS 아이디얼 엑스(Ideal-X)로 변경했다.

로운 교역 터미널까지 운항하였다. 철도회사, 해운기업, 그리고 노조의 반대로 인해 컨테이너선 운항이 지연되다가, 1966년에 이르러 처녀 국제항해가 이루어지게 되었다. 재래 정기화물선 서비스보다 4주나 빨리 목적지에 도착하였다. 이러자 유럽의 주요 정기선 해운회사들도 컨테이너 서비스를 도입하기 위해서 바쁘게 움직였다. 선박에 대한 투자와 터미널투자, 그리고 선사 간 컨소시엄을 추진하였다.[8]

▼ 그림 1-3 해상 컨테이너의 도입 주역 및 컨테이너선 제1호 'Ideal X'

Malcom McLean   Keith Tantlinger

SS Ideal X

자료: 今井昭夫(2009), p.15

---

8 말콤 맥린은 시랜드사에 대한 자신의 지분을 1억 6,000만 달러에 판매함으로써 컨테이너 수송에 대한 그의 선도적 노력이 보상을 받았다.

|||||| 05

컨테이너 서비스 기술발전

    컨테이너 전용 선박을 개발하는 것은 선박 구조가 기존 정기화물선 건조에서 사용되었던 방식과 매우 다르기 때문에 하나의 기술적인 도전이었다. 유럽 최초로 신조 발주된 컨테이너선은 OCL사의 1,600TEU급 인카운터 베이(Encounter Bay) 6척이었다. 이들 선박은 컨테이너가 특별한 고정 장치 없이 채워질 수 있도록 셀 가이드가 장착된 방식이었다. 강철제품의 해치 덮개를 두었으며, 그 위에 4단적으로 컨테이너를 쌓고 고정되도록 하였다. 비록 선박의 크기가 탱커와 벌크 운반선의 표준사이즈에 비해 크지 않지만, 화물칸을 개방 형태로 만드는 기술(open hold technology)과 셀 가이드는 새로운 것이었고 다양한 기술적 문제를 야기하였다. 육상에서는 컨테이너 수송 트레일러에 대한 투자가 급격하게 진행되었고, 1966년 4월에 300개 이상의 유럽 트럭에 의해 운송서비스가 시작되었다.

    컨테이너 시스템의 두 번째 주요 요소는 컨테이너 터미널이었다. 컨테이너화 이전에는 일반화물은 크레인이 있는 브레이크벌크 선박에 선적되었고 안벽에 수직으로 설치된 부두(finger pier)에 접안해서 화물을 부두 창고에 보관하였다. 많은 항만에서 정기선 항만은 부두를 지원하는 창고가 수km나 떨어져 있었기 때문에 선박은 화물 하역을 위해 몇 주씩도 대기해야 했다. 그러나 컨테이너 터미널은 달랐다. 컨테이너선 항만은 안벽크레인에 의한 컨테이너의 양적하를 위해 컨테이너선을 부두에 평행하게 접안할 수 있도록 항만을 재설계하였다. 또한 컨테이너의 적치를 위해 개방된 야드 저장을 위해 창고를 제

자료: HMM

거하고 토지를 정리했다. 이 결과 갠트리 크레인(gantry cranes)이 장착된 2~3
개의 선석을 지원하는 개방된 저장공간을 확보하게 되었다.

　도로수송과 빠른 연결을 위해 시랜드(Sea-Land)사는 컨테이너를 트레일러
전용공간에 있는 여러 트레일러 위에다 저장하였다. 대부분 선사들은 컨테이너
를 3~4단 높이로 적재해놓고, 필요할 때마다 저장 장소에서 회수하는 것을 선
호하였다. 터미널 안에서의 이동 또한 지게차(fork-lift trucks), 스트래들 캐리
어(straddle carriers), 또는 야드 갠트리 시스템인 크랜스퍼 크레인(transfer crane)
등으로 기계화되었다.

　세 번째로, 표준 컨테이너의 크기에 대한 국제적인 합의가 필요했다. 미국
전역에 걸쳐 도로에 대한 규제는 서로 달랐으며, 이에 따라 서로 다른 크기의
다양한 컨테이너가 사용되었다. 맥린은 이러한 모든 상황을 고려하여 그의 첫
해상 서비스에서는 35피트 컨테이너를 선택하였다. 나중에 국제표준화기구
(ISO)는 컨테이너의 크기, 모서리의 주조 강도, 바닥 강도, 랙(rack) 실험, 그리
고 컨테이너의 총 중량 등을 고려하여 표준을 설정하였다. 처음에 일반화물을
위한 표준화된 컨테이너는 8피트의 높이에 8피트의 넓이였으며, 여기에 길이

는 10피트, 20피트, 30피트, 40피트 등 4개를 선택할 수 있도록 정했다. 1976년에 컨테이너의 높이는 8피트 6인치로 조금 높아졌으며, 컨테이너의 크기를 변경하지 않고 운송 부피를 다소 늘릴 수 있었다. 최근에는 20피트와 40피트 컨테이너가 국제 컨테이너 운송용기의 표준이 되었다. 2022년 기준으로 세계 총 컨테이너 운송에 사용되는 컨테이너용기는 약 2,900만TEU에서 4,850만 TEU,[9] 혹은 3,850만TEU로 추정하고 있다.[10] 이 가운데 40피트 컨테이너가 전체의 75% 이상을 차지하는 것으로 보고 있다. 컨테이너의 수명은 일반적으로 10~ 12년이다. 전 세계적으로 전체의 절반 정도의 컨테이너 용기가 임대 컨테이너이다.

---

[9] Porta Star사 추정
[10] Norman Global Logistics사 추정

컨테이너 수송혁명의 영향

해상 무역의 컨테이너화가 시작된 것은 60년이 넘었고 원양해운에서 컨테이너가 전용선에 의해 운송된 것은 50여 년 밖에 되지 않았다. 그러나 그동안 효율적인 화물 취급을 위해 컨테이너 전용항만에 대한 많은 투자가 이루어졌다. 초대형 컨테이너선의 등장으로 컨테이너 전용항만도 첨단시설을 갖춘 자동화터미널로 변화하고 있다. 또한 해운산업이 항만과 연계된 매우 정교한 정보시스템 기술을 사용하면서 항만도 선박, 연계운송사, 배후지 기업들과 연계된 정보시스템을 구축하고 정보를 연계하는 디지털 항만으로 변화하고 있다.

1) 정기선 해운에 미친 영향

컨테이너화는 정기선사의 운영 방식과 해운산업에 여러 가지 영향을 미쳤다. 첫 번째는 운송수단의 단위화를 통해 화주가 요구하는 문전서비스(door-to- door)가 가능해졌다. 이전에 대부분의 정기선사는 그들의 책임이 선박의 난간(ship's rail)에서의 시작하고 끝나는 것으로 보았다. 그래서 정기선의 업무는 선박과 해상운송이 주된 관심사였다. 그러나 운송에 있어서 육지와 해상을 모두 관리할 필요성이 증가하면서 일관수송과 물류의 중요성이 부각되었다. 둘째, 정기선 사업이 선사 간 흡수합병이 증가하면서 소수의 대형선사로 재편되었다. 컨테이너 화물로 통일되어 운송가격, 품질의 차별화가 어려워지면서 규모의 경제효과가 지배하는 산업으로 바뀌게 되었고 이 과정에서 수백 개의 정기선사는 사라지게 되었다. 정기선 해운은 점차 몇몇의 대형 정기선사에 의해 주도되는 과점형태로 발전되었다. 셋째, 정기화물선 시대의 복잡한 항만이 항만크레인이 설치되고 넓은 컨테이너 야드가 확보된 자동화 장비로 운영되는 컨테이너 터미널로 대체되었다. 네 번째로 정기선사의 핵심 사업이 정기선 운송서비스를 통해 수행되면서 선박관리와 선박의 소유는 선박관리업과 선주업의 업무로 분화되었다. 다섯째, 정기선과 부정기선 화물을 함께 수송했던 과거의 정기화물선이나 부정기선의 화물 수송 유연성이 더 이상 어려워지게 되었다. 컨테이너 선박이 정기 컨테이너 화물 전용으로 운항되면서 부정기선 화물 수용에 적합하지 않게 되고, 부정기선 운항업자들도 컨테이너 화물 수송에 적합하지 않게 되면서 정기선은 컨테이너전용선으로, 부정기선은 건화물선이나 유조선 시장에 특화하게 되었다. 여섯째, 정기화물선으로 수송하던 여러 화물들이 특수선으로 전문화되는 시장특화현상이 나타났다. 선박 바닥에 설치된 탱크에 실어 수송하던 화물을 탱크전용선인 석유제품선이나 유조선으로 특화되어 수송되고, 선미에 램프를 설치해 부수적으로 수송하던 화물은 Ro-Ro선으로 특화되고, 마이너벌크 화물은 해치가 개방된 건화물선으로 특화되었다. 이 밖에 자동차 운반선, 다목적선, 그리고 중량화물선 등과 같은 특수선으로 발전하였다.

2) 세계 무역의 컨테이너화

컨테이너선이 등장하면서 세계경제에도 큰 영향을 미치게 되었다. 이전에는 지역 간 운송은 느리고, 비싸고, 신뢰할 수 없었으며, 전자장비와 같이 예민한 화물들을 일반화물로 장시간 운송하며 여러 항만에서 싣고 내리는 과정에서 손실되거나 파손되는 경우가 많았다. 컨테이너화에 따라 지역 간 운송이 빨라지고, 안전해졌으며, 운송비용도 믿을 수 없을 만큼 저렴해졌다. 컨테이너선 시황이 장기 침체국면이었던 2010~2018년에 우리나라에서 유럽까지 전자레인지 운송요금이 개당 약 500원까지 하락하였다. 스카치 위스키도 유럽에서 우리나라까지 병당 불과 10센트 미만으로 운송될 수 있었다. 그 결과 제조 산업의 입지 측면에서 시장으로부터의 거리와 운송비용은 중요한 고려사항이 되지 않았다. 컨테이너 네트워크가 성장하면서 세계화도 함께 확산하게 되었다.

　해상으로 운송되는 세계 일반화물 무역의 60% 이상이 컨테이너로 운송되고 있다. 선진국 간의 무역에서 이 비율은 80% 이상에 달한다. 단위포장을 해서 운송하는 개품운송을 주로 하던 일반화물 운송이 컨테이너화물로 바뀌는 컨테이너화(containerization)에 의해 운송비가 획기적으로 절감되는 기술혁신을 맞게 되었다. 선적비용은 기존 방식에 의하면 톤당 5.83달러였으나, 컨테이너 도입 후에는 톤당 0.16달러로 크게 절감되었다.[11] 더욱 값싸게 대량으로 운송할 수 있는 물류혁명이 이루어진 것이다.

　컨테이너선의 수와 평균 크기도 지속적으로 증가했다. 2020년 1월 현재 5,300척, 2,300만TEU 이상의 컨테이너선이 운항되고 있다.[12] 2000년에 컨테이너선은 총 500만TEU이었기 때문에, 세계 컨테이너 선대는 20년 동안 4배 이상 확대된 것이다.

3) 항만하역에 대한 영향

　컨테이너화는 항만 재항시간을 줄이려는 선사의 목적을 달성하는 데 매우 성공적이었다. 일반화물을 포대나 묶음 같은 브레이크 벌크화물로 운영하다가 컨테이너화물로 처리하게 되면서 부두에서 선박시간을 크게 단축시킬 수 있게 되었다. 컨테이너화는 화물 취급 인력을 크게 줄일 수 있었고, 부두 생산성이 높아졌다. 물론 이를 위해 컨테이너 전용장비 등 시설투자가 증가되었다.

　컨테이너가 도입되기 전에는 대형 일반 화물선을 선적 및 하역하는 데 약 200명의 부두인력을 필요했지만 컨테이너선으로 같은 화물을 적재 및 하역하는 데 4개의 갠트리 크레인으로 작업할 때 약 30명의 인력만 있으면 가능해졌다. 컨테이너화로 항만노동에 대한 수요가 크게 감소한 것이다. 영국의 부두노동자 일자리는 1967년 80,000개에서 1986년 11,400개로 감소했으며 1989

11　마크 레빈슨/이경식 역(2016), p.118
12　Alphaliner(2020)

년과 1992년 사이에 44%가 추가로 감소했다.[13]

또한 부두 생산성도 크게 향상되었다. 전형적인 일반화물 부두의 경우 연간 약 130,000~150,000톤의 화물을 처리할 수 있었다. 그러나 4개의 갠트리 크레인이 장착된 현대식 컨테이너 부두의 경우 연간 40만TEU 컨테이너를 처리한다. TEU당 평균 하중이 10톤이라고 가정하면 컨테이너 부두의 연간 처리량은 약 400만 톤이 된다.

브레이크벌크 선박은 양하와 선적을 하는 데 약 1주일이 걸렸지만, 컨테이너선은 같은 양의 화물을 처리하는 데 12시간만 항만에 있으면 되었다. 선박의 항만 재항시간이 짧다는 것은 항만사용료가 낮아질 뿐만 아니라 화물운송에 필요한 선박 수가 줄어들 수 있다는 것을 의미한다. 22,000dwt의 정기화물선은 1년 전체의 40%에 해당되는 149일을 항만에서 소비한다. 이에 비해 47,000dwt급 컨테이너선은 연간 항만 재항시간을 64일로 줄였으며, 이는 전체 시간의 17%에 불과하다. 그 결과 9척의 컨테이너선은 74척의 정기화물선 일을 수행할 수 있었다. 컨테이너선의 운항효율을 크게 개선시킨 것이다.

그러나 컨테이너화물을 처리하기 위해서는 많은 투자가 필요하다. 크레인 길이가 57m에 이르는 대형 안벽크레인은 대당 약 600만 달러가 소요된다. 초대형 컨테이너선의 원활한 양적하를 위해서는 이런 크레인이 4대가 필요하다. 안벽개선과 야드 크레인 등 상부시설 장비까지 고려하면 2선석 컨테이너터미널을 건설하는 데 약 1억 달러 이상이 소요된다. 1950년대 일반화물 취급부두의 경우 3~6톤 규모의 안벽크레인이 사용되었는데, 오늘날 가격으로 해도 약 백만 달러밖에 되지 않았다.[14]

---

13 Tally W.K(2000)
14 World Bank(2017), p.41

4) 항만 생산성 향상

　　컨테이너 시스템의 도입으로 항만의 생산성이 크게 향상되었다. 항만의 화물처리 속도는 평균적으로 크레인 1시간당 컨테이너 20개를 처리하였다. 그 결과 일반화물 부두에서는 일반적으로 선석당 연간 10~15만 톤의 화물을 처리하였지만, 새로운 컨테이너 터미널에서는 선석당 연간 100~200만 톤의 화물을 처리할 수 있었다.

　　컨테이너화로 인해 중요한 추이 중의 하나가 선박의 크기가 증가했다는 점이다. 1992년에서 2002년 사이에 컨테이너선은 4,500TEU에서 8,400TEU로 대형화되었고, 현재는 24,000TEU까지 선박의 초대형화가 이루어졌다. 전 세계 정기선 서비스에 초대형 컨테이너선이 도입됨에 따라 컨테이너항만도 항만 진입수로 수심과 안벽 전면 수심, 선박 회전에 충분한 선회 폭, 안벽크레인의 긴 아웃 리치, 적재 능력 및 리프트 높이, 터미널 장치 능력, 트럭 및 철도 시설 등에 대한 확대 같은 개선압력을 받고 있다.[15]

　　선박이 대형화하면서 컨테이너선 운영의 경제성은 항만 생산성에 달려있다.[16] 전 세계적인 항만생산성 개선은 컨테이너 운송비용을 낮추는 역할을 하고 있다. 오늘날 전형적인 컨테이너터미널의 안벽크레인 생산성은 총 작업시간당 25~30개 정도이며, 트럭의 터미널 작업은 1시간 정도가 소요된다. 그러나 향후 터미널 요구 사항은 훨씬 더 까다로울 것이다. 초대형 컨테이너선에 대한 양적하 소요 시간을 48시간에서 24시간으로 줄이면 선박 자본비용이 그만큼 절감된다. 24시간으로 줄이기 위해 안벽에서 선박당 시간당 총 300개 이상 처리할 수 있어야 한다. 또한 화주에 대한 시간 절약을 위해 터미널 내 트럭 회전시간을 30분 미만으로 단축시켜야 할 것이다.[17]

15　Baird, A. J.(2002)
16　Cullinane, Khanna(1999)
17　World Bank(2017), p.42

CHAPTER

02

컨테이너 정기선
해운의 특성

01

정기선 해운 개요

정기선 해운에서 다루어야 할 주요 요인들이 무엇인가? 정기선 서비스(liner service)는 모든 사용자, 화주의 화물을 차별 없이 수용하여 해상운송 서비스를 공개적으로 제공하는 서비스로 정기적인 항만 기항, 정기적인 운항 일정 및 빈도, 공표된 운임을 제시하는 서비스를 말하며 일반적으로 다수의 화주 화물을 운송하는 일반운송인(common carrier)의 운항 서비스를 의미한다. 선박에 화물을 채웠던, 채우지 않았건 간에 공표된 스케줄에 따라 정해진 날짜에 항해해야 하는 점, 그리고 몇몇 화주의 화물이 아니라 불특정 다수의 화주 화물을 차별 없이 운송한다는 점이 부정기선과 크게 구분되는 특징이다.

이와 같은 정기선의 정의는 정기선사의 핵심 활동을 해상운송에 두고 선박에 초점을 두고 정의한 것이다. 그러나 화주는 화물을 항만이 아닌 최종 목적지까지 최적으로 수송해야 하므로 해상운송, 육상운송을 포함한 일관운송에 초점을 맞추는 물류 전반에 더 관심이 두게 된다. 따라서 정기선 해운도 점차 선박운영에서 벗어나 물류전반으로 업무의 시각을 확대시켜 나가고 있다.

60년 전 컨테이너 시스템이 도입된 이후 컨테이너 서비스가 재래 정기화물선 서비스를 거의 전부 대체하였기 때문에 정기선 해운의 모형은 컨테이너 시장 모형이라고 볼 수 있다. 정기선 운송 시스템의 시장 모형을 구성하는 요소는 크게 화물로 표시되는 수요, 정기선 서비스항로, 정기선사 그리고 정기선대인 공급, 운임결정 등 5개 요인으로 구분해 볼 수 있다.

일반화물은 이전의 정기화물선에서처럼 정기선 서비스의 기본적인 수요를

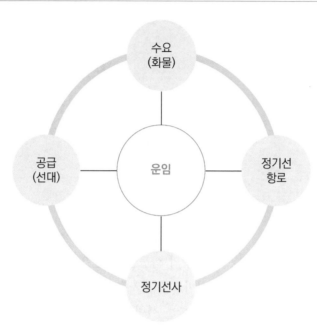

만들어내지만, 운송수요상 컨테이너화물로 전환되는 효과를 만들어내고 있다. 컨테이너 전용 대형 선박을 사용함으로써 일반화물은 물론 소규모 벌크화물과 특수 화물도 점차 컨테이너화가 진행되었다. 컨테이너선 수송수요는 컨테이너 화물과 환적컨테이너 화물, 그리고 공컨테이너 화물이 포함된다.

2020년 기준으로 세계 컨테이너 화물 해상물동량은 총 2억 460만TEU이다. 그러나 여기에 환적컨테이너 물동량과 공컨테이너 물동량을 포함하면 총 선박 수송수요는 7억 4,220만TEU에 달한다.[1] 지역별로 컨테이너 수송수요를 살펴보면 아시아 지역이 4억TEU로 전체의 54%, 유럽이 1억 2,620만TEU로 전체의 17%, 그리고 북미지역이 6,291만TEU로 8.3%를 차지하고 있다.

정기선 시스템의 핵심은 정기선 서비스 항로이다. 극동−북미항로, 극동−유럽항로, 아시아 역내 항로가 세계 3대 항로이며 이 밖에 대서양 항로, 남북

---

1 Drewry(2020)

자료: Drewry(2020)

항로, 그리고 각 지역 역내항로 등으로 이루어지는 단거리 및 중거리 항로로 구성되어 있다. 각 항로의 화물은 정기선사에 의해 공급되는 컨테이너 서비스를 통해 운송된다.

한 주(week)당 공급되는 수송능력을 보면 극동 – 유럽항로에는 2021년 말 기준으로 약 44만TEU, 극동 – 북미항로에는 66만TEU에 달한다.[2] 항로마다 도착과 출발 일자가 다르게 제공되며, 기항 항만과 운송시간도 다르게 제공되기 때문에 화주들은 다양한 운송대안 중 적합한 것을 선택할 수 있다. 동서기간 항로를 기준으로 한 주당 주간서비스(weekly services)가 약 100회 정도 운항되고 있다.

정기선사는 정기선 서비스를 공급하고 어느 선박이 어느 항만을 어느 날짜에 기항하는 가를 결정하는 복잡한 운항을 하고 있다. 2022년 6월 기준으로 MSC, Maersk, CMACGM, COSCO의 순으로 각각 17.3%, 16.6%, 12.9%, 11.5%의 시장지배력을 보이고 있고, HMM은 3.2%의 공급을 점유하고 있으며, 1% 이상 시장점유율을 가지고 있는 선사가 12개로 서로 다른 서비스를

---

2 Alphaliner(2021)

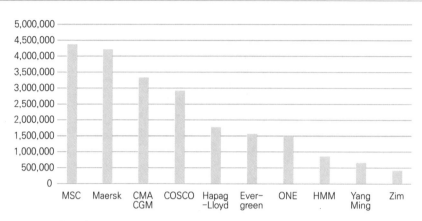

자료: Alphaliner(2022)

제공하고 있다. 정기선사는 대형화되어 수송능력면에서 보면 과점형태를 띠고 있다. 5대선사의 점유율이 65.1%, 그리고 8대선사의 점유율이 80.2%에 이르기 때문이다.

컨테이너 선대는 2021년 말 기준으로 총 5,489척이 운항 중에 있고 688척이 신조 발주되어 있다. 컨테이너 선대는 그 안에 다양한 선형으로 구성되어 있지만 초대형 컨테이너선에 의한 규모의 경제효과 추구로 최근 초대형선이 크게 늘어나고 있다. 7,500TEU 이상 초대형선이 선박량 기준으로 전체의 56%를 차지하고 있다. 초대형선화는 앞으로 보다 자세히 다루게 될 핵심 주제이다.

정기선사가 결정해야 할 핵심적 전략의 하나는 운항 선박을 구매할 것인가 혹은 용선할 것인가의 문제이다. 1990년대 초까지 대부분의 선사들이 선대를 직접 보유했으나, 이후 선박을 소유하는 선주에게서 선박을 용선하는 추세가 늘어났다. 2021년 기준으로 운항선박 중 용선 비중은 전체 선박 중 50.3%로 절반에 이르고 있다. 이는 정기선을 운항하는 정기선사와 별개로 존재하는 독립선주에 의한 용선시장이 크게 형성되어 있음을 의미한다.

정기선 서비스 운임은 수요와 공급환경 속에서 화주와 선사 간의 계약에 의해 나타나는 결과지만 정기선의 특성이 최대 피크일 때 화물을 수송할 수

▼ 그림 2-4 컨테이너선 선형별 구성(2021)

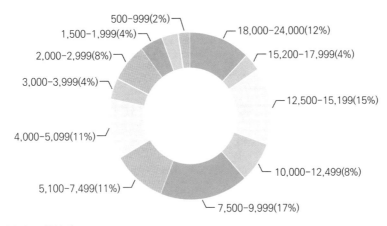

자료: Alphaliner(2021)

있는 수송능력을 갖추지만 비수기에도 운항을 해야 하는 만성적인 공급과잉
이 발생할 수밖에 없고, 이를 시장 경쟁에 맡겨 놓을 경우 과당경쟁으로 정기
적 운항서비스가 지속되지 않을 우려가 있는 시장이다. 따라서 무역을 증진하
기 위해 국제적으로 정기선 해운의 운임이 일정 수준 보장될 수 있도록 선사
간의 공동행위, 협정, 해운동맹을 허용하고 있는 산업이다.

▼ 그림 2-5 세계 컨테이너선 수요와 공급

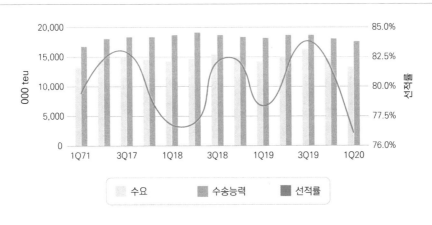

자료: Drewry(2020)

정기선 해운의 특성

1) 일반화물의 컨테이너 화물로 이동

컨테이너 화물은 다른 부분의 해운 사업에 비해 매우 빠르게 성장해왔다. 세계 컨테이너 수송수요는 1990년 8,637만TEU에서 2000년에 2억 3,400만TEU, 2010년에 5억 6천만TEU, 그리고 2019년에 8억TEU까지 증가했다. 1990년 이후 2019년까지 30년간 연평균 8%의 성장률을 보였다.

컨테이너 화물의 증가는 세계 경제활동에 큰 영향을 받아 세계 경제성장률과 밀접한 상관관계를 갖고 있다. 그러나 1990년 이후 2019년까지 세계 GDP는 연간 2.8% 성장하였지만 컨테이너 물동량 증가율은 이보다 훨씬 높았다.

그 이유는 첫째, 물리적으로 컨테이너에 넣을 수 있는 모든 화물은 잠재적으로 컨테이너 화물이 될 수 있기 때문에 컨테이너화의 진전에 따라 경제성장률 이상으로 컨테이너 물동량이 증가할 수 있었다. 둘째는 컨테이너 물동량은 항만을 통과하는 모든 컨테이너의 이동을 의미하기 때문에, 화물을 적재한 컨테이너는 물론, 대형 모선에서 피더선으로 환적되는 컨테이너 물동량, 그리고 수출입 무역 불균형으로 인해 회수해야 하는 공컨테이너도 물동량에 포함된다.

정기선 해운으로 운송되는 화물은 다른 운송서비스와의 경쟁이 이루어질 수 있다. 소비재, 기계류, 섬유, 화학제품, 자동차 등과 같은 공업용품 혹은 반공업용품의 일부 화물은 매우 값이 비싸기 때문에 정기선을 이용하지만, 매우 긴급하고 초고가의 화물이 특히 장거리 운송을 할 경우 항공운송과 경쟁한다.

극동에서 유럽으로 운송되는 의류와 전기, 전자제품의 경우 이러한 운송 영역에 있는 화물의 종류이다.

목재, 냉장화물, 자동차 화물 등 다소 낮은 가치의 화물은 특수화물의 해운서비스가 컨테이너 서비스와 경쟁한다. 자동차 무역에 대한 정기선 영업은 자동차 운반선을 사용하는 특수선이 개발되면서 수송 물동량의 대부분을 넘겨주었다.

또 다른 범위에서 정기선사는 철강재, 건축자재, 소량 벌크화물, 커피 등의 식료품 등과 같은 소량 벌크화물 물량 확보를 위해 건화물선 해운과 경쟁한다. 비록 이러한 화물이 높은 운임을 제공하지는 않지만, 이들은 수출항로와 수입항로의 물동량 규모가 다른 경우 이를 보완해주는 소위 '바닥화물(bottom cargo)'로 불리는 역할을 수행할 수 있다. 컨테이너 화물량 증가의 핵심은 제조업 화물로 이루어진 컨테이너 화물 교역량 증가에 기인하지만, 컨테이너화가 가능한 화물을 창출하고 벌크와 특수선 분야의 화물확보를 통해 더 증가할 수 있다.

2) 컨테이너 화물의 특징

컨테이너 화물은 컨테이너에 실린 화물과 관계없이 컨테이너 박스 자체가 화물이다. 그러나 컨테이너에 실린 화물은 매우 다양하고 광범위하다. 우리나라의 경우 수출화물에는 모든 종류의 제조업 제품이 포함되며, 여기에는 가전제품, 의류 등 소비재, 섬유, 가구, 자동차 부품, 철강과 철재, 장난감, 그 밖에 분류되지 않은 많은 기타 상품 등이 포함된다. 이러한 상품은 수출경제 국가의 전형적인 수출 품목이다. 그러나 수입은 다소 다른 특징을 갖고 있다. 우리나라는 자원이 부족한 나라로 펄프, 목재, 대두, 신문 인쇄용지, 고철, 그리고 이외 분류되지 않은 많은 원료 상품을 수입하고, 조립생산을 위한 여러 원자재 및 부품 등을 수입한다. 특히 북미지역이나 유럽지역에서 우리나라로 들어오는 수입항로의 경우 수송능력의 여유가 있어 낮은 가치의 원료 상품 등을 낮은 요금으로 운송할 수 있다.

컨테이너에 적입되는 화물의 가치는 화물별로 크게 차이가 난다. TV와 같은 전자제품은 톤당 30,000달러 이상의 가치가 있고, 의류제품은 톤당 16,000

달러의 가치가 있다. 그러나 많은 수입 상품은 원료 상품들이어서 톤당 1,000 달러 미만이다. 예를 들어 고철은 톤당 300달러이며, 철강재는 톤당 600달러 이다.

경제적 관점에서 볼 때 컨테이너 화물의 교역은 벌크화물이나 특수화물과 다른 두 가지 중요한 차이가 있다. 첫째는 컨테이너라는 소량 단위 화물로 운송하기 때문에 더 많은 공간과 더 비싼 관리상의 고정비용이 필요하다. 둘째는 시간에 맞춰 항해해야 하는 정기선의 특성으로 선박 수송 능력이 고정화되어 이의 조정이 어렵다는 점이다. 선박의 크기가 증가하는 만큼 운송능력도 늘어나기 때문에 화물이 수송능력에 미치지 못하는 경우가 발생하게 된다. 벌크선 시장에서는 시장 수급의 불균형이 발생할 때 효율성이 낮은 선박을 계선시킴으로써 이에 대응할 수 있지만, 정기선 서비스는 운항일정을 준수해야 하기 때문에 공급축소로 대응할 수 있는 유연성이 없다. 만일 주간 서비스(weekly service)을 위해 6척의 선박이 필요하다면, 정기선사는 6척의 선박을 운항해야 한다. 이러한 차이점이 정기선 운항의 수익성 문제를 야기할 수 있다.

해운 비즈니스에 영향을 주는 주 요인은 무역 사이클이다. 즉 해운경기는 세계경제의 흐름에 의한 교역량에 영향을 받게 된다. 따라서 교역량이 증가하는 시기에는 정기선 서비스의 수송능력이 문제가 되지 않지만 교역량이 정체되거나 하락할 때에는 수송능력의 조정이라는 과제를 안게 된다. 실무적으로 수송능력 관리 문제를 야기하는 원인은 다음 두 가지를 들 수 있다. 첫째는 특정 시점의 화물의 양이 다른 시점보다 많거나 적은 계절성(seasonality)이 발생한다. 두 번째는 한 쪽 방향(수출항로)의 교역이 다른 쪽 방향(수입항로)의 교역보다 많은 왕복항간의 화물 불균형(cargo imbalance)이 발생한다. 이러한 계절적인 요인이나 왕복항 간의 불균형이 발생할 때에는 선박이 일부 화물만을 실은 채 운항할 수밖에 없다. 이와 같은 문제는 벌크선 시장에서도 발생하지만, 선주들이 운임을 협상하거나 다른 항로로 이동하기 때문에 시장원리에 의해 해결된다. 정기선사의 경우는 단기적으로 공급을 조절할 수 있는 유연성이 없다. 정기선 서비스 운항시 발생하는 고정비용과 수송능력 조정의 비 유연성 때문에 정기선 서비스사업은 과당경쟁이 발생할 경우 수익성 저하로 항로서비스 유지가 어려워질 수 있는 특성을 가질 수밖에 없다. 추후에 검토하게 될 정기선사들의 공동행위를 허용하게 된 배경이 바로 이 이유 때문이다.

3) 정기선 해운 서비스

정기선 해운 서비스에는 두 가지 기본 전략이 있다. 하나는 저비용 전략이고 다른 하나는 컨테이너 서비스 차별화 전략이다. 서비스 차별화 전략은 차별적인 가격을 설정할 수 있도록 자신의 서비스를 차별화할 수 있는 방법을 찾는 것이다. 국제 비즈니스에서 사용되는 차별화 전략은 세분화된 시장(고객)마다 공급하는 제품(서비스)을 차별화하는 것이다. 전형적인 예로 제너럴모터스(General Motors)사가 시장을 선점하고 있던 포드사를 밀어내기 위해 시장 세분화 정책을 사용한 것을 들 수 있다. 자사 자동차를 5개로 세분화하여 최상위 시장에 캐딜락(Cadillac)을 그리고 최하위 시장에 쉐보레(Chevrolet)를 공략하였다. 이러한 세분 시장별 제품 차별화 전략은 성공으로 이어졌으며, 지금도 많은 자동차 제조업체들이 이와 동일한 전략을 따르고 있다. 항공사들의 경우 프리미엄 승객들을 비행기의 앞부분에 배치하고 이를 '비즈니스 클래스(Business Class)'로 부르며 차별적 서비스를 제공하면서 고가의 요금을 부과하여 서비스 차별화를 하고 있다. 이러한 고객 서비스 차별화 전략을 통해 이익을 극대화할 수 있었다.

운송 서비스분야에서의 서비스 차별화 전략을 사용한 예는 페덱스의 소포 운송사업을 들 수 있다. 1970년대에 페덱스(FedEx)는 미국 우편국(US Postal Service)을 이용하던 긴급하고 고가의 상품 소포배달 서비스를 차별화함으로써 소포 시장을 세분화하였다. 미국 대부분의 우편 소포를 선점하고 있던 미국 우편국은 소비자들이 계속 값싼 운송을 원할 것이라는 생각으로 이런 소량의 틈새시장을 간과했다. 페덱스 창업자 프레드 스미스(Fred Smith)는 소포의 수집, 운송, 그리고 배달의 각 단계와 작업의 요금시스템에 대해 연구를 하였으며, 빠른 배송을 제공하는 프레미엄 소포 서비스 시장이 존재한다고 판단했다. 그는 다소 비싸긴 하지만 페덱스가 공항 인근 고객에게 서비스를 제공하기 위해 소형 업무용 비행기를 사용하였다. 대형 항공기를 가득 채워야 한다는 커다란 부담 없이 빈번하게 운송할 수 있었다. 운송시장에서도 시장 세분화에 의한 서비스 차별화가 가능하다는 것을 보여준 사례이다.

정기선 해운 시장에서도 이와 같은 서비스 차별화의 이슈가 존재하며, 컨테이너 운송도 다음 7개 속성을 포함하는 서비스 차별화가 가능하다. 이러한 차별화는 정기선 서비스의 질적 수준을 향상시키는 요인이기도 하며 직접 운임수준과 연결되지 않는다 해도 고객확보의 중요한 요인으로 작용할 수 있다.

① **정시도착**: 원양해운항로에서 정기선 서비스는 고객이 자신의 수출시장과 연결된다. 해상운송 서비스의 정시도착에 대한 신뢰성이 높을 경우 재고자산의 확보가 줄기 때문에 차별적인 서비스로 인정받을 수 있다. 고정적인 운항일정, 정시도착을 유지하는 것이 매우 중요하다.

② **운송시간**: 해상운송시간, 육상운송시간 등 문전서비스까지의 운송시간은 특히 고가 제품의 경우 운송 중 재고비용과 관련이 있는 사안이다. 예를 들어 극동과 유럽 항로 간에 운송시간이 3주 이상이 걸리는 상황에서 운송시간에 민감한 화물인 경우 항공화물운송서비스가 경쟁자가 될 수도 있다.

③ **운송비용**: 컨테이너화물이 단일화된 화물이고 만성적인 공급과잉으로 인해 저가운임 경쟁만이 가능한 상태이다. 초대형 컨테이너선을 운항할 경우 컨테이너당 운송비용이 낮아질 수 있어 차별적인 운임을 제시할 수도 있지만 곧이어 경쟁자들도 같은 초대형선을 건조, 운항할 경우 이 차별적 지위는 단기에 그칠 수 있다.

④ **운항빈도**: 운항빈도가 높은 정기선 서비스의 경우 수출업체나 제조업자에게 운송을 더욱 신속하게 할 수 있는 기회를 제공하기 때문에 출발지와 도착지 양쪽에서 발생하는 재고 수준을 감소시켜 줄 수 있다.

⑤ **수송능력**: 선박출항에 임박하게 통보하는 경우에도 화물을 수용할 수 있는 능력이나 화주가 요구하는 수송능력을 제공할 수 있는 서비스 능력은 차별적인 것이 될 수 있다.

⑥ **화물 추적**: 화주가 자신의 화물수송 진행상황을 확인할 수 있도록 화물추적을 하고 그 추적정보를 화주가 실시간으로 확인할 수 있게 하는 서비스로 화주에게 불확실성을 줄여주는 역할을 한다.

⑦ **관리의 신뢰성**: 고객들은 정기선 서비스와 관련된 신속하고 정확한 관리를 요구한다. 적절한 제시가격을 제공하는 능력, 정확한 선화증권, 적절한 도착 알림, 정확한 송장, 문제 해결 능력 등이 정기선사 업무에 대한

고객 평가의 고려사항이다.

2017년 유럽화주협의회가 Drewry사와 공동으로 화주의 선사 이용 만족도 조사를 수행했다. 전 세계 126개 선사를 대상으로 전 세계 화주에게 조사한 결과 선사의 서비스 수준, 운송신뢰성이 가장 불만족한 요인으로 나타났다. 2004년에 미국 정기선사에 대한 미교통부 해운국의 기업 설문조사에서는 정시 도착(on-time arrival), 화물 정시 배달, 그리고 비용 절감의 세 가지 분야가 가장 강조되어야 할 영역으로 구분하였다.

정기선 서비스의 정시성은 컨테이너 선박이 정해진 출발시간과 도착시간을 얼마만큼 지키는가에 대한 지표이다. 씨인텔사의 정시성 조사결과를 보면 코로나19 팬더믹 발생이전에는 약 65~85% 정도의 정시성을 보였다. 전체 선박 중 25% 정도는 정시에 도착하지 않았다는 것이다. 정기선사들이 모든 예상치 못한 상황에 대해 계획을 세우기 어려울 만큼 다양한 조건에서 운항하고 있기 때문이다. 엔진의 오류 같은 고장에 의해 선박의 지체가 발생할 수 있고, 충돌과 같은 사고, 지진과 같은 자연 재해, 악천후, 그리고 체선 등에 의해 정시성을 지키기 어렵기 때문이다.

2020년 하반기 이후 코로나19 팬더믹하에서는 항만과 터미널의 폐쇄, 작업지연, 공컨테이너 회수 지연 등의 이유로 만성적인 항만체선이 발생했다. 이 때문에 정기선사들의 정시성도 30~40%대로 크게 하락할 수밖에 없었다.

장기적으로 선박을 더 투입하여 선박 지체에 대한 여유를 포함하는 현실적인 운항일정이 해법이다. 단기적으로는 연료비가 많이 소요되지만 고속운항을 하거나 항만을 건너뛰는 것이 일정을 따라잡는 일반적인 방법이다.

정기선사의 두 가지 중심 이슈는 고객이 더 나은 서비스에 대해 프리미엄을 지불할 것인가의 여부와 시장 세분화의 요구에 부응하여 어떻게 보다 고도의 서비스 수준을 제공할 것인가 하는 것이다.

유럽화주협의회의 조사에 따르면 선사가 프리미엄 서비스를 제공하면 이것이 곧 표준적인 서비스로 인식되기 때문에 선사들은 프리미엄 서비스 대신 저품질 저가격 서비스 전략이 더 효과적이라고 응답하고 있다. 공급과잉 상황에서 프리미엄 서비스에 대해 추가 요금을 지불할 상황이 되고 있지 않음을

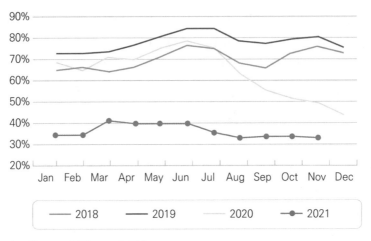

자료: Sea-Intelligence, GLP report 124

알 수 있다.

또한 이론적으로 고가의 화물은 높은 운임을 제공할 수 있을 것으로 보이지만 컨테이너라는 단일화물화가 되어 운임도 박스당 운임(box rate)으로 계약이 되기 때문에 화물별로 차별적인 운임이 책정되지 않고 있다. 화주는 정기선 해운에서 컨테이너는 단일 상품이라고 주장한다. 즉 하나의 컨테이너가 운송업자에게 예약되어 다른 운송업자의 선박에 선적되고, 동일한 컨테이너가 터미널에서 그리고 컨테이너 트럭에 실려 화주에게 운송되기 때문이다.

4) 소량 벌크화물의 컨테이너화

목재 생산품, 철강제품, 소량 광물, 콩류, 고철, 면직물과 같은 소량 벌크화물은 컨테이너화가 가능한 잠재적인 화물이지만 각각의 화물을 실제로 컨테이너 화물로 만들기 위해서는 여러 가지 어려움이 존재한다. 벌크선 수송시 운송비용이 낮기 때문에 정기선 서비스가 이런 화물 수송경쟁력을 갖기 위해서는 대형 선박의 운항이 필요하다. 서비스 운항의 관점에서 볼 때 컨테이너

천장개방 컨테이너   탱크 컨테이너

플랫 랙 컨테이너   냉동 컨테이너

자료: LOTUS containers 등

화가 되지 않은 '바닥화물(bottom cargo)'을 수송하기 위해 초대형선을 운항한
다는 것은 수익성이 낮은 화물에 대한 투자라는 리스크가 될 수도 있다. 초대
형 선박의 경제적 편익은 그다지 크지 않기 때문이다. 선박과 관련된 비용은
총 서비스 비용의 1/4 이하이기 때문이다.

이러한 결점에도 불구하고 소량 벌크화물의 컨테이너화는 서비스 운항업
자로 하여금 화물의 균형을 유지하고, 저가 또는 비표준화물의 운송을 위해
새로운 형태의 컨테이너가 개발되는 요인을 제공하는 중요한 역할을 했다.

천장이 개방된 컨테이너(open top container)는 높이가 높은 화물(tall cargo)
에 사용된다. 냉동 컨테이너인 리퍼(reefer) 컨테이너와 환기되는 컨테이너는
냉동 및 냉장화물과 부패하기 쉬운 다양한 농업 곡물의 수송에 사용된다. 플
랫 랙 컨테이너(flat rack container)는 천장이 없고 측면은 없거나 접을 수 있는

• 크롬석, 기계부품

• 고철, 자동차

• 자전거 부품, 바나나(리퍼)

자료: 각 선사 홈페이지 등

컨테이너로 컨테이너 규격보다 큰 대형화물에 사용된다. 탱크 컨테이너는 석유화학제품이나 화학물질과 같은 액체 벌크화물 운송에 사용되는 탱크형태의 컨테이너이다.

이전에는 컨테이너로 운송되지 않았던 화물을 컨테이너로 수송하기 위해 포장과 저장, 그리고 처리 방법에 대한 여러 연구가 진행되었다. 이런 화물이 운송되는 항로에서 컨테이너화가 진행되는 속도는 컨테이너화가 어려운 화물을 컨테이너화하는 현실적인 방법을 찾는 데 좌우된다.

예를 들어 대부분의 오토바이 수출은 컨테이너화가 가능하다. 오토바이를 분해하여 대형 오토바이 28대를 40피트 컨테이너에 적재할 수 있다. 그러나 운송이후 목적지에 하역 후 일부 조립을 하는 것은 값이 비싸고 통제가 어려울 경우 총비용이 더 높아질 수 있다. 따라서 운송비용은 감소하는 반면, 노동비용은 증가하기 때문에 많은 제조업자들은 오토바이 자체를 포장하고 선적하는 경우가 더 많아졌다.

온도에 민감한 화물의 컨테이너화한 예는 바나나 커피 같은 농산물의 예를 들 수 있다. 브라질에서 미국으로 벌크 형태로 수출하던 커피 수출을 예로 들면, 전통적으로 커피 콩은 60kg의 자루에 넣어 선적되며 일반화물선의 화물창 안에 적재된다. 컨테이너화가 도입되면서 자루를 컨테이너에 넣어 운송하였다. 커피콩에서 나오는 습기가 컨테이너 내부에서 응결되는 문제를 해결하기 위해 습기를 흡수하는 드라이백(dry bags)을 사용하여 해결하였다. 약 250개의 자루를 개별적으로 처리할 필요 없이, 컨테이너선에서 하나의 컨테이너만을 하역하면 되었으며, 컨테이너 전용선에서 작업시간은 1분 30초 정도면 충분하였다. 1980년대 중반에는 수입업자들이 컨테이너에 60kg의 자루를 넣고 빼는 데 필요한 노동력을 감소시키기 위해 중력을 이용하여 컨테이너에 싣고 미끄럼틀 활송장치(chute)를 이용하여 컨테이너에서 내용물을 꺼내는 새로운 화물처리시스템을 개발했다. 수작업으로 할 경우 몇 시간이 걸리던 일을 불과 몇 분 만에 처리하게 되었다.

이러한 예에서 나타나는 중요한 점은 컨테이너화가 단순히 운송비용만을 절감시킨 것은 아니라는 점이다. 컨테이너화는 화물 운송경로의 양 끝점에서 포장비용과 화물 처리비용에도 큰 영향을 미쳤다.

우리나라 컨테이너선 해운

1) 우리나라 정기선해운 발전[3]

1960~1970년대까지 우리나라 해운은 늘어나는 대외무역을 모두 뒷받침할 수가 없었다. 수출입 해상운송은 대부분 일본이나 대만 등의 외국선사를 이용하고 있었다. 따라서 우선 외항선을 확보해 수출입항로에 투입하는 것이 중요했다. 선박을 확보해야 해운경영의 경험을 쌓을 수 있고, 선원을 양성할 수 있으며, 수출입물동량을 늘릴 수 있기 때문이었다.

우리나라 정기선 항로는 한·일 항로, 한·중 항로 등 근거리 항로를 중심으로 시작되었다. 우리나라 선사에 의한 정기선 선박운항은 한·일 정기선항로에서 시작되었다. 한·중간의 정기선 해운서비스는 양국의 수교 이전에 한·중 합작선사에 의한 컨테이너 직항로를 개설하여 서비스를 시작하였고, 해운시장의 진입에 제한을 양국 정기선사들은 과당경쟁 없이 적정한 이윤을 확보할 수 있도록 했다. 이후 1961년에 동남아 항로가 그리고 1965년도에 북미항로가 각각 개설되면서 정기선 해운이 확장되었다.

정기 원양항로의 개설을 위해서는 일정 규모 이상의 선대를 갖추어야만 하므로 이를 위한 수익성 보전과 선박확보가 필요했다. 정부는 경제개발 5개년계획에 따른 수출입 지원책의 일환으로 정기선 항로개설을 위해 다각적인 정

---

3 박종록(2019), pp.221–223을 참조하여 기술

책을 실시하였다. 정기선 해운 육성 정책으로 크게 세 가지를 들 수 있다.

첫째는 해운진흥법에 의한 보조금 지원정책이다. 해운진흥법에서는 해운업체가 대외무역의 증진과 외화획득의 필요에 의하여 국제정기항로에 취항하는 경우 그 취항으로 인하여 생긴 손실에 대하여 손실금의 80% 이내에서 보조금을 지급할 수 있도록 하였고, 이에 근거하여 1970~1973년까지 보조금을 지급하였다.

두 번째 정책은 해운진흥법에서 수출입화물의 국적선 유보제도가 법제화되어 국적선이 취항하고 있는 정기항로의 화물은 국적선을 이용하도록 의무화한 것이다. 자국화물의 일부를 자국 선대에게만 적취권을 유보하는 화물유보제도(cargo preference)가 1967년 이후 1995년까지 유지되었는데, 이 제도가 우리나라 정기선사들에게는 화물확보의 중요한 수단이 되었다.

세 번째 정책은 정기선 항로개설을 위한 선박확보를 지원하였다. 계획조선사업을 1976년에 시작하여 1994년까지 지속되었다. 계획조선사업은 정부가 해운업과 조선산업을 연계육성하기 위해 해운업 소요선박을 자국 조선소에 건조하는 조건으로 소요자금의 조달을 지원하는 제도이다. 특히 해운산업합리화 조치가 이루어진 1984년부터 1988년까지 컨테이너선의 확보를 우선적으로 지원하면서 17척의 컨테이너선의 건조를 지원하였다.[4] 이러한 정책에 힘입어 우리나라 컨테이너 선대는 1965년 4척의 중고선에서 1990년에 113척 144만 톤(G/T)까지 증대 될 수 있었다.

정부는 1974년 9월 '외항해운육성방안'을 발표해 대한해운공사가 정기항로에 컨테이너화를 추진토록 했고, 1975년 대형 컨테이너선 코리아리더호(2만 4천톤)를 투입했다. 1978년에는 선박법이 제정되어 외국자본 합자나 외국인의 경영참여가 가능하게 되었고, 해상운송사업법 개정으로 풀컨테이너선에 의한 원양정기항로사업에 대해 외국인 투자회사의 운항사업면허를 허용했다. 한진해운과 시랜드의 합작투자가 허용되었고, 고려해운과 NYK, 조양상선과 에버그린의 공동운항이 허가되었다. 또 1978년 10월 1일 해상운임률의 안정과 항로질서 유지를 위해 한국선주중립위원회가 발족됐다.[5]

---

4 양창호(1997)
5 주성호, 강범구, 우예종, 류영하(2016), p.116

국적선사의 컨테이너선대가 다시 큰 폭으로 증가하게 된 것은 2005년 이후이다. 2004년 이후 해운경기가 회복되면서 선박금융이 용이해졌을 뿐만 아니라 2004년 이후 선박투자회사를 통한 선박건조가 본격화되었고 2005년에는 톤세제도를 도입함으로써 법인세 감면효과로 자본축적이 이루어져 선박확보를 위한 재원조달이 용이해졌기 때문이다. 이 결과 2015년에 우리나라 컨테이너선대는 168척 666만톤(G/T)까지 증가되었다. 이후 한진해운 파산의 영향으로 선대규모가 감소했다가 다시 선대확충을 하여 2020년에는 148척 646만톤까지 회복했다.

이러한 선박량 증감 추세를 반영하여 우리나라 수출입 컨테이너에 대한 국적선 적취율은 1985년 수출 30%, 수입 38%에서 1990년 수출 38%, 수입 42%로 높아졌다. 항로별로 보면 전통적으로 한·일 항로 등 근해항로에서 수출입 컨테이너의 적취율은 높은 반면, 북미항로나 유럽항로 등 원양항로에서는 낮게 나타나고 있다. 2015년 기준 근해항로의 적취율이 52.9%이었으나, 원양항로는 31.5%에 불과했다. 이는 우리나라가 근해 항로에서 오랫동안 외국 선사에 비해 경쟁력을 확보하고 있는 반면에 원양항로의 경우 1990년대 후반기 이후 제대로 성장기반을 마련하지 못하였기 때문이라고 볼 수 있다.

▼ 그림 2-9 우리나라 컨테이너선 선대 발전 추이

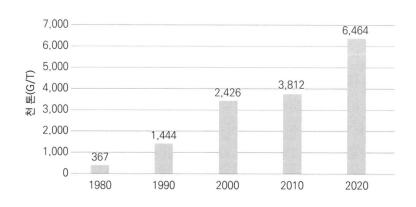

자료: 한국해양수산개발원, 해운통계요람, 각 연도

2) 우리나라 정기선의 발전

우리나라 원양 정기선해운은 대한해운공사로부터 태동되었다고 볼 수 있는데 재래선에 의한 원양 정기항로를 처음으로 개척하였고 컨테이너선을 처음으로 도입하였다. 대한해운공사는 1949년 대한해운공사법에 의해 출범하였다. 대한민국 정부가 수립되고 이승만 초대 대통령은 장기적 안목에서 과감한 해양정책을 폈다. 평화선(平和線)의 선포와 대한해운공사의 창립은 당시로서는 대담하고 충격적인 조치였다. 특히 국영 기업체로서 대한해운공사를 설립한 것은 민간 기업의 외항 진출이 사실상 불가능했던 당시의 실정을 감안할 때 개발도상국 가운데에서 우리나라가 처음으로 국책 사업으로 자국 상선대에 의한 외항 진출을 시도했다는 점에서 큰 의미가 있다 할 것이다.[6]

대한해운공사는 1968년 민영화되었으나 대한해운공사라는 상호를 그대로 사용하다가 1980년에 대한선주(주)로 사명을 변경하였으며 1988년에는 대한상선(주)으로 재차 사명을 변경하였다.

해운산업합리화 조치가 있기 전까지는 대한선주(주) 외에 한진해운(주), 조양상선(주) 및 고려해운(주)이 원양 정기선해운사업을 운영하면서 우리나라는 4개의 원양 정기선사 체제가 유지되었다.

한진해운(주)은 1979년에 북미서안 컨테이너항로를 개설하였으며 1986년에는 북미동안항로를 개설하였다. 또한 해운산업합리화 과정에서 1985년 현대상선(주)이 고려해운(주)의 원양 컨테이너사업을 합병하였다. 그리고 한진해운은 대한상선(주)으로 사명을 변경한 대한선주(주)를 1988년에 인수하였다. 이에 따라 우리나라 원양 정기선사는 한진해운(주), 현대상선(주), 조양상선(주)의 3사 체제로 개편되었다.

이후 조양상선은 세계일주항로의 개설을 위한 선대확장 등의 대규모 투자를 했지만 1997년 외환위기에 따른 자금압박으로 경영위기에 처하였고, 결국 이를 극복하지 못해 2001년 9월 파산되었다. 또한 한진해운은 2008년 글로벌 금융위기 이후 2008년 직전의 해운 호황기 때 체결한 용선 선박의 용선료 부담 등으로 적자가 누적되는 경영위기를 맞게 되었고, 정부와 국책은행의 미흡

---

6 한국해사문제연구소(2005)

한 대응이 더해져 2017년 2월 파산되었다.

이에 따라 우리나라 원양 정기 컨테이너선을 운영하는 선사는 현대상선에서 이름을 바꾼 HMM만이 남았으며, 한진해운의 미주, 아시아항로 영업권을 인수하고 인력 일부를 흡수해 설립한 SM상선이 있을 뿐이다.

근해항로에 취항했던 선사들의 발전과정을 살펴보면 1954년에 설립된 고려해운은 1973년 한·일간 컨테이너 정기선항로를 개설 이후 일본, 중국, 동남아, 서남아, 중동지역까지 정기선 항로를 확대했다. 동남아해운은 1967년 동서해운(주)으로 설립된 후 1984년 해운산업합리화정책에 따라 대한선주의 일부 사업부문을 합병해 1984년 동남아 해운으로 출범했다. 일본, 동남아지역 서비스를 시작으로 1975년 중동지역, 1981년에는 극동·북미지역 서비스를 시작하였다.

장금상선은 한·중 수교가 있기 이전인 1989년 설립된 장금유한공사에서 시작되었다. 장금유한공사는 중국의 SINOTRANS사와 우리나라의 동남아해운이 공동 투자하여, 한국과 중국 정부로부터 한/중 컨테이너 직항로 개설을 승인받아 컨테이너선을 운항하였다. 이후 중국항로와 함께 일본, 홍콩, 인도네시아, 베트남 항로 등 아시아 지역의 해운네트워크를 구축하였다. 흥아해운은 1961년 설립되어 한·일 항로, 한·동남아 항로 등으로 취항네트워크를 확대하였다.

이상과 같이 근해항로에 취항하는 선사는 고려해운, 동남아해운, 흥아해운, 장금상선 등이 대표적이었으나. 동남아해운은 2006년, 흥아해운은 2019년에 파산하여 동남아해운은 ㈜진도에, 그리고 흥아해운의 컨테이너부문은 흥아라인으로 분리되어 장금상선이 인수하였다. 이로서 근해해운 주력 선사로는 장금상선, 고려해운이 운영되고 있고, 이 밖에 남성, 천경, 동진, 태영, 동영, 범주해운 등이 취항하고 있다.

2020년 기준 우리나라 외항 컨테이너선 총 선대 중 선사별 차지 비중을 살펴보면 HMM이 60.1%, 장금상선과 흥아라인의 합이 11.4%, 고려해운이 11.3%, SM상선이 6.0%, 남성해운이 3.3%를 차지하고 있고, 나머지 선사들은 1%대 이하에 머물고 있다.

3) 정기선 컨테이너화물 수송

  우리나라 정기선 수출입 컨테이너화물은 2005년 941만TEU에서 2020년 1,643만TEU로 15년간 연평균 2.9% 증가했다. 같은 기간 수출 컨테이너 물동량은 연평균 3.0%, 수입컨테이너 물동량은 연평균 2.8% 증가했다. 수출입 컨테이너화물의 증가는 무역증가에 따라 이루어졌다.

▼ 그림 2-10 우리나라 컨테이너 수출입 화물 추이

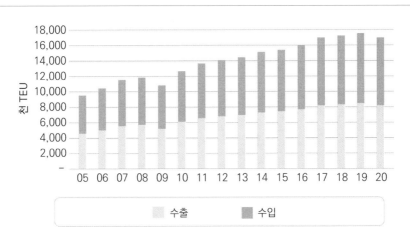

자료: 한국해양수산개발원, 해운통계요람, 각 연도

4) 정기선 컨테이너 서비스 현황

  부산항의 정기선 서비스 항로는 2020년 기준으로 총 269개 항로에 달해 상하이항, 싱가포르항에 이어 세계 3위의 해운 네트워크를 보유하고 있다. 이 중 한·일 항로 서비스가 68개로 가장 많으며, 동남아 항로 서비스와 중국항로서비스가 각각 50개, 47개이다. 북미 항로는 56개, 유럽항로는 15개 항로서비스가 운항되고 있다. 부산항에 기항하는 선사도 전 세계 22개국 총 61개 선사에 이른다. 평균 수송시간으로 볼 때 부산에서 북미서안까지 11.5일, 북유럽까지는 34일이 소요된다.

인천항의 경우는 정기선 서비스 항로가 총 66개에 이른다. 이 중 동남아 항로 서비스가 31개, 중국 관련 항로 서비스가 29개 등이다. 인천항에 기항하는 선사 수도 외국적 선사 15개를 포함하여 총 29개사에 달한다.

글로벌 컨테이너 해운 네트워크에서 항만의 위치는 세계 무역의 접근성, 무역비용, 그리고 경쟁력을 결정하는 중요한 요인이며 정기선사 연결성(connectivity)으로 표시된다. UNCTAD는 900개 이상의 항만의 연결성 지수를 분기별로 분석하여 그 결과를 통계로 제공하고 있다.[7] 연결성지수가 높을수록 한 국가나, 항만이 글로벌 해상운송 시스템에 접근이 용이하다는 의미이다. 해상운송 수송력이 증가하며, 수송 선사의 선택대안이 많으며, 수송 항로 빈도가 많아져 결국 효과적으로 국제무역을 수행할 수 있다. 따라서 이 항만연결성 지수는 정기선 서비스와의 연결성 척도인 동시에 무역을 촉진하는 경쟁력 척도이다. 부산항은 2006년에 연결성지수가 5위였지만 2019년에는 3위로 개선되어 세계 최고 수준을 유지하고 있다.

---

7 http://unctadstat.unctad.org/maritime

CHAPTER

03

컨테이너 해운수요와 공급

컨테이너 해운수요

1) 컨테이너 해운수요의 구성

컨테이너 해운수요는 항만 간(port to port) 컨테이너 해상수송물동량과 컨테이너 환적(transhipment) 해상수송수요가 포함된다. 항만 간 컨테이너 해상물동량은 출발항 선적－도착항 양하간 해상운송 수요이다. 환적화물은 출발항 선적－환적항 양하, 환적항 선적－도착항 양하 과정을 통해 총 2번의 해상운송 수요를 발생시킨다. 환적화물이 해운수요를 더 많이 증가시키는 요인이다.

항만 간 컨테이너 해상물동량과 환적물동량에는 화물을 실은 적컨테이너(loaded container)와 공컨테이너(empty container)가 각각 포함된다. 수출입 불균형으로 인해 화물운송을 마친 공컨테이너를 재배치(repositioning)하면서 공컨테이너 수송수요가 증가하고 있다.

또한 항만물동량(port throughput)은 해상운송수요의 2배로 표시된다. 항만 간 수송수요는 출발항과 도착항에서 2번의 항만물동량을 발생시키고, 환적물동량은 출발항과 도착항, 그리고 환적항에서 2번 등 총 4회의 항만물동량을 발생시키기 때문이다. 따라서 Drewry사나 Alphaliner사에서 발표하는 항만물동량의 1/2이 해상운송수요가 된다.

Drewry사의 항만물동량 통계를 기초로 하여 해운수요를 산출하면 2007년 이후 2021년까지 [표 3－1] 다음의 표처럼 나타낼 수 있다. 2007년에 2억 4,830만TEU에서 2021년에 4억 81만TEU로 증가해 13년간 연평균 3.9%가 증가했다.

▍표 3-1 해운수요(백만TEU)

	항만간수송			환적수송			해운수요		
	적컨	공컨	계	적컨	공컨	계	적컨	공컨	계
2007	142.1	37.8	179.8	54.1	14.4	68.5	196.2	52.1	248.3
2008	149.2	39.2	188.4	58.5	15.4	73.9	207.7	54.5	262.2
2009	130.4	35.3	165.7	57.9	15.7	73.5	188.2	51.0	239.2
2010	150.7	40.0	190.7	66.4	17.6	84.0	217.1	57.6	274.7
2011	163.2	42.8	205.9	72.3	19.0	91.2	235.4	61.7	297.1
2012	169.9	44.5	214.4	75.0	19.7	94.6	244.8	64.2	309.0
2013	177.1	46.4	223.5	79.2	20.8	99.9	256.2	67.2	323.4
2014	189.4	49.8	239.2	76.1	20.0	96.1	265.5	69.8	335.3
2015	190.7	60.7	251.4	68.6	21.8	90.4	259.3	82.5	341.7
2016	193.2	61.5	254.6	69.4	22.1	91.4	262.5	83.5	346.0
2017	207.1	69.8	276.9	72.2	24.3	96.5	279.3	94.1	373.4
2018	218.7	74.0	292.7	74.5	25.2	99.7	293.2	99.2	392.3
2019	222.1	75.3	297.7	76.6	26.1	102.7	298.7	101.7	400.4
2020	204.6	69.8	274.2	72.3	24.6	96.9	276.8	94.3	371.1
2021	226.7	77.2	303.9	77.7	26.5	104.2	304.4	103.7	408.1
연평균 증가율	3.7%	5.7%	4.1%	2.8%	4.8%	3.3%	3.4%	5.4%	3.9%

자료: Drewry(2020)

화물을 실은 적컨테이너 물동량은 같은 기간 연평균 3.4% 증가했지만, 공컨테이너 수송 수요는 연평균 5.4%로 크게 증가했다. 특히 공컨테이너는 2017년 5,210만TEU에서 2021년 1억 370만TEU로 크게 늘어 전체에서 차지하는 공컨테이너 수송수요 비중도 지난 10년간 약 20%에서 25%로 증가하고 있다. 이는 아시아와 북미간, 그리고 아시아와 유럽 간 무역불균형이 점차 심화되고 있어 공컨테이너 재배치 수송 수요가 증가한 것으로 판단된다.

항만 간 수송수요와 환적 수송수요는 각각 연평균 4.1%, 3.3% 증가하였다. 환적 수송수요보다는 항만 간 수송수요가 더 크게 증가한 것이다. 물론 환적

▼ 그림 3-1 적컨테이너와 공컨테이너 수송(백만TEU)

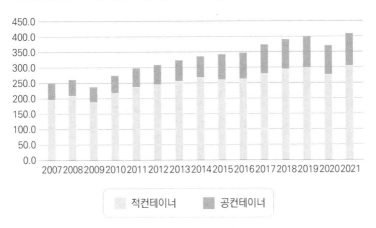

자료: Drewry(2020)

▼ 그림 3-2 항만 간 수송과 환적수송 수요(백만TEU)

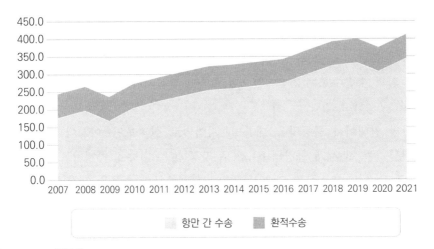

자료: Drewry(2020)

물동량 자체로는 2007년에 6,850만TEU에서 2021년에 1억 420만TEU로 증가했다. 그러나 상대적으로 항만 간 운송 물동량이 더 많이 증가했기 때문에 전체에서 차지하는 환적 수송수요 비중도 지난 10여 년 동안 약 30%에서 25%

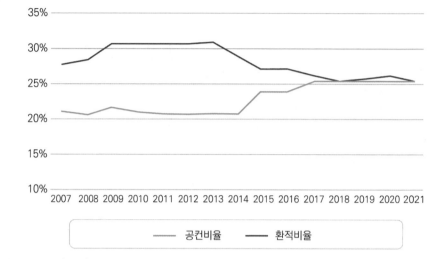

▼ 그림 3-3 환적 수송수요비중 및 공컨테이너 수송수요 비중 추이

자료: Drewry(2020)

로 감소하였다.

지난 10년(2011~2021)을 기준으로 살펴보면 항만 간 컨테이너 수송수요는 73%, 환적 수송수요는 27%이었으며, 이 중 적컨테이너는 76%, 공컨테이너는 24%를 구성하고 있다.

세계 컨테이너 물동량을 대륙별, 지역별로 살펴보면, 아시아 지역물량이 2019년 기준 전 세계 물량의 64.2%로 가장 높은 비중을 차지하고 있으며, 다음으로 유럽 16.1%, 북미 7.5% 등이다. 특히 중국과 홍콩을 합친 물동량이 전 세계 컨테이너 물동량의 1/3인 33.3%를 차지하고 있다.

2000년 기준 아시아 지역물량은 전 세계 물량의 51.6%였으며, 유럽이 22.7%, 북미 13.7%였다. 20년 전의 지역별 구성과 비교해보면 아시아 지역 물동량 비중이 크게 늘어나는 대신 유럽과 북미의 물동량 비중이 낮아졌다. 이는 중국의 성장에 기인하여 2004년을 기점으로 아시아 지역으로 물량이 집중되면서 전 세계 컨테이너 물량비중은 유럽과 북미 주도에서 아시아 주도로 전환되었다.

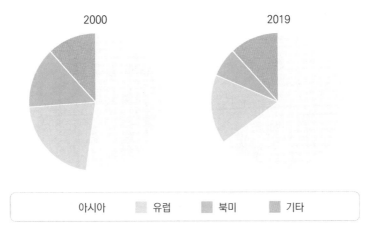

자료: Drewry(2020)

2) 컨테이너 화물 해상물동량

적컨테이너 물동량이라 할 수 있는 컨테이너 화물 해상물동량(seaborne trade volume)은[1] 1980년 1,100만TEU에서 2000년에는 6,600만TEU로, 2010년에는 1억 3,500만TEU로 증가된 후 2019년에는 1억 9,600만TEU까지 증가했다. 2000년 이후 2019년까지 20년 동안 연평균 5.6%씩 증가했다.

주요 항로별 컨테이너 물동량을 살펴보면 크게 동서기간항로와 역내항로, 남북항로 등으로 나누어 볼 수 있으며, 이 중에 가장 비중이 큰 항로는 남북항로의 하나인 중국을 포함한 극동아시아와 동남아시아 간의 아시아역 내 항로, 그리고 동서기간항로 상 극동-북미 간 북미항로와 극동-유럽 간 아시아-유럽항로를 들 수 있다.

---

1 Clarkson(2021)

▼ 그림 3~5 컨테이너 화물 해상물동량 추이(백만TEU)

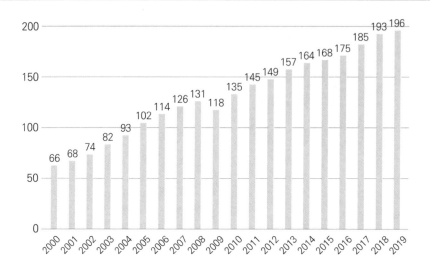

자료: Clarkson Research Services

　　MSI 자료[2]에 의하면 2019년 기준으로 아시아 역내항로 물동량이 6,640만
TEU로 3대 항로 중 컨테이너 화물 물동량이 가장 많은 항로이며, 북미항로,
유럽항로의 물동량이 각각 2,650만TEU, 2,420만TEU로 2위와 3위의 항로이
다. 아시아 역내항로 물동량은 2007년 4,241만TEU에서 2021년 7,020만TEU
로 13년간 연평균 4.0% 증가했다.

　　Clarkson사 자료에 의하면[3] 2019년 기준 북미항로 물동량은 2,768만TEU
이며 유럽항로로 2,403만TEU였다. 각각 2010년 이후 10년간 연평균 3.0%와
2.3%씩 성장했다. 동향과 서향으로 항로를 나누어 살펴보면 극동에서 북미로
향하는 북미항로 동향(E/B)항로 물동량이 2,026만TEU로 2010년 이후 10년간
연평균 4.0% 증가해, 물동량도 가장 많은 항로이며, 동시에 가장 빠르게 성장
하고 있는 항로이다.

　　극동에서 유럽으로 향하는 유럽항로 서향(W/B)항로가 1,620만TEU로 그

<hr />

2　MSI(2021)
3　Clarkson사의 항로물동량은 MSI사의 물동량과 다소 차이를 보이고 있지만 왕항, 복항
　별 장기간 통계가 있어 증가추이를 분석할 수 있어 이를 사용하고 있다.

다음 물동량 규모의 항로이지만, 지난 10년간 1.8% 증가에 그치고 있다. 유럽에서 극동으로 향하는 유럽항로 동향(E/B)이 783만TEU로 10년간 3.4%씩 성장해 크게 높은 증가세를 보이고 있다. 북미에서 극동으로 향하는 북미항로 서향(W/B)항로 물동량은 742만TEU으로 10년간 연평균 0.9% 증가에 그치고 있다.[4]

컨테이너 물동량 증가는 세계 무역증가가 일차적인 요인이다. 즉 경제 및 소득 증대의 결과로 인해 화물 운송량이 증가하고 있다. 특히 조달과, 생산, 그리고 판매의 글로벌화로 인해 컨테이너 화물 해상운송량이 크게 증가했다. 반대로 경기 침체나 보호주의 무역 같은 추세는 컨테이너 운송수요에 부정적인 영향을 미칠 수 있다.

컨테이너 화물 물동량과 세계경제성장률의 관계를 살펴보면 세계 경제성장으로 무역증가가 발생되지만 컨테이너 물동량은 그 이상으로 증가해왔다. 이는 경제성장요인 이외 컨테이너화(containerization)에 의한 컨테이너 물동량 증가에 기인된 것이다. 따라서 이러한 경제성장률 증가보다 높은 컨테이너물동량 증가율을 계량화하기 위해 경제성장률 대비 컨테이너물동량 증가율의 비율을 컨테이너 물동량 증가 승수로 표시할 수 있다.

1960대부터 컨테이너 무역이 회복되기 시작했지만 이 승수는 2~2.5의 범위였다. 세계화와 무역 자유화는 진행 중이었지만 컨테이너 흐름에 미치는 영향 면에서 비교적 느린 속도로 진행되었다. 그러나 1990년부터 1999년까지 중국 등 해외 생산(offshoring)이 본격화된 시기로 이 승수가 4 이상으로 급증하면서 컨테이너화가 빠르게 진행되는 기간이었다. 새로운 글로벌 컨테이너 해상운송 서비스가 확장된 시기이다.

2000~2008년의 승수는 3정도로 여전히 높은 수준을 기록했는데, 이 기간은 중국 컨테이너항만 물동량이 가장 크게 성장한 시기였다. 2009년 금융위기 이후 승수는 2배 수준으로 크게 줄었고, 2020년까지는 이 승수가 1정도까지 떨어졌다. 현재 GDP 성장률이 컨테이너 운송 성장에 미치는 영향이 매우 적다는 것을 보여준다.

지난 20년 이상 세계 컨테이너 물동량증가를 이끌어 온 것은 중국의 고성

---

4 Drewry(2020)

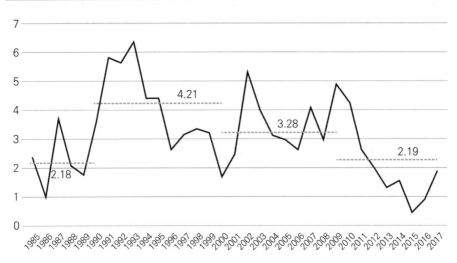

▼ 그림 3-6 GDP에 대한 컨테이너물동량 승수(1985-2017)

자료: Rodrigue(2020)

장 때문이라고 할 수 있다. 중국이 2001년 세계무역기구에 가입을 계기로 낮은 인건비를 이용한 국제분업구조를 만들면서 글로벌 생산의 중심지가 되었다. 글로벌 공급사슬의 중심지가 되면서 중국을 중심으로 한 컨테이너 무역도 크게 증가했다.

중국의 컨테이너 해상 교역량을 보면 2000년에 7,427만 톤에서 2019년 3억 7,750만톤으로 20년간 연평균 8.5%로 세계 컨테이너 해상 물동량 증가세 5.6%보다 높은 증가세를 보였다. 이에 따라 중국의 컨테이너 해상물동량이 전세계 해상컨테이너 물동량에서 차지하는 비중도 2000년에 12.3%에서 2019년에는 20.1%까지 높아졌다.

특히 OECD는 비OECD 국가들의 세계 무역 비중이 2012년 53%에서 2060년에 75%로 크게 증가할 것으로 전망하고 있다.[5] 장기적으로 중국을 포함한 신흥국이 중심이 되어 무역은 계속 성장할 것으로 보고 있는 것이다. 또한 OECD는 무역의 자유화가 지속되고, 각국의 기술력이 향상되고 기술 이전이

---

5 OECD(2014)

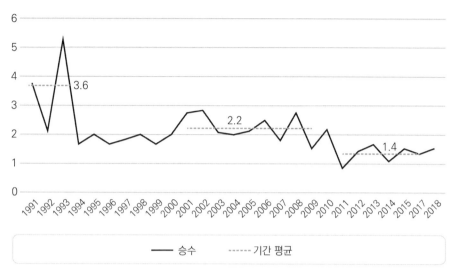

주: 1997년 외환위기 이후 2년의 수치는 이상치(-7.8)였기 때문에 전체 추세를 파악하기 위해 그래프에서
　　는 평균치로 대체하여 표시
자료: Clarkson(2020)

확산되어 세계 무역의 성장에 더욱 기여할 것으로 전망했다. 미래에도 세계
무역이 증가하는 세계화의 과정이 계속될 것으로 예측하고 있다.

　　그러나 컨테이너 물동량 증가의 또 다른 요인은 국제무역이 주로 컨테이너
화물로 이루어지는 컨테이너화(containerization)의 진전 때문이기도 하다. 브레
이크벌크 화물이 컨테이너화물로 전환되면서 컨테이너 물동량 증가를 견인했
다. 즉 컨테이너화에 의해 이루어지는 교역비중이 높아지면서 세계 해상교역
에서 컨테이너 해상교역량이 크게 증가하게 되었다.

　　현재 브레이크벌크 화물의 약 90%가 컨테이너화되었고, 최근에는 온도에
민감한 화물(콜드 체인)의 컨테이너화가 크게 성장하고 있다. 그러나 현재 대
부분의 화물이 컨테이너화가 되어 컨테이너화에 의한 추가적인 컨테이너 물
동량 증가에는 한계에 도달했다.

　　1990년대 초반까지는 세계 교역증가율에 대한 세계 컨테이너물동량 비율
승수가 3.6정도로 높게 나타났다. 그러나 1900년대 후반이 후 컨테이너화가

가능한 화물이 더 이상 늘지 않으면서 교역량 증가에 대한 컨테이너 물동량 증가 승수가 하락하였다. 2002년에서 2011년까지 10년 동안은 평균 2.2의 승수를 보였다. 그리고 2012년 이후 2018년까지 평균 1.4까지 하락해 컨테이너 물동량은 교역증가율 수준에서 증가하고 있는 상태가 되었다.

3) 컨테이너 환적화물 운송수요

해상운송 시 모든 항만을 쌍으로 직접 연결하는 것은 불가능하므로 글로벌 무역 시스템 내에서 연결성을 보장하기 위해 환적은 불가피하다. 환적 적컨테이너 화물이 발생하는 지역을 보면 2020년 기준으로 동남아지역이 26%로 가장 많이 발생하며, 다음으로 중국과 동북아 지역이 각각 18%와 11%로 합치면 전체의 약 1/3 정도가 된다. 유럽지역도 19%를 차지하고 있다.

환적화물이 증가하는 요인은 다음 세 가지로 나누어 볼 수 있다. 첫째, 초대형선의 운항이 증가할수록, 그리고 선박이 더욱 대형화 될수록 컨테이너 환적화물이 증가한다. 두 번째는 정기선사들의 얼라이언스 확대로 환적 화물이 발생한다. 얼라이언스 선박간 모선환적이 이루어지기 때문이다. 그리고 세 번째는 다층 환적구조의 요인에 의해 환적화물이 발생한다. 초대형선의 동서기간 항로 서비스를 보완하기 위해 각 지역별로 남북항로가 연계되고 각 지역별로 세분화된 피더운송구조가 형성된다. 이러한 다층 환적구조[6]는 화주에 대한 초대형선의 운항을 효율적으로 뒷받침해 줄 수 있도록 하기 위한 시스템이다.

글로벌 경제하 화주는 화물이 적재적소에 신속하고, 저렴하게 운송되기를 원하고 있다. 따라서 초대형선이 운항되더라도 화주에 대한 적기운송 서비스를 수행하기 위해서는 다층 환적 구조를 통해 대형 항만은 물론 중·소형 항만까지 운송되는 시스템을 갖추어야 한다.

환적발생률은 항만이 처리하는 총 항만물동량에서 컨테이너 환적물동량 비율을 말한다. 1980년 환적발생률은 11%였으나, 1990년 19%, 2000년 26%로 높아졌고, 2007년 이후 2014년까지 28%대를 유지하다가 2015년 이후

---

6 Payer(2001)

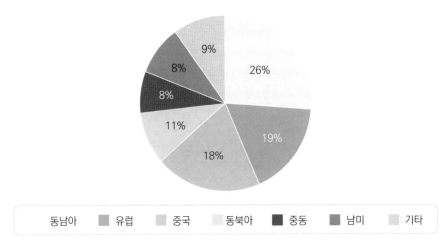

자료: MSI(2021)

2019년까지 26%대를 보이고 있다[7]. 환적발생률이 1980~1990년대 10%대에서 2000년대 이후 20년간 26~28%대를 유지하고 있다. 그러나 최근 수년간은 다시 이 비율이 20%대로 하락하였다.

환적은 몇 가지 유형으로 나누어 볼 수 있다. 첫째는 허브 앤 스포크 전략에 따라 허브항에서 인근 항까지 피더(feeder) 환적을 하는 경우이다. 선박이 초대형선화 되면서 항만 기항횟수를 줄이는 것이 경제적으로 이익이다. 초대형선 건조시 소요되는 많은 자본비를 감안할 때 상대적으로 양이 적은 화물을 취급하기 위해 여러 항만에 기항하는 것은 시간비용이 많이 발생할 수 있다. 따라서 한 지역에 중심이 되는 허브항만에 기항하고 인근 항만은 피더선으로 연결하는 방식을 선호하게 된다. 이러한 환적수요는 선박의 대형화가 가속화 되면서 더 크게 증가할 것이다.

두 번째 환적 형태는 모선과 모선간의 중계(relay) 환적이다. 중계환적이 선박 간 컨테이너 이동이라는 측면에서 피더환적과 같은 결과를 가져오지만 발생 요인은 서로 다르다, 모선 간 중계 환적의 목적은 같은 방향의 항로상 두

---

[7] Drewry(2020)

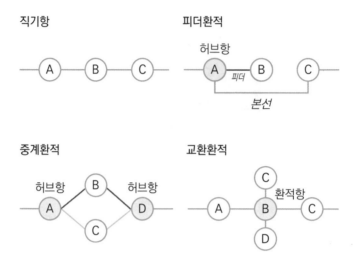

자료: Rodrigue, J. P. Ashar, A.(2015)

개 이상의 서비스 라인의 서비스를 연결하여 서비스 범위와 유연성을 확장하려는 것이다.

　모선 간 중계환적은 일반적으로 같은 무역 축의 항로상에 있는 기항항만이 다른 서비스 항로 간에 화물 환적을 의미한다. 예를 들어 극동-유럽 노선에서 하나는 중국 연안 항만을 주로 기항하고, 또 다른 하나는 한국이나 일본의 항만을 기항한 경우 유럽행 화물을 선적한 후 싱가포르나 홍콩 등에서 이 두 노선의 선박들은 유럽지역 기항 가능 항만별로 화물을 서로 환적할 수 있다. 이를 통해 정기선사는 수익항로의 수를 더 늘리는 효과를 누릴 수 있게 된다.

　세 번째 환적형태는 교환(interlining, intersection)환적이다. 이는 모선 간 환적이지만 중계에 그치는 것이 아니라 모선이 피더운송도 하는 위의 두 가지 기능을 모두 갖고 있는 형태의 환적이다. 두 개 이상의 항로를 운항하던 각각의 모선들이 자신의 화물 중 피더운송 화물을 특정 항만에서 교환하는 방식이다. 보통 동서 기간항로와 남북무역로가 연결되는 곳에서 주로 발생한다. 예를 들어 오만의 Salalah항에서 아시아-유럽 간 동서 기간항로 화물과 중동 및 동 아프리카의 남북노선 화물을 서로 교환하고 있다. 알헤시라스 항만에서 극동-북유럽 항로의 물동량과 지중해, 서 아프리카 및 대서양 횡단 항로의 물동량을 교환하는 것도 교환 환적의 예이다. 이를 통해 선박은 항만 기항을 최소화 할 수 있으며 다른 항로의 항만 화물을 확보할 수 있는 장점이 있다.

4) 공컨테이너 운송수요

2007년 이후 2021년 간 최근 13년을 기준으로 볼 때 적컨테이너보다 공컨테이너의 운송수요가 더 높게 증가하고 있다. 항만 간 수송에서 적컨테이너가 연평균 3.7% 증가한 데 비해 공컨테이너는 5.7%나 증가했다. 환적컨테이너 물동량 중에서도 적컨테이너 물동량이 2.8% 증가한 데 비해 공컨테이너 물동량은 4.8%나 증가했다.

세계 컨테이너 운송수요는 많은 부분이 아시아에서 생산한 제품을 미국이나 유럽시장에 수출하면서 발생한다. 이 때문에 미국과 유럽일부 국가들은 중국, 한국 등 아시아국가들에 대해 만성적인 무역적자가 발생하고 있다. 공컨테이너의 운송수요는 이와 같은 수출입 무역 불균형에 따른 공컨테이너 기기 회수 때문에 발생한다. 특히 북미항로 서향(복항), 유럽항로 동향(복항)에서 많이 발생된다.

2018년 7월 미국과 중국이 상호간에 수백억 달러 규모의 수입품에 25%의 관세를 부과하며 무역전쟁이 시작되었다. 이와 같은 미·중 간의 무역분쟁의 원인도 근본적으로는 중국과의 무역수지 적자에서 기인한다. 미국의 전체 무역수지 적자액 중 절반을 차지하고 있는 중국에 대해 적자를 해소하겠다는 목적에서 출발한 것이다. 일반적으로는 미국이 무역적자가 발생하면 달러화가 약세가 되고 중국 위안화가 강세를 보여야 중국의 수출경쟁력이 떨어져 미국 입장에서 무역적자를 줄여나갈 수 있게 된다. 그러나 중국정부는 위안화를 오히려 평가절하하여 수출경쟁력을 확보하고, 내수 소비와 투자를 확대하기 위해 외환시장에 개입하고 있다고 미국이 주장하면서 무역전쟁이 시작된 것이다. 무역전쟁 이후 중국은 위안화를 절상하는 대신 대미 수입을 늘려 대미 무역불균형을 해소하겠다는 전략을 고수하고 있다.

수출입 무역불균형으로 컨테이너 기기의 회수 수요가 증가하는 효과는 있지만 장기적으로 보면 무역불균형이 지속될 수는 없는 일이다. 미·중 간 무역 분쟁에서처럼 양국이 서로 수입관세를 부과한다면 적컨테이너의 해상운송 수요에 마이너스 영향을 줄 수밖에 없다. 따라서 공컨테이너 운송수요 비중이 계속 증가하는 것은 중장기적으로 전체 컨테이너 무역규모 증가의 불안요인이 될 수밖에 없다.

02

컨테이너 해운공급

1) 컨테이너선 공급

　　컨테이너 수송 수요가 증가함에 따라 세계 정기선사들도 수송 시장점유율을 높이기 위해 선대를 확충해왔다. 2000년 기준 세계 정기선 컨테이너선대는 총 1,271만TEU이었으나 2020년에는 총 2,389만TEU로 늘어나 20년간 연평균 3.0%씩 증가했다. 선박의 연간 회전율을 고려하면 실제 선박의 공급능력 증가율은 이보다 높아지게 된다. 선박의 연간 회전율이 항로가 가장 긴 유럽항로를 기준으로 보면 2019년 말 기준으로 한 주당 수송능력이 42만TEU[8]이다. 이를 52주로 확장하면 유럽항로 연간 수송능력은 2,184만TEU가 된다. 2019년 말 기준 유럽항로에 투입된 컨테이너 선박량이 462.7만TEU이기 때문에, 유럽항로의 선박 연간 회전율은 4.7배에 이른다. 결국 지난 20년간 연평균 컨테이너선이 3%씩 증가했다는 것은 선박회전율이 가장 낮을 것으로 보이는 유럽항로를 기준으로 해도 연간 14%씩 증가했다고 추정할 수 있다. 지난 13년간의 컨테이너선 수송수요가 연평균 3.9%증가한 것에 비하면 공급능력이 더 크게 증가해온 것을 알 수 있다.

　　2020년 말 기준으로 주요항로별 컨테이너선 선박량은 유럽항로에 492.4만 TEU가 투입되어 21%를 차지하고 있다. 다음이 북미항로로 418.3만TEU로

---

8 Alphaliner(2021)

18%, 그리고 극동－동남아 아시아역내항로에 306.9만TEU로 14%가 투입되어 있다. 이 밖에 남미항로, 중동항로에 각각 293만, 287만TEU가 투입되어 각각 13%, 12%를 차지하고 있다.

유럽항로의 물동량이 북미항로보다 적은데도 투입선박이 북미항로보다 많은 이유는 유럽항로의 항로거리가 길기 때문에 기항항만마다 정요일 서비스를 위해서 투입해야하는 선박이 북미항로에 비해 많을 수밖에 없다. 또 다른 이유는 유럽항로가 항로거리가 길기 때문에 초대형선의 규모의 경제효과가 북미항로에 비해 더 크게 나타나기 때문이다.

2020년 말 기준 세계 컨테이너선 취항 선박량은 5,371척, 2,389만TEU이다. 선형별로 살펴보면 1만~1.5만TEU형 선박이 435척, 548만TEU로 전체 선박량 중 23%를 차지하고 있고, 1.5만 이상 2.4만TEU까지의 선박은 174척, 342만TEU로 취항 선박량 점유율은 14.3%이다. 10,000TEU 이상 초대형 컨테이너선이 전체 선박량에서 차지하는 비중이 1/3 이상에 이르고 있다.

이렇게 초대형선 경쟁이 진행되면서 정기선 선대가 대형화하고 있다. 2000년 기준 컨테이너선의 평균선형은 1,749TEU였으나, 2020년 평균선형은 4,537 TEU로 지난 20년간 컨테이너선의 평균 선형이 2.6배나 증가했다.

최근 선박 발주는 10,000TEU형 이상 초대형선 발주와 함께 동시에 3,000

▼ 그림 3-10 컨테이너선 평균선형 추이

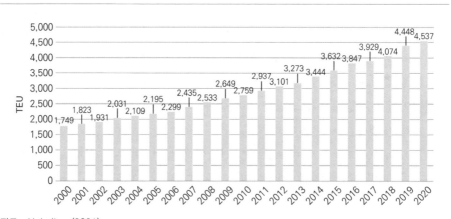

자료: Alphaliner(2021)

TEU 미만의 피더 선박이 많이 발주되는 양극화되고 있는 경향이 있다. 2020
년 기준 발주 선박 216만TEU 중에 10,000TEU 이상 81%, 3,000TEU 미만 선
박 발주가 17%로 이 두 구간의 선박 발주를 합치면 98%에 이른다. 이는 초대
형선이 늘어나면서 피더운송 수요도 함께 늘어났기 때문이다.

피더 선박은 100~2,000TEU급 소형 피더선과 2,000~3,000TEU의 대형 피
더선으로 구분된다. 2019년 기준으로 소형 피더선이 척수로는 전체컨테이너
선의 43%인 2,288척에 달하지만 수송능력으로는 10.5%를 차지하고 있다. 대
형 피더선은 668척에 7.5%의 수송능력을 보유하고 있다. 이들 피더 선박은
역내 항로에서 피더 운송수요가 늘어나면서 건조수요도 증가하고 있다.

컨테이너선의 공급은 현존 선박량에 신규로 인도되는 선박량이 추가되고
여기에 해체된 선박량을 차감하면 된다. 신조선 인도량은 일정기간 전의 신조
선 발주량과 조선소의 컨테이너선 수주잔량에 영향을 받는다.

2) 컨테이너선 신조 인도량

2007년 이후 2021년까지 컨테이너선은 매년 평균 226척, 126만TEU가 신
조 인도되었다. 이 중 8,000TEU미만의 선박은 매년 160척, 42만TEU가 인도
되었고, 8,000TEU 이상 선박은 66척 84만TEU가 인도되었다.

컨테이너선 인도량은 2015년에 166만TEU 인도량을 예외로 한다면 2007년
이후 2021년까지 지속적인 하락세를 보였다. 2020년에는 86만TEU가 인도되
어 이 기간 중에 가장 낮은 인도량을 보이기도 했다.

8,000TEU 이상 초대형 컨테이너선을 중심으로 살펴보면 2014년과 2015년
에 각각 101척, 120척이 인도되어 초대형선 인도가 크게 이루어졌다. 이후 감
소하여 2016년부터 2021년까지 50~70척 정도씩 인도되는 데 그쳤다. 특히
2020년에는 8,000TEU 이상 초대형선 인도 척수가 35척에 불과했었다.

8,000TEU 미만 선박의 경우는 2008년에 384척이 인도되어 피크를 보였고
2006~2008년 사이에 300척 이상 인도되었다. 그러나 이후 감소하여 2014년
이후 인도된 선박은 매년 110척 이하에 머물고 있다. 인도된 선박의 선박량을
보아도 2008년에는 102만TEU에 달했지만 2015년 이후에는 매년 20만TEU 정

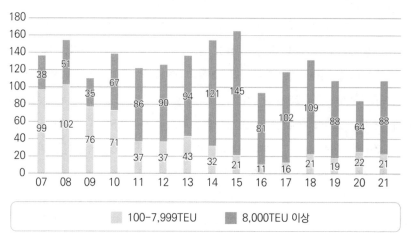

자료: Shipping Intelligence Network Timeseries(2022)

도에 불과하였다. 그나마도 주로 3,000TEU 미만 선박의 발주가 거의 대부분이었다.

2007년 이후 2021년까지 신조선 발주량은 매년 평균 218척 143만TEU이었다. 이 중 8,000TEU 미만 선박의 발주량은 평균 141척 37만TEU, 8,000TEU 이상 선박의 발주량은 77척 107만TEU이었다.

연도별로 보면 이 기간 중 2021년에 577척 432만TEU를 발주되어 역사상 한 해 동안 가장 많은 발주량을 기록했다. 2007년 세계 해운경기 폭등기 발주된 562척, 333만TEU 발주량에 비해 100만TEU가 더 발주된 것이다.

경기하락과 해운경기 불황이 지속되면서 2009년에는 24척, 2012년에는 86척, 2016년에는 106척 발주에 그치기도 했다. 특히 8,000TEU 이상 초대형선을 중심으로 살펴보면 경기 호황 기대에 2007년에 188척, 2021년에 196척이 발주되었다. 또한 해운경기 반등을 기대하며 2011년에 111척, 2013년 160척, 2015년에 122척의 초대형선이 발주되기도 했다. 과거 실적을 살펴보면 컨테이너선 발주량은 당시의 해운시황, 그리고 당시의 미래 해운전망에 의해 결정되었음을 알 수 있다.

컨테이너선 신조선 인도량은 발주량에 의해 영향을 받는다. 신조 발주를

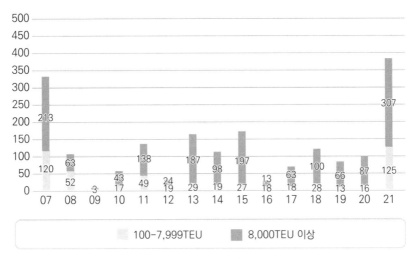

자료: Shipping Intelligence Network Timeseries(2022)

하면 조선소에서 2년 내외의 건조기간을 거쳐 인도되기 때문이다. 따라서 인도량은 신조 발주된 선박량에 의해 일정기간 후에 영향을 받는다. 다만 신조선을 발주할 당시보다 시황이 하락하면 선주는 신조선 인도시기를 최대한 늦추려 하게 되는데, 이 때문에 발주시점과 인도시점간의 간격이 시황에 따라 다소 변화되기도 한다.

2007년 이후 2021년까지 년말 기준 컨테이너선 수주잔량을 비교해보면 2007년 이후 2020년까지 수주 잔량이 지속적으로 하락해왔음을 알 수 있다. 이와 같이 전반적인 발주 잔량이 하락되었다는 것은 이 기간 동안 선주나 정기선 운항사들은 시황하락을 예상한 결과이기도 하다.

2004년 이후 컨테이너선 발주가 크게 늘면서 2007년과 2008년에 수주잔량이 각각 662만TEU, 634만TEU로 피크를 보였다. 이후 경기하락으로 신조선 발주가 줄어들면서 2020년에는 227만TEU까지 하락하였다. 그러나 2021년에 420척의 많은 신조발주가 이루어져 2021년 말 기준 수주잔량은 577만TEU까지 증가하게 되었다.

따라서 보다 직접적으로는 신조선 인도량은 조선소가 수주한 수주잔량

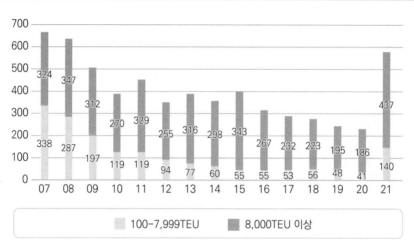

자료: Shipping Intelligence Network Timeseries(2022)

▼ 그림 3-14 컨테이너선 현존선박량 대비 수주잔량 비율

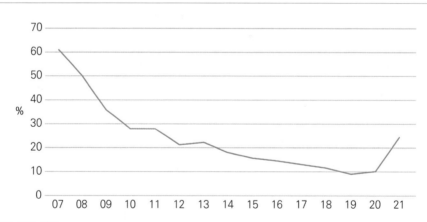

자료: MSI 각호

(orderbook)의 크기에 의해 영향을 받는다. 언제 발주가 되었던 간에 조선소의
수주잔량이 많아지면 그만큼 건조기간을 거쳐 일정기간 후 인도되는 선박이
많아질 수밖에 없기 때문이다. 실제로 1996년 1분기부터 2021년 4분기까지의

분기별 컨테이너선 신조선 인도량과 분기말 기준 컨테이너선 수주잔량을 비교하면 각 분기말 수주잔량과 6분기 후 분기 인도량의 상관관계(Pearson coefficient)가 0.70155로 가장 높게 나타나고 있다. 지난 25년간의 분기자료를 가지고 분석한 결과 분기말 수주잔량의 추이를 보면 1년 6개월 이후 분기의 신조선 인도량의 추이를 가늠해 볼 수 있다.

또한 발주량의 규모가 현존선박에 비해 어느 정도인지를 알기 위해 현존선박량 대비 수주잔량 비율을 분석하기도 한다. 2000년대 중반 이후 급격한 신조선 발주의 영향으로 2007년에 이 비율이 60.4%까지 높아졌지만 이후 발주잔량이 줄어들면서 이 비율이 계속 하락했으며, 특히 2014년 이후 2020년까지 10%대에 머물렀다. 2021년 신조선 발주량이 크게 증가하여 현존선박 대비 수주잔량 비율도 24.6%까지 다시 증가하였다.

3) 컨테이너선 해체량

2007년 이후 2021년까지 컨테이너선은 매년 평균 25만TEU 정도씩 해체되었다. 2016년에 67만TEU가 해체되어 이 기간 중 가장 많이 해체되었고, 해운

▼ 그림 3-15 컨테이너선 해체량(2007-2021, 만TEU)

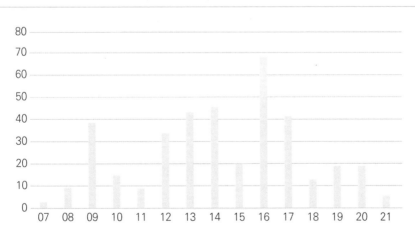

자료: MSI 각호

경기 침체가 반영되어 2016~2017년 중에 10만TEU 이상이 해체되었다. 2021년에는 해운경기 상승에 힘입어 해체된 선박이 5만 2천TEU에 불과해 해운경기 고점시기였던 2007년의 2만 6천TEU 해체 이후 가장 낮은 수준을 보였다.

컨테이너 해운 수급추이와 공급과잉

1) 수급추이

    컨테이너선의 공급이 수요를 상회하여 공급과잉 상태가 되면 운임은 하락한다. 따라서 선박운영자들은 선박과잉상태에서 수요에 맞추기 위해 감속운항을 하거나 계선을 시키는 방법을 사용한다. 그럼에도 지난 많은 기간 동안 세계 정기선 해운의 선대공급은 수요증가를 크게 상회하여 매년 증가하여 선박과잉 상태가 지속되곤 했다.

    컨테이너선 공급대비 수요를 나타내는 수급지수(demand/supply index)는 2010년 이후 계속 하락하고 있다. 이러한 정기선 해운의 공급과잉의 원인은 초대형선에 의해 기인되었다. 2011년 이후 2019년까지 컨테이너선은 706만 TEU가 증가했다. 이 중 7,500TEU 이상 대형선이 총 781만TEU가 늘어난 반면, 7,500TEU 미만 선박은 오히려 75만TEU가 줄었다.[9] 즉 정기선 해운의 만성적인 공급과잉이 초대형선을 건조하면서 발생한 것임을 알 수 있다.

    이렇게 해운시황이 만성적 공급과잉상태에 있는데도 초대형선을 계속 신조한 이유는 정기선 해운선가 간 경쟁 때문이다. 1990년대 이후부터 세계 정기선해운은 가격경쟁에 돌입했고, 선사들은 수익성하락에 대비하고 시장점유율을 유지하기 위해 초대형선을 건조하고, 흡수합병을 통해 선사를 대형화하

---

[9] Alphaliner(2021)

▼ 그림 3-16 세계 컨테이너해운 수급지수 추이

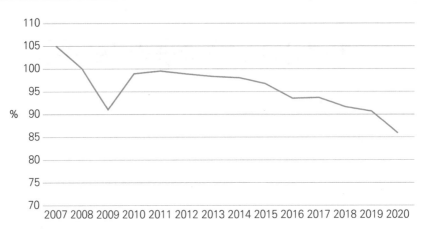

자료: Drewry(2020)

고, 경쟁선사 간의 전략적제제휴인 얼라이언스까지 결성해 경쟁을 계속할 수밖에 없는 구조가 되었다. 일부 선사는 수익성 보전을 위해 항만터미널 운영, 내륙운송업 진출 등 수직계열화를 추진했다.

초대형선 경쟁은 유럽항로에서 가장 심하게 나타났다. 초대형선을 건조하면 항로거리가 가장 긴 아시아-유럽항로에 투입하게 된다. 그러면 기존에 운항하던 선박은 해체시키는 것이 아니라 다른 항로로 전배하게 된다. 이러한 전배가 다른 항로로 계속 일어나게 되는데 이를 계층적 전환배치(cascading)라 한다. 초대형선을 건조하면 기존선박들이 다른 항로로 계속 전환배치되어 세계 모든 항로의 선박이 대형화되고, 모든 항로가 선박과잉상태에 이르게 된다.

선박 전환배치의 사례를 살펴보면, 2012년 상반기에 아시아-유럽항로에 당시는 최대선형인 12,000TEU 선박 40여 척, 50만TEU 선박량이 신규 투입되었다. 공급과잉을 우려한 선사들이 유럽항로에서 50만TEU의 선박을 북미항로로 전배시켰다. 그리고 기존에 북미항로에서 운항하던 선박은 아시아-중동항로와 인도항로, 아시아-남미항로에 투입시켰다. 갑자기 대형선이 투입되면서 2013년 상반기에 남미항로 운임이 50% 이상 하락했다. 전환배치의 영향을 마지막으로 받는 곳이 아시아 역내항로였다. 2013년 1월부터 9월까지 컨테이너 선대가 6% 증가했는데, 3,900TEU 이하 선형의 선박량은 2% 증가에 그친 반면 5,000TEU 이상 파나막스 선대는 40%나 증가하였다.[10]

2) 공급조절 수단

공급능력이 과잉일 경우 정기선사들이 취할 수 있는 공급조절 방안은 선박을 세워두는 계선(lay-up)과 운항속도를 줄여 항해하는 감속운항(slow steaming) 같은 방법이 있다. 컨테이너 선대의 공급과잉으로 정기선 운항업체들은 결국 선박을 정박시킬 수밖에 없는 상황에 이를 수 있다.

유휴 선대(inactive capacity)는 비활동(inactivity)상태에 있거나 비상업운항 상태(idling)에 있는 선박을 의미한다.[11] 비활동상태에 있는 선박은 계선선박과 검사 및 수리 관리를 위해 수리조선소에 들어간 드라이도크 상태에 있는 선박을 의미한다. 계선은 단기계선(hot lay-up)[12]과 장기계선(cold lay-up)으로 나눌 수 있지만 모두 운항선박에서 제외되는 비활동상태의 선박이다.

비 상업운항 상태에 있는 선박은 첫째, 한 서비스에서 다른 서비스로 이전되기 위해 이동하는 선박으로 새로운 주간서비스(weekly services)에 합류하기 위해 기다리는 선박들이 포함된다. 둘째, 정기선 운영사가 선박을 선주에게 반납한 경우 새로운 용선주가 결정되기까지 기다리는 선박이 포함된다.

감속운항은 해운 불황기에 연료비용을 절감하여 수익을 개선할 수 있는 수단으로 시작되었다. 선박을 추가로 투입하여 운항속도를 줄이는 감속운항 체제를 도입하면, 연료유인 벙커비용 크게 절감할 수 있기 때문이다. 아시아-유럽항로의 예를 들면 주간서비스를 운영하는 경우 9척, 10척, 11척, 12척 등

---

10 선사 내부자료

11 Alphaliner 사에서 제공하는 자료로 2020년 12월까지는 idle capacity만을 집계하여 발표했지만 2021년 1월부터는 idle capacity와 함께 inactive capacity를 함께 발표하고 있다.

12 단기계선은 최소의 선원(예: 7명)으로 보조엔진으로 동력을 돌리는 계선 조치로 선박 엔진을 커둔다는 의미로 hot라는 말을 사용하고, 장기계선은 선원을 하선시키고 앵커를 내리고 선박을 세워두는 것으로 선박 엔진을 모두 꺼두고 선박을 세워둔다는 의미로 cold라는 말을 사용한다.

다양하게 선박을 투입하여 운항하고 있다. 평균적으로 볼 때 9척을 투입하면 왕복항해에 63일이 걸리며 평균 20노트로 운항을 해야 한다. 이에 비해 10척을 투입하면 왕복항해에 70일이 걸리며 평균 17노트로 운항할 수 있다. 12척−13척을 투입할 경우 14노트 정도의 초 감속운항이 가능하다. Drewry사의 분석에 따르면 아시아−유럽항로의 경우 선박 속도가 20노트에서 17노트로 감소하면 선박 벙커 연료 소비가 12,000TEU 선박의 경우 하루 151톤에서 96톤으로 36%가 감소한다.[13]

그러나 감속운항이 연료비를 줄이기 위한 방안에서 벗어나 향후 예상되는 환경에 대응하는 다양한 목적을 위한 전략적 수단으로 활용될 수 있다. 특히 지속적으로 상승할 것으로 예상되는 연료가격 상승에 대비하는 목적으로, 그리고 초대형선 선박 공급의 증가에 따라 공급과잉이 심화되는 상황에 대한 대응전략으로, 또한 감속운항을 통해 세계 해운산업에 요구되는 탄소배출 저감을 시현하는 대책이 될 수 있기 때문이다. 특히 화주들이 해운을 포함한 공급사슬 전체에서 발생하는 탄소배출 저감에 관심을 두는 상황에서 감속운항은 좋은 대안이 될 수 있다.

---

13 Drewry(2010)

04

정기 컨테이너선 운항

정기선 선박

1) 정기선 항로에 사용되는 선박의 형태

정기선 항로에 투입되는 선박은 대부분 컨테이너선이긴 하지만, 정기선 항로에서 사용되는 선대는 여러 형태의 선박이 포함된다.

(1) 컨테이너선(Container Ships)

컨테이너선은 1960년대에 등장해 60년 정도의 짧은 역사를 가지고 있지만, 해상수송 방식에 가장 큰 변화를 가져온 선박으로 현재는 정기 화물운송의 대부분을 차지하고 있다. 컨테이너가 등장해 화물의 적재와 하역이 신속해졌을 뿐만 아니라, 육상운송과의 연결이 용이해져 선박의 이용효율을 향상시키는 데 혁신적인 기여를 했기 때문이다.

컨테이너선은 컨테이너 부두 크레인(C/C)에 의해 컨테이너를 리프트 온/리프트 오프(Lift-on/ Lift-off) 방식으로 하역한다. 컨테이너선 화물창이 개방되어 있으며 내부에 셀 가이드(cell guide)라 불리는 칸막이가 세워져 있고 이것에 맞추어 컨테이너를 적재할 수 있게 되어 있다.

컨테이너선은 거의 대부분의 정기선 항로에 투입되는 선박으로 가장 현대적인 선대로서 2019년 말 기준으로 5,308척 2억 4,690만 톤(GT)[1]에 이르고 있다.

---

1 IHS Fairplay(2020), KMI 해운통계요람(2020)에서 재인용

자료: HMM

컨테이너선은 컨테이너 전용선으로 컨테이너의 운송만을 고려하여 설계되었다.

(2) 로로선(Ro-Ro)

다층 갑판의 선박으로 화물창이 뱃머리, 후미, 또는 측면에서 경사로(ramp)를 통하여 트레일러 혹은 지게차로 직접 컨테이너를 양적하하는 컨테이너선으로, 별도의 하역설비가 필요하지 않아 항만설비가 잘 갖추어져 있지 않은 항만에 적합하다. 카페리와 설계가 유사하지만, 화물운송만을 위한 전용 화물선이라는 점이 다르다. 로로선 선대는 2019년 말 기준으로 총 2,916척, 5,113만톤(GT)에 이른다.

(3) 다목적선(Multi-purpose vessels)

다목적선은 빠른 속도와 컨테이너, 개품운송화물, 그리고 목재와 같은 기타 단위화물의 운송을 다목적으로 운송할 수 있도록 설계된 선박이다. 다목적선은 컨테이너화의 초기기간에 선사가 컨테이너화물과 개품운송화물의 혼합

화물을 처리하기 위해 주로 건조되었다. 2000년대 이후 다목적선 선대는 중량화물과 프로젝트 화물의 운송이라는 새로운 틈새시장에 활용되기도 한다. 다목적선은 현재도 중동 – 남아시아의 정기선 항로에 투입되기도 하는데, 여기에서 이 선박은 혼합된 개품운송화물을 운송하는 능력으로 비교우위를 제공하고 있다.

2) 컨테이너선 특성

컨테이너선은 1980년의 750척에서 2019년 말에는 5,308척까지 증가하였다. 컨테이너선의 선박량은 2019년 기준으로 2억 4,690만톤으로 전 선대에서 차지하는 비중이 18.6%로 건화물선의 34.8%와 유조선[2] 27.2%에 이은 3위의 선대로 상선 선대에서 매우 중요한 부분을 차지하고 있다. 컨테이너선 선대는 주로 TEU[3]로 측정된다.

컨테이너선의 선형은 1,000TEU급 선박부터 2022년 기준 세계에서 가장 큰 선박인 우리나라 HMM사의 24,000TEU 초대형선까지 넓게 분포하고 있다. 설계속도는 1960년대 1,000TEU 선박의 16노트에서 1990년대 초 5,500TEU 선박의 25노트로 50% 이상 증가하였다. 그러나 이후 속도가 25~26노트에서 증가하지 않았고 오히려 24,000TEU 선박은 22.4노트로 설계되면서 컨테이너선은 25노트를 최고속도로 하여 하향 조정되고 있다.

선박의 길이인 선장이 1,000TEU 선박은 190m, 5,000~6,000TEU 선박은 310m, 그리고 18,000TEU 이상 선박은 400m로 길어졌다. 선폭도 1,000TEU 선박은 27m, 5,000~6,000TEU 선박은 40m, 그리고 18,000 TEU 이상 선박은 60m로 넓어졌다.

기항항만의 수심과 관련이 있는 만재흘수도 1,000TEU는 9m에 불과했지만, 5,000~6,000TEU 선박은 14m 정도이며, 18,000TEU 이상 선박은 16m에 이른다.

---

2 원유운반선, 화학약품선, 석유제품선을 포함한다.
3 twenty – foot equivalent unit로 20피트 길이의 컨테이너 크기를 부르는 단위이다.

02

정기선 서비스

정기선 서비스 운항일정을 북미항로, 유럽항로, 그리고 동남아 항로의 국적선사 취항서비스를 예로 들어본다. 북미항로의 경우 HMM이 THE 얼라이언스에 가입되어 있어 THE 얼라이언스의 북미항로 서비스 중 하나[4]를 보면 선박 제공사는 HMM, Yang Ming, 그리고 Hapag-Lloyd사이며 파트너 선사가 일본의 ONE사이다. 선박은 8,073TEU에서 10,010TEU 규모로 총 7척을 투입하여 주당 수송능력이 7,890TEU에 이른다. 기항항만은 홍콩, 얀티안(센젠), 상하이, 부산신항, 밴쿠버, 시애틀, 부산신항, 카오슝, 홍콩으로 왕복항해일수는 총 49일이다.

유럽항로의 경우 역시 THE 얼라이언스의 한 서비스[5]를 예로 들면 선박 제공사는 HMM, ONE, Hapag-Lloyd사이며 파트너 선사가 Yang Ming사이다. 19,870TEU에서 23,964TEU 선박 총 12척을 투입하여 주당 수송능력이 17,342 TEU에 이른다. 기항항만은 사우스햄턴, 르하브르, 함브르크, 로텔담, 모로코 탕헤르, 싱가포르, 홍콩, 부산신항, 상하이, 닝보(저우산), 난샤, 얀티안(센젠), 싱가포르, 탕헤르, 사우스햄턴으로 왕복항해일수는 총 84일이다.

---

4 THE Alliance FE-WCNA PN3 기준
5 THE Alliance Asia-North Europe service FE2 기준

▼ 그림 4-2 Pacific North 3(PN3)

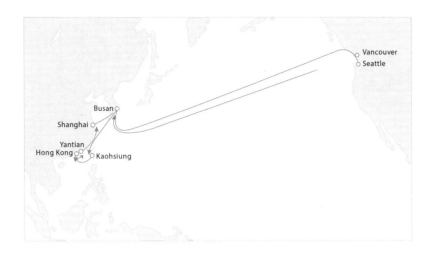

자료: HMM

▼ 그림 4-3 Far East Europe 2(FE2)

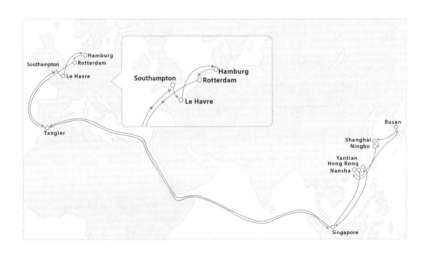

자료: HMM

자료: 고려해운

동남아 항로는 근해항로로 국적선사에 의해 서비스되는 한국－베트남－태국 서비스의 예[6]를 들어본다. 선박 제공사는 고려해운, 장금상선이며 1,626 TEU에서 1,809TEU 선박 총 3척을 투입하여 주당 수송능력이 1,748TEU이다. 기항항만은 부산, 울산, 홍콩, 호치밍, 람차방, 방콕, 람차방, 홍콩, 세코우(센젠), 킬륭, 부산으로 왕복항해일수는 총 21일에 이른다.

정기선 서비스를 운영하기 위해 필요한 선박수는 항로마다 3척에서 12척까지 다양하다. 이는 항만마다 정요일에 기항하기 위해서이다. 정기선 서비스 계획자는 최선의 균형을 얻을 수 있도록 선박의 운항속력과 기항지수를 조정한다.

또한 선박의 적재량을 채우는 것이 이와 같은 항로계획의 핵심이 된다. 만일 대형선을 다 채우지 못한다면 대형선 투입의 의미가 없고 오히려 자본비만 더 투자될 뿐이다. 예를 들어, 초대형선을 채우기 위해 기항항만 수를 늘려야 하지만 이때 각 기항지마다 재항시간이 소요되기 때문에 왕복항해일수가 더 늘어날 수 있어, 항만마다 정요일 서비스를 유지하기 위해 다시 선박을 추가로 더 투입해야 하는 딜레마가 발생할 수 있다.

---

6 KMTC/Sinokor, 한국－베트남－태국서비스(KTC/KTS)

03

정기선 해운항로

1) 정기선 항로 구분

전 세계 대부분의 항만에 정기선 서비스가 제공되고 있다. 해운전문기관인 알파라이너사가 제공하는 세계 정기항로 서비스[7]에 의하면 2021년 말 기준으로 전 세계의 38개 지역별로 총 1,422개 정기선 항로서비스가 운항되고 있다. 특히 극동에서 북미서부 및 동부 연안의 여러 항만으로, 그리고 북유럽 연안 지역 여러 항만까지 수천 킬로 거리의 정기항로가 운항되고 있다. 정기선사의 임무는 수많은 항로 네트워크를 연결하여 이들 연안지역에 있는 화주들의 다양한 요구에 효율적으로 대응하는 일이다.

▌표 4-1 세계 주요 정기선 서비스 현황

정기선 항로	세부항로	정기선 서비스 수
아시아역내 항로		492
	동북아-동남아	159
	동북아 역내	151
	동남아 역내	93
	남중국-동남아	55
	중국 내	34

---

7 Alphaliner(2021a)

정기선 항로	세부항로	정기선 서비스 수
유럽 역내항로		241
	지중해 역내	122
	북유럽 역내	104
	북유럽-지중해	15
아시아-북미항로		90
	북미서안	69
	북미동안	21
미 동부- 중미, 카리브		87
중동 역내항로	.	73
유럽-아프리카 항로		63
	서아프리카	24
	북아프리카	21
	동아프리카	18
아시아-인도, 중동		45
	인도양	30
	중동	15
유럽-북미항로		38
	미서안, 동안, 걸프만	30
	캐나다	8
벵갈만		36
아시아-호주, 대양주		35
유럽-극동항로		29
남태평양 역내		29
아프리카 역내		23
기타		141
계		1,422

자료: Alphaliner(2021a)

정기선 해운항로는 크게 3개의 그룹으로 나눌 수 있다. 첫 번째는 동서항로(East-West trade)이다. 이 항로는 전형적인 장거리 항로로 세계 최대의 초대형 컨테이너 선박이 취항하며, 산업의 중심지인 북미, 서유럽, 그리고 아시아를 연결하여 총 물동량의 거의 45% 정도가 발생하는 항로이다. 아시아와 북미지역간 정기선 항로와 극동지역과 유럽지역간 정기선 항로를 동서 항로, 혹은 기간항로(main trunk line)라 한다. 지난 20년 간 이 동서항로에서 정기선 서비스는 크게 성장했다. 동서기간 항로에는 전체 컨테이너 선박량의 절반 이상이 취항하고 있으며, 10,000TEU급 이상 초대형선 선박의 취항항로이다.

두 번째는 남북항로(North South service)로 북반구와 남반구의 경제권이 연결되는 항로로 동북아-동남아 항로, 유럽-아프리카 항로, 북미-중남미항로 등이 있다. 남북 정기선 항로는 산업의 중심지인 유럽, 북미, 극동 지역과 개발도상국인 동남아시아, 중남미, 아프리카, 호주 사이의 교역을 담당한다.

▌표 4-2 **주요항로별 물동량(2020 기준)**

지역	물동량(백만TEU)	비중
아시아역내	65.3	34.8%
북미항로	27.1	14.4%
유럽항로	23.4	12.5%
아시아-중동	12.3	6.5%
유럽역내	11	5.9%
대서양항로	7.6	4.0%
유럽-중동	6.3	3.4%
아시아-남미	6.1	3.2%
아시아-호주	5.5	2.9%
북미-남미	5.1	2.7%
아시아-아프리카	4.6	2.4%
유럽-남미	4.4	2.3%
기타	9.1	4.8%
계	187.8	100%

자료: MSI(2021)

특히 남반구에 있는 소규모 경제권 사이에 또한 폭넓은 서비스 네트워크가 존재한다.

세 번째는 역내항로로 단거리 항로이며 소형 선박이 사용된다. 특히 동북아 역내, 남중국－동남아, 동남아 역내, 유럽역내의 물동량이 큰 비중을 차지한다. 역내 지역의 물동량이 규모가 크다고 해도 운송거리가 짧기 때문에 선박 수요의 측면에서 보면 그 영향은 동서기간항로에 비해 작다.

정기선 항로를 편의상 이와 같이 구분하지만, 실제 전 세계 정기선 네트워크는 항상 세계 경제의 요구 변화에 적응해 온 것을 알 수 있다.

여기서는 대표적인 원양항로인 북미항로와 유럽항로, 그리고 아시아 역내항로와 한국－동남아 항로, 그리고 동북아 역내항로인 한·중 항로와 한·일항로에 대해 기항항로, 물동량과 취항선사 등을 살펴본다.

2) 북미항로(The Transpacific Trade)

극동지역과 북미지역간 컨테이너 서비스로 시랜드(Sea－Land)사가 1968년 12월에 시애틀과 요코하마 항로에 컨테이너선을 도입하면서 시작되었다. 현재 북미와 극동 간 북미항로는 전세계 물동량의 14.4%에 해당하는 2,710만TEU를 수송하고 있다. 북미항로 서비스는 북미 동안지역, 걸프만, 그리고 북미 서안지역의 항만과 중국, 한국, 일본 등 극동의 산업 중심지 사이를 운항하고 있다.

미국 동안까지 운송을 제공하는 서비스는 파나마 운하를 통과하는 전구간 해상운송(all－water service)이 있고, 미국 동안까지 운송하는 또 다른 방법은 미국 서안 항만까지 해상운송을 한 후 철도에 의해 미국 동안의 최종 목적지까지 운송되는 해륙복합운송 서비스가 있다. 그리고 철도 운송의 경우 2단적 열차(double stack train)에 적재되어 수송된다. 2017년 6월 26일 새 파나마운하가 개통된 이후, 최대 통과 가능 선박은 폭 32m, 길이 295m에서 폭 49m, 길이 366m로 확대됐다. 이에 따라 파나마를 통과할 수 있는 파나막스급 선박은 5,000TEU급에서 1만 5천TEU급 컨테이너선[8]으로 확대되었다.

---

8 선폭이 49m 내외의 13,300~15,200TEU급 선박을 Neo－Panmax(NPX)라고도 불린다.

북미항로에서는 왕복항 간 많은 화물 불균형이 발생한다. 2019년 기준 아시아에서 미국으로 수출하는 동향항로(eastbound)는 2,026만TEU였던 반면, 미국에서 아시아로 가는 서향항로(westbound)는 742만TEU에 불과하였다.

북미항로 왕복 항해서비스 운항 현황을 살펴보면, 우선 북미서안 항로는 극동 5개 항만과 미 서안 3개 항만에 기항하며, 항해거리가 로스엔젤레스항 기준으로 약 9,700km에 달한다. 북미서안 항로는 보통 6~7척의 선박을 투입한다. 북미동안 서비스는 극동 5개 항만과 파나마 1~2개 항만, 북미동안 3개 항만에 기항하며, 파나마 운하를 통항하기 때문에 뉴욕항까지 약 9,000km가 추가되며, 이를 위해 보통 10~11척의 선박이 투입된다.

북미항로는 운항거리가 매우 길기 때문에 미 서안항로에는 6천TEU급에서 12,000TEU급까지, 그리고 미동안 항로에는 6천TEU급에서 15,000TEU급 선박까지 투입되고 있다.

아시아-북미서안 항로는 2021년 말 기준으로 총 37개의 서비스가 운행 중에 있고, 서비스당 주(week)당 평균 운송능력은 7,649TEU이며, 항차당 평균 운항일수는 50일이다. 아시아-북미동안 항로는 2021년 말 기준으로 총 21개의 서비스가 운행 중에 있고, 서비스당 주(week)당 평균 운송능력은 8,144TEU이며, 항차당 평균 운항일수는 74일이다.

3) 유럽항로(Far East to the Western Europe Trade)

유럽 항로는 북유럽 및 지중해 항만에서 중국, 한국, 일본, 대만 등 극동 아시아의 광범위한 지역을 포괄하는 지역까지의 교역을 담당한다. 유럽항로도 왕복항 간 많은 화물 불균형이 발생한다. 2019년 기준 아시아에서 유럽으로 수출하는 서향항로(westbound)는 1,620만TEU였던 반면, 유럽에서 아시아로 가는 동향항로(eastbound)는 783만TEU에 불과하였다.

유럽항로 왕복 항해서비스 운영상황을 살펴보면, 아시아 7개 항만과 유럽 4개 항만에 기항하며, 항해거리가 로텔담항을 기준으로 약 26,000km에 달한다. 유럽항로는 보통 12척의 선박을 투입한다. 유럽항로는 운항거리가 가장 길기 때문 규모의 경제효과를 내기 위해 초대형선들이 운항한다. 현재

16,000TEU에서 24,000TEU까지 초대형 선박들이 취항하고 있다.

아시아-유럽항로는 2021년 말 기준으로 총 29개의 서비스가 운행 중에 있고, 서비스당 주(week)당 평균 운송능력은 16,078TEU이며, 항차당 평균 운항일수는 81일이다.

유럽항로나 북미항로에서 정기 서비스를 운영하기 위해서는 많은 선박이 필요하기 때문에 컨소시엄인 얼라이언스 구성이 필수적이다. 현재 2M, THE Alliance, OCEAN Alliance 등 3대 얼라이언스가 북미항로와 유럽항로서비스의 대부분을 수행하고 있다.

4) 아시아 역내 항로

아시아 역내 물동량은 세계 전체의 약 35%를 차지하여 물동량 자체로는 세계 1위의 항로이다. 아시아 역내 항로는 아시아-유럽, 아시아-북미 항로와 함께 세계 3대 항로의 하나로 세계 컨테이너 선사들이 자유롭게 아시아 역내 항로 물동량 변동에 따라 투입선대를 증대시키기도 하고 투입선박을 대형화하기도 하면서 항로사정에 대응하고 있는 글로벌 경쟁 시장이다.

아시아 역내 항로는 크게 동북아-동남아 항로, 동북아내 항로, 동남아내 항로, 남중국, 대만, 필리핀, 베트남 항로 등 4개로 나뉜다. 이 중 동북아-동남아 항로는 2021년 기준으로 159개 항로, 동북아내 항로는 151개 항로, 동남아 내 항로는 93개, 남중국, 대만, 필리핀, 베트남 항로가 55개 항로 등 총 492개 항로가 운영되고 있다.[9]

동북아-동남아 항로의 159개 정기선 서비스의 주(week)당 평균 운송능력은 2,220TEU이며, 항차당 평균 운항일수는 24일이다. 동북아-동남아 항로는 다시 중국-동남아 항로, 한국-동남아 항로, 일본-동남아 항로로 나뉜다. 각각 개설된 항로를 보면 중국-동남아 항로가 61개, 한국-동남아 항로가 58개, 일본-동남아 항로가 40개이다.

동북아 역내항로는 한국-중국항로, 한국-일본항로, 중국-일본항로 등

---

9 Alphaliner(2021b)

을 포함하는 항로이다. 동북아 역내항로는 2021년 말 기준으로 총 151개의 서비스가 운행 중에 있고, 서비스당 주(week)당 평균 운송능력은 1,131TEU이며, 항차당 평균 운항일수는 12일이다.

2012년 말 대비 2018년까지 아시아 역내 투입 선박량은 154만 3,300TEU에서 282만 5,900TEU로 6년간 83%나 증가하였다. 같은 기간 동안 전 세계 선박량 투입이 38% 증가한 것에 비하면 아시아 역내 공급 증가율이 전 세계 공급 증가율에 비해 두 배 이상 높았다.[10] 동남아 항로의 공급 증가율이 높은 원인은 동남아 항로가 선박의 전환배치가 마지막으로 이루어지는 곳이기 때문이다.

초대형 컨테이너선 투입이 시작되는 곳은 유럽항로지만 그 파급효과로 최종 아시아 역내항로까지 공급과잉을 초래하게 된다. 즉 유럽항로에 20,000TEU급 이상의 초대형선 신규투입 경쟁이 심화하면서 기존에 기간 항로에서 운항하던 선박은 해체하는 것이 아니라 다른 항로로 전환배치(cascading) 된다.

전환배치에 의해 북미항로나 다른 항로의 선박 대형화를 연쇄적으로 일으키는 전환배치 효과(cascade effect)가 나타난다. 전통적인 선박 전환배치 상황을 보면 동서 기간 항로(유럽 항로, 북미 항로)에서 남북 항로(동아시아와 유럽·북미 이외의 지역을 연결하는 항)로 다시 아시아 역내 항로(북동아시아 항로, 동남아시아 항로)로 전환배치가 이루어지고 있다.[11]

동남아 항로에 취항하는 선사는 약 42~45개 선사이며, 국적선사는 11개 회사이며, 이 중 세계 25대 선사에 포함되는 선사는 2018년 기준으로는 HMM, 고려해운, SM상선, 장금상선 등 4개사뿐이다. 나머지 선사는 선박량 기준으로 전체의 0.1% 이하를 차지하고 있는 소형 선사들이다.

---

10 Alphaliner(2021)
11 赤倉康寛·渡部富弘(2008)

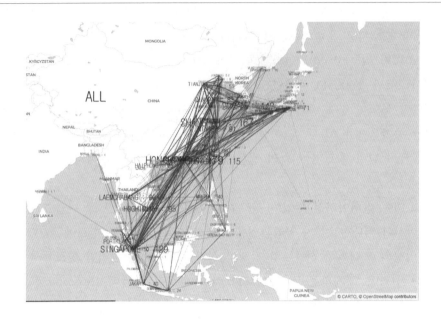

자료: CARTO

5) 한국-동남아 항로

　한-동남아 항로의 컨테이너 물동량은 수출과 수입 모두 매년 꾸준히 증가하는 추세를 보이고 있다. 한-동남아 컨테이너 물동량은 2011년 185만 TEU에서 2018년 295만TEU로 증가해 지난 7년간 연평균 7%의 높은 성장세를 보였다.

　한-동남아 항로의 주요 항로는 한국과 대만, 홍콩, 필리핀, 태국, 싱가포르, 인도네시아, 말레이시아, 베트남 사이를 오가는 항로이다. 2018년 기준으로 수출항로의 경우 한국발 베트남착(45.9만TEU), 한국발 홍콩(남중국 포함)착(27.3만TEU), 한국발 인도네시아착(17.7만TEU) 순으로 많았고, 수입항로의 경우는 베트남발 한국착(46.5만TEU), 홍콩(남중국 포함)발 한국착(35.4만TEU), 태국발 한국착(20.4만TEU) 순으로 물동량이 많았다.

▌표 4-3 한국-동남아 항로 수출입 컨테이너 물동량(단위: TEU)

연도	수출	수입	합계
2011	1,047,405	803,378	1,850,783
2012	1,102,909	838,241	1,941,150
2013	1,164,386	943,622	2,108,008
2014	1,211,776	1,107,089	2,318,865
2015	1,214,856	1,115,954	2,330,810
2016	1,335,662	1,197,459	5,533,121
2017	1,399,622	1,369,232	2,768,854
2018	1,443,012	1,503,920	2,946,932

자료: 동남아정기선사협의회(2018)

▌표 4-4 2018년 한국-동남아 항로별 수출입물동량(단위: TEU)

구분	대만	홍콩 (남중국)	필리핀	태국	싱가폴	인니	말련	베트남	합계
수출	102,398	275,289	80,176	144,881	56,315	176,560	148,820	458,573	1,443,012
수입	78,282	354,341	46,847	203,873	47,578	147,079	160,572	465,348	1,503,920

자료: 동남아정기선사협의회(2018)

한－동남아 항로에서 컨테이너 해상화물운송서비스를 제공하는 주요 사업자는 크게 국적선사와 외국적선사로 나눌 수 있다. 국적선사는 고려, 남성, 동영, 동진, 범주, 에스엠, 에이치엠엠, 장금, 천경, 팬오션, 홍아 등이 있으며, 외국적선사는 APL, CNC, COSCO, GSL, OOCL, PIL, SITC, TSL, 씨랜드머스크, 에버그린, 완하이, 양밍 등이 있다.

2018년 기준 물동량 점유율 순위는 수출 항로의 경우 고려(23.4%), 홍아(11.9%), HMM(11.0%), 장금(9.7%), 완하이(9.3%) 순이며, 수입 항로의 경우는 고려(24.7%), HMM(11.1%), 홍아(10.3%), 장금(9.4%), 완하이(8.8%) 순이다. 수출입 물량별 점유율 상위 5개 업체는 2005년 이후 2018년까지 대체로 동일하게 유지되어왔다.

┃ 표 4-5 아시아 역내 수출항로 및 수입항로 시장점유율(%)

	2009	2010	2011	2012	2013	2014	2015	2016	2017	평균
한-동남아 수출 아시아역내 비중	9.8	10.2	9.4	9.0	9.2	9.5	9.4	9.5	9.7	9.5
한-동남아 수입 아시아역내 비중	7.3	8.8	10.5	10.4	10.4	9.7	9.4	9.9	9.6	9.6

자료: IADA Dry & Reefer Report 각 년호(Dec. 기준), 동남아정기선사협의회

2009~2017년 아시아 역내 주요국간 해상운송 물동량을 IADA[12] 자료[13]를 기준으로 할 때 한국-동남아 항로[14] 수출 물동량은 2009~2017년 평균 1,353,558TEU로 아시아역내 전체 물동량의 9.5%를 차지하였다. 한국에 도착한 수입물동량을 기준으로 하면 우리나라의 수입량은 2009~2017년 동안 평균 1,235,153TEU로 아시아 역내 전체의 9.6%에 해당한다.

아시아 역내 시장이 선박의 투입과 항로개설이 자유로운 경쟁시장이고, 한국-동남아 항로도 마찬가지로 외국 선사들이 자유롭게 항로를 개설하고 선박을 투입할 수 있는 시장이다. 아시아 역내 항로에서 취항하고 있는 각국의 선사들이 동남아 각 항로의 수급상황에 따라 선박 투입을 유연하게 대응하고 있다. 아시아 역내 시장의 전반적인 수급 상황에 따라 동남아 각 항로의 운임이 연동되어 변동하는 하부시장의 특성을 가지고 있다.

---

12 Intra-Asia Discussion Agreement, 아시아 지역 내 컨테이너 협정으로 일본, 한국, 대만, 홍콩, 싱가포르, 말레이시아, 필리핀, 인도네시아, 타이 등의 7개 지역을 대상으로 아시아 지역 내 항로 안정화를 위한 의견 정보 교환을 목적으로 하였다.
13 IADA Dry & Reefer Report, IADA
14 한국-동남아 항로의 대상지역은 ASEAN국가는 물론 필리핀, 대만, 홍콩, 남중국(세코우, 샤먼) 등 일본과 상해 이북지역 중국을 제외한 동아시아 전역을 의미한다.

6) 한·중 항로

한·중 컨테이너 정기선 서비스는 1988년 제3국 선사인 BONAMI(홍콩)가 부산—상해 항로를 개설하면서 시작되었고, 본격적인 서비스는 1992년 8월 한·중 간 국교 정상화 이후에 이루어졌다.

한·중 항로는 한·중 양국 정부의 해운회담 합의에 기반하여 한·중 간 서비스 개설 또는 선박 투입에 대해 합의하는 관리항로로 운영되어 왔다. 관리항로는 한·중 양국 해운당국이 선박 투입, 항로 개설 등을 결정하는 항로이다. 한·중 양국 정부는 매년 개최되는 해운회담을 통해 한·중 항로에 새로운 항로를 개설할지, 기존 항로에 추가적으로 선박을 투입할지, 투입한다면 선박은 몇 척을 투입할지 등을 결정한다.

항로 개설이나 선박 투입이 결정되면 양국의 항만에 선박 또는 서비스를 투입할 수 있는 선사를 결정한다. 제3국 선사는 이러한 절차 없이 자유롭게 서비스를 투입하는 것은 가능하다.

한·중 양국의 협의에 의한 한·중 항로 취항 선사[15]는 2019년 기준 국적선사 17사, 중국선사 21사이며, 한·중 간 77개의 항로를 개설하여 컨테이너 정기선 서비스를 운영하고 있다.

한·중 항로의 물동량은 한·중 간 교역량의 증가와 함께 성장하였다. 1992년 8월 한·중 수교 이후 무역규모는 1992년 63억 달러에서 2019년 2,434억 달러로 증가하였다. 한·중 항로 컨테이너 수출 물동량은 1991년 29,857TEU에 불과하였으나, 1992년 수교 이후 68,186TEU로 128% 증가하였고, 2019년에는 1,196,683TEU로 1991년에 비해 3,908% 증가하였다. 수입화물도 1991년에 50,116TEU에서 1992년 60,729TEU로 증가했으며, 2019년에는 1,980,036TEU로 1991년 대비 1,851% 늘어났다. 수출입 모두 수교 이후 지난 18년간 연평균 증가율 23%의 매우 높은 성장세를 기록했다.

---

15 황해정기선사협의회(Yellow Sea Liners Committee) 소속 선사들이다. 황해정기선사협의회는 1996. 6. 28. 한·중 항로에서 컨테이너 정기선 서비스를 운영하는 한·중 양국 선사들이 결성한 민간기구이나 한·중 양국 정부의 합의를 바탕으로 설립되었다(1996년 5월 제4차 한·중 해운회담).

┃ 표 4-6 한·중 항로 수출입 컨테이너 물동량 추이(단위: TEU)

연도	수출	수입	합계
2002	655,073	937,687	1,592,760
2003	786,955	992,648	1,779,603
2004	841,901	1,135,926	1,977,827
2005	959,706	1,304,879	2,264,585
2006	945,563	1,556,624	2,502,187
2007	939,832	1,633,400	2,573,232
2008	922,960	1,515,407	2,438,367
2009	996,064	1,149,096	2,145,160
2010	1,022,388	1,396,436	2,417,824
2011	1,104,796	1,496,929	2,601,725
2012	1,149,608	1,432,602	2,582,210
2013	1,264,532	1,433,332	2,697,864
2014	1,229,609	1,520,564	2,750,173
2015	1,089,717	1,588,083	2,677,800
2016	1,142,678	1,711,319	2,853,997
2017	1,110,614	1,805,062	2,915,676
2018	1,158,499	1,864,415	3,022,914
2019	1,196,683	1,908,036	3,104,719

자료: 황해정기선사협의회(2019)

　　한국－중국 항로는 우리나라 항만과 중국의 항만을 연결하는 항로로, 우리나라 항만은 부산, 울산, 광양, 인천 등이 있다. 중국 항만은 상하이(上海), 닝보(宁波), 다롄(大连), 톈진(天津), 칭다오(青岛) 등이 주요 항만이며, 이외에도 옌타이(烟台), 웨이하이(威海), 롄윈강(连云港) 등이 있다. 한·중 항로는 통상 닝보항 이북의 북중국 항만과 한국의 항만을 연결하는 북중국 항로를 의미한다.

　　2018년 기준으로 한·중 간 물동량[16]을 보면 한국에서 중국으로 향하는 수

---

16 페리선사 및 제3국 선사 물동량을 합산한 수치이다.

출항로의 경우 상하이, 텐진, 칭다오, 닝보, 다롄, 웨이하이항 순으로 물동량이 많으며 중국 상위 5대 수출 항만으로 향하는 물동량이 한·중 전체 수출 물동량의 71.4%를 차지하고 있다. 수입항로에서도 상하이, 칭다오, 텐진, 다롄, 닝보, 웨이하이항의 순으로 물동량이 많으며 중국 상위 5대 수입 항만에서 들어오는 물동량 비중이 한·중 전체 수입 물동량의 68.3%를 차지하고 있다.

한·중 항로 중국 항만별 수출입 물동량을 상하이, 텐진, 칭다오, 닝보, 다롄, 웨이하이, 롄윈강, 옌타이 항만으로 확대하면 물동량은 각각 전체 수출·수입 물동량 대비 86.2%, 84.3%를 차지한다.

▌표 4-7 한·중 항로 중국항만별 수출입 물동량(단위: TEU, %)

구분	상하이	텐진	칭다오	닝보	다롄	웨이하이	롄윈강	옌타이	비중
수출	365,781	157,504	139,595	88,285	75,583	70,764	57,497	43,180	86.2
수입	442,438	246,528	293,118	145,446	146,225	121,173	74,927	101,725	84.3

자료: 황해정기선사협의회(2019)

한·중 항로에서 컨테이너 해상화물운송서비스를 제공하는 사업자는 국적선사로는 고려, 남성, 동영, 동진, 두우, 범주, SM, HMM, 장금, 천경, 태영, 팬오션, 한성 등이 있고, 외국적선사는 중국선사와 제3국 선사가 있다. 중국선사는 코홍, 뉴 골든 씨, EAS, 시노트란스, SITC, SIFCO, TMSC 등이 있으며, 제3국 선사로 한·중 간 운송서비스를 제공하는 선사는 Hapag, CMA−CGM, MCC, Yang Ming, Evergreen, TS Lines 등이 있다.

이외에도 컨테이너 전용선이 아닌 페리선을 이용하여 컨테이너 등 화물을 여객과 함께 운송하는 진천, 위동, C & K Ferry, DA−IN Ferry 등과 같은 페리선사도 있는데, 페리선사는 대다수가 한·중 양국의 합작선사이다.

2018년을 기준으로 선사별 수출입 수송 점유율[17]을 보면 국적선사 중에서는 장금상선의 비중이 높고(수출 13.87%, 수입 10.79%), 중국선사 중에서는 EAS의 비중이 높은 것으로(수출 6.84%, 수입 8.27%) 나타난다.

한·중 항로도 다른 해상화물운송 항로와 마찬가지로 전 세계 경기변동에 따라 선적 대상 화물의 공급량 즉, 물동량이 달라지고 이로 인하여 해상화물운송 서비스의 수요 및 운임이 영향을 받는다. 또한 한·중 항로 서비스도 운송 서비스 자체의 차별화가 없기 때문에 주로 운임수준에 의해 경쟁을 한다.

제3국선사의 한·중 항로 참여가 본격화 된다면 우리 국적선사의 시장점유율이 크게 낮아질 수 있다. 한·중 컨테이너 운송서비스는 양국이 관리하는 관리항로로 한·중 양국 선사의 선박투입이 양국 합의에 의해 이루어지므로 관리항로인 점이 일정부분 한·중 항로 컨테이너 운송사업에 대한 진입장벽으로 작용할 수 있다. 그러나 제3국 선사가 자유롭게 한·중 항로 물동량을 수송할 수 있도록 되어 있기 때문에 이 진입장벽 효과가 절대적이라고 볼 수는 없다.

2022년 기준으로 한국과 중국 컨테이너 선사 39개사이며 제3국 비회원사가 20개로 총 59개사가 취항하고 있다. 그러나 제3국 선사의 한·중 항로 수

---

17 로컬화물과 피더화물을 모두 포함한 점유율. 로컬화물은 한국항과 중국항 사이의 직교역 화물을 의미하며, 피더화물이란 원양선사의 선박의 기항하는 부산, 항하이 등 허브 항만과 원양 대형선이 직접 기항하지 않는 주변 항만을 연결하는 피더 운송서비스 화물을 의미한다.

출입 컨테이너 수송점유율은 5~6% 내외에 그치고 있다. 한·중 항로는 코로나19 팬더믹 이전인 2019년 이전까지 과잉선박과 과당경쟁으로 운임이 하락하여 수익성이 떨어져 있는 항로[18]여서 제3국 선사의 운송 참여가 낮은 이유 때문이다. 그러나 제3국적 선박[19]은 시장 상황이 호전되면 기존 및 신규 제3국적 선사들이 초대형 선복량을 앞세워 대거 시장에 참여하여 한·중 간 로컬화물 집하경쟁에 동참하게 될 것이고, 국적선사들의 시장점유율이 크게 하락할 수 있다.

한·중 항로의 선적률은 2002년 이후 2019년까지 수출은 평균 40.2%, 수입은 평균 59.2%로 전체로 보면 평균 49.7%에 머물고 있다. 18년 동안 평균 선박과잉률이 50%를 넘고 있었음을 알 수 있다.

그리고 한·중 항로 개방도 한·중 항로에서 우리 선사들의 점유율을 크게 하락시킬 요인이다. 한국과 중국 양국은 정례적인 해운회담을 통해 한·중 항로의 점진적 개방이라는 기조를 유지해오고 있다. 2019년 7월 제26차 해운회담에서 컨테이너항로의 개방은 신규항로에 대해 평택항 이남의 항만은 2020년, 인천항 이남의 항만은 2023년부터 개방하는 한편, 기존항로는 적취율을 감안해 구체적인 개방방안을 추후 마련하기로 합의하였다.

이와 같이 한·중 항로 개방이 임박해지면서 한·중 항로 시장경쟁은 더욱 심화될 것으로 보이며 이에 따라 국적선사들의 시장점유율도 대폭 축소될 것으로 예상된다. 국적선사들은 모든 선사가 한·중 항로에 참여 중인 반면, 중국 측은 한·중 항로에 아직 진입하지 않은 선사가 10여 개에 달하기 때문에 개방 이후 이들 선사들이 참여하게 되면 선박 규모나 경쟁력으로 인하여, 국적선사 점유율이 대폭 줄 것으로 예상되기 때문이다.

---

18 우리나라 선사들이 시장점유율을 유지하기 위해 제3국선사들보다 더 낮은 원가 이하의 저가 운임으로 한·중 간 로컬화물을 수송한 것이 주된 원인이다.

19 부산/중국 항로의 경우만 해도, 2019년 1월 현재 72개 항로를 운영하는데, 이는 한·중 선사들이 항권으로 투입한 55개의 부산/중국 항로 수보다 더 많은 규모이다.

7) 한·일 항로

한·일 항로는 한국 항만과 일본 항만을 연결하는 항로로 한국의 주요 항만은 부산, 울산, 마산, 광양, 인천 등 5개이고, 이 밖에 군산, 대산, 목포, 평택, 포항 등 총 10개 항만에도 취항한다. 일본의 주요 취항 항만은 60여 개에 이른다.

일본 항만 60여 개 중에서 물동량이 많은 중요한 항만으로는 도쿄, 고베, 나고야, 요코하마, 오사카 등 5개 항만이며 이 항만을 '메인 포트'(Main Ports)[20]라고 한다. 그리고 메인 포트 인근의 치바, 가와사키, 도요하시, 시미즈, 욧카이치 등 5개 항만을 '니어 포트'(Near Ports)라 하고 메인 포트의 대체 항만 역할을 한다. 메인 포트 및 니어 포트에 비하여 상대적으로 물동량이 적어 중요성이 덜한 나머지 항만 50여 개를 '로컬 포트'(Local Ports)라고 지칭한다.

전체 일본 항만 실적 중에서 도쿄 등 5개 메인 포트 항만이 차지하는 비중은 약 50%가량이고, 치바 등 5개 니어 포트가 차지하는 비중은 약 20%에 달하며, 나머지 50여 개 지방 항만인 로컬 포트의 비중이 약 30%를 차지한다.

일본 항로는 지역별로 크게 게이힌 지역, 한신 지역, 서안지역, 관문 지역, 기타 지역 등 5개 구역으로 구분한다.[21] 게이힌 및 한신 지역은 항만 수는 12개로 상대적으로 적지만 물동량이 집중되는 지역으로 물동량 비중이 높아 중요성이 높다. 이 중 한신 항로는 한국의 부산, 인천 등 항만에서 일본의 한신 지역에 소재한 고베, 오사카, 히메지, 코지 등 4개 항만을 오가는 항로로 선사들이 그룹으로 나뉘어 공동운항을 하고 있다.

한·일 항로 컨테이너 수출 물동량은 2003년 72만TEU에서 2018년에는 111만 7천TEU로 2003년에 비해 55% 증가하였다. 수입 물동량도 2003년에 45만 2천TEU에서 2018년 86만 9천TEU로 증가하여 2003년 대비 92% 증가했다.

---

20 '메인 포트'(Main Ports) 또는 '씰링 포트'(Ceiling Ports)라고 하는데, 한·일 항로 취항 선사 간에 적취율 상한제(씰링제)를 적용하여 공급을 통제하는 항만이다. 니어 포트에 대해서는 메인포트의 대체항만이므로 취항 선사 간에 씰링 포트에 준하여 공급량을 관리한다.
21 운임책정시 지역별 운임차이가 존재한다.

▌표 4-8 일본의 지역별 항만

지역	항만(개)	위치
게이힌 지역	욧카이치, 나고야, 도요하시, 시미즈, 요코하마, 가와사키, 도쿄, 치바 등 8개	
한신 지역	히메지, 고베, 코지, 오사카 등 4개	
서안지역 (혼슈 서부지역)	사카이-미나토, 마이주루, 쓰루가, 가나자와, 도야마(신코), 조에쓰, 나가타, 사카다, 아키다, 하치노헤, 이시가리, 쿠시로, 도마코마이, 하코다테 등 14개	
관문지역 (큐슈 및 혼슈 남단 지역)	큐슈지역: 이마리, 하카다, 모지, 오이타, 호소시마, 아부라쑤, 야스시로, 구마모토, 나가사키, 하마다, 시부시, 사쓰마센다이, 미키, 히비키나다 등 14개	
	혼슈 남단지역: 시모노세키, 우베, 나가노세키, 도쿠야마 등 4개	

지역	항만(개)	위치
기타 (혼슈 일부, 시코쿠 지역)	혼슈 남단지역: 이와쿠니, 히로시마, 쿠레, 후쿠야마, 미즈시마, 와카야마, 오다케 등 7개	
	혼슈 서부 북단지역: 히다치나카, 오나하마, 센다이, 오푸나토 등 5개	
	시코구 지역: 마쓰야마, 이마바리, 이요미시마, 다카마쓰, 도쿠시마, 고치신코 등 5개	

자료: 한국근해수송협의회

▌표 4-9 한·일 항로 연도별 수출입 물동량 추이(teu)

연도	수출	수입	합계
2003	720,331	452,655	1,172,986
2004	786,344	462,792	1,249,136
2005	769,164	466,105	1,235,269
2006	788,716	553,221	1,341,937
2007	771,029	623,174	1,394,203
2008	760,101	596,829	1,356,930
2009	679,212	541,783	1,220,995
2010	819,146	649,943	1,469,089
2011	956,571	694,415	1,650,986
2012	997,053	714,614	1,711,667
2013	1,035,184	746,074	1,781,258
2014	1,037,146	759,170	1,796,316
2015	1,010,333	783,519	1,793,852
2016	1,037,233	788,753	1,825,986
2017	1,084,370	840,261	1,924,631
2018	1,116,848	868,507	1,985,355

자료: 한국근해수송협의회(2018)

한·일 항로에서 컨테이너 해상화물운송서비스를 제공하는 사업자는 대부분 국적선사로 고려, 남성, 동영, 동진, 범주, 장금, 천경, 태영, 팬오션, 흥아, 팬스타라인, 에스엠, 에이치엠엠 등이 있으며, 외국적 선사로는 중국선사인 SITC 등이 있다.

한·일 항로에서 취급하는 화물은 로컬(local)화물과 환적화물로 분류할 수 있다. 이런 분류는 한·일 항로뿐 아니라 한·중, 한·동남아 항로에서도 수송화물을 분류할 수 있다. 수출입화물은 수출입 계약 체결 후 계약선사의 선박으로 직접 수송하는 방식이다. 이에 비해 환적화물은 수입국에 화물 인도전 중간 경유국 항만에서 화물을 계약선사의 선박에서 자사 또는 타사의 선박으로 옮겨 수송하는 방식을 의미한다.

환적화물은 제3국에서 일본으로 혹은 일본에서 제3국으로 이동하는 화물에 대한 수송으로 '삼국간 TS'와 '피더'로 나누어진다. 삼국간 TS는 제3국 수출업자 또는 일본 수출업자와 수송계약을 한 선사가 환적항에서 자사의 피더선으로 옮겨 실어 일본 혹은 제3국 수입업자 항만까지 수송하는 경우를 말한다. 피더(feeder)는 제3국 수출업자 또는 일본 수출업자와 수송계약을 한 선사가 경유국 환적항에서 선사 간 계약에 의해 별도의 타사 피더선박을 이용하여 일본 혹은 제3국 수입업자 항만까지 수송하는 것을 말한다.

즉 피더화물은 일본의 수출업자와 운송계약을 한 후 계약선사의 선박으로 경유지 환적항까지 수송하고 그곳에서 타사 선박으로 옮겨 실어 제3국 수입업자 항만까지 수송하는 화물이다. 또는 반대로 제3국 수출업자와 운송계약을 한 후 타사 선박으로 경유지 환적항까지 수송하고 그곳에서 계약선사의 선박으로 옮겨 실어 일본 수입항만까지 수송하는 화물이다.

자료: 한국근해수송협의회(2018)

　　2018년 기준 선사별 수출입 수송 점유율을 보면 로컬화물의 경우 고려(수출 15.3%, 수입 14%), 장금(수출 13.1%, 수입 10.3%), 흥아(수출 13.0%, 수입 11.8%), 남성(수출 10.1%, 수입 9.5%), 천경(수출 6.6%, 수입 7%)의 순이다. 환적(TS)화물의 경우 장금(수출 28.6%, 수입 27.4%), 남성(수출 17.2%, 수입 19.3%), 동진(수출 16.3% 수입 13.5%), 흥아(수출 13.5%, 수입 15.2%), 고려(수출 10.4%, 수입 13.3%)의 순이다. 로컬화물과 환적화물의 주력선사가 달랐으며, 이들 화물에 대한 수출입 물량별 점유율 상위 5개 업체는 2003~2018년 동안 대체로 동일하게 유지되어왔다.

　　한·일 간 주요 항로는 2018년 기준으로 로컬화물 수출 항로의 경우 일본 도쿄항(83,121TEU), 오사카항(52,913TEU), 나고야항(38,042TEU) 순으로 물동량이 많았고, 도쿄 등 10개 주요 항만의 물동량이 일본 전체 약 63개 항만 물동량의 67.1%인 261,907TEU를 차지하였다. 로컬화물 수입 항로의 경우 오사카항(44,313TEU), 요코하마항(43,082TEU), 나고야항(40,769TEU) 순으로 물동량이 많았고, 오사카 등 10개 주요 항만의 물동량이 일본 전체 약 63개 항만 물동량의 61.8%인 215,208TEU를 차지하였다.

2018년 기준으로 환적화물 수출 항로의 일본 주요 10개 항만 중 시미즈항(8,029TEU), 고베항(2,684TEU) 순으로 물동량이 많았으나, 도쿄 등 10개 주요 항만의 물동량은 일본 전체 60여 개 항만 물동량의 14.8%에 불과하고, 환적화물의 특성상 하카다항(18,290TEU), 도마코마이항(16,507TEU) 등 일본 지방 항만의 물동량이 128,051TEU로 85.2%를 차지하였다. 환적화물 수입 항로의 일본 주요 10개 항만 중 도쿄항(9,443TEU), 나고야항(5,806TEU) 순으로 물동량이 많았으나, 도쿄 등 10개 주요 항만의 물동량은 일본 전체 60여 개 항만의 물동량의 19.1%에 불과하고, 도마코마이항(13,581 TEU), 센다이항(11,495TEU) 등 일본 지방 항만의 물동량이 113,241TEU로 80.9%를 차지하였다.

한·일 항로도 다른 해상화물운송 항로와 마찬가지로 전 세계 경기변동에 따라 선적 대상 화물의 공급량, 즉 물동량이 달라지고 이로 인하여 해상화물운송 서비스의 수요 및 운임이 영향을 받게 된다.

이처럼 원양선사도 한·일 항로를 기항하기는 하지만, 하역 도크의 크기 제한 및 운항 스케줄에 따라 부산, 나고야 등 대부분의 원양선사는 한·일 주요 거점 항만에만 기항함에 따라 자신들이 선적한 화물(컨테이너)의 최종 목적 항만이 기항 항만이 아닌 경우에는 해당 화물을 자신들이 기항하는 거점 항만에서 일단 내린 후 거기서부터 최종 목적 항만까지의 운송을 한·일 항로를 운항하는 근해 선사에 위탁한다.

한·일 항로에서는 우리나라 컨테이너 선사들이 오랫동안 쌓아온 신뢰를 바탕으로 한 영업기반으로 시장점유율이 높다. 그러나 출발지에서 도착지로 화물을 운송하는 서비스 자체는 선사들 간 크게 다르지 않아 운임을 통하여 경쟁을 하기 때문에 한·일 항로에서 한근협에 소속되지 않은 APLU, CMA CGM, Hapag-Lloyd, ONE 등의 원양선사와 고려페리 등 페리선사 등 19개 사 등과도 경쟁을 하는데, 이들 선사들이 한·일 항로에서 최대 15%의 점유율을 유지하고 있다.

한·일 항로의 선적률을 보면 2008년 이후 2020년까지 수출은 평균 55.3%, 수입은 37.7%로 정체 평균 선적률이 46.5%로 불과하다. 지난 13년간 평균 한·일 항로 평균 선박과잉률이 50%를 넘었다.

▼ 그림 4-8 한·일 항로 선적률

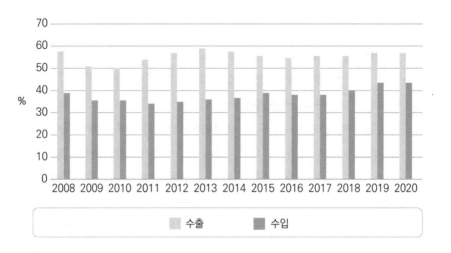

자료: 한국근해수송협의회(2018)

04

정기 컨테이너선사

컨테이너선 해상운송은 세계 무역을 이끌어가는 중추적인 역할을 한다. 세계 무역이 컨테이너 운송에 크게 의존하고 있기 때문이다. 2020년 기준 전 세계 항만에서 약 7억 7,500만 개의 20피트 컨테이너 화물이 처리되었다. 컨테이너 운송의 컨테이너화와 표준화로 인해 컨테이너 운송은 장거리 운송을 위한 가장 비용 효율적인 방법이 된 것이다.

정기선사는 어느 항로에서 서비스를 운항하고, 어느 선박을 사용하며, 자사 보유 선박혹은 용선을 운용할 것인가, 다른 선사의 일부 선복만을 구매할 것인가, 경쟁선사와 전략적 제휴를 할 것인가 등을 결정해야 한다. 이들은 자신의 서비스를 홍보하고, 서비스 계약을 협상하며, 송장 작성이나 회계 등과 같이 서비스의 공급에 포함된 모든 행정업무를 수행해야 한다.

자산과 관련하여 비교적 단순한 관리구조를 갖고 있는 벌크선 해운기업과 달리 정기선 해운선사는 기업 조직이 일반적으로 보다 복잡하고 선박당 항만 현장요원만 해도 수십명에 달한다.

현재 세계적으로 정기선 서비스를 제공하는 정기선사는 2018년 기준 379개에 달하지만 세계 20대 선사의 시장점유율이 92%에 달하고 나머지 360여 개의 시장점유율이 불과 8% 밖에 되지 않는다.

1) 정기선사의 집중화

정기선사가 컨테이너전용선박을 채택하면서 많은 자본투자가 요구되었고 수백 개의 소형 정기선사가 사라졌다. 그러나 이러한 초기 변혁의 시기가 지난 후에도 점진적이지만 컨테이너선사의 대형화, 집중화는 지속되고 있다.

1980년, 2001년, 2021년의 20대 컨테이너 선사 시장점유율을 비교해보면 1980년과 2001년의 20년동안에 정기선사의 규모는 크게 변하지 않았다. 1980년에 최대의 운항선사인 시랜드는 시장점유율이 9.6%였으며, 나머지 19개의 대형 선사도 1.4%에서 5.6% 범위로 20개사 평균 3%의 점유율을 나타내었다. 2001년에는 1990년대 말에 시랜드를 인수한 머스크가 점유율 9.4%로 최대의 정기선사가 되었다. P&O 네들로이드가 4.6%로 두 번째 규모의 선대를 보유하였으며, 20위의 함부르크 슈드(Hamburg Sud)는 시장점유율 1%를 차지하였다. 실제로 이 시기에 세계 20대 정기선사의 시장점유율은 60%에서 53%로 하락하여, 정기선사의 규모가 대형화되지 않았음을 알 수 있다.

그러나 2001년 이후 2021년까지 20년 동안 선사들의 규모가 이전 20년과 다르게 크게 증가했다. 특히 상위 10대 선사의 시장점유율이 크게 증가했다. 세계 1위인 스위스의 MSC사는 2001년 시장점유율이 3.3%에 불과했으나 공격적인 신조선 발주와 중고선 매입 증대로 2021년 시장점유율은 17.8%로 그동안 세계 1위였던 머스크를 제치고 세계 1위 선사가 되었다. 덴마크의 머스크 라인의 시장 점유율은 2001년의 9%에서 2021년에 17.0%로 증가하여 세계 2위를 지키고 있다. P&O 네들로이드를 합병하였고, 2017년에 Hamburg-Sud까지 흡수하면서 선대규모를 확장했다. 급속한 증가를 보인 또 다른 선사는 프랑스의 CMA-CGM이었는데, 이 기업 역시 2016년에 싱가포르의 NOL과 APL을 인수하고 신조선 건조와 중고선 매입에 기인하여 시장점유율이 13.3%까지 상승했다. 그리고 4위의 중국 COSCO는 2016년에 CSCL, 2018년에 OOCL을 잇달아 인수합병해서 2001년 점유율 2.8%에서 2021년에는 점유율이 11.8%까지 급상승하였다. 2017년에 UASC 를 인수한 독일의 Hapag-Lloyd가 점유율 7.0%로 5위를 차지하고 있다. 세계 5위 컨테이너 선사 중 4개 선사가 모두 유럽선사들이다. 아시아 선사로는 유일하게 COSCO가 포함되어 있다.

2001년에 세계 3위를 차지했던 대만의 Evergreen사는 2021년에 점유율 6.2%로 6위를 차지하고 있다. 일본의 3대 선사, NYK, MOL, K－Line의 정기선 부문을 2018년에 합병하여 만들어진 ONE사가 시장점유율 6.1%로 7위에 올라섰다. 우리나라 선사 중에는 2001년에 세계 4위를 차지했던 한진해운이 2016년에 파산했지만 HMM(구 현대상선)이 8위로 다시 올라서면서 시장점유율 3.3%를 차지하고 있다. 2021년 기준으로 세계 20대 선사에 포함된 우리나라 선사는 13위의 KMTC(고려해운, 0.6%)과 2020년에 흥아해운의 컨테이너 부문인 흥아라인을 인수한 Sinokor(장금상선, 0.4%)가 있다.

▌표 4-10 선박량 기준 세계 20대 컨테이너 선사의 변천(1980 vs 2021)

1980	척수	선대	비중	2001	척수	선대	비중	2021	척수	선대	비중
선사	척	천TEU	%	선사	척	천TEU	%	선사	척	천TEU	%
Sea-Land	63	70	9.6	Maersk-SL	297	694	9.4	MSC	672	4406	17.8
Hapag-Lloyd	28	41	5.6	P&O Nedlloyd	138	344	4.7	APM-Maersk	730	4229	17.0
OCL	16	31	4.3	Evergreen	129	325	4.4	CMA CGM	579	3298	13.3
Maerk Line	20	26	3.6	Hanjin-Senator	82	258	3.5	COSCO	473	2926	11.8
M line	17	24	3.3	MSC	138	247	3.3	Hapag-Lloyd	249	1748	7.0
Evergreen	22	24	3.3	APL	81	224	3.0	Evergreen Line	201	1533	6.2
OOCL	17	23	3.2	COSCO	113	206	2.8	ONE	205	1505	6.1
Zim Container Line	27	21	2.9	NYK	86	171	2.3	HMM	74	815	3.3
US Line	20	21	2.9	CP Ships Group	80	148	2.0	Yang Ming	90	660	2.7
American President	15	20	2.8	CMA-CGM	81	142	1.9	Zim	131	421	1.7

1980	척수	선대	비중	2001	척수	선대	비중	2021	척수	선대	비중
Mitsui OSK	16	20	2.8	MOL	65	139	1.9	Wan-Hai Lines	151	421	1.7
Farrell Lines	13	16	2.2	K-Line	62	136	1.8	PIL	89	284	1.1
Neptune Orient Lines	11	15	2.1	Zim	75	132	1.8	KMTC	67	151	0.6
Tran Freight Line	17	14	1.9	OOCL	48	129	1.7	IRISL Group	33	150	0.6
CGM	9	13	1.8	Hapag-Lloyd	32	116	1.6	Uni-Feeders	92	147	0.6
Yang Ming	9	13	1.8	Yang Ming	45	113	1.5	SITC	98	142	0.6
Nedlloyd	5	12	1.7	China Shipping	92	110	1.5	X-Press Feeders	91	137	0.6
Columbus Line	13	11	1.5	Hyundai	32	106	1.4	TS Lines	53	109	0.4
Safflarine	5	11	1.5	CSAV Group	54	97	13.	Zhonggu Logistics	95	108	0.4
Ben Line	5	10	1.4	Hamburg-Sud	45	80	1.1	Sinokor	71	103	0.4
20대 선사	348	436	60	20대 선사	1775	3917	53	20대 선사	4244	23294	94
기타선사	497	290	40	기타선사	1135	3475	47	기타선사	1245	1516	6
세계합계	845	726	100	세계합계	2910	7392	100	세계합계	5489	24810	100

자료: Stopford, Martin(2008), Alphaliner(2021년)을 종합하여 작성

상위 그룹의 이러한 변화에 따라 20대 선사의 점유율이 94%까지 증가해 20년전인 2001년에 20대 선사 점유율 53%에 비해 선사들의 대형화, 집중화가 지난 20년간 크게 이루어졌음을 알 수 있다. 과거 세계 컨테이너 정기선 시장은 세계 20대, 30대 선사를 기준으로 했지만 상위 소수의 선사를 중심으로 선

박량이 크게 늘면서 이제는 상위 10대 선사 정도만 글로벌 선사라고 부를 수 있을 뿐이다.

세계 30대 선사를 기준 시장점유율 변화추이를 보면 2016년 이후 2018년 사이에 세계 정기선사의 대형화가 집중해서 일어났음을 알 수 있다. 대형 흡수합병이 일어난 시기도 이 시기인데, 2010년대 장기불황의 여파로 최악의 불황사태를 타개하기 위한 대책으로 이와 같은 대형 합병이 이루어졌다고 볼 수 있다. 특히 2016~2018년은 세계 정기선 업계에서 인수합병이 절정을 이룬 시기였다. CMA CGM가 2016년에 싱가포르의 NOL과 APL을 인수하였고 2017~2018년에 Maersk가 Hamburg Sud를 인수하고 Hapag Lloyd도 UASC와의 통합을 이루었다. 중국 COSCO가 OOCL사를 인수했다. 2019년 이후부터는 큰 흡수합병이 이루어지지 않고 있다.

▼ 그림 4-9 세계 30대 선사의 시장점유율 추이

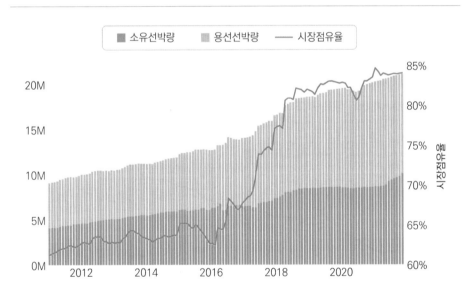

자료: Alphaliner(2021)

2) 세계 8대 컨테이너 선사

(1) MSC

MSC는 1970년에 설립된 스위스 회사로, 지난 1년 동안 100척에 가까운 선박을 추가해 672척의 컨테이너선을 보유하고 있으며 현재 수송능력은 약 441만TEU로 머스크라인을 제치고 2022년에 세계 선대의 17.8%를 점유한 세계 1위의 선대를 보유하고 있는 선사가 되었다. 선대규모와 시장점유율에 있어 최근 머스크 라인보다 높은 증가세를 보이고 있어 세계 1위의 선사로 도약할 수 있었다.

MSC는 해운산업의 탈탄소화를 지속적으로 추진하며 해운산업이 탄소 제로 미래로 나아갈 수 있도록, 특히 연료와 추진기술 측면에서 혁신을 강조하고 있다.

2021년 말 기준으로 MSC사의 항로별 선대투입현황을 보면 극동-유럽 간 유럽항로에 25%, 극동-북미 간 북미항로에 14%, 동남아/중동항로에 14%, 중남미항로에 13%를 투입하고 있다.

▼ 그림 4-10 MSC의 수송능력과 시장점유율 추이

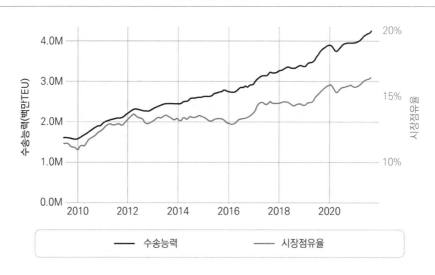

자료: Alphaliner(2021)

(2) Maersk

덴마크 머스크라인은 1904년에 컨테이너 선사로 시작한 이후 최근 25년 넘게 세계 컨테이너선 1위를 지켜오고 있었으나 2018년 이후 시장점유율이 낮아지면서 2022년에 들어 17.0%로 MSC에 이어 2위가 되었다. Maersk사는 730척의 컨테이너선을 보유하고 있으며 현재 수송능력은 약 423만TEU이다. 머스크는 주로 사프마린, P&O 네들로이드, 시랜드, 그리고 최근 함부르크 수드를 비롯한 대형 및 중형 경쟁사들을 인수합병하였다.

머스크 라인의 모회사는 AP Moller-Maersk이다. 세계 컨테이너선 초대형 선화를 주도해오고 있는 Maersk사는 디지털 기술 분야에서도 그 입지를 선도하고 있다. 특히 머스크사는 최근 몇 년간 해상운송에서 물류사업 통합으로 전략적 전환을 하는 과감한 개혁을 단행하고 있다. 종합물류기업 전략 실현을 위해 육상 물류 사업을 강화하고 공급망 관리, 트럭 화물, 창고 운영 등의 서비스까지 물류분야 다각화를 진행하고 있다.

2021년 말 기준으로 머스크사의 항로별 선대투입현황을 보면 극동-유럽 간 유럽항로에 22%, 극동-북미 간 북미항로에 21%, 남미항로에 18%, 아프리카항로에 12%를 투입하고 있다.

▼ 그림 4-11 머스크의 수송능력과 시장점유율 추이

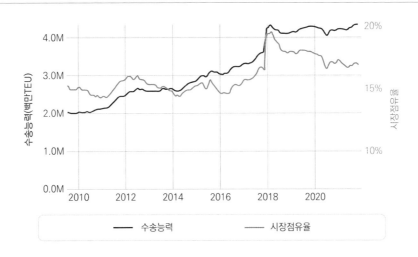

자료: Alphaliner(2021)

(3) CMA CGM

프랑스의 대표적인 컨테이너 선사인 CMA CGM이 최근 초대형 컨테이너 선이 추가되면서 579척의 선박을 보유하고 수송능력 330만TEU를 보유한 세계 3위의 정기선사이다. CMA CGM그룹은 이전에 설립된 해운회사들 간의 일련의 합병을 통해 1978년에 설립되어 마르세유에 본사를 두고 있다. 전 세계 160개 이상 국가에서 약 20,000명 이상의 직원이 근무하고 있다. 세계 521개의 항만 중 400개 항만을 기항하며, 연간 1,210만TEU의 물량을 수송한다.

2021년 말 기준으로 CMA CGM사의 항로별 선대투입현황을 보면 극동－유럽 간 유럽항로에 24%, 극동－북미 간 북미항로에 25%, 중남미항로에 15%, 아프리카항로에 9%를 투입하고 있다.

▼ 그림 4-12 CMA CGM의 수송능력과 시장점유율 추이

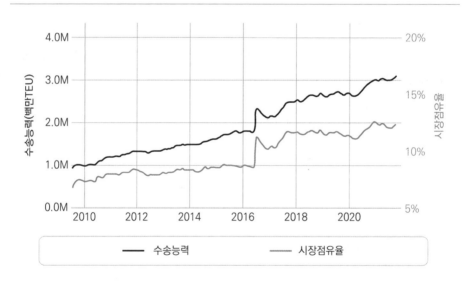

자료: Alphaliner(2021)

(4) COSCO

중국 원양 컨테이너 해운회사 COSCO는 CMA CGM에 의해 4위로 밀려났지만 약 473척의 컨테이너선과 293만TEU의 컨테이너 운송 능력을 가지고 있다. 베이징에 본사를 두고 있는 해운 및 물류 서비스 제공업체로, 2018년 이후 시장점유율이 8%에서 12%대로 급속하게 상승하였다. 전 세계 64개국과 지역의 192개 이상의 항만에 기항하고 있으며, 세계 52개 컨테이너터미널에 투자하여 연간 처리량 1억 2,500만TEU를 처리하고 있다.

2021년 말 기준으로 COSCO의 항로별 선대투입현황을 보면 극동－유럽 간 유럽항로에 25%, 극동－북미 간 북미항로에 24%, 아시아 역내 16%, 동남아/중동항로에 13%를 투입하고 있다.

▼ 그림 4-13 COSCO의 수송능력과 시장점유율 추이

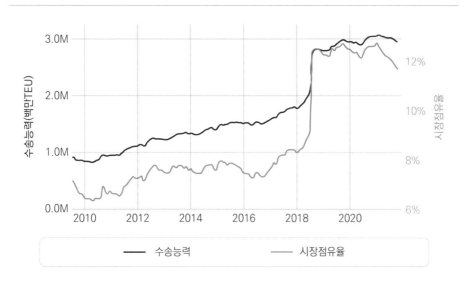

자료: Alphaliner(2021)

(5) Hapag-Lloyd

독일의 Hapag-Lloyd사는 1970년 Hamburg-American Line과 North German company Lloyd 간의 합병으로 설립되었다. 현재 249척 이상의 선박으로 약 175만TEU 컨테이너 수송능력을 갖춘 세계 5위의 컨테이너 선사이다.

Hapag-Lloyd사는 독일 함부르크에 본사를 두고 있으며 113개국에 600여개의 지점을 두고 있다. Hapag-Lloyd사는 2017년에 범아랍권 선사인 UASC를 인수하면서 세계 시장점유율도 크게 증가하였다. 세계에서 가장 크고 가장 현대적인 리퍼 컨테이너선을 보유하고 있다.

2021년 말 기준으로 Hapag-Lloyd의 항로별 선대투입현황을 보면 중남미 항로에 23%, 극동-유럽 간 유럽항로에 22%, 중동/동남아 항로에 17%, 대서양항로에 14%, 극동-북미 간 북미항로에 12%를 투입하고 있다.

▼ 그림 4-14 Hapag-Lloyd의 수송능력과 시장점유율 추이

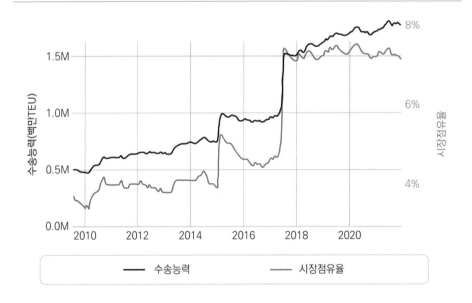

자료: Alphaliner(2021)

(6) Evergreen Line

대만에 본사를 둔 해운기업인 Evergreen사는 1968년 설립되었다. 현재 이 회사는 전 세계에 201척의 컨테이너선과 153만TEU의 컨테이너 운송 능력을 갖추고 있다. Evergreen은 80개국 이상의 전 세계 240개 항만에 기항한다.

2021년 말 기준으로 Evergreen의 항로별 선대투입현황을 보면 극동 – 북미 간 북미항로에 35%, 극동 – 유럽 간 유럽항로에 34%, 아시아 역내 11%를 투입하고 있다.

▼ 그림 4-15 Evergreen Line의 수송능력과 시장점유율 추이

자료: Alphaliner(2021)

(7) ONE

2017년 7월에 설립되어 2018년에 출범한 One Network Express는 MOL, K – Line, NYK 등 일본 3대 해운사의 정기선 부문을 통합하여 만들어졌다. 지주회사를 도쿄에 두고 싱가포르에 운영회사를 둔 ONE은 아시아, 중남미, 아프리카에서 서비스를 강화하기 위해 설립되었다. 이들 3개사의 연합은 현재 컨테이너 151만TEU의 운송능력과 205척의 선박을 보유하고 있다.

2021년 말 기준으로 ONE의 항로별 선대투입현황을 보면 극동-북미 간 북미항로에 36%, 극동-유럽 간 유럽항로에 24%, 중남미항로에 11%, 아시아 역내 8%를 투입하고 있다.

▼ 그림 4-16 ONE의 수송능력과 시장점유율 추이

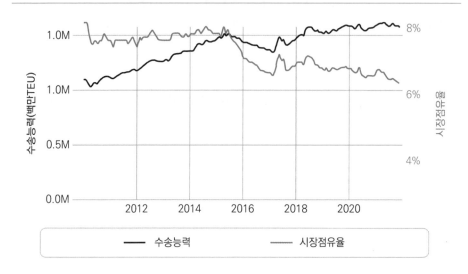

자료: Alphaliner(2021)

(8) HMM

HMM(구 현대상선)은 한국에 본사를 둔 국내 최대 컨테이너선 선사이다. 1976년 현대그룹 계열사로 아세아상선(주)이라는 이름으로 설립되었다. 2016년 7월 최대주주가 한국산업은행으로 변경되었고 10월에는 현대그룹에서 계열 분리되었다. 2020년 3월 HMM으로 사명을 변경했다. 74척의 선박과 82만 TEU 이상의 화물 수송 능력을 가진 세계 8위의 정기선사로, 우리나라 원양 수출입 수송 인프라 기능을 담당하며 우리나라 경제발전에 중요한 역할을 하고 있다.

세계 시장점유율 3%에 달했던 한진해운의 갑작스런 파산으로 2016년 초 105만TEU에 달했던 우리나라 원양 컨테이너 수송능력은 2016년 말 46만TEU 까지 하락했지만 HMM이 24,000TEU 12척, 1만6천TEU 8척 등 총 20여 척의 초대형 컨테이너선을 발주하도록 금융지원이 이루어지면서 선대를 확장했다. 동시에 2020년 THE Alliance에도 가입하면서 세계 시장점유율도 2020년 이후 크게 증가하여 대형 원양선사로 발전하게 되었다. 13,000TEU급 컨테이너선 12척을 추가로 발주하는 계획을 세우고 있다.

2021년 말 기준으로 HMM의 항로별 선대투입현황을 보면 극동 – 유럽 간 유럽항로에 51%, 극동 – 북미 간 북미항로에 33%, 중남미항로에 11%, 아시아 역내 5%를 투입하고 있다.

▼ 그림 4-17 HMM의 수송능력과 시장점유율 추이

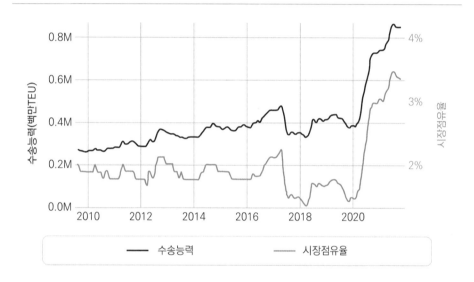

자료: Alphaliner(2021)

3) 세계 주요 컨테이너선 용선사

2021년 기준으로 운항선박 중 용선 비중은 전체 선박 중 50.3%로 절반에 이르고 있다. 이는 정기선을 운항하는 정기선사와 별개로 존재하는 독립선주에 의한 용선시장이 크게 형성되어 있고, 세계 컨테이너 선사들은 절반 이상의 선대를 용선시장에서 컨테이너 용선사로부터 용선한 선박으로 운항하고 있다.

글로벌 컨테이너선사는 일반적으로 특정 항로(예: 극동 – 유럽 항로)에서 정해진 기간 간격으로 컨테이너선을 운항하면서 용선선박으로 자체 소유 사선을 보완하는 것이 일반적인 운항방식이다. 컨테이너선을 정기선사에게 용선해주는 컨테이너선 소유자를 독립 선주사라고 볼 수 있다.

컨테이너선은 일반적으로 항해용선(voyage charter), 나용선(BBC), 그리고 정기용선(time charter) 세 가지 유형의 용선계약에 의해 용선된다. 항해용선은 선박 용선주가 하역항에서 양하항까지만 선박을 임대한다. 나용선은 용선주가 선원의 제공과 선박 유지 등의 책임을 지고 선박의 운영자 및 관리인 역할을

▼ 그림 4-18 세계 20대 컨테이너선 선주사(천TEU)

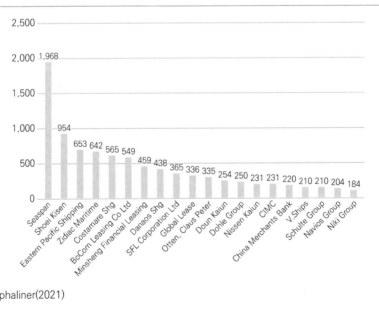

자료: Alphaliner(2021)

수행한다. 정기용선은 용선주가 지시하는 대로 항해를 수행하며 일정기간 동안 선박을 임대하는 것이다.

세계 1위의 컨테이너 선주사는 캐나다의 Seaspan사로 Atlas사가 모회사이다. 세계 컨테이너 선주사 선박 중 9.2%를 점유하고 있고 신조선 발주분까지 합쳐 201척에 197만TEU 규모에 달한다. 세계 2위의 선주사는 이마바리 조선소가 모회사인 일본의 쇼에이키센이다. 신조선 발주분까지 합쳐 94척, 총 95만TEU의 컨테이너선을 보유하고 있어 5.3%의 점유율을 가지고 있다. 특히 18,000TEU급의 초대형 컨테이너선을 보유하고 있는데, 모회사의 신조 가격경쟁력과 일본의 저금리 자금 조달을 바탕으로 채산성을 낮추어 글로벌 메이저 선사와 장기 용선계약을 체결하고 있다.

세계 3위의 선주사는 영국의 Eastern Pacific Shipping(EPS)로 런던에 본사를 둔 컨테이너 용선을 전문적으로 하는 국제선박관리회사이다. 컨테이너선 57척에 65만 3천TEU의 선대를 보유하고 있다. 세계 4위의 선주사는 영국의 Zodiac Maritime사이다. 59척, 64만TEU 선박을 소유하여 세계 선주사 선박량 점유율이 약 3.5%에 달한다. 그리스의 코스타마레(Costamare)사가 5위를 차지하고 있는데, 본사는 아테네에 있다. 37년의 역사를 가지고 있으며 신조선 발주분까지 합쳐 77척의 컨테이너선을 보유하고 있으며, 총 선박량은 56만TEU이다.

세계 20대 선주사에 포함된 회사를 국가별로 보면 독일이 7개사로 제일 많으며 일본이 4개사 그리스가 3개사, 영국이 2개사 등이다. 우리나라는 세계 1위의 조선국이며 세계 주요 해운국이면서도 선주사를 보유하고 있지 못하고 있다.

4) 피더선사

피더화물(Feeder Cargo)이란 화주나 포워더가 아닌 원양선사 등 운송업자로부터 운송을 위탁받은 화물을 의미한다. 원양선사들은 통상 대형 컨테이너선을 운영하는데, 규모가 초대형 컨테이너선들은 모든 항만에 기항하는 것이 아니라 부산, 상하이 등 주요 거점항만에만 기항하게 된다. 초대형 컨테이너선이 주요 거점항만에 화물을 내리면 인근 항만 등 최종 목적지까지의 운송은 인근 지역을 오가는 소형선사들이 맡게 되는데, 이렇게 근해를 기항하는 선사들이 원양선사로부터 화물운송을 위탁받아 초대형 컨테이너선이 기항하지 않는 항만까지 화물을 운송하는 것을 피더서비스라고 한다.

피더운송은 피더항에서 컨테이너를 수집해 허브항만의 초대형 선박에 물량을 공급한다. 환적화물과 피더화물은 해상운송의 첫 번째 또는 마지막 구간이다. 피더운송업체는 연근해 정기선 업체와 구별되지만, 대부분 단거리 운송업체들은 지리적 중첩 때문에 피더운송과 연근해 운송을 병행한다.

피더서비스는 전용서비스와 공용서비스로 나눌 수 있다. 전용 피더서비스는 특정 정기선사 전용으로 제공되며, 공용 피더서비스는 다양한 고객으로부터 받은 컨테이너 운송서비스를 말한다. 2017년 기준으로 전 세계에 전용 피더서비스를 제공하는 피더운송업체는 13개가 있고, 공용 피더서비스를 제공하는 피더운송업체는 107개이다.[22]

이 중 상위 5개 피더운송사는 연간 수송능력 200만TEU를 초과한다. 그러나 이중에서 공용 피더운송사는 1개(X-Press Feeders)이며, 나머지 4개사는 MSC, Maersk, Evergreen, CMA CGM사의 대형 정기선사의 전용 피더운송사다. 거의 모든 대형 정기선사가 대형 피더운송사인 셈이다. 일본 정기선사인 ONE만이 피더운송사 상위 20위 안에 포함되어 있지 않다.

전용 피더선사라해도 일부는 공용서비스도 제공한다. Maersk와 CMA CGM은 전용 피더서비스 이외에 공용 피더서비스도 제공한다. 또한 자체 전용 피더운송사를 운용하고 있는 정기선사라도 자신의 피더 운송사가 기항하지 않는 항만에서는 공용 피더운송사의 서비스를 이용한다.

---

[22] OECD(2018), p.53

5) 근해선사

우리나라의 주요 10개 근해선사들의 설립 및 성장 과정을 살펴보면, 1950년대 남성해운(1953년), 고려해운(1954년), 태영상선(1955년)이 설립되었고, 1960년대에 흥아해운(1961년), 천경해운(1962년), 현재 C&상선인 동서해운(1967년), 현재 범주해운인 동성쉬핑(1969년)이 설립되었다. 1970년대에 동영해운(1974년), 1980년대에 동진상선으로 사명을 변경한 동진해운(1984년), 현 장금상선인 장금유한공사(1989년)가 출현하였다. 최소 23년에서 최대 70여 년 이상의 역사를 지니고 있다.

고려해운은 1954년 설립된 후 1973년도에 한·일 간 컨테이너 정기선을 열며 정기선사로서 다양하게 물류 네트워크를 구축해왔다. 보유 선박량 기준으로 HMM에 이어 국내 2위이며 근해선사 중에서 수위를 차지하는 선사이다. 1980년 이전에 동경에 현지사무소를 개설한 후 1980년대 후반에 사무소를 현지 법인화 시켰다. 중국 항만과 자카르타, 방콕, 호치민, 그리고 중동의 두바이까지 해외 항만에 현지사무소를 설치하고 있어 아시아와 중동에서 시장 지배력이 큰 선사이다. 2020년 기준 매출액은 1조 8,852억원으로 근해선사 1위를 차지하였다.

장금상선은 1989년 최초로 한국과 중국 컨테이너 정기선을 취항한 '장금유한공사'부터 시작되었다. 당초 장금유한공사는 동남아해운과 중국의 시노트란스가 50대 50의 지분을 가지고 있었지만, 1999년 장금상선으로 재설립되면서 국적선사가 되었다. 전 세계 선사 20위, 선복량 기준 국내 3위, 근해선사 2위를 차지하고 있다. 중국과의 외교 관계가 수립되기 전부터 컨테이너 정기선을 취항하며 중국과의 교역을 증진시키고 국교를 수립하는 데에 앞장선 선사이다.

1990년대 말에 상해에 현지법인을 설립한 이후, 중국, 일본, 홍콩, 방콕, 람차방, 자카르타 등 항만지역에 현지법인을 설립·운영하면서 16개국 60여 개 항만을 기항하고 있다. 해외 진출 시 현지사무소 형태보다 현지법인을 세우는 보다 공격적인 전략을 보이는 등 타 근해선사들에 비해 역사가 비교적 짧으나 경영혁신이 빠르게 진행되고 있다. 최근 흥아해운의 경영권이 장금상선으로 넘어가면서 흥아해운, 흥아라인, 국양해운, 부산항터미널 등의 자회사를 갖고 있다. 2020년 기준으로 매출액이 1조 2,091억원으로 2위를 차지했고, 장금상선 계열사로 편입된 흥아라인도 6,349억원의 매출을 보여 국내근해선사 중에 3위를 차지했다.

흥아해운은 장금상선에 인수되었지만 1980년대 후반에 동경에 현지 사무소를 개설한 후 1990년대 초반에 싱가포르에 현지법인을 세워 동남아 항로에 주력을 하였다. 이후 2000년대까지 베트남, 말레이시아, 태국, 중국 상해 및 칭다오에 현지 사무소를 추가로 개설하여 나갔다. 이들 현지사무소는 2005년까지 거의 대부분이 현지 법인화되어 해외 영업을 강화해 나갔다. 동남아, 중국 및 일본까지 10여개 이상의 현지법인을 설립, 운영하였다.

2020년 기준으로 국적 근해 컨테이너 선사들의 매출액을 보면 4위가 남성해운, 5위가 천경해운, 6위가 팬오션, 7위가 동진상선, 8위가 동영해운, 9위가 범주해운, 10위가 태영상선 등의 순이다.

천경해운과 태영상선의 경우 근해선사 중에 역사가 가장 오래된 해운기업 중에 하나이다. 그러나 이 선사들은 처음부터 컨테이너 정기선 사업부문에 집중하지 않았기 때문에 해외 영업망, 즉 현지법인이나 사무소가 컨테이너 정기선 사업을 주력으로 하는 선사들보다 적다. 천경해운의 경우 1980년 후반에 동경의 현지법인을 설립했으며, 1990년대 후반에 북중국 항만인 톈진과 다롄에 사무소를 설치하고 2005년까지 상해와 칭다오에 사무소를 추가하였다. 태영상선은 동경에 현지법인, 중국 항만인 톈진과 영구에 사무소를 설치, 운영하고 있다.

우리나라 컨테이너 해운산업에서는 원양 및 근해시장을 암묵적으로 구분하고 원양선사는 대형선사로 그리고 근해선사는 중견선사로 육성하는 역사적 경로를 밟어왔다. 이러한 암묵적 구분에 의해 구 현대상선, 구 한진해운, 구 조양상선 등은 원양시장에 집중하였고, 고려해운, 장금상선, 구 흥아해운 등의 중견, 중소 선사들은 근해시장에 집중해왔다. 그러나 글로벌 금융위기 이후 지속된 장기불황으로 원양항로에서의 선복과잉이 심화되고, 수익성도 크게 악화되면서 상대적으로 물동량 성장세가 지속되고 있던 아시아 역내시장에 원양선사들이 영업을 확대하기 시작했다. HMM과 SM상선이 근해시장에서 영업을 본격화하면서 암묵적 역할분담이 희석되었고, 과당경쟁의 양상이 진행되었다.

HMM과 SM상선은 원양운송시장에 핵심자산을 투입하고 근해선사는 이들 원양선사와 선복공유, 선복교환 등의 방식으로 협력을 강화하여 서로 상생하는 선사연합이 형성되어야 할 것이다. 중장기적으로는 원양선사는 동서 기간항로서비스를 중심으로 하되 아시아역내서비스도 근해선사와 협력을 통해 화주들에게 제공하고, 근해선사는 아시아 역내항로 서비스를 중심으로 하되 동서기간항로 서비스도 원양선사와 협력을 통해 화주들에게 제공할 수 있도록 해야 할 것이다.[23]

---

23 해양수산부(2017), p.180

05

정기선사의 수평적 · 수직적 통합

1) 정기선사의 수평적 통합

해운기업들이 추구하는 경쟁전략의 하나는 원가우위를 갖는 것이다. 경쟁자보다 더 높은 수익을 내는 경쟁우위(competitive advantage)를 가져올 수 있는 원가절감이 전략의 핵심이다. 해운산업에서 해상운임과 수익률이 급격하게 하락하면서 수익을 극대화할 수 있는 방안은 비용을 줄여나가는 전략에 중점을 둘 수밖에 없다. ·

그 비용절감 방법의 하나로 운영규모를 확대하는 일이다. 정기선사의 운영규모의 확대는 선대확장으로 나타나며, 이를 통해 고객에 대해 서비스 빈도를 높여주고, 전 세계로 서비스 영역을 넓혀주며, 운송시간을 단축하는 서비스의 질 향상을 추구한다.

정기선사의 선대확충은 대형선사일수록 많이 추진했다. 초대형선을 많이 발주해서 선대규모를 키웠지만, 대형선사들은 인수합병을 통해서도 그 규모를 키워왔다. 일반적으로 경쟁력 강화를 위한 규모 확대 방법은 협정, 제휴, 인수 합병 등의 방법들이 있다. 협정에는 선복구매협정(space charter arrangements)[24]과 선박공유협정(vessel sharing agreements)이 있다. 이러한 협력이 여러 정기선사 간에, 여러 협력분야에서 다층적으로 일어난 것이 전략적 제휴(strategic alliances)이다.

---

24 컨테이너 운송서비스를 확대하고, 보다 광범위한 지리적 범위를 제공하기 위해 다른 선사의 선복을 구매하기로 계약하는 것이다.

(1) 선사 간 인수 합병

컨테이너 선사 간 인수 합병(M＆A)은 정기선사 간 협력을 완성하기 위해 정기선사의 소유권과 통제권을 인수하거나, 두 회사가 하나의 법인으로 통합하는 것이다. 합병의 효과는 해상운송, 복합운송, 터미널 운영 등에서 나타나고 있다.

정기선 컨테이너선사들이 인수 합병을 하는 배경은 정기선 사업을 성장시키고 경쟁이 치열한 이 산업에서 경쟁력을 확보하기 위함이다. 몇 가지 이유가 있는데, 첫째는 네크워크 확대다. 대기업 컨테이너선사들이 상대적으로 작은 컨테이너선 회사를 인수하면서 그들은 국제 네트워크를 확장하여 고객층을 증대시킬 수 있기 때문이다. 두 번째는 시장 지배력 확대이다. 정기선 시장에서 시장을 선도할 수 있을 만큼 대형화된다는 것은 시장지배력이 커져 주요 정기선 항로에서 운임을 정할 수 있는 위치에 있을 수 있다. 세 번째는 운송능력 공급과잉 문제를 해결할 수 있다. 컨테이너 사업자들은 종종 공급과잉상태에 놓이게 되는데 이 경우 그들의 시장 지배력을 약화시키기 요인이 될 수 있다. 인수합병으로 대형선사들이 소규모 컨테이너 선사들의 공급을 유연하게 운영하는 등 통제를 할 수 있어 공급과잉 문제를 어느 정도 완화시킬 수 있다. 네 번째는 규모의 경제 효과를 누릴 수 있다. 선사의 운항 규모가 증대되면서 운항비용 및 관리비용을 절감할 수 있고, 매출 증대로 화주 및 항만 등에 대한 협상력이 강화되는 장점이 있다. 규모의 경제(economy of scale)를 통한 원가절감이 낮은 수익률의 현재의 교역환경에서 매우 중요한 전략이 되고 있다. 초대형 선박, 대형 터미널, 전략적 제휴와 함께 선사 간 흡수합병도 규모의 경제를 추구하는 것이다.

세계 해운산업에서 인수합병의 대표적인 예로 1999년에 Maersk와 Sealand 사의 합병을 들 수 있다. 머스크사와 시랜드사는 1990년까지 별도의 정기선사로 운영했다. 1991년에 양사는 서비스를 개선하고 운영 효율성을 창출하기 위해 전략적 제휴를 결성했다. 1999년 머스크는 시랜드의 해상운송 자산을 구매했다. 합병 회사는 2000년 초 기준 약 250척의 선박과 55만TEU 수송능력을 보유해 2위 그룹의 정기선사에 비해 거의 두 배 이상의 규모를 확보하게 되었다. 2021년 말에도 머스크사는 730척의 선박과 423만TEU의 수송능력을 보유해 세계 2위의 자리를 유지하고 있다.

특히 장기간의 시황침체와 수익성 악화로 2014년 이후 대형 컨테이너선사 간 인수합병이 다수 발생했다. 2014년 12월 Hapag – Lloyd(독일)와 CASV(칠레)의 합병, 2015년 12월 CMA CGM(프랑스)의 NOL(싱가포르)인수, 2015년 12월 COSCO(중국)와 CSCL(중국)의 합병, 2016년 7월 Hapag – Lloyd와 UASC(아랍에미레이트)의 합병, 2016년 12월 Maersk(덴마크)의 Hamburg Sud(독일) 인수, 2018년 4월 일본 3사(NYK, MOL, K – Line)의 컨테이너 사업부의 ONE 통합 등이 있었다.

(2) 정기선 산업 집중도 증가

정기선 산업 전체의 선대 중에서 상위선사가 차지하는 비중이 높아지게 되었다. 2001년에는 전체 컨테이너 선박량 중에서 20개 정기선사의 선박량이 차지하는 비중이 53%이었으나, 2021년 말 기준으로 동 비율은 94%를 넘었다.[25] HMM까지 포함한 세계 10대 정기선사들의 선박량 점유율도 84.7%에 달하고 있다.

학술적으로 보면 HHI지수(Herfindahl – Hirschman Index)가 1,000 이상 1,800까지는 집중도가 높은 편이고 1,800이 넘으면 고도 집중상태를 의미한다. 또한 산업 내 상위 4개사의 시장점유율(CR4)이 60%를 넘으면 고도 집중상태를 의미한다.

2018년 기준으로 세계 컨테이너 해운산업의 HHI지수가 1,400이고, 상위 4개사의 매출액이 60%에 달해 이미 세계 컨테이너 해운산업의 집중도는 HHI 지수로 보면 집중도가 높은 편이고, CR4 지수로 보면 고도집중상태에 있다고 볼 수 있으며, 일부 논문에서는 세계 정기선 해운시장이 과점상태에 있다고 분석하기도 했다.[26]

현재도 컨테이너 해운의 정기선사 간 경쟁이 심화되고 있어 이러한 컨테이너해운 산업의 집중도는 계속 높아질 것으로 예상된다.

---

25 Alphaliner(2021)
26 Sys, C. (2010) (OECD(2018)에서 재인용)

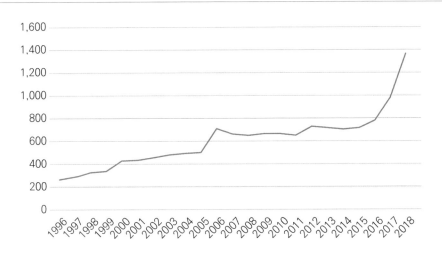

▼ 그림 4-19 세계 정기선 해운의 HHI지수 추이

자료: OECD(2018), p.38

2) 정기선사의 수직적 통합

　　컨테이너 운송 선사들이 수평적 통합으로 규모의 경제효과를 통해 원가 절감노력을 추구했음에도 수익률이 여전히 보장되지 않는 경우가 발생하곤 했다. 이를 타개하기 위해 컨테이너 운송사들은 오히려 문전수송과 같이 고객에 대한 물류 서비스의 다양화, 확대요구에 부응하고자 하였다. 즉 정기선사들이 화주의 공급사슬 전체의 경쟁력 강화를 위해 차별화 노력을 추진하게 되었고, 수직적 통합을 통한 범위의 경제(economy of scope)효과를 추구하게 되었다.

　　선사들이 해상운송 서비스에서 차별화가 어렵기 때문에 개별 정기선사가 차별화할 수 있는 가능성 중 하나는 수직적 통합을 통한 것이다. 대표적인 정기선사의 수직적 통합 활동은 컨테이너 터미널을 운영하는 일이다. Maersk사는 컨테이너 터미널 투자를 확대해 컨테이너 하역사업을 확대하였다. MSC와 COSCO도 지난 10년 동안 컨테이너 터미널 지분을 꾸준히 인수했다. 머스크 그룹은 APM Terminals, MSC는 TIL, CMA-CGM은 Terminal Link, COSCO 그룹은 COSCO Shiping ports(CSP) 등 각각 글로벌 터미널운영자(Global

Terminal Operator · GTO)를 자회사 성격으로 보유하고 있다.

　대부분의 정기선사들은 터미널 운영이외에도 추가적인 수직적 통합을 추진하고 있다. 고객의 물류서비스를 직접 수행하는 정책이다. 여러 정기선사들이 물류서비스 산업에 진출하는 수직적 통합 전략을 추진했다. 머스크는 물류 자회사인 Damco의 물류서비스 기능을 강화하고 내륙물류서비스 확대를 위한 창고물류기업과 육상운송업체 인수를 추진하였다. 2020년에 미국 창고물류기업인 퍼포먼스 팀도 인수했다. CMA CGM는 인도 물류기업 인수에 이어 2018년 물류대기업 Civa Logistics를 인수했고, COSCO도 싱가포르 물류기업 코젠트 로지스틱스를 인수하였다. MSC는 물류 자회사를 활용해 철도 내륙수송 등 사업을 다각화하고 있다.

　여러 주요 정기선사들이 터미널 운영, 창고 보관 및 유통 활동, 내륙 운송까지 수직 통합 및 다각화 과정을 추진했다.[27] 선사 자체의 피더서비스와 배후지 내륙운송업체를 보유하고 있다.

　OECD 조사에 따르면 세계 주요선사 모두 터미널운영, 물류서비스 제공은

▌표 4-11 주요 정기선사의 해상 물류사슬에서의 수직적 통합

	피더 운송	터미널 운영	물류 서비스	장비 대여	예선	철도 운송	바지 운송	트럭 운송
Maersk	✓	✓	✓	✓	✓	✓	✓	✓
MSC	✓	✓	✓			✓	✓	✓
CMA CGM	✓	✓	✓	✓		✓	✓	✓
COSCO	✓	✓	✓			✓		
Evergreen	✓	✓	✓	✓		✓		✓
Hapag-Lloyd	✓	✓	✓	✓				
ONE	✓	✓	✓		✓		✓	✓
HMM	✓	✓	✓			✓		✓
Yang Ming	✓	✓	✓					✓

자료: OECD(2018), p.48

---

27 Parola, Satta, Panayides(2015)

물론 피더서비스까지 운영하고 있다. 여기에 철도운송, 트럭운송, 일부는 예선[28] 운영까지 수직계열화하고 있다.

수직적 통합에 있어서의 이러한 시도는 컨테이너 운송 공급사슬 통합자(integrator)가 되고자 하는 노력이다. 인티그레이터는 선사가 피더운송, 터미널 운영, 철도운송, 예선서비스 등 해상 물류사슬의 전체서비스를 모두 직접 제공하는 것이다. 특히 이런 노력을 디지털화와 연계시켜 진행시키고 있다. 정보 흐름까지 제어하는 것도 물리적 흐름의 원활한 작동을 용이하게 한다는 생각이다. 이를 통해 정기선사는 화주와 직접 연결될 수 있고, 화주는 선사로부터 해상물류와 관련된 거의 모든 서비스를 원스톱으로 받을 수 있게 된다.

결국 운송 주선인(freight forwarder)의 업무까지 수행하는 결과를 가져오게 한다. 머스크사는 석유와 유조선 사업을 매각하는 대신 컨테이너 운송 공급사슬 통합자가 되기 위해 투자를 하고 있다.

인티그레이터가 되면 이 서비스를 제공받는 화주 등 고객은 이 중 일부의 서비스를 다른 업체로 전환하는 데 소요되는 전환비용(switching costs)이 많이 들기 때문에, 이를 통해 선사는 경쟁을 감소시킬 수 있다. 고객을 하나의 전체 공급사슬 솔루션에 묶어 두려는 것이다.[29] 고객은 운송주선서비스 같은 각각의 서비스 품질이 최선의 대안이 아니더라도 한 회사에 속해 있는 공급사슬 전체 서비스에서 벗어나는 것이 비용적으로 불리하기 때문에 일관 서비스로 선택을 할 수밖에 없는 상황에 놓이게 된다.

특히 디지털화는 해상운송 분야의 경쟁에 중요한 영향을 미칠 수 있다. 현재 정기선 업계에서 다양한 디지털화가 진행 중에 있다. 머스크와 IBM은 2018년 1월 해상운송 분야의 디지털화 제고를 위해 노력하는 디지털 합작법인 창설을 발표했다.[30] 또한 2018년에는 디지털 포워딩 업체인 로드스마트(Loadsmart)에 투자도 했다. 머스크와 IBM이 설립한 트레이드렌즈(Tradelens)나 디지털 포워딩에 진출하는 것은 업계의 다수 이해관계자를 연결하는 플랫폼을 제공함으로써 화주부터 항만과 터미널, 물류서비스까지 운송 프로세스의

---

28 Maersk사는 예선 자회사 Svitzer사를 소유하고 있다.

29 OECD(2018)

30 Maersk(2018)

각 단계를 포괄하려는 것이다. 우리나라의 HMM사도 물류정보의 디지털화에 대응하기 위해 온라인 운임견적 플랫폼을 개발하여 2022년 6월부터 온라인 견적은 물론 예약 및 선복확보까지 가능케 하였다.

해상운송서비스의 디지털화는 실제로 다양한 이해관계자와 관련된 대량의 데이터를 수집할 수 있게 할 수 있다. 그러한 데이터에 접근할 수 있는 해운 회사들은 그들의 고객에게 더 혁신적이고 효과적인 서비스를 제공할 수 있을 것이기 때문에 정기선사들이 수직적 통합을 추진하면서 선사의 디지털화를 추진하는 중요한 이유이다.

빅 데이터를 처리할 수 있는 능력은 결과적으로 시장에서 경쟁력을 확보할 수 있는 것이다. 대규모 데이터의 축적은 고객에 대한 구속, 그리고 신규 진입 자에 대한 진입 장벽으로 작용하기 때문에 기업의 시장 지배력을 더욱 높이는 데 사용될 수 있는 자산이다.[31]

3) 수직적 통합의 경쟁력

여러 연구에서 정기선사의 수직적 통합의 잠재적 이점을 분석했다. 선박자 산에 대한 재정적 방어, 항만비용 절감 및 통제, 범위의 경제로 인한 효율성 증가, 고객유지 및 수익 안정화의 기회로 분석하고 있다.[32] 초대형 선박에 대 한 대규모 투자로 인해 정기선사는 터미널 처리 작업의 비효율성과 지연으로 발생되는 자본비용을 회피해야 한다. 이를 위해 컨테이너 터미널 시설의 지분 을 획득함으로써 정기선사는 하역작업에 대한 통제를 강화할 수 있다. 또한 수직적 통합을 통해 터미널 화물 처리비(THC)가 높은 지역에서 항만비용을 줄일 수 있다. 컨테이너 터미널에 대한 투자는 하역작업에 대한 비용을 통제 할 수 있다. 또한 터미널운영에 정기선사의 참여는 화주 등 고객의 요구에 부 합하는 항만 네트워크를 구축함으로써 범위의 경제를 추구할 수 있고 서비스 품질과 신뢰성을 향상시킬 수 있다.

---

31 OECD(2016)
32 Notteboom et al.(2017)

정기선사의 수직적 통합은 화주의 공급사슬관리에 부응하기 위한 것이 목적이다. 이에 비해 터미널운영자의 수직적 통합은 항만 간 경쟁상 내륙운송에서 유리한 위치를 점하기 위한 것이기 때문에 선사와 터미널의 수직적 통합과 그 목적이 다소 다르다고 할 수 있다.

그러나 물류서비스 산업에 진출한 정기선사들이 퀴네 나겔(Kuehne+Nagel) 같은 원래 물류회사의 물류서비스를 능가할 수 있을까 하는 의문이 생길 수 있다. 물류사슬 전체에 대한 통합서비스를 제공하는 인티그레이터를 선사 대신 디지털 전문 IT회사가 수행해도 선사가 경쟁력을 가질 수 있을까 하는 의문이 생길 수 있다.

앞으로 물류서비스는 강력한 ICT 기술 전문성을 갖춘 비자산(non-asset) 물류서비스 제공업체가 경쟁력이 높을 것이라고 보고 있다. 이에 비해 정기선사는 본질적으로 해상운송 전문가이기 때문에 화주와는 업무상 거리가 있는 단점이 있다. 또한 자신의 선박(asset)을 가지고 있기 때문에 정기선사 선택에 있어 중립적일 수가 없다. 즉 물류서비스 제공자가 선박을 소유하고 있다는 것은 선박이 화주를 위해 부가가치를 만들어낼 수 없다면 이점이 될 수 없을 것이다.

위에서 설명한대로 컨테이너 운송 공습사슬 통합자로 발전하면서 디지털화를 연결시켜 정보 흐름까지 제어하면 결국 화주는 다른 업체로 전환하는 데 비용이 발생될 수밖에 없게 된다. 물류전문회사나 IT전문기업과 협업을 한다면 물류서비스나 정보통신회사와의 경쟁에서 불리한 점도 극복할 수 있을 것이다.

또 다른 한 가지 제기될 수 있는 의문은 정기선사가 운영하는 터미널이 시설 사용률 측에서 공용터미널 운영자를 능가할 수 있는지 여부이다. 순수 환적항이면서 다양한 잠재적인 대체 기항항만이 있는 경우 정기선사 운영 터미널은 선호되는 터미널운영자가 될 가능성이 높다. 그러나 정기선사 인수 합병, 얼라이언스의 변화가 있을 경우 공용터미널이 터미널 물동량의 장기적인 안정성을 확보하는 데 더 적합할 것이다. 따라서 공용터미널 운영자와 정기선사 간 협업 모델을 만들어, 공용터미널 운영사에 비해 더 유리한 상황을 만들어나갈 수 있을 것이다.

06

얼라이언스

대형선의 투입을 통한 규모의 경제 확보와 동시에 보다 빈번한 전 세계 서비스 제공이라는 상업적 압력하에 1990년대 중반에 중형 컨테이너 선사를 중심으로 전략적 제휴인 얼라이언스(alliance)가 시작되었다. 이들 협정은 각자 참여한 서비스의 운항 측면에서 통합을 하는 반면, 상업적인 활동은 개별 선사의 몫으로 남겨두었다. 따라서 이러한 얼라이언스는 주요 정기선 항로에서 공동 서비스 운영, 선박의 용선, 컨테이너선 슬롯(slot)의 공유, 터미널 공유, 컨테이너 집화, 허용되는 경우 피더와 내륙 운송 서비스의 조직화, 그리고 정보의 공유 등을 포괄하는 것이다. 그러나 아무리 완벽한 통합이라 하더라도, 각각의 회원사는 판매와 마케팅, 가격설정, 선화증권, 그리고 선박의 소유와 유지보수 등을 포함하여 기업의 독립성과 경영진의 관리를 유지하였다.

정기선 업체들 간의 전략적 제휴(strategic alliance), 즉 얼라이언스는 참여 정기선사들이 복수의 여러 항로에서 서로 협력하는 것이다. 얼라이언스는 선사들 간의 운항을 협력한다는 면에서 선박공유협정(vessel sharing agreements, VSA)이나 선복구매협정(space charter arrangements)과 비슷하지만 얼라이언스는 한 개의 항로 이상 복수의 항로에서 협력하기로 협정을 맺는 것으로 글로벌 네트워크를 제공하기 위해 보다 복잡한 협력을 하는 선사들의 연합체이다. 그리고 VSA보다 긴밀한 협력체계를 구축하고 협력 기간도 비교적 장기에 걸쳐 이루어진다. 2022년 6월 기준 전 세계 컨테이너 수송능력의 약 80.2%[33]를

---

33 Alphaliner(2022)

차지하는 상위 8개 컨테이너 선사가 모두 3대 글로벌 얼라이언스 중 하나에서 운영되고 있을 정도로 그 중요성이 크다.

선박공유협정(VSA)이나 선복구매협정도 많이 이루어지는데 2017년 기준 미국 FMC 보고서에 기록된 것은 각각 39개와 233개에 달한다.[34] 이 중에는 얼라이언스 회원선사가 다른 얼라이언스 선사와 맺은 것도 많이 있다. 예를 들어 2M 회원사인 Maersk가 CMA CGM사와 미국 – 중남미 노선에서 VSA를 체결한 경우도 있다.

1) 얼라이언스 발전 추이

정기선사들이 선박을 공유해 해상운송 영업을 할 수 있고, 터미널 등 보유 자산도 공유할 수 있다. 얼라이언스를 결성한 정기선사들이 공동으로 선박과 노선을 공유하면서 서비스 항로를 다변화해 안정적인 선대 운영을 하고자 하는 것이다.

2007년 이전까지 세계 정기선 해운의 전략적 제휴는 현대상선, 싱가포르의 APL, 일본의 MOL로 구성된 New World Alliance와 일본의 NYK, 독일의 하팍로이드, 홍콩의 OOCL로 구성된 Grand Alliance, 그리고 한진해운, 중국의 COSCO, 일본의 케이라인, 대만의 양밍해운으로 결성된 CKYH 얼라이언스가 있었다.

이때까지도 대형 정기선사들은 선대규모나 서비스 제공 범위가 단독으로 운항해도 충분한 규모에 도달했기 때문에 얼라이언스 구성에 참여하지 않았다. 머스크 라인, MSC, CMA CGM사가 그 예이다. 에버그린(Evergreen)과 같은 일부 정기선사들도 정기선사의 영업 독립성 침해 및 의사결정의 유연성을 이유로 전략적 제휴에 참여하지 않았다.

그러나 2008년 세계 금융위기 이후 주요 컨테이너 선사들은 수요 감소에 따른 공급초과와 치열한 경쟁에 의한 수익감소 등의 문제점들을 해소하기 위하여 전략적 제휴를 통한 협력을 모색할 수밖에 없는 상황이 되었다.[35] 정기

---

34 US FMC(2017), pp.12 – 13
35 김은수 외(2017), p.15

선사 간 인수합병과 얼라이언스 확대 개편이 더욱 가속화되었다.

MSC와 CMA CGM이 일부 서비스에 대한 제휴를 발표하고, Maersk와 함께 3개사가 P3 얼라이언스를 추진하였으나 중국의 불승인에 따라 결국 Maersk 와 MSC가 2M을 결성 하였다. 과거 해운동맹시절부터 비동맹 정기선사로 남 아있었고, 전략적 제휴 물결에도 독립 정기선사로 운영하던 에버그린도 결국 은 2012년 CKYH 얼라이언스에 가입했다. 2012년에 New World Alliance와 Grand Alliance가 아시아-유럽 노선에서 새로운 G6 얼라이언스를 결성했다.

이후에도 세계 경제 불황이 계속되면서 컨테이너 해운선사들의 수익성이 악화되었다. 2016년 중국의 COSCO와 CSCL 2개사가 합병한 '중국 COSCO해 운'이 발족했다. 이어서 중국 COSCO해운은 프랑스의 CMA CGM, 홍콩의 OOCL, 대만 에버그린 등과 함께 '오션(OCEAN)' 얼라이언스를 설립했다. 오션 얼라이언스와 2M의 경쟁구도가 형성되어 아시아-유럽항로에서는 2M이, 북 미항로에서는 오션이 주도권을 가지게 되었다. 이후 독일의 하파로이드, 한진 해운, 일본의 NYK, MOL, K-LINE 및 대만의 양밍 등 6개사가 '디 얼라이언 스(THE Alliance)'를 결성했다.[36]

이렇게 세계 컨테이너 해운시장은 수요 둔화 및 지속된 공급과잉 속에서 2017년 4월에 2M, Ocean, THE alliance 등 3개의 초대형 얼라이언스로 재편 되었다. 3대 초대형 얼라이언스 재편의 특징은 정기선사 간 인수·합병 등과 함께 진행되었다는 것이다. 중국 양대 정기선사의 합병, CMA CGM의 NOL, APL 인수, 하파로이드의 UASC 인수, 머스크의 Hamburg Sud 인수, 일본 3사 (NYK, MOL, K-Line)의 컨테이너 부문 통합이 진행되었고, 2017년에 COSCO 가 다시 OOCL을 합병했다.

즉 세계 주요 정기선사들은 거대선사(mega-carrier)로 확대되고, 정기선사 간 제휴인 얼라이어스도 대형화, 과점화 체제로 발전하고 있다. 2020년 HMM 이 디 얼라이언스에 가입하면서 HMM도 정식 얼라이언스 멤버가 되었다.

2020년을 기준으로 할 때 3대 얼라이언스는 선박량 기준으로 총 1,892만 TEU로 정기선 전체 선박량 2,303만TEU의 82%를 점유하고 있다. 2000년 이 후 얼라이언스의 변화와 정기선사들의 얼라이언스 가입 변화를 도식화했다.

---

36 한진해운 파산 이후에는 5개사로 운영되었다.

▌표 4-12 2000년 이후 얼라이언스 변화

2001	2012	2015	2017	2020
NWA	G6 Alliance	G6 Alliance	The Alliance	The Alliance
APL MOL HMM	APL MOL HMM Hapag-Lloyd NYK OOCL	APL MOL HMM Hapag-Lloyd NYK OOCL	Hanjin MOL K-Line NYK Yang Ming Hapag-Lloyd/USAC	ONE[2] Yang Ming Hapag-Lloyd/USAC HMM
Grand Alliance				Ocean Alliance
Hapag-Lloyd NYK P & O Nedlloyd OOCL MISC	CKYH	CKYHE	Ocean Alliance	CMA CGM COSCO[3] Evergreen
	Hanjin K-line Yang Ming COSCO	Hanjin K-line Yang Ming COSCO Evergreen	CMA CGM COSCO OOCL Evergreen	
CKYH	Independents			2M
Hanjin K-line Yang Ming COSCO			2M+	Maersk MSC
	Maersk MSC CMA CGM Evergreen	2M	Maersk MSC HMM	
Independents[1]		Maersk MSC		
Maersk MSC CMA CGM Evergreen		Ocean Three		
		CMA CGM China Shipping USAC		

주: 1) Independents는 얼라이언스 미가입 정기선사를 의미
　　2) ONE은 일본의 MOL, K-Line, NYK의 정기선 부문 통합업체
　　3) OOCL은 COSCO에 합병
자료: 저자 정리

2) 얼라이언스 형성 목적

초대형선으로 경쟁하는 정기선 해운선사들이 당면하는 가장 큰 문제가 선박투자비를 감당하기 어렵고, 또한 선박 화물적재율을 높이기가 어렵다는 것이다. 이를 해결할 수 있는 가장 효과적인 전략이 선사들 간의 전략적 제휴, 즉 얼라이언스(alliance)를 맺는 일이다.

정기선사들은 선사들과의 제휴를 통해 선박과 터미널을 공유하고, 컨테이너를 공동으로 구매하는 등 다양한 분야에서 규모의 경제 효과를 달성하고 더 나은 서비스를 제공할 수 있다. 선사들은 전략적 제휴를 통해 상대적으로 저렴한 비용으로 좀 더 많은 운항항로와 서비스를 제공할 수 있으며, 세계 각지의 터미널을 공유할 수 있고, 해상 및 내륙에서 공동운항, 공동운송을 통해 비용절감을 꾀할 수 있게 되었다.

정기선사들이 전략적 제휴를 맺는 목적은 다음과 같은 여러 가지 측면에서 찾아 볼 수 있다.[37] 컨테이너 선사들은 얼라이언스를 통해 규모 또는 범위의 경제로부터 이익을 얻고 선박 수송능력 활용도를 개선한다.[38] 얼라이언스는 낮은 운임으로 더 넓은 범위의 서비스를 할 수 있어 선사들 간의 경쟁에서 필수적일 수밖에 없다.[39]

첫째, 재무적 리스크 감소 같은 재무적 목적이다. 초대형선을 건조하는 데드는 막대한 투자비를 감안할 때 하나의 정기선사가 필요한 선박을 모두 건조해서 항로를 유지하기에는 위험이 너무 클 수 있다. 초대형선을 건조하고, 항만터미널, 내륙운송 인프라 투자 등을 공동으로 수행하여 비용을 경감시키고, 위험을 분산시킬 수 있다. 예를 들어 특정선사가 100만TEU의 선박량을 갖추었다고 가정할 때 얼라이언스에 참여하지 않고 독자적으로 운영한다면 50개 항만에 주 1항차밖에 서비스 할 수 없지만, 다른 2개의 같은 선박량 규모의 선사와 얼라이언스를 결성한다면 총 300만TEU의 선박량을 보유하게 되고, 이론적으로는 50개 항만에 주 3항차의 서비스를 제공할 수 있게 된다. 이는 1/3

---

37 Photis M. Panayides, Robert W.(2011)
38 Cariou, P., and P. Guillotreau.(2021)
39 Agarwal, R. (2007), OECD(2008)에서 재인용

의 투자비용으로 3배의 서비스 질을 확보할 수 있게 되는 것이다.[40]

두 번째는 규모의 경제효과로 인한 비용절감 같은 경제적 목적이다. 얼라이언스에 속하면 각사는 선박과 세계 영업네트워크, 내륙 수송물류망, 정보망, 기항항만 등을 공유할 수 있기 때문에 비용을 크게 줄일 수 있다. 컨테이너라는 균일한 제품의 특성 때문에 컨테이너 운송사업의 경쟁력은 낮은 컨테이너 운항비용 이외에서 찾기가 어렵게 되었다. 정기선 운송을 지배하는 전략은 규모의 경제를 통한 비용 절감이 된 것이다.

얼라이언스는 이러한 규모의 경제의 잠재력을 최대화시키는 또 다른 수단이 될 수 있다. 정기선사들이 신규 초대형 선박을 건조하고 인수한 후에 규모의 경제 효과를 거두는 데 필요한 선박 이용률을 확보하기 위해 가능한 방법이 다른 선사와 선박을 공유하는 것이기 때문이다. 막대한 자금이 소요되는 초대형선을 공동운항, 선복공유, 선복교환 등을 통해 자본비 및 운항비를 절감할 수 있다.[41] 얼라이언스 내에서 협업하면 초대형 컨테이너 선박이 규모의 경제의 효과를 낼 수 있도록 동일 경로의 화물을 취합할 수 있다. 총 비용이 선박 크기에 비례하지 않게 증가하므로 연료유 비용, 인건비, 유지 보수비, 윤활유비 등의 비용절감효과가 있다.

세 번째는 신규시장 참여나 서비스의 지리적 범위 확대 같은 전략적 목적이다. 다양한 서비스 항로 확보로 다양성을 확보해서 고객만족을 줄 수 있는 목적이다. 얼라이언스는 운송시장 범위를 늘리고 다양한 지역의 항로 서비스를 연결할 수 있도록 함으로써 참여 선사들에게 범위의 경제를 창출한다.[42] 얼라이언스를 통해 더 광범위한 세계 해운 네트워크를 제공하여 고객에 대한 서비스 제안을 개선하는 데 도움을 줄 수 있다. 컨테이너 정기선사 대표를 대상으로 한 설문에서 서비스 대상지역을 확대하고 더 많은 서비스를 제공하는 것이 전략적 제휴에 참여하는 가장 중요한 동기라고 하였다.[43] 화주들은 수송 목적지에 항로가 연결된 해운회사와 계약하기를 선호하기 때문에 해운회사는

40 해양수산부(2017), p.35

41 Lei, L. Fan, C. Boile, M. Theofanis, S.(2008)

42 Thanopoulou, H.A., D.K. Ryoo, and T.W. Lee.(1999),

43 Lu, H, Chang, J, Lee, T.(2006)

얼라이언스를 통해 그러한 계약 입찰에 참여할 수 있도록 충분한 네트워크를 구축해야 한다.

범위의 경제는 상호 보완적인 정기선사들 간의 제휴를 통해 이루어질 수 있다. 따라서 중소규모의 정기선사들은 이 목적에 때문에 전략적 제휴에 적극적이었던 반면에 초대형 선사들은 그 동기가 크지 않았다. 실제로 2010년에는 상위 5개 정기선사 중 하팍로이드 1개사만이 얼라이언스에 참여했지만, 상위 20위 안에 있는 대부분의 중소 정기선사들은 모두 전략적 제휴에 가입했었다. 대기업은 대부분 세계 각 지역의 운송을 자체 선대로 서비스 할 수 있었기 때문이었다.

그러나 이 논리는 2008년 금융위기 이후 수요감퇴로 더 이상 유효하지 않게 되었다. 2015년 이후 사실상 모든 대형 정기선사가 글로벌 얼라이언스를 형성하거나 가입했다. 대형 정기선사라 해도 항로별로 초대형선으로 다중 주간(weekly)서비스를 운영해야 하는 부담을 단일선사가 감내하기 어려워진 것이다.

네 번째는 운항빈도를 늘리고 선박배선 계획을 최적화할 수 있는 운영적 목적이다. 수송능력 활용률을 최적화하는 것은 선사가 얼라이언스에 가입하는 또 다른 동기이다. 항로별 총수요에 대한 얼라이언스 차원의 공동 선대 투입 계획은 각 개별 선사가 배치해야 하는 선박의 수를 줄이고 결과적으로 그에 상응하는 비용을 절감할 수 있다.[44] 두 선사가 협업해서 화물을 결합해 네트워크상의 선박 이용을 합리화하고, 선박 적재율을 개선할 수 있고, 컨테이너 터미널 야드를 할당해 항만비용을 절감할 수 있다.

3) 얼라이언스 파트너 선사 선정

얼라이언스 파트너 선사를 선정하는 기준은 다음 두가지로 볼 수 있다. 첫 번째는 시장에서 선사들의 잠재력을 보완 강화시켜줄 수 있는 시장 보완성을 고려한다. 이를 통해 얼라이언스 선사들의 지리적 범위 향상, 서비스 빈도 향

---

44 Cruijssen, F., W. Dullaert, and H. Fleuren.(2007)

상 또는 운영 지식 공유와 같은 다양한 이점을 제공받을 수 있다. 시장 보완성은 선박 크기, 사용할 수 있는 선박 수, 다양한 항만에서 사용할 수 있는 터미널 용량에 따라 결정된다. 시장 보완성은 새로운 시장에 대한 접근을 가능하게 하여 범위의 경제에 직접적인 영향을 미친다.[45] 초기에 얼라이언스를 구성했던 2001년의 경우 특정한 시장 접근성을 가진 서로 다른 국적의 선사들로 구성되었었다.

파트너 선택은 또한 에너지 절감 기술과 효율적 선박, 초대형 선박 혹은 선박 관리, 내륙 운송 또는 창고와 관련하여 새로운 기술/운영 역량을 제공하는 파트너의 능력에 기초할 수 있다. 예를 들어 2019년 7월 THE 얼라이언스는 우리나라 해운사인 HMM을 얼라이언스 회원사로 포함시키는 것을 발표했는데, 하파로이드사의 CEO는 HMM의 선박으로 얼라이언스의 고품질, 효율적 운영에 도움이 되고 대기오염 배출 저감하는 데 도움이 될 것이라고 평가했다.[46]

두 번째 기준은 신뢰와 유사성이다. 업무 스타일 및 문화,[47] 신뢰와 헌신, 전략적 적합성, 안정적인 재무 상태[48]와 같은 선사 간의 신뢰와 유사성, 그리고 재무적 안정성등이 파트너 선사를 선택하는 또 다른 기준이다.

4) 얼라이언스의 법적 지위

미국 FMC, 중국 국무원, 한국 공정거래위원회 등 각국의 경쟁당국에 의해 정기선사 간 협력은 경쟁법 혹은 공정거래법에 저촉되는지 검토하게 되는데, 대부분의 국가에서 정기선 해운의 선박공유협정(Vessel Sharing Agreements), 얼라이언스 등은 항만 간 선박운항항로의 연결성과 운항빈도 확대를 통해 효율성을 제공하지만, 자본 집약도가 높은 정기선 해운업계의 독특한 특성을 고려해, 경쟁법(독점금지법) 정밀 감시를 면제하거나, 특별법으로 대체하고 있다.

45 Agarwal, R., and Ö. Ergun.(2010)
46 Hapag-Lloyd(2019)
47 Kale, P., and H. Singh.(2009)
48 Solesvik, M., and P. Westhead.(2010)

싱가포르 등 몇몇 나라는 정기선해운에 대해 경쟁법 블록면제(block exemptions)를 하고 있으나, 우리나라, 미국,[49] 일본, 중국 등 대부분의 나라에서는 경쟁법을 대체하는 정기선 분야 특별법에 의해, 국가별 협정의 범위와 조건은 다르지만 협력을 허용하고 있다. 우리나라도 해운법에 의해 해운동맹, VSA나 얼라이언스 등 정기선 업체들 간의 공동행위나 협력을 허용하고 있다.

그러나 현실적으로는 Ocean, 2M, THE Alliance 3개 얼라이언스가 아시아－북유럽항로(서향)의 수송능력은 98%에 달한다. 오션과 2M이 각각 40%와 34%를 점유하고 있다. 아시아－북미서안항로(동향)의 경우는 3개 얼라이언스가 70%의 수송능력을 점유하고 있고 오션이 33%를 차지하고 있다. 이는 이들 동서기간항로에서 3개 얼라이언스가 과점 시장을 형성하고 있고, 집단 지배 가능성을 나타낼 수 있는 것이다.

얼라이언스 회원 선사들이 가격 경쟁을 명시적으로 제한하지 않더라도 민감한 정보는 회원 선사들 사이에서 교환될 수 있을 것이다. 얼라이언스 또한 항로, 빈도, 신뢰성 그리고 그들이 투입하는 선박의 수와 같은 주요 문제를 결정하기 때문에 공급량과 서비스를 결정할 수 있는 위치에 있을 수 있다. 이러한 지배적인 위치는 항만 서비스 제공사인 터미널운영자나 선사가 조달하는 벙커링 및 기타 서비스 제공업체 등에게 남용될 수 있다.

EU의 경우 컨소시엄은 독점금지법 적용 일괄면제를 받는 대신 해운동맹의 운임 공동행위를 폐지하였다. 그러나 해운동맹은 화주에게 피해를 끼치고 얼라이언스 같은 컨소시엄은 화주에게 영향이 적은 공동행위라고 말할 수 없다. 얼라이언스도 화주에게 피해를 끼치는 경우가 있기 때문이다. 세계 정기선 해운시장이 과점시장으로 변하면서 얼라이언스가 선박공급을 조절하는 방식으로 특별히 선박이 부족하지 않은 경우에도 계약협상의 필요성에 따라 공급을 줄일 수 있는 우려가 있다. 얼라이언스로도 화주와의 협상력을 높이기 위해 선박운항을 축소하거나 선박투입을 축소하게 된다면 화주에게 피해를 끼칠 수 있다. 이에 비해 다수의 선사가 경쟁하는 협의협정 같은 해운동맹의 경우는 과점을 이루고 있지 않아 오히려 화주에게 경쟁적 운송시장을 제공하는 결과를 가져올 수 있다.

---

49 The Ocean Shipping Reform Act of 1998

유럽에서는 얼라이언스가 1995년부터 컨소시엄 블록 면제 규정에 포함되면서 2009년 개정 이후 5년마다 갱신되고 있다. 미국에서는 사전 승인을 받지 않고도 연방해사위원회(FMC)에 제출한 후 컨소시엄 및 기타 유형의 협력협정이 발효될 수 있다. 따라서 FMC는 협약이 경쟁에 부정적인 영향을 미치는지 여부를 평가할 의무가 있다.[50]

5) 공급과잉 초래

전 세계 컨테이너 무역의 증가율을 초과하는 선박 수송능력의 증가는 컨테이너 운송의 수익성이 하락하는 주요 원인이다. 2009년 글로벌 컨테이너 해상 물동량은 2008년부터 시작된 글로벌 금융위기와 경제위기로 10% 정도 하락했다. 그러나 컨테이너 선대는 2009년에도 5%가 늘어났고, 2010~2012년에 초대형선을 중심으로 선박 신조발주가 이전보다 더 크게 증가했다.

아시아-유럽 간 주간(weekly) 서비스를 운영하기 위해서는 약 12척 이상 선박이 필요하다. 20,000TEU급으로 보면 척당 약 1억 3천~5천만 달러이기 때문에 초대형 컨테이너선 12척의 비용이 15~18억 달러(1조 7,700억원~2조 1,300억원) 규모가 된다. 이와 같이 투입선박이 대형화되면 선주의 선박 투자비 부담도 크게 늘어나게 된다. 이러한 막대한 투자는 화물집화 능력이 담보될 때만 의사결정을 할 수 있는 일이다. 초대형 컨테이너선을 운항할 수밖에 없는 정기선사가 선택할 수 있는 대안은 다른 선사와 공동운항, 공동집화를 하는 전략적 제휴, 얼라이언스를 형성해서 집화능력을 향상시키는 일이다.

얼라이언스가 없었다면 어떤 정기선사는 초대형 선박을 발주할 수 없었을 것이다. 개별 선사로 보면 발주할 수 없는 초대형선을 선사 간 협력으로 발주가 가능해진 것이다. 얼라이언스로 인해 과잉 투자와 공급과잉이 증폭[51]될 수 있었던 것이다.

2008년 시작된 글로벌 경제위기 이후에도 얼라이언스의 지배력이 높아지

---

50 Merk, O.(2018)

51 Higashida, K.(2015), OECD(2018)에서 재인용

면서 수송수요와 동떨어지게 선박수송 능력은 오히려 증가했다. 예를 들면 2015년 당시 G6 얼라이언스의 회원사였던 MOL과 OOCL은 각각 21,000TEU 초대형선박을 6척씩 발주하였다. 선도업체를 따라 초대형선을 발주한 것이다. 아시아-유럽항로에 신규로 배치될 동일규모의 초대형선박이었다. 얼라이언스로 묶여 있지 않았다면 이 선사들이 수요 감퇴시기에 초대형 선박을 발주할 이유가 없었을 것이다.

05

초대형 컨테이너선

01

규모의 경제

조달과 생산, 판매의 국제화(globalization)에 의해 가격과 서비스 경쟁이 심화 되면서 화주의 물류비 절감이 경영의 핵심으로 부각되었다. 물류비 절감은 물류비 비중이 가장 큰 해상운송비에 대한 절감 노력으로 이어지고 있다.

해상운송비는 공급과잉 상태에서 선사는 화주의 요구를 받아들일 수밖에 없는 상황이다. 화주의 요구에 의해 운임동맹 기능이 약화되면서 정기선사 간 운임경쟁이 가속화되었고, 운임은 더욱 하락하였다. 정기선사들은 만성적인 선박과잉 상태에 운송 경쟁력을 지니지 못하면 시장에서 도태될 수밖에 없는 상황을 맞이하게 되었다.

선사는 물류혁신을 통해 운송물류비를 절감해야만 한다. 따라서 세계 주요 정기선사들은 초대형선을 건조하여 단위당 운송비를 낮추는 규모의 경제를 추구할 수밖에 없게 되었다. 초대형 컨테이너선의 건조, 운영에 따른 비용 이점은 단위 고정비용과 수송물동량 사이의 역관계 때문에 발생한다. 초대형 선박을 사용함으로써, 정기선사들은 운송되는TEU당 비용을 지속적으로 줄일 수 있게 하고 초대형 컨테이너선을 통해 규모의 경제효과를 낼 수 있다.[1]

규모의 경제는 선박 크기가 증가함에 따라 단위 비용이 감소하는 효과를 말한다. 이러한 감소는 선박건조비, 인건비, 연료비의 경우 더욱 두드러진다. 두 배의 크기의 선박을 만들기 위해 두 배의 강판을 필요로 하지 않고, 항해

---

1 Ge et al.(2019)

하기 위해 두 배의 승무원을 필요로 하거나, 항해시 2배의 연료를 필요로 하지 않는다는 의미이다.

정기선사들은 이러한 초대형선을 건조하는 것 이외에도 정기선사 간에 전략적 제휴(strategic alliance)를 체결하여 초대형선 선박투자의 자금부담과 투자리스크를 줄이고, 초대형선의 적재율을 높이는 방안을 강구하였다. 특히 화주들의 다양한 수요에 부응하기 위해 전 세계적인 운송네트워크를 운영해야 하는데, 선사 단독으로는 이런 글로벌 네트워크를 모두 구축하기가 어렵기 때문에 서로 다른 운송네트워크를 가진 선사 간 전략적 제휴를 추진하는 동기가 되었다.

포드 자동차 방식의 대량 생산은 자원이 고갈되고 수요가 다양화되며 기술이 발전함에 따라 효율성, 다양성을 중시한 생산방식으로 그 가치가 바뀌어가고 있고 이를 포스트 포디즘(post−Fordism)이라 할 수 있다. 포디즘(Fordism)시대에서 모든 것이 수직적 통합을 통한 대량생산이었다면 후기산업사회의 특징으로 표현되는 포스트 포디즘에는 아웃소싱을 통한 비용대비 효율성, 전문성의 향상을 꾀하고 있는 것이다. 경쟁력의 원천이란 면에서 보아도, 기존 포디즘은 토지, 자본, 노동 등 기본생산요소가 경쟁력 요소였으나 포스트 포디즘에서는 노하우, 절차 등 고급생산요소를 토대로 한 범위의 경제가 경쟁력의 원천이 되고 있다.

포스트 포디즘시대의 세계해운산업의 방향은 화주들의 차별적, 다양한 요구에 부응해 나갈 수 있어야 한다. 따라서 정기선사들은 고객에 대한 물류 서비스의 차별화로 경쟁력을 추구해야 하는 것이 시대 상황이다. 그러나 세계 정기선 해운은 아직도 더 큰 초대형선을 건조하고 있으며, 인수합병을 통해 선사의 규모를 대형화하고 있고, 선사 간 제휴를 통해 전략적 제휴인 얼라이언스의 세력을 확대하고 있다. 포스트 포디즘 시대에 유독 세계 정기선 산업이 포디즘을 추구하는 산업으로 남아 있다.

초대형 컨테이너선의 추이

1) 컨테이너선의 대형화

컨테이너 해운산업의 가장 중요한 특징은 운항선박의 대형화가 지속되고 있는 점이다. 대형선으로 화물을 대량으로 운송하게 되면 수송단위(TEU)당 운송비용이 절감되는 규모의 경제 효과가 나타나기 때문이다. 그러나 한 선사가 선도적으로 선박을 대형화해서 비용절감의 경쟁력을 확보할 경우 다른 선사도 이를 따라 선박을 대형화하게 된다. 이렇게 되면 선도적으로 선박을 대형화 한 선사의 상대적 비용절감효과가 사라진다. 타 선사에 비해 비용절감이 가능해지려면 또다시 더 큰 대형선을 건조할 수밖에 없다. 이러한 과정이 반복되면서 정기선사들의 컨테이너선의 선박 발주크기가 계속 증가하는 결과를 가져오고 있는 것이다.

지난 25년간 세계 컨테이너선대의 수송능력은 지속적으로 증가해왔다. 특히 2008년 글로벌 금융위기 이전 몇 년 동안 연간 총 수송능력 증가율은 거의 10%를 넘었다. 2010년 이후 수송능력 증가가 그 이전만큼은 되지 않았지만 계속 증가하였고, 특히 평균 발주 선박 크기는 거의 선형적으로 크게 증가했다.

세계 컨테이너선 선박 수는 2011년 4,933척에서 2021년 5,489척으로 10여 년 동안 약 11% 증가했지만 컨테이너 수송능력은 같은 기간 동안 1,440만 TEU에서 2,481만TEU로 72% 이상 증가했다. 신조선박 척수에 비해 신조 수송능력이 상대적으로 더 높게 증가하였는데, 이는 컨테이너선이 평균적으로 더 대형화된 것을 의미한다.

컨테이너선의 평균선형을 살펴보면 최근 약 10년마다 1,500TEU씩 증가하는 것으로 나타난다. 컨테이너선이 도입된 이후 평균 선박 규모가 1,500TEU에 달하는 데 1970년 이후 2000년까지 거의 30년이 걸렸으나, 1,500TEU에서 3,000TEU로 증가하는 데는 2002년에서 2012년까지 10년밖에 소요되지 않았다.[2] 컨테이너선 평균선형이 다시 10년 후인 2021년에 4,520TEU에 달했다.[3] [그림 5-1]에서 1996~2021년간 컨테이너선 평균선형이 증가하는 추세를 볼 수 있다.

▼ 그림 5-1 컨테이너선 척수와 수송능력 증가 추이 비교(1996-2021)

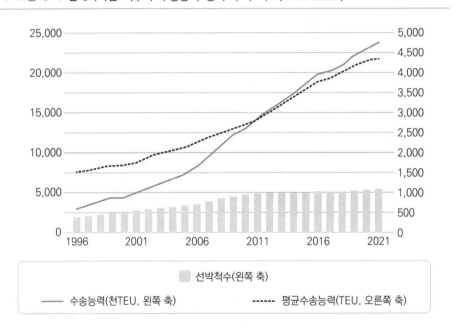

자료: Jungen, H., Specht, P., Ovens, J., Lemper, B. (2021)

---

2 OECD(2015), p.17
3 Alphaliner(2021)

2) 컨테이너선 선형 발전

1950년대와 1960년대의 초기 컨테이너선은 500~800TEU 정도였지만 1970년대에 2,000TEU급 컨테이너 전용선, 즉 풀 컨테이너선이 본격 취항했다. 1980년대 초반에는 평균 3,000TEU로 1985년까지 4,000TEU로 증가했다. 1980년대와 1990년대에 컨테이너화가 광범위하게 진행되었다. 1990년대에는 포스트 파나막스로 불린 5,000~6,000TEU급 선박이 건조되어 북미항로 및 유럽항로의 주력선대로 투입되었다.

2003년에 머스크－시랜드사의 엑셀 머스크호와 OOCL사의 센젠호 등 2척의 8,000TEU 컨테이너선이 운항을 시작했다. 2003년 10월에는 Seaspan사가 9,150TEU 컨테이너선 8척을 발주하면서 9,000TEU의 벽을 넘어섰으며, 2005년 4월에는 중국의 COSCO사가 10,000TEU급 신조선을 발주하였다.

2003년 8천TEU급 컨테이너선을 건조한 이후 머스크사는 초대형선을 주도하면서 초대형선의 시장지배 효과를 증명해 나갔다. 2013년 머스크 라인의 Triple E 시리즈 18,000TEU 선박이 처음 등장했다. Triple E는 규모의 경제성(Economy of scale), 에너지 효율성(Energy efficiency), 친환경(Environmentally improved)을 의미한다. 2017년에는 MOL이 세계 첫 20,000TEU형을 준공하였다. 이후 OOCL, 에버그린, CMA CGM 등도 잇달아 20,000TEU형을 투입하고 있다.

18,000TEU형에서 21,000TEU형까지 각 선형은 상이하지만, 총 길이 400m, 폭 61m, 적재열수 23열이라는 기본 스펙은 공통적이었다.

2019년부터 2020년까지 22,000~24,000TEU형 컨테이너 선박이 준공되고 있다. MSC가 11척(23,500TEU형), CMA CGM 9척(22,500TEU형), HMM(구 현대상선) 12척(24,000TEU형)이다. HMM은 2020년에 12척의 24,000TEU 선박이 준공되어 유럽항로에 투입되었고, 2021년에 16,000TEU 8척이 추가로 인도되었다.

22,000~24,000TEU형은 이전 21,000TEU형과 같이 길이 400m, 폭 61m의 선박제원은 같으나 선박 갑판의 컨테이너 적재열수가 23열에서 24열로 늘어났다.

2005년 이후 컨테이너선 선형의 증가는 수송능력이 빠르게 확장되었음을

┃ 표 5-1 컨테이너선의 단계별 대형화 추이

구분	제1세대	제2세대	제3세대	제4세대	제5세대	제6세대	제7세대	제8세대	제9세대	제10세대
길이 (m)	190	210	210 ~290	270 ~300	290 ~320	305 ~310	355 ~360	365	400	400
속력 (노트)	16	23	23	24~25	25	25	25~26	26	26	22.4
선폭 (m)	27	27	32	37~41	40~47	38~40	43	55	59	61
홀수 (m)	9	10	11.5	13~14	13~14	13.5~14	14.5	15	16	16.5
적재량 (TEU)	1,000	2,000	2,000~ 3,000	4,000~ 5,000	5,000~ 6,000	6.000~ 7,000	8,000~ 9,000	13,000	18,000	24,000
실적재량 (TEU)	548	1,613	2,881	4,738	5,473	6,282	7,443	12,500	17,343	19,500
갑판적	1~2단	2단 8열 2단 10열	3단 12열 3단 13열	3단 14열 4단 16열	6단 16열	6단 17열	6단 17열	7단 22열	23열	24열
창내적	5~6단	6단 7열 6단 8열	7단 9열 9단 10열	9단 10열 9단 12열	–	9단 14열	9단 14열	10단 18열	–	2
시기	1960 년대	1970 년대	1980 년대	1984년	1992년	1996년	2000년	2006년	2013년	2020년
선형	개조선	Full Container	Panamax	Post Panamax	Post Panamax	Super Panamax	Super Panamax	Ultra Panamax	Triple- E	HMM

자료: KMI 자료 등을 기초로 저자 재작성

의미하지만, 수송능력 대 선박길이 및 선폭의 증가와의 상관관계는 선형에 따라 다소의 차이를 보였다. 수송능력 대 선박길이 및 선폭의 증가간의 상관관계는 18,000TEU에 도달할 때까지는 상승관계를 보였다. 그러나 이후 20,000 TEU 이상 선박으로 대형화되었지만 선박길이는 400m를 그대로 유지하고 있고, 선폭도 60m 내외에 머물고 있다.

말라카 해협의 통항 제약 선박 길이가 400m이고, 수에즈 운하의 통항조건의 제약[4]으로 홀수가 16.5m인 경우 선폭 61m가 최대 선폭이기 때문이다. HMM의

---

4 수에즈 운하 통항에는 선박길이 제약은 없으나 허용단면적이 1006m² 로 제약되어 있다. 따라서 홀수가 최대 20m이면 선폭 50m, 홀수가 최소 13m이면 선폭 77.4m까지 가능하고, 홀수가 16.5m라면 선폭이 61m까지 가능하다. 말라카 해협의 통항제약 조건은 길이

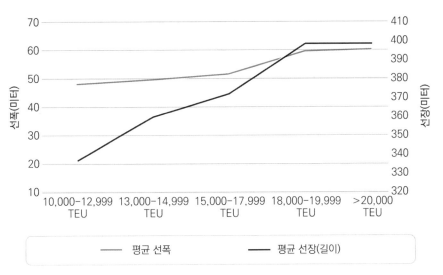

자료: IHS Markit(2021)

23,964TEU 선박이 선박길이 400m, 흘수 16.5m 선폭 61m인 이유이다.

3) 초대형 컨테이너선 운항 현황

2021년 기준으로 10,000TEU급 이상 선박은 선박량 기준으로 컨테이너 전체 선박량의 38.9%를 차지하고 있다. 10,000~12,499TEU 선박은 총 185척이 운항 중에 있고, 22척이 발주되어 있다.[5] 새로 확장된 파나마운하를 통과할 수 있는 신 파나막스, 즉 네오 파나막스급인 12,500~15,199TEU 선박은 총 269척이 운항중이고 120척이 발주 중에 있다. 2021년 기준으로 파나마 운하를 통과할 수 없는 초대형 컨테이너선인 15,200~24,000TEU 선박은 총 200척이 운항 중에 있고, 129척이 발주되어 있다.

400m, 선폭 159m, 만재흘수 25m이다.

5 Alphaliner(2021)

▌표 5-2 초대형선 운항 현황(2021년 기준)

구분(TEU)	10,000 미만	10,000-12,499	12,500-15,199	15,200-17,999	18,000-24,000	합계
척수	4,835	185	269	55	145	5,489
선박량 (만TEU)	1,516	211.2	371.2	90.9	302.1	2,481.1
구성비(%)	61.1	8.1	15.0	3.7	12.2	-

자료: Alphaliner(2021)

초대형선 운영 및 발주를 정기선사별로 살펴보면 10,000TEU 이상 선박을 기준으로 할 때 2021년 기준으로 스위스 MSC사가 123척 운항에 58척을 발주하여 총 181척으로 초대형선 운항 및 발주를 가장 많이 하고 있다. 프랑스의 CMA CGM사가 107척 운항에 26척을 발주하여 133척으로 초대형선에서는 세계 2위를 차지하고 있다. 중국 코스코사가 92척 운항에 32척을 발주하여 124척으로 초대형선 세력에서는 세계3위를 차지하고 있다. 덴마크 머스크사는 10,000TEU 초대형선 운영 및 발주에서는 96척 운항에 14척 발주로 110척에 그쳐 세계 4위를 차지하고 있다. 우리나라의 HMM은 38척 운영에 12척 발주

▌표 5-3 세계 10대선사의 10,000TEU 이상 초대형선 운영 및 발주현황(2021년 기준)

	18-24k		15.2-17.9k		12.5-15.1k		10-12.4k		합계		
	운항	발주	운항	발주	운항	발주	운항	발주	운항	발주	계
MSC	36	14	6	34	61	6	20	4	123	58	181
CMA CGM	12	-	22	14	25	12	48	-	107	26	133
COSCO	28	12	-	14	47	6	17	-	92	32	124
Maersk	31	-	19	8	14	6	32	-	96	14	110
Hapag -Lloyd	6	12	-	-	34	10	16	-	56	22	78
ONE	6	6	-	-	29	4	15	4	50	14	64
Evergreen	14	9	-	-	20	2-	17	3	51	12	63
HMM	12	-	8	-	10	12	8	-	38	12	50
Yang Ming	-	-	-	-	25	-	3	7	28	7	35

자료: Alphaliner(2021)

로 50척에 머물고 있어 선박량과 함께 초대형선 운영 및 발주에서도 세계 8위에 그치고 있다.

초대형선은 대부분 운송거리가 긴 유럽항로와 북미항로에 투입되고 있다. 특히 유럽항로가 북미항로에 비해 항로거리가 길어 규모의 경제효과를 더 크게 발휘할 수 있기 때문에 북미항로에 비해 취항선박이 더 크다. 2019년 기준 유럽항로에 취항하는 선박의 평균크기는 15,548TEU이며, 북미항로 취항 평균 선형은 8,795TEU이다. 또한 2008년 이후 인도된 10,000TEU급 이상 초대형 컨테이너선의 90% 이상이 아시아 – 유럽항로에 배선되었고, 최근 발주가 크게 늘고 있는 18,000TEU 이상 초대형 선박이 모두 유럽항로에 배선되었다.

2021년 5월 31일 현재 15,000TEU 초과 컨테이너선의 선단 위치의 스냅샷을 보면 극동에서 북유럽간의 유럽항로에 거의 모든 선박이 취항하고 있는 것을 볼 수 있다.

▼ 그림 5-3 15,000TEU 이상 컨테이너선 위치(2021.5 기준)

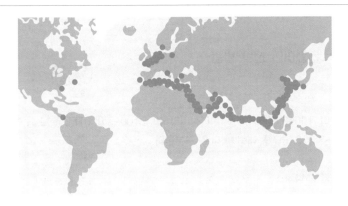

자료: IHS Markit(2021)

ULCS라 불리는 극초대형 컨테이너선은 18,000TEU 이상 선박을 의미하며 Maersk사의 Triple E 선박이 시작된 2013년 이후 출현했다. 현재까지 건조된 ULCS 선박들의 건조현황을 살펴보면 HMM사의 24,000TEU급까지 총 11종류의 선박이 시리즈로 건조되어 2021년까지 101척이 건조되었다.

▌표 5-4 ULCS 건조 현황

선사	시리즈 시작 선박명 (시리즈 척수)	취항일	선형 (TEU)	선장 (m)	선폭 (m)	흘수 (m)
Maersk	Maersk EEE(20)	2013.6	18,340	399.2	59.0	16.0
CSCL	CSCL Globe(5)	2014.11	18,982	399.7	58.6	16.0
MSC	Oscar(12)	2015.1	19,224	395.4	59.0	16.0
UASC	Barzan(6)	2015.4	19,870	400.0	58.6	16.0
MOL	Triumph(6)	2017.3	20,170	400.0	58.8	16.0
Evergreen	Ever Golden(11)	2018.3	20,388	400.0	58.8	16.0
Maersk	Madrid Maersk(11)	2017.4	20,568	399.0	58.6	16.5
COSCO	Shipping Universe(6)	2018.6	21,237	399.9	58.6	16.0
OOCL	Hong Kong(6)	2017.5	21,413	399.9	58.8	16.0
MSC	Gulsun(6)	2019.7	22,960	399.0	61.5	16.0
HMM	Algeciras(12)	2019.9	23,964	399.0	61.5	16.5

자료: Alphaliner, HMM사의 자료 취합 저자 정리

해운실무: 컨테이너 선박 별칭

1) 피더

운반 용량이 100~3,000TEU를 피더선이라하며, 100~2,000TEU를 소형 피더라 하고 2,000~3,000TEU를 대형 피더로 구분한다.

2) 고전적인 파나막스

5,300TEU급 선형으로 파나마 운하가 확장되기 전에 최대 통과 선형을 의미한다.

3) 네오 파나막스

확장된 파나마 운하의 최대 허용 한도인 15,200TEU급 선형을 말한다.

4) 네오 포스트 파나막스

파나마 운하 통과 한계를 초과하는 선박으로 1만 8천TEU 이상 선형을 의미한다.

5) ULCS(극 초대형 컨테이너 선박)

ULCS로 간주되는 시기에 대한 명확하고 균일한 정의는 없으나, 이 용어는 일반적으로 당시 가장 큰 기존 선박에 사용된다. 현재 가장 큰 컨테이너 선박 의미로 통상 18,000TEU 이상 선박을 말한다.

해운실무: 초대형 컨테이너선과 컨테이너

초대형 컨테이너선

- 현재 가장 큰 컨테이너선은 약 24,000TEU를 운송할 수 있다.
- 수송 능력은 70km 길이의 화물 열차와 맞먹는다. 또한 미국 뉴욕의 엠파이어 스테이트 빌딩보다 더 높다.
- 이 선박에 2만 채 이상의 아파트 가구를 실을 수 있다.
- 대형 컨테이너선 엔진은 승용차보다 약 1,250배의 출력을 가지며 6층 건물과 크기가 비슷하다.

컨테이너

- 20피트(TEU) 컨테이너는 비어 있을 때 무게가 약 2톤 정도이다.
- 20피트(TEU) 컨테이너에는 약 24,900개의 깡통이나 약 48,000개의 바나나를 담을 수 있다. 40피트 컨테이너에는 12,000개 이상의 신발 상자를 담을 수 있다.
- 20톤 이상의 화물을 실은 20피트 컨테이너를 아시아에서 유럽으로 운송하는 데 드는 비용은 같은 여정의 승객 한명의 이코노미 항공요금과 거의 같다.

03

초대형 컨테이너선의 장점과 리스크

1) 초대형 컨테이너선의 장점

정기선사는 TEU당 해상 운송비를 줄이기 위해 컨테이너선 대형화를 추구하고 있다. 8,000TEU급 선박의 단위당 운송비용을 1,000달러로 가정할 때, 10,000TEU급은 930달러, 14,000TEU급은 500달러, 16,000TEU급은 370달러, 18,000TEU급은 259달러로 선박의 규모가 커질수록 단위당 운송비용이 낮아진다고 분석한 바 있다.[6] 몇몇 연구에서도 비슷한 결과를 보이고 있다. 12,500 TEU에서 18,000TEU급으로 대형화시킬 경우 11.83%의 단위비용이 절감되며, 18,000TEU에서 22,000TEU급으로 대형화하면 다시 19.23%의 단위비용이 절감되는 것으로 분석했다.[7] HMM(구 현대상선)의 24,000TEU 선박의 경우 유럽 항로 취항시 15,000TEU에 비해 TEU당 연료비가 13% 절감된 것으로 나타났다.[8]

초대형 컨테이너선의 규모의 경제효과를 선형별로 비교해보면 다음과 같다.[9] 선박운항원가는 크게 자본비, 선비, 그리고 연료비를 들 수 있다. 우선 [표 5−5]에서 선형별로 자본비와 선비의 규모의 경제효과를 먼저 살펴볼 수

---

[6] Drewry(2020)

[7] Hacegaba,N.(2014)

[8] 선사 관계자

[9] OSC 자료를 기초로 저자 분석

▌표 5-5 자본비와 선비의 컨테이너 선형별 규모의 경제효과 비교

	4,500TEU	8,500TEU	12,500TEU	18,300TEU
수송능력	4,500	8,500	12,500	18,300
자본비				
신조선가(백만 달러)	46.0	76.5	114.0	163.5
일일 자본비(달러)	18,552	31,539	46,999	67,406
선비				
선원비(달러/일)	3,650	3,650	3,650	3,950
유지보수비(달러/일)	1,734	2,903	3,220	3,650
보험료(달러/일)	1,035	1,733	2,133	2,550
관리비 등(달러/일)	1,100	1,200	1,300	1,650
소계	7,519	9,486	10,303	11,800
합계	26,071	41,025	57,302	79,206
단위 운송비(달러/TEU)	5.79	4.83	4.58	4.33

자료: Ocean Shipping Consultants(2016)

있다. 자본비와 선비 측면에서 선박의 대형화가 진행되면서 일정 규모 이상이 되면 규모의 경제효과가 다소 감소하는 것을 알 수 있다. 4,500TEU에서 8,500TEU로 대형화 되면 단위 운송비가 5.79달러에서 4.83달러로 운송비면에서 약 16.6%의 규모의 경제효과가 발생된다. 그러나 8,500TEU에서 18,300TEU로 대형화되면 단위 운송비가 4.83달러에서 4.33달러로 운송비면에서 약 10%의 규모의 경제효과가 추가로 발생된다.

그러나 연료비의 경우는 선박이 초대형화 되면 될수록 규모의 경제 효과가 더욱 크게 나타난다. [표 5-6]에서 볼 수 있듯이 4,500TEU에서 8,500TEU로 대형화될 때 5.6%, 연료비 절감에 불과했지만, 12,500TEU에서 18,300TEU가 되면서 16.5%로 큰 폭의 연료비 절감이 나타나고 있다. 최근 연료유가가 급등한 것을 반영[10]해도 이러한 추세는 변함이 없다. 2022년 기준 연료유가로 비교해도 18,300TEU의 연료비 절감은 12,500TEU에 비해 16.6% 절감이 되는

---

10 2022년 4월 기준 HFO는 톤당 729달러, MDO는 톤당 1,118달러를 적용했다.

	4,500TEU	8,500TEU	12,500TEU	18,300TEU
수송능력	4,500	8,500	12,500	18,300
연료유가				
HFO(달러/톤)[1]	239	239	239	239
MDO(달러/톤)	461	461	461	461
항해중 소비량[2]				
HFO(톤/일)	53.5	98.6	136.5	163.5
MDO(톤/일)	2.5	2.8	3.2	3.2
항만체류중 소비량				
HFO(톤/일)	0	0	0	0
MDO(톤/일)	2.8	2.8	3.2	3.2
항해중 연료비(달러/일)	13,939	24,856	34,099	40,552
재항중 연료비(달러/일)	1,153	1,291	1,475	1,475
TEU당 연료비(달러/일)[3]	3.1	2.9	2.7	2.2
TEU당 연료비(달러/일)(2022)[4]	9.3	8.8	8.2	6.7

주: 1) HFO(heavy fuel oil)은 벙커씨유, MDO(marine diesel oil)은 저유황유인 해상경유(MGO)와
    HFO를 블렌딩한 마린디젤오일, 2014년 유가 기준
   2) 19노트 항해 기준
   3) 수송능력 대비 TEU당 연료비
   4) 2022년 4월 연료유가 HFO: 729달러, MDO: 1,118달러 기준
자료: Ocean Shipping Consultants(2016)를 기초로 작성

것으로 분석된다.

이에 따라 자본비, 선비, 그리고 연료비를 모두 감안한 선형별 총 해운비용을 비교하면 [표 5-7]과 같다. 여기서는 아시아-북유럽 항로를 기준으로 하였으며, 2014년 연료유가를 기준으로 할 경우 수송단위당 비용을 보면 4,500TEU에서 8,500TEU로 대형화될 때 11.3%의 단위당 비용이 절감되었다. 그러나 12,500TEU에서 18,300TEU가 되면서 3.4%의 절감효과밖에 나타나고 있지 않아 총비용으로 보면 18,000TEU 이상이 되면서 규모의 경제효과가 감소하고 있음을 알 수 있다. 다만 최근 연료유가가 급등한 것을 반영하면 연료

	4,500TEU	8,500TEU	12,500TEU	18,300TEU
수송능력(TEU)	4,800	8,500	13,000	18,300
컨테이너갯수-왕복항차	8,640	15,300	23,400	32,940
총항만시간[1](일수)	5.40	7.25	9.50	12.15
해상항해시간				
왕복항차(해리)[2]	12,200	12,200	12,200	12,200
속도-노트	19	19	19	19
1일 해리	456	456	456	456
해상시간(일수)	26.75	26.75	26.75	26.75
시간조정(+5%)	28.09	28.09	28.09	28.09
왕복항차일수	33.49	35.34	37.59	40.24
연간항차수	10.45	9.90	9.31	8.70
연간수송능력(TEU)	100,322	168,354	242,072	318,323
1일 선박해상비용(달러/일)	40,010	65,881	91,400	119,758
1일 선박항만비용(달러/일)	27,224	42,315	58,777	80,681
선박해상비용(달러)	1,070,447	1,762,602	2,445,358	3,204,048
선박항만비용(달러)	147,008	306,787	558,379	980,278
운하통과료	275,850	275,850	275,850	275,850
항차당 운항비(달러)	1,493,305	2,345,239	3,279,588	4,460,176
연간 총비용(달러)	15,605,369	23,225,374	30,534,489	38,791,747
수송단위당 비용	155.6	138.0	126.1	121.9
수송단위당 비용(2022년)[3]	233.2	216.9	197.1	182.0

주: 1) 양적하 시간 및 항만접근 시간 포함, 동아시아 3개항, 유럽 3개항 기항 기준
　　2) 아시아-북유럽 기준
　　3) 2022년 4월 연료유가 HFO: 729달러, MDO: 1,118달러 기준
자료: Ocean Shipping Consultants(2016)를 기초로 작성

비 비중이 커지면서 초대형선에 의한 규모의 경제효과가 더 커지는 것을 볼 수 있다. 2022년 기준 연료유가로 비교하면 18,300TEU의 연료비 절감은 12,500TEU에 비해 7.7%로 연료유가 상승으로 그 효과가 더 커지는 것으로

분석된다.

선박의 초대형화로 기대되는 규모의 경제효과는 무한정 커지는 것이 아니라 일정 규모를 초과하면 규모의 경제 효과가 점차 줄어들게 된다. 즉 일정 한도를 초과하면 선박 크기가 증가해도 얻을 수 있는 단위 운송비용은 크게 증가하지 않는다.

2) 초대형 컨테이너선의 리스크

(1) 파멸적 경쟁 리스크

초대형선 건조는 개별 정기선사에게는 운항 선박의 운송 단위당 비용 절감을 추구하고자 한 것이지만, 모든 정기선사가 초대형선을 취항시킨다면 원가 경쟁력은 다시 같아지고 이를 타개하기 위해 시장 선도업체들은 다시 더 큰 초대형선을 건조할 수밖에 없다.

초대형 컨테이너선 신조선 투자는 원가경쟁력을 확보하기 위한 기업차원에서는 전략적 행동이지만 이런 행동들이 군집적으로 나타나면 정기선 산업 전체로 공급과잉을 초래하는 '합성의 오류(fallacy of composition)[11]'에 빠지는 리스크가 발생하고 있다.

특히 세계 정기선 해운산업을 이끌고 있는 세계 주요 정기선사들이 선제적으로 초대형선을 건조하는 자신의 이익만을 고려한 선택을 하면서 결국에는 자신뿐만 아니라 산업전체에게도 공급과잉이라는 결과를 유발하는 '죄수의 딜레마' 현상[12]이 보이고 있다.[13]

또한 이로 인해 파멸적 경쟁 리스크가 증대될 수 있다. 정기선사들의 초대형 컨테이너선 발주 전략이 시장점유율 경쟁을 위해 어쩔 수 없이 취한 전략이기

---

[11] 개인적으로는 타당한 행동을 모두 다 같이 할 경우 전체적으로는 부정적인 결과가 초래될 때 쓰이는 용어이다.

[12] 자신의 이익만을 고려한 선택이 결국에는 자신뿐만 아니라 상대방에게도 불리한 결과를 유발하는 상황이다.

[13] Kou, Y. Luo, M.(2016)

때문에 자체가 큰 리스크가 될 수 있다. 정기선 산업의 초대형선 경쟁은 곧 가격경쟁밖에 할 수 없는 상태를 의미하는 '파멸적 경쟁'(destructive competition) 상태에 놓여 있기 때문이다. 정기선사가 시장점유율을 유지하거나 확보하기 위해 사용할 수 있는 수단이 운임경쟁뿐이라는 상태이다. 더 심각한 것은 초대형 컨테이너선 건조 경쟁에 의한 구조적인 공급과잉을 해결할 마땅한 방법이 없다는 점이다. 일부 감속운항이나 계선을 통해 선대감축 효과를 추구하지만 일시적인 선박조정에 그치고 있는 실정이다.

파멸적 경쟁 리스크는 운임하락으로 나타날 수밖에 없다. 실제로 아시아 – 유럽항로 운임이 2015년 6월에 20피트당 200달러까지 하락해 사상 최저치를 기록했는데, 이는 아시아 지역 근해항로 운임수준밖에 되지 않는 것이었다.

(2) 항만, 내륙운송, 환적 인프라 추가 투자 리스크

선사들은 자신들이 생각하기에 가장 비용 효율적이라고 생각되는 선박을 만들었지만, 컨테이너 운송사슬의 나머지 부분에는 주의를 기울이지 않아, 운송사슬 전체로 보면 이 초대형선은 기대했던 것보다 효율적이지 않을 수 있다.

항만은 선박, 화물과 함께 컨테이너 운송의 3대 요소의 하나이다. 초대형 컨테이너선이 항만에 기항하기 위해서는 입항 수로 및 안벽 전면 수심개선 등 항만시설에 추가 투자를 해야 한다. 일시에 많은 물동량이 하역되면서 나타날 수 있는 항만에서의 작업피크 문제를 해결하기 위해 크레인 등 항만장비 확충, 컨테이너 야드의 확장 등의 추가 투자가 필요하다.

초대형 선박 기항으로 선박당 더 많은 컨테이너가 선적 및 하역되면서 선박 한 척당 컨테이너 처리량 증가로 인해 항만과 배후지 트럭운송, 환적운송 및 철도운송 접점(interface)에서의 피크를 초래한다. 따라서 터미널과 내륙 운송 및 환적 인프라에 대한 추가 투자를 해야 한다.

컨테이너 터미널의 안벽개량, 초대형선을 위한 크레인, 야드장비 등 시설 및 장비 투자, 그리고 항만 배후지로의 연계운송 및 환적 인프라 투자가 추가로 필요하게 되어 컨테이너 운송시스템 전체의 비용증가 요인이 된다. 초대형 컨테이너선에 의한 대량의 해상운송에서 규모의 경제로부터 이익을 얻을 수 있지만, 그러나 이것은 항만, 배후지 수송, 환적운송 등 컨테이너 운송의 다른 구성 요소들에게는 규모의 비경제[14]로 이어질 수 있다.

초대형선 기항에 따른 항만 등 관련 부문의 비용 증가를 연구한 실증분석은 부족한 편이다. 한 연구에 의하면 4,000TEU 선박에 비해 18,000TEU 선박을 처리하면서 터미널이 운영비가 17% 증가했다고 분석했다.[15] 그러나 터미널 운영비뿐만 아니라 진입 수로 및 안벽 전면 수심 증심 투자나 안벽크레인과 야드장치장 확장 같은 시설 및 장비 투자비도 함께 고려되어야 한다.

또 다른 연구에서는 초대형선의 규모의 경제 이익은 선형이 커질수록 그 효과가 줄어들고 한계에 다다르고 있지만 선형이 커지면서 항만에 대한 규모의 비경제 효과는 선형이 커지면서 급속히 증가한다고 분석하고 있다. 이 두 가지 비용을 합쳐 총 비용면에서 최적의 선형을 분석하면 8,000TEU 선박이 적정하다고 분석했다.[16]

OECD의 관련 연구에 의하면 19,000TEU 선형을 대상으로 검토한 결과 초대형선 기항에 따른 추가 추가비용은 1/3은 장비에 대한 투자비용이고, 1/3은 항만 진입 수로 및 안벽 전면 증심 준설비, 그리고 1/3은 야드 등 항만 인프라 시설과 항만 배후지 연결 투자비이다.[17]

(3) 화주서비스 하락 리스크

화주는 운송시간, 운송신뢰성, 운송희망 항만 등의 측면에서 차별화된 다양한 서비스를 요구하고 있다. 그러나 정기선 해운산업은 규모의 경제효과를 추구하면서 획일적이고, 균질화된 서비스로 화주의 이와 같은 다양한 요구에 부응하지 못하고 있다.

특히 화주들은 자신의 공급사슬관리(SCM)을 위해 대형 허브항만에 피더운송하면서 수출입을 하는 것보다, 인근 중소항만에 직접 기항한 선박을 통해 수출입하는 것을 선호한다. 그러나 정기선사의 초대형선 정책에 의해 화주들

---

14 규모의 비경제(Diseconomies of Scale): 어느 수준의 생산량을 지나면 생산량이 증가함에 따라 생산비가 감소하지 않고 오히려 증가하는 현상을 말한다.

15 Saanen(2013)

16 Haralambides(2017)

17 OECD(2015), p.6

은 기항 항만이 줄어들거나, 기항 항만도 서비스 빈도가 낮아지게 된 것이다. 컨테이너 선박의 초대형화가 해상운송인의 필요에 의해 진행되고 있지만 초대형선 운항에 따라 화주는 오히려 서비스 하락이라는 영향을 받고 있다.

세계 정기선 해운은 만성적인 공급과잉으로 운임 과당경쟁 상태에 놓여 있다. 이러한 과당경쟁으로 인한 운임하락에 화주들은 이익이 되고 있기 때문에 문제의 핵심을 외면하고 있었다. 다보스 포럼 등을 통해 일부 화주들은 장기적으로는 이 과당경쟁이 원거리 해외생산의 리스크를 증가시킬 수 있는 심각한 사안으로 보고 경고를 한 것이 전부였다.

화주에게 미치는 영향은 운임이 상승하면 실제로 나타나게 된다. 2020년 코로나19 사태 이후 컨테이너선의 항만체선 증가, 컨테이너 용기 회수지연에 의한 용기 부족사태 등으로 컨테이너선 운임이 크게 상승했다. 유럽항로의 경우 2019년 평균 운임이 20피트 컨테이너당 1,003달러였으나 2021년에는 평균 운임이 4,050달러로 400% 이상 상승했다. 북미항로의 경우도 2019년 평균운임이 40피트 컨테이너당 690달러에서 2021년에는 평균 1,675달러로 240% 이상 상승했다. 이렇게 되자 선사들은 체선으로 지연된 일정 만회를 위해 물동량이 상대적으로 적은 항만기항을 하지 않거나,[18] 기항빈도를 조정하는 등의 서비스 수준이 하락했다.

이미 초대형선화, 초대형 선사화에 이어 3대 얼라이언스에 의해 과점형태로 지배되는 세계 정기선 해운시장에서 외부요인에 의해 이와 같이 운임이 상승하게 되면서 화주 들은 초대형선에 따른, 그리고 초대형 얼라이언스에 따른 서비스하락 문제는 제기도 할 수 없는 공급자 시장으로 변모하는 것을 볼 수 있다.

---

18 부산항 기항을 하지 않고 지나치는 경우가 다수 발생하였다.

06

초대형화의 영향

얼라이언스의 협상력 증대

정기선사가 많은 초대형선을 운항하고, 초대형 선사로 발전하면서 동시에 선사들 간의 제휴인 얼라이언스까지 구축하면서 항만에 대해 강한 협상력을 갖게 되었다. 선사와 얼라이언스가 많은 선박과 화물을 확보하고 있기 때문이다.

세계 3대 얼라이언스의 경우 2021년 기준 2M, 오션 얼라이언스, 디 얼라이언스가 각각 845만TEU, 745만TEU, 482만TEU의 선박량을 확보하고 있고 총 2,072만TEU로 정기선 전체 선박량 2,481만TEU의 83.5%를 점유하고 있다. 이들 정기선사나 얼라이언스가 항만당 처리하는 물동량은 적게는 50만TEU, 많을 경우에는 250만TEU를 상회하고 있다.[1]

정기선사는 초대형선의 규모의 경제를 통해 운영비를 절감할 수 있지만, 터미널 운영자와 항만 당국은 오히려 항만 장비 및 해상 접근 수로에 상당한 투자를 해야 한다.[2] 2000년대 초부터 항만, 터미널에 대해 얼라이언스의 협상력이 실질적으로 증가했다.[3] 얼라이언스의 세력이 더 강화되면서 항만과의 협상 지위의 불균형은 더욱 커졌다.

2017년 4월 이후 3개 글로벌 얼라이언스는 동서 기간 항로서비스에서 총 89개 항만에 기항하고 있었다. 아시아에 30개, 유럽에 35개, 북미에 24개 항만에 기항했다. 이 항만 중 3개 얼라이언스가 모두 기항하는 항만은 아시아 8

---

1 김형태 외(2010), p.47
2 Tran, N. K. Hassis H. D.(2015)
3 Heaver, T, Meersman, H, Van de Voorde, E.(2001)

얼라이언스	정기선사	척수	수송능력 (만TEU)
2M	Maersk	732	425.2
	MSC	627	419.8
	2M 합계	1,359	845.0
Ocean Alliance	CMA CGM	547	310.1
	COSCO	483	294.1
	Evergreen	207	145.6
	Ocean 합계	1,237	749.9
THE Alliance	ONE	215	157.6
	Yang Ming	88	63.8
	Hapag-Lloyd	258	177.7
	HMM	78	82.5
	THE 합계	638	481.6

자료: Alphaliner(2021)

개, 유럽 5개, 북미 6개 항만에 불과하다. 나머지 60여 개 항만들은 1개 혹은 2개의 얼라이언스만이 기항하고 있었다. 얼라이언스의 항만기항을 유지시키기 위해 항만 간 경쟁을 해야 하는 상황에 놓여 있는 것이다.

이러한 협상력을 이용하여 정기선사들은 터미널운영자와 항만당국에 하역료 인하, 생산성제고, 임대료 인하, 항만이용 시의 기타 우대조치 실시 등 다양한 요구를 하고 있다. 얼라이언스는 항만, 터미널 운영자 및 기타 서비스 제공업체와의 협상에서 묵시적 구매 독점적 힘을 관행적으로 사용한다. 명시적인 공동 교섭이 없더라도 얼라이언스가 항만기항을 이전할 수 있다는 실질적인 위협은 항상 존재하기 때문이다.

초대형선 투입시 해운산업과 항만운영사 간의 비용과 이익의 공정한 분배에 대한 논쟁을 촉발시키기도 했지만,[4] 현실적으로 기울어진 운동장에서 항만운영사가 선사로부터 분배를 요구할 수 있는 상황이 되지 못하고 있다.

---

4 OECD(2015)

02

해상운송구조 변화

1) 중심항만

초대형선과 초대형 항만은 동전의 양면과 같다.[5] 초대형 항만이 초대형 선박에게 화물을 모아 주어야 하고 초대형 선박은 초대형 항만에 환적화물 등 화물을 공급해야 하기 때문에 함께 공존해야 한다. 이때 초대형 항만은 중심항만이고 환적허브항이다.

초대형선이 중심항만에 기항하는 것은 초대형 컨테이너선의 취항시 항만마다 직기항하는 것보다 허브항만에서 피더운송하는 것이 비용을 줄일 수 있기 때문이다. 초대형선이 규모의 경제효과를 내려면 해상운송시간을 늘리고 항만에 체류하는 시간을 줄여야 한다. 이를 실현시키기 위해 초대형선이 최소한의 허브항에만 기항하는 편이 유리한 것이다. 즉 피더운송에 소요되는 추가 비용보다 모선이 항만마다 직기항하면서 발생시키지 못하는 규모의 경제효과가 더 크기 때문이다.

최근에는 여러 지역에서 발생하는 순환적항(pure transshipment port)이 중심항의 개념이 되고 있다. 초대형선이 기항하는 항만이 순환적항의 기능을 가지며, 여기에서 남북 간 연계운송이 이루어지는 구조이다. 초대형선이 전 세계 순환적항에 기항하고 여기서부터 남북항로로 연계서비스가 이루어지는 개

---

5 Haralambides, H.E.(2018)

넘이다. 이 개념은 현재 일부지역에서 현실적으로 이루어지고 있는 해상물류 패턴이다.

컨테이너선의 초대형화가 24,000TEU 이상으로 진행되면서 해상물류가 더욱 전형적인 허브 앤 스포크로 가야 한다는 의견도 있다.[6] 현재 아시아-유럽 항로에서는 20,000TEU급 초대형 컨테이너선이 로테르담, 함부르크, 일본, 중국, 한국 등 아시아에서 3~4개, 유럽에서 3~4개 항만에 기항하고 있다. 초대형 컨테이너선의 기항이 점차 이들 허브항에 집중 기항하고 이후 연계 네트워크를 통해 지역항만(local port)까지 수송하는 것이다.

중심항만은 Hayuth의 개념[7]처럼 대규모 배후지를 보유하고 있는 중심성(centrality)과 중계 및 환적화물을 처리하는 중계성(intermediacy)의 두 가지로 설명되었으나, 이상의 견해들은 초대형선 출현으로 중심항의 성격이 중계성에 더욱 비중을 두는 의견들이다.

이러한 환적 허브항만이 되기 위해서는 몇 가지 조건을 갖추어야 한다. 첫째, 중심항으로서 입출항 선박에 대한 하역 생산성, 재항시간 등의 안정성, 정시성, 확실성이 보장되는 우수한 서비스를 제공해야 하며, 이를 위한 항만시설, 장비, 하역시스템이 충분히 확보되어야 한다. 최근 연구에서 선석가용성(berth availability)이 가장 중요한 환적허브항 선택기준으로 분석되었다.[8]

둘째, 환적 관련 제비용이 저렴하여 환적에 따른 부담을 최소화해야 한다. 초대형선으로 수송하지 않고 직항로서비스에 의해 수송될 경우 발생하지 않는 환적비용은 대부분을 초대형선 운항정기선사가 부담할 가능성이 크다. 따라서 초대형선 운항정기선사는 환적비용이 가장 절감될 수 있는 항만에 기항하려 할 것이다. 셋째, 아시아-유럽, 아시아-북미, 혹은 북미/아시아/구주의 펜들럼(pendulum) 서비스[9]상 역방향의 피더가 발생하지 않는 지리적 위치를 갖고 있어야 한다.

---

6 https://secure.marinavi.com/news/file/FileNumber/109451

7 Hayuth, Yehuda(1994)

8 Kavirathna et al.(2018)

9 파나마 운하를 통과해 아시아, 미국, 북유럽을 연결하는 항로 서비스를 말한다.

2) 다중 주간 서비스

중심항만 개념으로 보면 초대형 정기선사는 동서간 서비스에서 환적허브 항만에 기항하려 할 것이다.[10] 따라서 그동안 학자들은 동서 기간항로에서 3대 얼라이언스별로 약 7~8개 정도 환적허브 항만을 구축해 기항하면서 지역별로 몇 개씩의 항만에만 기항할 것이라고 주장했다.

그러나 실제 정기선 운항패턴을 보면 정기선사가 초대형화 되거나, 초대형 전략적 제휴 정기선사라도 세계 주요항만에 거의 모두 기항하고 있다. 이는 항로별 주간(weekly) 정기선 서비스[11]를 복수로 운항하면서 기항항만을 달리하고 있기 때문이다. 즉 특정 항로의 주간 서비스를 복수화함으로써 다중 주간서비스(multiple weekly services)로 항로를 운영하면서, 대형 정기선사라 해도 극동이나, 유럽 지역의 주요항만에 모두 기항해서 화물을 집화하기 때문이다[12].

북미항로의 예를 들면 얼라이언스별로 3~4개 정도씩의 주간 정요일 서비스를 운영하고 있다. 일요일에는 중국 선전의 얀티안, 홍콩에 기항하고 월요일에는 상해, 그리고 화/수요일에는 부산, 금/토요일에는 일본항만에 기항하는 것을 볼 수 있다. 즉 얼라이언스는 요일별로 기항항만을 달리하는 북미항로 서비스를 다중 루프로 서비스 하고 있다.

아시아-유럽항로의 경우 2020년 8월 기준으로 3대 얼라이언스가 총 17개의 주간 서비스항로를 운영하고 있다.[13] 이 항로의 기항항만 중 상하이, 옌티안의 기항회수가 20번씩으로 가장 많다. 아시아 항만 중 이 중 5번 이상 기항하는 항만이 상하이, 옌티안, 싱가포르, 닝보, 탄중 펠레파스, 홍콩, 부산, 청

---

10 예를 들어 MSC사의 중심항만은 안트워프(Antwerp)이며 로테르담(Rotterdam)은 피더항만이다. 그러나 머스크 시랜드사는 로테르담항을 중심항만으로 이용하며 안트워프는 피더항으로 이용하고 있다.

11 유럽항로나 북미항로의 정기선 서비스는 여러 항만을 기항하게 되는데 각 항만마다 같은 요일에 기항하는 weekly service를 말하며, 이 정기선 서비스를 loop나 string이라 부른다.

12 Notteboom, T., Rodrigue, J. P.(2009)

13 Drewry(2020)

도, 샤먼 등 9개 항만이다. 3번 이상 기항하는 항만은 총 16개, 그리고 1번 이상 기항하는 항만이 광양항을 포함해 총 23개 항만에 이른다.

아시아－북미항로의 경우 2020년 8월 기준으로 3대 얼라이언스가 총 18[14]개의 주간 서비스항로를 운영하고 있다.[15] 이 항로의 기항항만 중 부산항 기항회수가 16번으로 가장 많다. 아시아 항만 중 이 중 5번 이상 기항하는 항만이 부산, 상하이, 싱가포르, 옌티안, 닝보, 홍콩, 카이맵, 샤먼 등 8개 항만이다. 3번 이상 기항하는 항만은 총 13개, 그리고 1번 이상 기항하는 항만이 총 18개 항만에 이른다.

정기선사들이 다중 주간 서비스로 항로를 운영하면서 초대형 정기선사가 기항하게 되는 중심항만은 지역별로 1개 항만이 아니라 주요 항만에 모두 기항하는 운송패턴을 유지하고 있다. 동북아지역을 예로 들면 한국의 부산, 중국의 상하이, 옌티안, 닝보, 홍콩항, 일본의 도쿄, 대만의 카오슝 등 각국의 중심항에 초대형선이 모두 기항하는 국별 중심항 체제가 유지되고 있다.

---

14 세계일주항로 4개, 펜들럼서비스 4개를 포함한다.
15 Drewry(2020)

03

화주에 미치는 영향

컨테이너 운송에서의 초대형선박, 선사들의 제휴인 얼라이언스는 해상운송에 관련된 여러 당사자에게 광범위한 영향을 미친다. 초대형 선박과 선사 간 제휴인 얼라이언스가 컨테이너 운송시스템 전체의 효율성을 향상시켰는지 살펴볼 필요가 있다. 특히 화주와 소비자에게 미치는 영향을 파악해야 한다.

얼라이언스는 운송의 통일성을 증가시키면서 정기선사의 차별화 가능성을 제한시키게 된다. 최근 얼라이언스에서 초대형 선박 투입을 늘리면서 주요항로에서 서비스 빈도가 줄고, 직기항 연결 항만이 감소되고 있으며, 운항스케줄의 정시성(스케줄 신뢰성)도 하락하고 있다.

이에 비해 얼라이언스에 가입하지 않은 독립 정기선사는 차별화된 서비스를 제공하면서 화주들에게 더 많은 부가가치를 제공하고 있다. 컨테이너 운송시스템에 대한 얼라이언스의 영향은 대체로 부정적인 것으로 보인다.

1) 정기선 주간 운항서비스와 항만 간 직기항 노선수의 축소

컨테이너선의 초대형선화가 진전되면서 동서 기간항로인 극동－유럽항로와 극동－북미항로에 투입되는 평균 선형도 대형화하고 있다. 2010년 유럽항로에 취항하는 선박의 평균선형은 7,700TEU이었으나, 2019년에는 14,500TEU로 선형이 거의 두 배나 커졌다. 북미항로의 경우도 평균선형이 2010년 5,450

▼ 그림 6-1 유럽항로와 북미항로 선형 및 항로수 변화

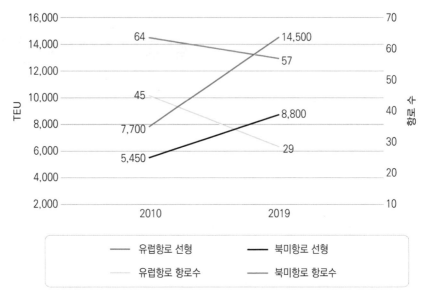

자료: Drewry(2020)

TEU 2019년 8,800TEU로 커졌다.

항로에 투입되는 선박이 대형화되면서 주간(weekly)으로 서비스하는 정기선 서비스의 수가 줄어들게 된다. 12,000TEU 12척으로 운항하던 유럽항로를 18,000TEU 12척으로 운항하면 이 한 항로서비스의 운송능력이 50%가 증가하지만, 실제로 물동량은 이만큼 늘어나지 않기 때문에 운항서비스 수를 줄여야 선박에 화물을 채울 수 있기 때문이다.

실제로 유럽항로의 경우 주간 운항서비스 수가 2010년에 45개에서 2019년 29개로 줄어들었다. 북미항로의 경우도 주간 운항서비스가 2010년 64개에서 2019년 57개로 줄어들었다.[16]

얼라이언스의 정당성 중 하나는 정기선사가 고객에게 보다 포괄적인 서비스를 제공할 수 있는 가능성이다. 얼라이언스에 참여함으로써 공급하는 서비스를 확대할 수 있다. 그러나 얼라이언스를 통해 정기선사들 간에 중복 운항

---

16 Drewry(2020)

중인 서비스를 줄이는 네트워크의 '합리화'를 통해 항만 간 직접 연결 노선이 감소했다. 4대 얼라이언스 체제였던 2017년 4월 이전에 비해 3개 얼라이언스 체제로 바뀐 후 아시아－지중해 노선에서 8%, 아시아 미 동안 노선에서 항만 간 직접 연결 노선 수가 13%가 감소했다.

이로 인해 컨테이너 항만들은 한정된 대륙간 정기선 서비스의 기항지가 되기 위해 경쟁을 벌이고 있다. 북유럽과 극동 간 정기선 서비스 하나가 매주 기항하면 일반적으로 항만당 연간 컨테이너 항만물동량이 약 300,000TEU가 된다.[17] 최근 20,000TEU의 선박 투입이 증가하면서 주간 서비스 수송능력이 증가하여 유럽항로의 경우 기항 항만당 연간 평균 450,000TEU[18] 이상의 물동량이 발생되기도 한다.

2) 서비스 차별화 감소

컨테이너 정기선사는 표준화되고 균질화된 서비스 특성 때문에 해상운송의 핵심서비스인 항만 간 운송서비스를 차별화하는 데 한계가 있다. 즉 이러한 서비스 동질성과 차별성 부족으로 컨테이너 수송 서비스가 마치 균질화된 제품처럼 되었기 때문에 컨테이너 해상운송의 가격 민감도는 높다. 즉 화주들이 선사의 핵심 제품이 동일해서 전환비용이 낮아 가장 유리한 가격을 찾기 때문이다.

컨테이너 정기선사가 비용우위를 점할 수 있는 기술이나 운영방안도 쉽게 모방할 수 있기 때문에 장기적인 비용 리더십을 가지기도 쉽지 않다. 모든 선사가 초대형선을 보유하고 있는 것이 그 한 가지 예이다.

얼라이언스는 회원 선사 간 서비스 차별화 기회를 감소시킨다. 수송 시간, 정시 항해, 선박에서의 공간 가용성과 같은 핵심 서비스는 얼라이언스 전체에

---

17 Notteboom et al.(2017)

18 유럽항로의 경우 얼라이언스 평균 주간 운항수송 능력은 2020년 기준 약 12~14만TEU 이기 때문에 아시아－유럽향의 평균 선적률을 80~90%, 유럽－아시아향의 평균 선적률을 40~47%로 두고, 이를 연간으로 확대하면 700~1,000만TEU가 된다. 이를 왕복 항로상 기항 항만수 14~16개로 나누면 항만당 연간 평균 43~70만TEU가 된다.

걸쳐 동등하기 때문이다. 얼라이언스 선사들은 트럭운송이나, 철도운송에서 동일한 내륙운송업체에 의존하기도 한다.[19] 얼라이언스 선사들의 서비스 유연성이 떨어지고 고객 지향성이 떨어진다.[20]

그러나 컨테이너 선사가 차별화할 수 있는 방법이 없는 것은 아니다. 경쟁 우위를 확보하기 위한 고품질 서비스[21]가 중요하다. 서비스 차별화 방안은 선박 정시성, 문전 운송 시간, 화물 추적, 운송빈도, 관리 신뢰성 및 공간 가용성, 그리고 고객 요구 사항에 대한 대응성, 화물의 안전 및 보안 보장[22] 등 서비스 품질을 높이는 일이다.

3) 선박지연 증가

많은 화주들이 화물운송에서 저비용을 우선순위로 삼지만 공급사슬의 원활한 기능을 위해 선택의 폭과 빠른 수송시간을 중요한 요인으로 생각한다. 그러나 많은 화주들이 얼라이언스로 인해 선택의 폭이 줄어들었고, 서비스 차별화, 서비스 품질의 저하를 초래하고 있다는 문제점을 인식하고 있다. 얼라이언스와 관련된 서비스 품질저하로 화주들에게 비용증가로 이어져 공급사슬 운영에 혼란을 초래한다.

2017년 새로운 얼라이언스가 생긴 이후 선박 지연이 증가했다. 2017년 하반기 전체 선박의 평균 지연일은 1.02일로 2016년 하반기 0.60일에 비해 늘어났다. 선박의 지연은 해상운송 정시성(스케줄 신뢰성)에 영향을 미친다. 선박지연이 발생되면 스케줄을 맞추려면 운항속도를 높여야 하는데 이는 비용이 매우 많이 드는 방법이다.

운송지연 위험에 대응하기 위해 일부 화주들의 재고 보유 및 재고 관리 비용이 증가한다. 일정하지 않은 운송 시간으로 안전재고 추가 확보 등 재고수준을 높여야 하기 때문이다. 정시성이 70%에서 99%로 향상되고, 매일 운송서

---

19 Maloni, M. Gligor, D. Lagoudis, I.(2016)

20 Murnane, J. Saxon, S. Widdows, R.(2016)

21 Durvasula, S. Lysonski, S. Mehta, S.(2002)

22 Yap, W.(2010)

비스를 이용할 수 있는 서비스 빈도가 개선되면 재고 비용을 25%까지 절감할 수 있다.[23] 스케줄 신뢰성이 낮은 해상운송 때문에 화주들은 더 많은 안전재고를 보유해야 하거나, 지연된 시간을 만회하기 위해 더 비싼 화물 운송 수단을 사용해야 한다.

---

23 Zhang, Lam(2014)

04

항만에 미치는 영향

1) 작업강도 심화

한 선석에서 일주일에 1만 개의 컨테이너를 처리할 경우, 7,500TEU급 선박 4척이 기항하는 경우와 15,000TEU 2척이 기항하는 경우를 비교해보자. 7,500TEU급 선박 4척이 기항하면 선박기항당 2,500TEU를 처리하면 된다. 7,500TEU 선박은 선석길이 330m, 수심 14m의 안벽에 아웃리치 18열, 인양높이 38m의 안벽크레인(QC) 4대로 처리가 가능하다.

초대형선 15,000TEU급 선박 2척이 기항할 경우 선박기항당 5,000TEU를 처리해야 한다. 그러나 이를 위해 1만 5천TEU 선박 접안에 필요한 선석길이 400m, 수심 16m의 안벽으로 재정비해야 하며, 장비도 아웃리치 22열, 48m 인양높이의 안벽크레인 6대가 필요하다. 물론 안벽능력이 커지면서 작업자수도 더 필요하고, 야드도 더 많은 필요하다. 특히 시간당 처리능력이 2배로 증가하면서 항만에서의 하역작업 강도가 높아졌다.

컨테이너선 초대형화됨에 따라 항만에서의 양적하물동량(lifts per call: LPC)이 증가하고 있다. 컨테이너 선박당 평균하역물량은 2015년에 1,312TEU에서 2016년에 1,509TEU로 2017년에는 1,628TEU로 계속 증가하고 있다.[24] 2019년의 경우에도 지중해 연안 항만의 경우는 13%, 북유럽 항만의 경우 10% 정

---

[24] IHS Markit, 하태영 외(2017), 하태영 외(2018)에서 재인용

구 분	결 과	비 고
TEU 수	39,000	실제 적재량 19,500TEU 기준, 양적하량은 2배
Lift 수	24,375	TEU/Lifts 계수 1.6 (TEU: 40%, FEU: 60%)
Lifts per call (LPC) (A)	2,438	선적지 지역 5개항, 목적지 지역 5개항 기준
순작업시간(안벽)	16시간	two-shifts 기준
초대형선 선박재항 총 시간	24시간	이접안시간, 크레인작업준비시간 QC 이동시간, 교대시간, 해치커버이송, 선내이선적 등 포함
순작업시간으로 환산한 1항만 lifts 수(B)	3,659	B=A × 24/16
순작업시간당 생산성	230	B÷16

자료: 저자 작성

도의 평균 하역물량의 증가가 이루어졌다.[25]

얼라이언스 재편이 이루어진 2017년 이후 평균 하역량이 크게 늘어났다. 2016년에 비해 2017년 평균하역량은 싱가포르가 14.9%, 양산항이 15.7%, 닝보항이 7.9%, LA항이 13.3%, 함부르크항이 19.1%, 로테르담항이 18.4% 증가하였다.[26]

초대형선의 양적하 물량이 이렇게 늘어나게 되면 선박의 재항시간도 길어지게 되는데 이를 단축시키기 위한 항만생산성 향상이 요구된다. 24,000TEU 선박이 동서향 항로에 취합하면서 출발지역 5개 항만, 도착지역 5개 항만 등 총 10개 항만에 기항한다고 가정할 경우 [표 6-2]의 과정을 거쳐 1일 선박당 3,660여 개를 처리해야 하며, 이는 시간당 선석생산성이 약 230개가 되어야[27]

---

25 Turloch Mooney(2020)

26 하태영 외(2018). p.13

27 2002년 연구에서는 당시 6천TEU 선박이 최대형선이었는데, 1만5천TEU 선박이 출현하면 선석생산성이 시간당 100개가 되는 신개념 하역시스템이 필요하다고 했다. 실제로

처리할 수 있는 양이다.

2017년 기준 세계 컨테이너항만의 선석생산성은 시간당 평균 62.3회였고, 세계 1, 2위의 시간당 선석생산성도 117개, 115개였다.[28] 물론 생산성 척도의 기준이 다르고, 또한 24시간 내에 모두 처리 한다는 것과 화물 선적률 100%라는 가정의 상황이긴 하지만 시간당 선석생산성 230개는 현재 세계 1, 2위의 생산성을 보이는 아랍에미리트의 제벨알리항이나 중국 상하이항(양산)보다 2배 정도의 생산성을 기록해야 하는 규모이다.[29]

2) 항만장비, 시설투자 증대

선사들은 선박 재항시간 단축을 위해 생산성을 높이도록 항만의 장비과 시설에 대한 투자를 요구하고 있다. 정기선사의 입장에서는 고가의 초대형 컨테이너선을 효율적으로 활용하기 위해 재항시간 단축을 요구할 수밖에 없는 상황이다.

선박에 대한 양적하 처리를 증대시키는 방법은 선박당 크레인을 더 많이 사용하는 것과 크레인당 컨테이너 처리속도를 향상시키는 두 가지가 가능하다. 초대형선에 대해 선박당 크레인을 6대까지 작업시키는 경우가 늘고 있다. 안벽크레인의 성능과 능력이 향상시키기 위해 인양중량의 증가, 인양속도의 향상, 크레인 길이(outreach)의 장대화, 권상하(hoist) 속도의 증가, 트롤리(횡행) 속도의 증가, 1회 작업 시 컨테이너 취급 개수의 증가 등의 기술이 적용되고 있다.

특히 한꺼번에 인양하는 컨테이너 개수를 높이는 스프레더(spreader)도 향상되고 있다. 일반적으로는 스프레더가 컨테이너 1개를 취급되었으나, 20피트 2개를 취급하는 트윈(twin)스프레더, 그리고 40피트 2개, 20피트 4개를 취급하

1만 5천TEU가 보편화된 2017년 기준으로 8,000TEU 이상 선박에 대한 세계 평균 선석 생산성은 91개였다(양창호 외(2002 a), 하태영(2018) 참고).

28 하태영 외(2018)

29 2020년 7월, 탄중 펠레파스 터미널에서 머스크 아마존 호의 양적하 작업에서 시간당 184.6개의 컨테이너를 취급, 새 기록을 세웠다.

는 탠덤(tandem) 스프레더도 이미 활용되고 있다. 오늘날에는 40피트 3개, 20 피트 6개를 취급하는 크레인까지 시험 가동되고 있다.

크레인 작동도 자동화하고 있다. 크레인 자동화에 필요한 센서, 컴퓨터 하드웨어 및 소프트웨어가 개발되고, 흔들림 방지 및 걸림 방지 기능 등 새로운 크레인 기술이 보편화되고 있다.

또한 선석 및 터미널을 대형화가 요구된다. 안벽길이가 길어지고, 수심을 증심해야 한다. 2만 4천TEU급 초대형선의 만재흘수가 16.5m 임을 감안하면 여유분 10%를 더한 약 18m 이상의 수심을 확보해야 한다.

함부르크항은 독일 최대항만이지만 초대형선을 유치하기 위해서는 준설이 필요한 상태였다. 특히 함부르크 항은 유럽의 관문항으로서 중요한 위치에 있으며, 로테르담항 및 엔트워프 항과 경쟁이 치열한 상태이다. 초대형 컨테이너선의 요구에 부응할 필요가 있다고 판단한 독일 법원은 환경적인 우려에도 불구하고 초대형 컨테이너선의 입출항을 위해 엘베 강의 준설이 진행되어야 한다고 판결하였다.[30]

초대형선의 기항시 단위시간당 양적하 물량이 크게 증가하면서 이를 처리해야 하는 야드 장치장과 야드 크레인이 그 물량을 뒷받침해 줄 수 있어야 한다. 야드 장치장을 확장해야 하며, 야드 내 장치 단적을 높일 수 있도록 야드 크레인의 사양을 고단적용으로 바꾸어야 한다. 무료장치기간(free time)이 야드 장치장 수용능력에 큰 영향을 미치는 요인이기 때문에 필요시 무료장치기간의 단축도 고려해야 한다.

3) 협상력 비대칭성화 심화

얼라이언스, 선사통합, 초대형선박의 결합 효과로 항만은 선사에 대해 협상력 비대칭성이 증가되고 있다. 대부분의 항만은 하나 또는 두 개의 얼라이언스 기항에 의존하고 있으며, 초대형선과 얼라이언스 기항을 유지시키기 위해 항만은 요금을 낮추고 시설과 장비에 대한 많은 추가 투자를 해야 한다.

---

[30] https://www.porttechnology.org/news/hamburg_mega_dredge_gets_green_light, 2020

초대형 컨테이너선이 입항하면서 터미널은 신규 크레인 등 장비와 야드 공간을 추가해야 하고, 준설, 부두안벽 강화 등에 투자해야 한다. 이 때문에 항만 당국의 공공투자 수익률, 터미널 운영사와 예선업체 등 항만서비스 제공업체의 민간투자 수익률이 하락한다.

더욱이 선사와 컨테이너 항만과의 관계는 '홀드 업'(hold-up)문제[31]의 대상이 되어 선사의 교섭력이 커질 수 있다. 항만에서의 '홀드 업' 문제는 항만이 선사의 초대형 선박 기항을 유도하기 위해 초대형선 전용선석을 건설했는데, 이 투자를 하자마자 해운 회사에게 유리한 쪽으로 협상력 균형이 이동하는 문제를 말한다. 선박은 이동 가능한 자산인 반면 항만은 이동할 수 없고 투자 상환 기간이 길기 때문이다.

특히 이 홀드 업 문제는 얼라이언스의 효과에 의해 증폭이 될 수 있다. 얼라이언스는 매우 정기적으로 서비스 일정을 업데이트하고 종종 항만기항을 변경한다. 얼라이언스의 항만 네트워크 결정은 항만 기항이 중단될 위험이 될 수 있어 큰 영향력을 가지고 있다.

초대형선이 이런 투자를 보상해줄 만큼 많은 수익을 가져오는지 살펴보아야 한다. 그러나 선박이 초대형화 되었지만 선박 기항시 컨테이너 양적하 물동량은 그다지 증가하지 않았다.[32]

4) 초대형선 전용항만

컨테이너 선박의 초대형화에 따라 정기선사들은 점차 화물중심지로 허브 항만을 선택하여 피더, 환적을 할 수밖에 없는 환경변화를 맞고 있다. 또한 초대형 선박의 선형이 20,000TEU 이상으로 커지면서 이들 초대형선이 이용할 수 있는 시설을 갖춘 항만이 점차 줄어들게 되었다.

네덜란드 로테르담, 독일 함부르크, 영국 펠릭스토우 및 사우스햄턴과 같

---

31 기업 B가 이익을 얻는 시설에 기업 A가 투자했을 때, 이는 매몰투자가 되어 추후 기업 B가 협력 규칙을 암묵적으로 또는 명시적으로 변경할 위험이 있다. 이를 홀드 업 문제(hold-up problem)라 한다.

32 Glave, T. Saxon, S.(2015)

은 유럽의 대형 항만도 접안공간 부족으로 대형 선박들이 체선이 발생하기도 했다. 그러나 대부분의 기존 항만들은 터미널 확장이나 장비개체로 초대형선 입항시설을 구축하기가 어려운 상황이다. 미국이나 유럽의 기존 메가허브 항만들은 대부분 대도시를 끼고 있어 항만증설에 따른 환경파괴를 이유로 반대하기 때문에 초대형선 전용터미널을 건설하기가 어렵다.

이에 따라 대형 선박은 깊은 수심과 넓은 수로, 길고 넓은 선석, 대형크레인과 같은 양적하 특수장비 등이 갖춰진 초대형선을 위한 전용항만 건설 수요가 생겼다. 환적비용과 피더운송비용이 저렴한 신규 대형 항만이 기존 항만질서를 재편성하고 있다. 초대형선 운항으로 기항항만수가 줄어드는 상황에서 기존 허브항만에게는 도심과 떨어져 있는 초대형선 전용 신항만이라는 새로운 경쟁자를 맞이해야 하는 것이다.

초대형선 전용항만은 기간 항로상에 위치하면서도 피더비용이 가장 유리한 곳에 위치해 있고, 내륙운송이나 피더운송을 위한 복합운송시스템이 연결되어 있으며, 나아가 초대형선 재항시간을 가장 줄여줄 수 있는 대용량 고효율의 하역시스템을 갖추고 있어 기존의 허브항만을 대체할 수 있게 된다.

CHAPTER

07

컨테이너선 해운비용과 운임

01

해운비용

1) 해운비용의 구분

해운업체들의 해운비용은 선박의 소유 및 유지에 따른 비용인 선비(船費)와 선박을 운항하는 비용인 운항비와 화물운송을 함에 따라 발생하는 화물비로 구분할 수 있다. 또한 해운비용을 화물운송 물동량에 따라 비용이 증가하는 변동비와 화물운송 물동량과 관계없이 발생하는 고정비로 구분할 수도 있다.

(1) 항목별 비용 구분

비용항목 중에서 비중이 가장 높은 것은 선비 중에는 자본비이며, 운항비 중에서는 연료비와 항비,[1] 그리고 화물비 중 하역비를 들 수 있다. 연료비는 운항비의 45~50%를 차지하며 감속운항 이외에는 연료비를 절감할 수 있는 방법이 없기 때문에 해상운송은 연료비에 매우 민감할 수밖에 없다.

① 선비(船費)

선비는 선박을 소유하기 때문에 발생하는 비용으로, 선박 유지에 필요한 비용이다. 물적설비(선박)와 인적설비를 갖추고, 운송서비스 능력을 확보하기

---

1 4,000TEU 파나막스 컨테이너선의 운항비중 중요한 비용은 연료비 46%와 항비21%이다.(Furuichi, Masahiko & Shibasaki, Ryuichi(2015))

위한 비용으로 선박의 가동여부와는 관계가 없다. 본선이 가동하고 있는 한 (즉 계선하고 있지 않을 때), 항해중이거나 정박중이거나 혹은 검사 또는 수리를 위해 조선소에 들어가더라도 원칙적으로, 동일하게 발생한다. 선비를 구성하는 항목은 선원비, 선용품비, 윤활유비, 선박수리비, 선박보험료, 잡비, 감가상각비, 이자비용, 일반관리비 등이다.

선비는 다시 간접선비(선박 보유비용)와 직접선비(선박 운용비용)로 구분할 수 있다. 간접선비는 선박운항 여부와 관계없이 선박을 소유함에 있어서 필요한 비용이며, 고정비의 성격을 가진다. 직접선비도 선박의 운항여부와 관계없이 필요한 비용이지만, 선박에 선원을 승선시키고, 선용품 등을 실어 운항 가능한 상태에 놓기 위한 비용이며, 운항여부에 따라 크게 달라지는 것은 아니므로 고정비의 범주라 할 수 있다.

- **선원비**: 선원의 고용 및 승선에 따라 발생하는 비용이다. 선원의 급료, 제수당, 식비, 선원복리후생비, 교육비, 출장교통비, 선원보험료 등 선원에 관한 모든 비용이 계상된다. 선원비는 자사선과 나용선 각 선박에 적절한 기준에 따라 배부된다.
- **선용품비**: 각 선박의 갑판부, 기관부, 사무실에서 사용되는 각종 비품, 소모품, 음료수, 보수용 페인트, 로프 등 선박 내에서 사용하는 화물비 이외의 용품 및 용품의 수선비를 말한다. 선용품비는 각 선박별로 계상하고, 연간으로 집계한다. 대부분은 선박별로 집계할 수 있으나, 불특정 선박에 지급하는 선용품을 육상에서 일괄 보관할 경우 선박들에게 공통 선용품비가 발생할 수도 있다. 이 공통 선용품비는 합리적인 기준을 이용하여 각 선박에 배부한다. 단, 특정 화물을 위해 사용하는 소모품은 화물비로, 그리고 본선 수선용 부품은 선박수선비에 계상한다.
- **윤활유비**: 연료유 이외의 엔진윤활유, 실린더유 그 밖의 오일비로, 본질적으로는 연료유와 구분할 필요는 없으나 금액이 근소하고, 각 항차별로 처리하기가 불편하기 때문에 별도로 계상한다. 그리고 정기용선의 경우는 윤활유가 선주부담이기 때문에 비용항목을 나누는 이유이기도 하다. 또한 선용품비와 윤활유비를 일괄적으로 선박 소모품비라고 부르기도 한다.

- **선박수리비**: 선박의 감항성[2]을 유지하기 위해 실시하는 수선비용이다. 여기에 선박시설, 만재흘수선, 무선설비, 선박위치발신장치 등에 대해 선박안전법에 의한 정기검사, 중간검사, 임시검사 등의 검사비용, 이 밖에 기타 필요한 수선비가 포함된다. 단, 수선에 의해 본선의 내용연수가 늘어나는 경우의 내용연수 연장과 자산가치 증가에 관련된 수리비는 자본적 지출로 선가에 포함한다.
- **잡비**: 해난비, 공동해손 정산액, 선주책임상호보험 보험료, 각종 공인수수료 등 각 항목에 속하지 않는 선박경비를 계상하여 각 선박에 배부한다.
- **선박보험료**: 선체에 대한 손해보험료로 각 선박별 연간보험료이다.
- **일반관리비**: 영업활동에 수반하여 발생하는 비용중 회사의 전반적인 관리업무 수행을 위하여 발생하는 비용이다. 여기에 운전자금 이자, 기타 비용이 포함된다. 일반 관리비에는 임직원 급여, 복리후생비, 여비, 교통비, 광열소모품비, 조세공과금, 사무실임대료, 선박 이외의 고정자산 감가상각비, 수선유지비, 접대비, 기부금 및 잡비 등이 포함된다. 일반관리비는 일정한 기준에 따라 선박별로 배부한다.
- **용선료**: 정기용선 계약 또는 나용선 계약에 의해 다른 회사로부터 선박을 용선한 경우 선주에게 지급하는 선박임대료가 용선료이다.
- **이자비용**: 선박건조나 구입시 발생한 차입금에 대한 이자비용은 영업외비용으로 계상하게 되어 있으나, 우리나라 선사처럼 건조 및 매입선가의 대부분을 차입금으로 조달하고 있는 경우 이자비용은 매우 큰 비용이다. 해운불황기 정부 해운대책의 주된 내용이 원리금 상환을 유예해주는 것이 되었던 것도 이 때문이다.
- **감가상각비**: 선박 감가상각을 할 경우 상각연한과 상각률을 결정해야 한다. 선박의 내용연수는 물리적으로는 20~50년이지만, 선박이 오래 될 경우 수선비가 높아지고, 우발적인 해난사고도 증가할 수 있어 경제적 내용연수는 10~15년이라 할 수 있다. 특히 기술 혁신에 의한 값싼 신형선이 출현하여, 수익성도 높기 때문에 경제적 내용연수보다 짧게 상각을

---

2 선박이 자체의 안정성을 확보하기 위하여 갖추어야 하는 능력으로서 일정한 기상이나 항해조건에서 안전하게 항해할 수 있는 성능을 말한다(선박안전법 제2조).

하는 것이 합리적일 수 있다. 특히 신조선으로 대체할 경우 특별상각도 필요할 수 있다.

② 운항비

운항비는 선박을 운항함에 따라 발생하는 비용이다. 이러한 비용은 선박 및 선원이라는 수송능력을 이용하여 운송할 때, 선박의 가동상황에 거의 비례하여 발생하는 연료비, 항비 등 비용이다. 선박 운항에 따라 발생하는 변동비적 성격의 원가라고 할 수 있다.

- **연료비**: 항해에 소요된 연료 및 조연제의 비용으로 연료유 적재비용을 포함한다. 이는 공선항해를 포함한 총 항해길이 및 정박 중에 소비되는 양에 따라 결정된다. 무엇보다 탈황장치가 설치된 선박에서는 가격이 낮은 일반 벙커유를 사용할 수 있지만, 그렇지 못한 선박은 비싼 저유황유를 사용해야 하기 때문에 연료비의 차이를 가져올 수 있다. 또한 엔진 회전 정도, 즉 속도에 따라 연료 소비량도 다르다. 연료비는 운항비 중에서 가장 큰 요소이기 때문에 어느 지역에서 연료를 구입할 것인가, 얼마나 싸게 구입할 것인가 하는 점도 해운경영상 매우 중요하다. 단, 수리나 검사를 위해 회항하는 등 영업 활동으로 운항을 하지 않는 기간에 소비하는 연료비는 제외한다.
- **항비**: 선박 입출항, 정박 시에 특정 항만을 이용함으로써 발생하는 모든 비용을 말한다. 예를 들면, 선박입항료, 안벽사용료, 부표사용료, 예선료, 줄잡이 비용, 통선료, 운하통과료, 해운대리점 비용, 검역소독비 등이다.

③ 화물비

화물비는 화물의 선적, 양하 등 본선 운항과는 별개로 화물 자체에 대하여 발생하는 비용이다. 예를 들면 터미널 취급비용(THC), 하역비, 연안하역비, 장치료, 검수료, 집하 수수료, 중계수수료, 선내청소료, 화물료 등 하역 및 화물에 관하여 발생하는 일체의 선주부담 비용, 그리고 컨테이너 장비비, 공컨테이너 재배치 비용 등을 포함한다. 이것들은 운송계약의 내용 여하에 따라 다른 선주부담 비용과 화주부담 비용으로 나뉘어진다. 이 비용은 적하화물의 종류, 물량, 취항항로 및 입출항 항만 등에 따라 항차마다 내용과 금액이 변동하는 변동비적 성격을 갖는 비용이다.

📦 해운실무: 선형별 연료비와 운항속도의 관계

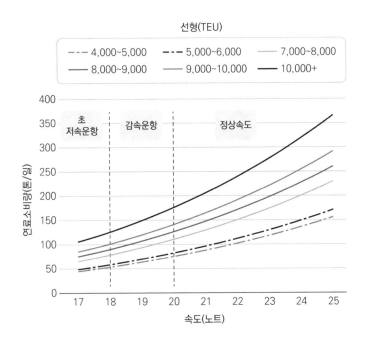

컨테이너선 연료 소비는 선박 크기와 운항속도의 함수이며, 지수함수의 형태를 띤다. 예를 들어, 8,000TEU의 컨테이너선은 24노트의 속도로 하루 약 225톤의 벙커 연료를 소비한다. 21노트로 속도를 13% 낮추었는데 연료소비량은 하루에 약 150톤으로 33%나 감소한다. 연료유가가 상승하거나 해운시황이 불황이어서 비용절감이 필요할 경우 선사가 선박 운항속도를 낮추어 운항하는 감속운항(slow steaming)으로 연료비를 줄이려고 하는 이유이다. 위의 그래프에서 선형별로 운항속도와 연료소비량의 관계를 살펴볼 수 있다.

대부분의 컨테이너선은 약 24노트의 속도로 항해하도록 설계되어 있다. 정상속도는 20~25노트 구간이다. 엔진설계에 따른 적정 연료소비가 이루어진다. 약 18~20노트로 감속운항을 하면 선박 엔진을 용량 이하로 작동시켜 연료 소비를 절약할 수 있다. 2008년 금융위기 이후 10여 년 동안의 장기 불황시 대부분의 컨테이너선이 감속운항을 하였다. 15~18노트로 운항하는 경우는 초저속운항으로 상용 서비스를 유지하면서 최소한의 연료 소비 수준을 달성하기 위한 것으로 특정 단거리 노선에 적용할 수 있다.

기술적으로 가능한 최저 속도는 12~15노트로 연료비가 가장 적게 들 수 있다. 그러나 이런 서비스 수준은 상업적으로 받아들일 수 없는 운항속도이다.

자료: Notteboom, T. and P. Carriou (2009) (Rodrigue(2020)에서 재인용)

(2) 변동비와 고정비 구분

① 변동비

a. 화물비 :

- **화물비**: CFS 요금(적입, 적출), 측정/중량, 집계, 화물 검사, 세관 검사, 서류, 할증료(비컨테이너 화물/높이 초과화물/폭 초과화물/위험화물), 냉동화물비(사전 점검, 사전 냉동, 모니터링, 보관) 등
- **터미널 취급비용(THC)**: 선적(하역/수령/이송), 이적, 환적, 장치, 하역 및 장비 대기비, 시간외 할증료 등
- **운송료**: 철도 요금, 철도연결로 요금, 내륙 창치장요금, 내륙 운송비, 항만 셔틀, 피더 요금 등
- **단기 리스료**: 컨테이너, 새시, 트레일러

b. 운항비:

- **항비**: 도선, 예선, 부두, 항만, 세관, 대리점, 운하통과료 등
- **연료비**: 연료비 및 해상디젤오일 가격, 엔진 연료소비율, 항행속도 등에 의해 결정

② 고정비

- **자본비**: 신조선가, 중고선가, 용선료 등에 의해 결정
- **감가상각비**: 선박, 컨테이너, 새시, 트레일러 및 기타 컨테이너 관련 장비, 터미널 자산 및 장비 등
- **장기상각**: 터미널, 컨테이너, 새시 및 리스 트레일러, 리스 개선 등
- **선원비**: 임금, 시간외수당, 연금, 사고처리비, 질병 보험, 귀환/송환, 식량비
- **기타 선비**: 보관품(부품, 윤활유) 유지보수비(경미한 수리, 연간조사), 청수비, 통신비, 보험료(선체/기계, 전쟁 위험), 화물(체화료), P & I, 기타 해상 위험 등

③ 간접비

비용 항목별로 배분되어야 할 성격의 간접비로 배분기준에 따라 각 선박별로 고정비, 혹은 변동비에 배분되는 비용

- **관리비**: 선박운항일정 수립, 터미널관리, 컨테이너의 유지 및 관리, 그리고 경영회계와 예산, 추적, 대금청구, 일반행정, IT 시스템 개발 및 유지, 화물의 예약, 서류처리, 보험, 가격 및 서비스 협정, 기업홍보 등의 업무에 관련된 비용으로, 임원 보수, 직원 급여 및 임금, 복지지출, 임대료, 사무실 비용, 통신비, 회비 및 가입비, 출장비, 광고, 접대 및 권유, 법률 수수료, 세금 등이 있다.
- **영업외비용**: 이자비용, 외환손실, 기부금 및 출연금, 잡손실 등

2) 항차당 해운비용 구성

국내 선사의 선박을 대상으로 항차당 해운비용을 선비, 화물비, 운항비로 나누어 분석하였다. 동남아 항로 서비스에 투입되어 있는 2,000TEU 선박의 1항차 왕복 총 비용은 약 13억원에 이른다. 이를 비용 항목별로 살펴보면 [표 7-1]과 같다.

선박운항과 관련된 총 해운비용중에서 운항비가 전체의 51%를 차지하고 있다. 특히 연료비가 45%를 차지하여 단일 비용 항목 중에 가장 많이 차지하고 있다. 선비는 26%를 차지하고 있고 이 사례에서는 자사선을 기준으로 한 것이다. 만약 용선료가 높을 때 용선을 기준으로 한 경우라면 선비 비중이 사선보다는 높아질 수 있다. 다음으로 하역비가 15%를 차지하고 있고, 항비는 6%를 차지하고 있다.

▎표 7-1 1 항차 왕복 해운비용 구성(동남아 항로, 2,000TEU 선박, 2021년 기준)

구분	비용(천달러)	비중
선비	280	26%
화물비		
하역비	157	15%
대리점수수료	41	4%
장비이송비	9	1%
장비비	33	3%
소계	241	23%
운항비		
항비	66	6%
연료비	471	45%
소계	537	51%
총 비용	1,058	100%

주: 1) 연료유가는 FO $510/톤, MGO $560/톤 기준, 동남아 항로 28일 1항차 기준

   2) 선비는 이자, 선원비, 윤활유, 일반관리비 등이 포함. 1일 1만 달러 기준 적용

   3) 장비이송비는 공컨테이너 재배치 비용

자료: 선사자료

02

컨테이너선 운임

1) 컨테이너 선사의 운임정책

　정기선 해운서비스 가격은 벌크선 운임과 같이 시장에서 결정된다. 그러나 정기선 해운은 고정 경상비가 크고 규칙적 서비스로 운항해야 하기 때문에 가격결정 과정이 벌크선보다 더 복잡하다. 운임 결정도 시장의 경쟁상황에 대응하여 지속적으로 변할 수밖에 없다.

　컨테이너 화물은 소량 다품종 화물을 집화하여 한 개의 컨테이너 유닛화하여 운송하는 해상운송 방식이다. 따라서 컨테이너 화물의 경우 다양한 화물을 집화하여 적양하 스케줄에 따라 선박에 적재하는 형태로 운송계약을 하게 된다. 따라서 화물의 목록과 성격이 다양하고 1개의 선박이 아닌 슬롯(slot) 단위로 선복을 계약하게 된다.

　이러한 운송상의 특징으로 컨테이너 해상운송은 운임율표(Tariff)에 1개 유닛의 운임과 다양한 도착지 항만별로 소요되는 부대운임을 공표하여 책정하게 된다. 가능하면 많은 고객과 각각의 가격을 협상하는 것보다는 서비스를 제공하는 비용에 기초하여 운임을 설정하고 이를 모든 고객에게 적용시키는 것을 선호할 것이다. 단위비용에 영향을 미치는 변화와 같은 특별한 이유가 있을 경우에만 운임을 변화시키려 할 것이다.

　이는 정기선사들이 높은 비중의 고정 경상비 때문에 운임의 변동성이 발생하게 되면 재무적으로 문제가 발생할 수 있기 때문이다. 그러나 선사는 출항일에 가까워질수록 적재율 압박이 커지는 상황에서 화주의 추가 운임 협상을 거절하기 매우 어렵게 된다. 또한 다양한 서비스를 요구하는 복합운송인이 주요 화주가 되면서 물량과 기간, 양적하항의 부대 서비스와 운임에 대한 개별 협상력이 달라지게 된다.[3] 동일 선박과 항로에 대하여 계약 시기별로 그리고 화주별로 협상력에 따라 운임과 부대 서비스 수준이 달라지고 이는 화주에 따라 운임이 달라질 수 있다는 것을 의미한다.

결국 정기선사들은 단일표준 운임부과라는 안정된 가격의 운임정책 이외에 가격차별 운임정책을 추진할 수밖에 없는 상황이 되었다. 대표적인 예로 물동량이 많은 대량화물 고객에게 우대운송계약(service contracts)을 통해 특별할인 운임을 제시하는 것을 들 수 있다.

또 다른 가격차별 형태는 많은 화물을 유치하기 위해 높은 비용을 감당할 수 있는 상품에 대해서는 높은 운임을 부과하고, 낮은 가격의 상품은 할인하는 상품가격별로 운임차별을 시도한다. 그러나 컨테이너화의 진전으로 이와 같은 운송상품별로 운임차별화정책은 실효성이 떨어지게 되었다. 화주들은 컨테이너 박스들이 일정한 금액, 예를 들어 동남아행 20피트 컨테이너당 50만원에 선적될 수 있다는 것을 알 때 만일 어떤 20피트 컨테이너를 선적하는 데 60만원을 부과한다면, 가격저항에 부딪치게 될 것이다. 대부분의 정기선사들은 컨테이너 운임으로 박스 표준운임 또는 품목무차별(freight all kinds)운임을 부과하고 있기 때문이다.

2) 컨테이너 해상운송서비스 운임 구성

해상운송 요금에는 순수한 해상운송 요금이외에도 다양한 부가요금 혹은 수수료가 포함될 수 있다. 이를 이해하고 고려해야 정확한 해상 수출비용을 산출할 수 있다. 해상운송서비스 운임은 해상운임, 부대요금, 운하 및 지역 통과 특별요금, 지체수수료, 세금과 관세 및 통관수수료, 항비, 내륙운송비, 서류수수료 등으로 구성되어 있다.

---

3 윤재웅, 안영균, 김주현(2018), p.15

(1) 해상운임

- **해상 운송료**: 해상 운송료는 해상 운송의 기본 비용이다. 화물을 출발항에서 목적항으로 운송할 때 발생하는 비용이며, 해운 회사와 운항노선 따라 운임이 다르다. 특히 해상운송 비용은 무역량에 의해 영향을 받기 때문에 아시아에서 미주나 유럽으로 수출하는 항로보다 수입하는 항로의 운임이 훨씬 저렴한 경향이 있다.

  선박적재율을 높이기 위해 화물을 확보하려면 선사들은 운임을 인하하여 제시하게 된다. 이로 인해 다른 선사들도 운임을 인하하는 도미노 현상이 발생한다. 그러나 이러한 과당경쟁의 결과 운임이 변동비 이하로 최저치까지 하락하기도 한다. 선사들은 수요가 증가하는 시기에 생존을 위해 가격을 다시 올려야 하는데, 이때 이를 GRI(General Rate Increase), 즉 일괄운임인상이라고 한다.

- **혼재수수료**: 화물양이 1개의 컨테이너를 다 채우지 못하는 화주의 화물(LCL[4] 화물)을 다른 화주의 LCL화물과 합쳐서 FCL[5] 화물로 만드는 것을 혼재(consolidation)라 하며 혼재 수수료는 혼재 작업에 따른 수수료이다. 화물운송중개인 또는 혼재업자에 의해 청구된다.

(2) 부대요금

기본 해상운임 외에, 선사들은 연료비 상승이나 환율변동, 기기부족과 같은 상황으로 발생된 추가 비용을 보상받기 위해 다양한 부대요금 혹은 할증료를 부과한다. 선사 관련 할증료 중 가장 대표적인 것이 BAF, CAF, PSS 등이다.

- **벙커 할증료(Bunker Adjustment Factor, BAF)**: 벙커 할증료는 연료비가 상승한 경우 이 상승분을 추가로 부담시키는 것이다. BAF는 선적된 컨테이너의 수에 따라 적용되며, 연료 가격의 변동을 보상하기 위해 선사에 의해 부과된다. 이 할증료는 노선마다 다르다.

- **긴급 유류할증료(Emergency Bunker Surcharge, EBS)**: EBS는 연료 가격

---

4 less than container load
5 full container load

상승을 커버한다는 점에서 BAF와 비슷하지만 사전에 발표되는 BAF와 다르게 발표시점에 임박해서 발표, 적용한다. 미국 FMC 규정에 따르면 EBS는 30일 전에 발표하도록 하고 있지만, 세계 대부분 지역에서는 이 기간 보다 짧은 시간을 두고 발효된다.

- **통화할증료(Currency Adjustment Factor, CAF)**: CAF는 국가간 통화가치 변동이 발생된 경우 통화 환율 위험을 상쇄하기 위해 부과한다. 일반적으로 환율에 상당한 변동이 있을 때 적용되며 해상 운송요금의 백분율로 청구된다.

- **성수기 할증료(Peak Season Surcharge, PSS)**: PSS는 선사들이 운송 성수기(7월과 10월 사이)에 운항비용의 증가를 충당하기 위해 시행한다. PSS는 운송 성수기 동안에만 적용되도록 제한된다.

- **기타 선사 관련 수수료**: 이 외에도, 컨테이너 규격외 화물 수송시 적용되는 것 같은 여러[6] 수수료가 있다.

(3) 운하 및 지역통과 특별요금

운하 또는 특정 지역을 통과하는 경우 추가요금이 발생할 수 있다. 파나마 운하, 수에즈 운하, 고위험 지역 등의 항로를 이용할 경우 출발지 및 목적지 항만 요금 외에 이와 관련된 추가 요금이 부과될 수 있다.

운하 추가요금은 파나마 운하요금인 PCC(Panama Canal Charge), 수에즈 운하 할증료인 SUE(Suez Canal Surcharge) 등이며, 지역통과 특별요금은 저유황유를 사용해야 하는 지역 통과요금인 LSC(Low Sulfur Charge), 아덴만 통과 할증료인 ADE(Aden Gulf Surcharge)나 GAS(Gulf of Aden Surcharge), 저 수량지역 통과 할증료인 LWS(Low Water Surcharge), 강 통과요금인 RPT(River Plate Toll) 등이 있다.

---

6 EIS, CCF, ISPS, SEC, SES, HEA, OWS, OOG, War Risk, ERR, Congestion fee 등

(4) 지체수수료

지체수수료는 원래 자주 발생되는 수수료가 아니지만 코로나19 이후 흔하게 발생되었다. 지체수수료의 발생원인은 항만, 터미널 체선, 야드의 혼잡, 세관 검사 또는 공컨테이너 회수 지연 등 기타 예상치 못한 여러 요인에서 비롯된다.

선사나 터미널, 창고등에서 일반적으로 컨테이너를 포함한 장비 사용에 대한 무료장치 기간(free time)을 제공한다. 이 무료장치기간이 초과되면 지연수수료가 부과된다.

지체수수료는 체화료(demurrage), 지체료(detention), 초과 보관료(over-storage charge) 등이 있다.

- 체화료(demurrage): 체화료는 화주가 컨테이너를 보관하는 동안 선사가 컨테이너 사용을 위해 부과하는 보관 수수료이다. 즉 화주가 허용된 시간(Free Time)을 초과하여 컨테이너를 컨테이너 야드에서 반출해 가지 않을 경우 선사에 지불해야 하는 수수료이다. 체화료는 하루 단위(per diem)로 부과되며 시간이 지남에 따라 증가한다.
- 지체료(detention): 지체료는 화주가 대여한 컨테이너(혹은 트레일러)를 정해진 기간 내에 정해진 장소로 반납하지 않는 경우 운송인(트럭운송인)에게 부과하는 벌과금이다. 수입업자들이 그들의 컨테이너를 너무 오래 보유하는 것을 막기 위해 이 요금을 부과한다. 일반적으로 시간당 요금으로 청구된다.
- 초과 보관료(over storage charge): 창고, 트럭 운송장 등에서 정해진 시간을 초과하여 장치되는 경우 운송인에게 징수하는 수수료이다.

🗂 해운실무: OSRA 2022와 체화료 및 지체료

컨테이너 박스 부족으로 미국 화주들의 수출차질이 발생되었다. 코로나19로 인해 아시아의 수출 물동량이 크게 증가하였지만, 컨테이너 박스 생산은 이미 2019년부터 감소했고 2020년에 들어서도 수요 감퇴로 생산량이 더 감소하였기 때문에 컨테이너 출하가 다시 증가하기까지는 상당한 시간이 필요한 상황이다. 또한 북미지역 등에서 컨테이너 박스가 항만으로 다시 회송되는 시간이 지연되고 있기 때문에, 아시아 화주의 경우 수출항로에 비해 낮은 수준의 수입항로 운임을 감안할 때 컨테이너가 비어있든 차있든 수출항로에서 높은 수익을 얻을 수 있기 때문에 빨리 컨테이너를 회수하는 압력을 받을 수밖에 없다. 선사들이 컨테이너를 북미지역에서 아시아로 회송시키면서 화물적재를 위해 기다리기보다는 공컨테이너로 바로 회송하는 편이 이익이 된 것이다.

선사들은 컨테이너 재 적재를 위해 공컨테이너의 아시아 지역으로의 반송이 시급하다는 명분으로 미국 수입화주들에게 체화료(Demurrage Charge)와 지체료(Detention Charge)에서 비합리적인 요금을 부과하거나 미국 농산물 등 수출화주의 선적을 기피하는 등 형편없는 서비스를 제공하고 있다고 판단하여 미국 FMC는 미국 주요항만에 기항하는 선사들의 체화료 및 지체료 등에 대한 조사를 확대하였다.

* 체화료와 지체료(Demurrage & Detention Charge): 체화료[7]는 CY에 입고된 컨테이너를 화주에게 허용된 무료 장치기간(Free time) 안에 반출하지 않았을 경우 부과되는 비용이다. 이 시간을 지키지 못한 경우 지체된 시간만큼 Storage 비용이 발생하게 되고 선사는 이 비용을 수입 화주에게 청구하게 된다. 지체된 날짜 수만큼 청구하게 된다. 지체료는 체화료와 반대로 CY에서 반출된 컨테이너를 CY에 반납해야 하는데, 반납이 화주에게 허용된 기간(Free time) 내에 이루어지지 않았을 때 부과되는 비용이다.

이에 따라 미국 의회와 정부는 정기선사 등이 정당한 이유없이 수출화물을 실을 수 있는 공간이 있음에도 불구하고 운송을 거부하거나 기타 부당한 행위를 하는 것을 금지시키는 내용을 포함하는 해운법 개정안(the Ocean Shipping Reform Act of 2022)이 상원과 하원을 통과 한 후 2022년 6월 16일 바이든 미 대통령에 의해 법률로 선포되었다.

이 법안은 경쟁력 있고 효율적이며 경제적인 해상 운송 시스템을 통해 미국 수출의 성장과 발전을 촉진할 수 있도록 연방해사위원회(FMC)의 권한을 높이기 위해 외항해운 관리 요건을 개정하였다. 법안은 FMC가 일반 해상운송인이 부과하는 체화료 및 지체료에 대한 불만을 조사하고, 해당 부과 요금액이 타당한지에 대한 판단을 하며, 불합리한 부과 요금에 대한 환불을 명할 수 있도록 하고 있다.

(5) 세금, 관세 및 통관수수료

세금과 관세는 목적지로 수입되는 상품의 가치에 따라 계산된다. 대부분 수입업자가 세금과 관세를 납부할 책임이 있다. 다만 수출업체가 책임지는 특수한 경우도 있다. 세금과 관세는 국경을 넘어 상품을 입국하는 데 부과된다. 납입금액은 도착지 국가의 HS코드에 따라 세관에서 결정된다.

- **관세**: CIF 기준으로 관세는 해상운임 및 보험이 포함된 물품 가격의 백분율로 부과된다. 이 비율은 제품의 HS코드에 의해 결정된다. 예를 들어 상품가격이 $100,000으로 기록되고 해당 HS코드 관세가 6.5%인 경우 총 관세는 $6,500가 된다.
- **세금**: 다른 상품이나 서비스 거래와 마찬가지로 특정 국가로 수입되는 상품에 세금이 부과된다. EU에서는 이를 부가가치세라고 하며 마국에서는 수입세라고 한다. 일반적으로 수입 상품의 CIF 기준 총 상품가격(상품금액＋보험료＋해상운임)에 대한 백분율로 계산된다. 미국 수입세는 FOB 기준으로 계산되며 따라서 수입품의 상품금액에 의해서만 계산된다.
- **통관수수료**: 통관은 한 국가의 세관이 모든 서류와 화물이 제대로 갖추어져 있는지 확인하고 입국·출국할 수 있는지 여부를 결정하는 과정이다. 통관 수수료는 필요한 절차와 프로세스의 관리 비용을 충당하기 위해 부과된다. 이 비용은 해당 국가에 따라 다르지만 일반적으로 지불해야 하는 관세와 세금에 비해 상대적으로 낮다. 그러나 상황에 따라 추가 요금이 발생할 수 있다. 예를 들어 세관이 상품을 검사할 경우 검사 비용, 화물이 검사될 창고까지의 운송비 및 창고비가 추가로 발생될 수 있다.

---

7 체선료라는 의미로 사용되기도 하는데 이 경우는 선박이 늦어지는 데에 따른 지체료로 컨테이너 화물을 계약 기간내에 선적 혹은 하역하지 못할 경우, 초과된 기간만큼 발생하게 되는 비용을 말한다. 선박의 주인인 선주와 이 선박을 빌려서 화물을 운송하는 용선사 사이에 발생하는 일종의 페널티로, 선박을 이용하는 경비와 항비, 지연으로 인해 증액되는 경비, 스케줄 지연으로 인한 손실보상액이 포함되어 있다. 일반적으로 경과한 일수에 따라 금액을 책정하게 된다. 선박 체선료는 벌크선 항해용선에서 주로 사용되는 개념으로, 정기선 컨테이너선에서 demurrage는 체화료라는 개념으로 주로 사용된다.

(6) 항비

항만에서 부과하는 항만요금 즉 항비(港費)는 현지 항만, 터미널별로 다르다. 항만요금(port charges)은 일반적으로 선박톤수에 기초하여 부과되므로 TEU당 항만비용은 대형선박 일수록 감소하는 규모의 경제효과를 보이는 비용이다. 항만시설사용료, THC, 부두비, 보안 보증금 등과 같이 다양한 항만요금이 있다. 주요 항만요금은 항만시설사용료와 터미널 화물처리비(terminal handling charge, THC)이다.

- **항만시설사용료**: 항만시설 이용 시 부과되는 요금으로 수출입 모두에 적용된다. 선박입항료, 접안료, 화물입출항료가 있다. 선박입항료는 입출항선박에 적용하는 요금으로 입항수로, 선회장, 등대 및 항로표지 등 항행보조시설 등에 부과하는 요금이다. 선박 총톤수를 기준으로 톤당 금액으로 부과한다. 접안료는 선박의 계류가 가능한 접안시설 사용료이다. 선박이 선석에 접안할 때부터 종료한 때까지를 기준으로 부과한다. 화물입출항료는 화물에 대해 항만시설사용료를 징수하는 것으로 수역시설, 항만교통시설, 화물 장치장 시설을 사용하는 것에 대해 부과하는 요금이다. 이는 화물 양적하를 위한 부두사용료(wharfage)로 컨테이너의 경우는 TEU를 기준으로 징수한다. 항만시설사용료는 선사가 부담자이나, 이 중에서 화물입출항료는 화주가 부담한다.

- **터미널 화물처리비(THC)**: THC는 출발지와 도착지 모두에 적용된다. 트럭에서 컨테이너를 하역하는 것뿐만 아니라 컨테이너를 선박으로 오가는 운송을 포함하여 터미널에서 컨테이너 처리 비용을 충당하기 위해 청구된다. 즉 터미널에서 컨테이너 반출입부터 양적하에 소요되는 하역요금이다. 작업범위는 통상적인 본선 양하, 적하, 터미널 내 이동, 육상 상차, 하차작업이 포함된다. THC는 현지비용으로 항만이나 터미널이 선사에 부과하고 선사는 다시 이를 화주에게 청구한다. THC는 동일 항로에서 동일운항선사라 해도 항만별로 터미널별로 다르게 부과한다. 화물을 해상운송하려면 출발항, 도착항, 환적항에서 THC가 발생한다. 출발항 THC(Origin THC)와 도착항 THC(Destination THC)는 조건에 따라 매도인 또는 매수인이 항만이나 선사에게 지불한다. 환적 THC는 해상운임에 이

비용을 포함하기 때문에 환적항을 경유해 출발지에서 도착지로 운송하는 선사가 지불한다.

(7) 내륙 요금

내륙 운임은 출발지－항만(door－to－port) 간, 문전수송(door－to－door), 그리고 항만－도착지(port－to－door) 간 수송화물에 부과되는 요금이다. 한 지역에서 다른 지역으로 육상운송을 통해 컨테이너를 픽업하거나 수송하는 것을 포함한다. 내륙요금 부담주체는 운송계약에 따라 달라질 수 있다. 비용은 필요한 서비스 종류, 적재 시간, 적재 위치 등에 따라 달라진다.

- **트럭운송비**: FCL 컨테이너를 트럭으로 운송할 때 부과되는 요금이다. 요금은 적재지역, 하역목적지, 필요 장비, 소요 시간 등에 따라 달라진다.
- **컨테이너 박스관련 비용**: 특정시간이나 날짜에 컨테이너에 적재해야 하는 화물의 경우 공컨테이너를 선적 일정을 맞추기 위해 항만에서 미리 픽업하여 야드에 보관할 경우 사전 인수 수수료(pre－pull fee) 등이 부과될 수 있다.

(8) 서류 수수료

해상운송은 서류작업이 함께 이루어져야 한다. 간단한 배송일지라도 문서를 작성하고 보관해야 하기 때문이다. 서류처리와 관련된 요금은 여러 요인에 따라 다르며 운송 유형, 도착지, 세관 요구 사항 등에 따라 달라질 수 있다. 서류 발급에는 보통 수수료가 부과된다.

- **선화증권발행 수수료**: 가장 일반적인 서류 수수료 중 하나이며 의무사항인 선화증권 발행에 대한 수수료이다. 선화증권을 발행하는 데 드는 비용은 무시할 수 있지만, 수취인에게 원본 선화증권을 보내는 택배 서비스는 각 선화증권별로 최대 100달러까지 소요될 수도 있다.
- **SOLAS VGM 제출수수료**: IMO의 국제해상인명안전협약(SOLAS)의 화물 총중량(VGM)[8] 검증제도에 따라 2016년부터 선박에 적재되는 모든 컨테

---

8 Verified Gross Mass의 양자로 화물의 무게, 포장무게, 컨테이너 자체의 무게를 모두

이너는 총 중량을 선사와 터미널에 신고해야 하기 때문에 SOLAS VGM 제출 수수료가 발생된다.

- **기타 서류 수수료**: 도착지 국가뿐만 아니라 상품에도 따라 추가 서류를 제출해야 한다. 원산지 증명서 수수료(Certificate of origin fee), 수출증명서 발급(Export certificate issuance), 제품 관련 인증서(Product-related certificates) 등의 서류발급시 추가요금이 발생할 수 있다.

🗃️ 해운실무: 해상 화물운송에서 누가 운임을 지불?

모든 무역 거래에는 매도인과 매수인의 두 당사자가 있다. 해상 화물운송에 있어서 이들 중 하나 또는 둘 다 다른 주체에 다른 요금을 지불할 수 있다. 이들 사이의 계약을 국제적인 표준으로 규약해 놓은 것이 인코텀스(Incoterms) 규칙이다.

국제상업회의소(ICC)에 의해 만들어진 Incoterms 규칙은 세계적으로 인정되는 운송계약 표준이다. 이 규칙의 핵심 기능은 매매거래에서 매도인과 매수인의 의무에 대해 개략적으로 설명하고, 이러한 각 규칙에 따라 위험이 매도인으로부터 매수인에게 전달되는 시기를 명확히 하며, 매도인과 매수인 사이에 비용이 어떻게 배분되는지 규정하고 있다.

ICC가 2019년 9월에 발표한 Incoterms 2020 기준에서는 11개의 Incoterms 규칙이 있다. 각 규칙에 따라 운임부담자 달라지게 된다. 각 규칙의 개요는 다음과 같다.

규칙	매도인	매수인
모든 운송수단 대상 규칙		
EXW - Ex Works		
EXW (공장 인도)	모든 비용은 매도인 공장이나 창고에서 매수인에게 물품을 인도하는 조건. 위험 측면에서 매도인에게 가장 안전한 규칙	수출 통관, 운송, 수입통관을 매수인이 하며 발생하는 모든 비용을 매수인이 부담하는 매수인에게 가장 부담이 큰 조건

포함한 총중량을 의미한다.

FCA - Free Carrier		
FCA (운송인 인도)	운송업체에 인도될 때까지의 운송비용과 수출통관비 부담	합의된 인도 시점부터 수출통관비를 제외한 모든 비용은 매수인이 부담
CPT - Carriage Paid To		
CPT (운송비 지급인도)	매도인의 위험은 운송업체에게 인도까지이지만 지정목적지까지의 운송비용 부담 조건	수입통관 및 관세 지급은 매수인의 의무
CIP - Carriage and Insurance Paid To		
CIP (운송비 보험료 지급인도)	CPT조건에 보험계약체결 의무가 매도인에게 부가. 운송비 및 보험료 지급조건	목적지 도착 이후 수입통관 등 모든 비용은 매수인이 부담
DAP - Delivered at Place		
DAP (도착장소 인도)	도착후 지정목적지(목적항)에서 물건을 내리지 않은 채로 매수인의 임의 처분하에 둘 때 매도인의 위험과 비용이 종료	수입통관은 매수인의 의무
DPU - Delivered at Place Unloaded		
DPU (도착지 양하인도)	DAP조건에서 매도인이 양하한 후 인도하는 조건	수입통관을 포함하여 양하 이후 발생하는 모든 비용을 부담
DDP - Delivered Duty Paid		
DDP (관세지급 인도)	DPU조건에 수출입 통관, 관세, 부가세를 포함한 조건	EXW가 매도인의 최소의무인 반면 DDP는 매도인의 최대 의무조건

해상운송 및 내륙수로운송 대상 규칙		
FAS – Free Alongside Ship		
FAS (선측인도)	항만까지의 내륙운임과 선측까지의 부두운임은 매도인이 부담	선측에서 본선적재 비용부터 이후 모든 비용은 매수인이 부담(주로 곡물, 석탄, 원목 등에 이용되는 조건)
FOB – Free On Board		
FOB (본선인도)	실무적으로 CIF와 함께 가장 많이 쓰이는 조건. 수출통관을 포함한 매수인이 지정한 선박에 선적할 때까지의 모든 요금	매수인은 선박의 지정과 운송계약권을 갖고 있으며, 목적지 항만까지의 운임과 보험 비용 모두를 부담하는 조건
CFR – Cost and Freight		
CFR (운임포함 인도)	FOB 조건에 목적항까지의 운임 매도인이 부담하는 조건	FOB처럼 위험은 본선 적재시 매도인에게 전가되지만 비용은 목적항에서 하역된 이후부터 매수인이 부담
CIF – Cost Insurance and Freight		
CIF (운임, 보험료 포함인도)	FOB조건에 목적항까지의 운임 및 보험료를 부담하는 조건	목적항 하역 이후부터 매수인이 부담

자료: Incoterms 2020, 저자 정리

🗔 해운실무: FOB 조건과 운임

FOB 조건이란 '본선인도 조건' 또는 '수출항 본선인도조건'이라하며, 무역상품을 수출 항에서 매수자에게 인도하는 조건을 말한다. FOB 조건 수출은 아직도 많은 컨테이너 운송에서 이루어지고 있는 무역거래 조건이다. Incoterms 규칙 중 하나인 FOB(Free On Board)조건에서 판매자는 물품을 구매자가 지정한 선박에 선적할 수 있도록 지정 된 선적항에서 인도하는 조건이다. 물건이 선박 난간을 지난 경우 그 이후 물품의 분 실이나 파손과 관련된 모든 비용은 구매자가 부담하는 조건이다. 이 정의에 따르면 FOB는 화주가 선박에 화물을 적재할 책임이 있는 화물에만 적합하다.

FOB와 더불어 가장 많이 사용되는 무역상 거래조건의 하나가 CIF 조건이다. 매도자 가 상품의 선적에서 목적지까지의 상품가격, 운임료, 보험료 일체를 부담할 것을 조건으로 한 무역계약이다. CIF가격이란 수출입 상품의 운임·보험료를 포함한 가격, 즉 도착항까지의 인도가격을 말한다.

이에 따라 선사는 수입업체가 통제하는 시장을 FOB 시장으로, 수출업체가 통제하는 시장을 CIF 시장으로 지칭하고 있다. 일반적으로 수출업체가 우위를 점하는 CIF 시장에서 얻을 수 있는 운임은 FOB 시장에서 얻을 수 있는 운임보다 낮다. 예를 들어 중국에서 세계 각지로 수출되는 화물은 거의 CIF조건이기 때문에 해운선사, 대리점, 포워더들은 이 조건이 불만일 수밖에 없다.

전 세계 모든 시장의 컨테이너 무역에서 수입업자, 운송업자, 운송업자, 대리점들은 항상 그 시장에서 이용 가능한 FOB 사업을 점점 더 많이 차지하기 위해 경쟁할 수밖에 없다.

03

컨테이너선 서비스 가격결정

정기선 해운에서 운임은 정기선 서비스를 얻기 위해 지불해야 할 화폐의 양으로 정의될 수 있다. 운임 책정은 시장 경쟁력을 유지하기 위한 중요한 경영상의 결정 중 하나이다. 특히 정기선 운송서비스 산업이 과점시장을 형성하고 있어 가격, 즉 운임결정은 전략적으로 중요하다. 가격 및 가격 전략은 변경하기 쉽기 때문에 경쟁자간에 시장 가격을 낮추려는 의도가 있을 경우 가격 전쟁으로 이어질 수 있다.

정기선 해운사업에서는 비용을 웃도는 수익이 필요하고, 그 수익의 대부분은 해상운임에 의해 결정된다. 그러나 시황 변동산업인 해운에 있어 다음 해의 운임수준 역시 매우 불확실하다. 즉 운임의 누적인 수익(revenue)의 전망이 불명확해질 수 있다. 이러한 해운의 특수사정이 경영을 어렵게 하고 있는 한 요인이다.

가격 결정의 고전적 경제 모델은 기업이 단기 이익을 최대화한다는 가정에 의존[9]했지만, 많은 연구결과는 가격은 시장에 의해 결정되는 것이지 의사결정자에 의해 가격이 통제될 수 없다는 것이어서[10] 이 가정은 의미를 가지기 어렵다.

정기선 해운산업의 경우도 시장운임은 수요와 공급에 의해 결정된다. 공급은 선박회사가 제공하는 선박수송능력을 나타내는 반면, 수요는 해상운송에 대한 화주의 수요를 나타낸다. 특히 컨테이너 정기선 해운산업 시장이 누구도

---

9 Clarke D. G. & Dolan R. J.(1984)
10 Dolan R. J.(1995)

시장을 통제할 수 없는 과점상태에 있다면 운임변동에 즉각 반응해야 하기 때문에 선사들의 가격 책정 전략은 매우 중요하다.

1) 차터 베이스와 하이어 베이스

정기선의 경우 운항비는 스케줄에 따라 일정한 반면, 선박 적재량에 따라 수입이 발생하기 때문에 집화 노력 여하에 따라 채산성이 결정되는 구조이다. 정기선은 경쟁시장이 항로별로 나누어져 있어 경쟁이 치열할 수밖에 없다. 이런 상황에서 해운업체들은 독특한 채산성 계산 방식을 사용해 왔다. 이 방식은 원가계산이라기 보다는 손익계산이라고 볼 수 있다. 업계에서는 차터 베이스와 하이어 베이스 지수를 본선 1항차 항해의 운항채산을 판정하는 기준으로 사용하고 있다.

수익지수로 차터 베이스(Charter Base, CB), 비용지수로 하이어 베이스(Hire Base, HB)를 사용한다. CB는 특정 항차에 대한 선박의 일일 한계이익이다. 한계이익은 공헌이익이라고도 하며 왕복 1항차 기준 운임과 공동운항 선사에 빌려준 선복임대료 등을 합친 매출에서 화물비와 운항비 등 변동비를 차감한 금액이다. 화물비에는 하역비, 장비비 등이 포함되며, 운항비는 연료비와 항비 등이 포함된다. 일반적으로 CB는 이 금액을 항차당 왕복 운항일수로 나누어 1일 기준으로 표시한다. HB는 선박을 가동 가능한 상태로 유지하기 위한 1일 선비를 의미하며 이자, 선원비, 기타선비 등이 포함된다. CB와 HB는 다음의 산식에 의해 계산된다.

CB = (매출 − 변동비)/운항일수 (* 왕복 1항차 기준 매출, 변동비, 운항일수)
HB = 연간 선비/연간 가동일수

당초 일본에서 고안된 CB, HB 개념은 항해용선 계약이나 정기용선 계약의 기초 원가[11]가 된다. 운임에서 화물비와 운항비를 차감하여 한계이익을 파

---

11 용선을 할 때 이러한 선주의 원가를 기초로 하여 결정되어야 하지만, 용선료는 시장의

악한 후 이 한계이익(CB)이 선비(HB)를 부담할 수 있는지 확인하는 것이다. 보통 HB는 정기용선계약에서의 용선료와 동일한 수준의 원가이다. 따라서 양자를 비교하면 즉시 손익을 판정할 수 있다. CB가 HB보다 높다면 채산성이 있는 조건이 된다.

CB는 영업을 할 때 중요한 역할을 한다. 본선 선복을 화주에게 판매하는데 있어서 운임이나 양적하 조건을 제시하게 되는데 항로, 기항지별로 세부적인 여러 조건을 따져 선사에게 유리한지를 판단한다. 이는 판매가격을 추정하여 이를 원가와 비교하는 방식으로 일반적으로 원가를 기준으로 해서 판매 가격을 결정하는 것과는 반대의 방식이다.

해상운임의 결정이 다양한 요인으로 결정되고, 그 변동도 심하기 때문에 이러한 해운시장의 특수성에 따라 선사들이 시장운임을 중시하고, 반대로 원가를 경시하는 경향에서 기인되었다고도 볼 수 있다. HB는 하루 기준으로 환산되고 있는데, 이는 사전 계산을 염두에 두고 있기 때문이다. 사후적 계산이라면 이러한 환산의 필요는 없다.

CB는 통상적으로 수행할 항해에 관한 예상 수치를 사용하여 만들어진다. 실적 CB는 동일한 선박의 과거 CB로 이후의 CB와의 차이를 보기 위해 계산되는 것에 불과하다. CB의 원래 목적도 결산에 있는 것이 아니라 예산에 있는 것이다. 이러한 사전 CB, HB는 배선 의사결정에 필수불가결한 회계정보로서 이용된다. 선박의 소유 또는 정기용선에 제공하는 데 필요한 정보로 자사선 및 용선 선복을 얼마나 효율적으로 배선하기 위해 각 선박별, 각 항차별 예상 CB는 필요최소한의 정보로서 이용된다.

예를 들면, 특정 선박에 대해서 여러 가지 운임이 고려되는 경우, 각 운임에 대해서 시산 CB를 요구하여 가장 유리한 것을 선택할 수 있다. 반대로 운임은 결정되어 있으며, 복수의 선박이 있는 경우 각 선박의 HB를 각각의 CB에서 공제한 금액을 비교하여 결정할 수 있다.

선박수급에 의해 좌우되기 때문에 반드시 선주의 원가가 보전된다고는 할 수 없다.

2) 한계비용 운임

정기선 요금 결정 원리를 경쟁시장에서 한계비용 운임결정으로 설명할 수 있다. 앞서 살펴 본 국내선사 중 동남아 항로를 운항하는 2,000TEU 선박 운항의 운항비용 자료를 예를 들어 설명하면 다음과 같다. 1 항차 왕복에 평균 28일이 소요되어 1년에 13번의 운항(trip)을 한다. 각 선박은 자본비, 운항비를 포함하여 운항에 하루 4,700여 만원의 비용이 발생한다. TEU당 운항원가는 약 25만원 정도에 이른다.

정기선사는 비용을 감당하는 운임을 부과해야 한다. 만일 이러한 목적이 달성되지 않는다면, 예정된 항로에서 선사는 적자를 보게 될 것이다. 동남아 선사의 예에서, 하루 약 3,600만원의 비용은 선사가 화물량의 과다에 관계없이 항로서비스를 운영하는 데 소요되는 비용이다. 반면에 화물비는 만일 화물이 없다면 초래되지 않는 비용이다.

선박은 스케줄대로 항해해야 하기 때문에 선박에 화물이 모두 선적되지 않더라도 운항해야 한다. 화물을 추가로 적재하는데 드는 비용인 화물비는 컨테이너당 약 15만원이다. 이것이 한계비용(MC)이다. 일단 선박이 만재되면 한계비용은 다른 선박의 슬롯을 사용하는 비용인 컨테이너당 70만원으로 급격하게 증가한다. 이는 한계비용(MC) 곡선으로 표시될 수 있다. MC 곡선은 화물이 2,000TEU가 만재될 때까지는 15만원에서 수평선(MC1)을 보이다가 화물선적이 2,000TEU를 넘어서면 70만원 선에서 다시 수평선(MC2)으로 표시될 것이다.

또한 각 처리량에서 고정비와 변동비를 합친 총비용을 나눈 평균비용곡선(AC)을 표시할 수 있다. 낮은 처리량에서 평균비용은 소수의 컨테이너가 선박의 총비용을 감당해야 하기 때문에 매우 높다. 그러나 선적량이 증가함에 따라, 평균비용은 선박이 만재될 때까지 꾸준히 하락한다.

이익을 내기 위해, 정기선사는 평균비용 이상의 운임을 받아야 수익을 창출할 수 있다. 화물보다 더 많은 선복이 있을 때, 정기선사는 가능한 많은 화물을 운송하기 위해 화물에 대해 서로 경쟁한다. 이것은 수요곡선(D1)으로 표시될 수 있다. 선사들이 경쟁적으로 운임을 내리면서 운임이 한계비용(즉 화물비)까지 하락할 수 있다. 한계비용과 수요곡선이 교차하는 점의 화물처리량에서의 운임(P1)이 형성되고 이는 평균비용과 수요가 교차하는 운임(P2)보다 매우 낮게 된다. 그래서 선사는 평균비용과 한계비용의 차이만큼 손실을 보게 된다. 이때 수송물동량이 1,500TEU였다면 그 항해에서 평균비용과 한계비용의 차액에 1,500TEU를 곱한 만큼 손해가 발생한다.

시장상황이 변해 수요가 많아져 새로운 수요곡선(D2)으로 이동하면 화주들이 제한된 2,000TEU 적재능력에 대해 경쟁하므로, 한계비용이 수직으로 증가한 새로운 한계비용(MC2)과 수요와의 접점에서 운임(P3)이 결정된다. 이는 평균비용을 초과하는 운임으로 TEU당 운임이 급격히 상승해 큰 이익을 볼 수 있다.

경쟁시장에서 운임이 결정되는 변동성 있는 시장에서 살아남기 위해 정기선사는 경기하락기간 중 운항 손실을 보전하기 위해 경기 호황시 충분한 이익을 내고 이를 유보시켜 놓아야 한다. 또는 해운시황변동으로 선사들의 현금흐름이 매우 유동적이 될 수 있어 시황변동에도 불구하고 정기선사의 안정적인 정기선 서비스 유지를 위해 과도하지 않은 범위 내에서 적절한 수익이 확보되는 정기선 해운의 공동행위가 제도화되어야 할 필요성이 있는 것이다.

▼ 그림 7-1 한계비용 운임

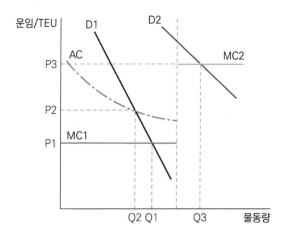

자료: 저자 작성

3) 고정 운임

정기선사들이 취할 수 있는 다른 운임 대안은 시황이 호황이던 불황이던 간에 평균비용을 넘은 합리적인 이윤을 낼 수 있는 수준에서 운임을 고정하는 것이다. 이는 선사와 화주가 해운경기변동이 반복된다는 것을 알기 때문에 중장기적 협력관계를 맺어 시황하락과 시황상승기의 운임을 평균하여 선사도 이익이 되고 화주도 이익이 되는 선에서 운임을 고정하는 전략이다.

동남아 항로 취항 2,000TEU 선박을 다시 예로 설명하면 시황하락기에는 한계비용인 TEU당 15만원에서 운항원가인 25만원사이에서 운임이 형성되고, 운임상승기에는 40~60만원에 형성된다고 가정하자. 침체기간 동안에 TEU당 최저 15만원까지 운임이 하락하고 평균비용은 TEU당 25만원이기 때문에 이 선박은 TEU당 최대 10만원 손실을 볼 것이고 항차당 1,300TEU를 수송한다면 1억 3천만원의 손실을 본다. 그러나 호황기간 동안은 TEU당 평균 50만원까지 운임이 상승할 수 있다. 선박은 TEU당 25만원 이익을 볼 것이고 항차당 1,700TEU를 수송한다면 4억 2,500만원의 이익을 볼 수 있다.

역사적인 시황 순환구조를 볼 때 시황하락기가 시황상승기보다 약 3배 정도 기간이 긴 점을 감안하여 TEU당 약 27~28만원의 고정운임을 부과한다고 가정하면 선사가 호황기 때 큰 이익을 시현하지 못하는 단점이 있지만 불황일 때 적자를 면할 수 있는 장점이 있고, 시황변동과 무관하게 사업을 안정적으로 운영할 수 있게 된다.

다만 이는 호황때 선주들이, 그리고 불황때 화주들이 이 합의된 운임고정 정책에 따를 때만 작동할 수 있다. 실제로는 침체기간 동안에 한계비용을 넘은 운임방식은 공급과잉 시장에서 화주들이 동의하기 어려운 방식이다. 또한 호황기 동안 평균비용에 근접한 낮은 운임을 유지한다는 것은 커다란 이익을 포기해야 선사들이 받아들이기 어려울 것이다. 선사와 화주가 10여 년 중장기적인 계약을 통해 공급사슬파트너로 협력을 한다는 전제하에 가능한 운임전략이다.

KMI의 연구에 따르면[12] 1992년부터 2015년까지 평균적으로 장기계약이 단기계약보다 선박확보비용이 작은 것으로, 그리고 장기계약의 시장변동위험

---

12 고병욱(2015)

이 단기계약보다 작은 것으로 나타났다. 이는 단기계약에 비해 장기계약을 통한 선박확보비용이 낮다는 것을 보여 주고 있으며, 이는 장기계약이 화주에게 이익이 된다는 것을 의미한다. 또한 장기계약이 변동성도 작기 때문에 시장변동위험도 작은 것으로 평가된다. 호황과 불황을 모두 아우르는 보다 긴 관점에서 보면, 장기계약을 통해 선박확보 비용을 줄일 수 있으며 이것이 오히려 화주에게 이익이 될 수 있다.

즉 화주는 선사를 공급사슬 파트너로 삼아 해상운임의 등락에도 불구하고 장기적으로 물류비를 절감할 수 있는 장기계약을 통해 자사의 물류경쟁력 향상에 기여할 수 있다. 또한 선사는 화주의 경쟁우위를 만들어 낼 수 있는 혁신적인 서비스와 운임구조(mean rate)를 제공하며, 동시에 시황변화에 따른 시장변동위험을 회피하는 방법으로 안정적인 수익기반으로서 경영에 큰 도움이 될 수 있다.

4) 계선 운임

미시 경제적으로 보면 수요가 한계비용 곡선(MC)과 교차하는 운임(P2)은

▼ 그림 7-2 정기선 비용곡선과 계선 운임

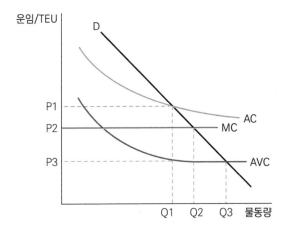

자료: 저자 작성

평균비용(AC) 이하, 즉 손익분기점(P1) 이하이다. 그러나 이 수준의 운임에서도 변동비는 물론 고정비의 일부는 회수되기 때문에 운항은 계속할 수 있다. 그러나 수요와 평균 변동비용(AVC) 곡선과의 교차점 이하의 운임까지 하락하면 변동비조차 회수할 수 없게 된다. 이 이하까지 운임이 하락하면 운항을 계속할 수 없어 계선을 하지 않을 수 없다. 이때의 운임(P3)이 계선 운임이다.

5) 코로나19 사태 이후 정기선 운임

만성적인 공급과잉상태에서 이전의 미시경제학적 운임결정 분석과 연구는 큰 의미를 가지지 못했다. 그러나 2020년 코로나19 사태로 시장에서의 수요와 공급의 변화가 뚜렷하게 나타나면서 정기선 운임도 시장의 수급변화에 민감하게 변화된 것을 살펴볼 수 있다.

코로나19 사태 이후 정기선 운임변동의 주요 동인은 시장의 수급동향이었다. 연료비, 이동 거리, 터미널 비용 등과 같은 요인들은 공급과 수요만큼 운임에 영향을 미치지 않았다. 코로나19로 인한 봉쇄는 수요를 증가시키는 데 기여했다. 2020년 코로나19 사태에 따른 봉쇄가 직접적인 영향을 미쳤다. 처음에는 중국이 봉쇄하였고, 이어서 세계 주요국들의 모든 곳에서 봉쇄가 이어졌다. 경제 봉쇄는 물자의 흐름에 영향을 미쳤고, 도시와 공장이 폐쇄 되었다.

그러나 이후 예상치 못한 코로나19 효과, 즉 소비자 행동의 변화가 시작되었다. 수요가 크게 증가하여 10년 만에 가장 높게 성장했다. 실제 미국의 경우 개인 상품소비에 대한 분석을 보면 소비자의 상품 구매가 2021년 내구소비재를 기준으로 할 때 팬데믹 이전 수준보다 190%까지 증가한 것으로 나타났다.[13] 식당, 공연, 관광, 오락 등 각종 서비스를 이용할 수 없게 되자, 사람들은 더 많은 실물 상품을 구매하게 되었고, 이는 해상운송수요를 크게 증가시켰다.

또한 항만폐쇄 및 부두 작업의 차질로 인한 항만정체와 컨테이너 용기의 부족은 컨테이너선의 공급부족을 야기하는 요인이 되었다. 특히 아시아와 유

---

13 Kilian, L, N Nomikos and X Zhou(2021)

럽, 아시아와 북미 무역에서 컨테이너 용기를 구하기가 어려워졌다. 코로나19 사태 확산으로 내륙 공장이나 창고로 배송된 컨테이너가 제대로 반송되지 못하고 있기 때문이었다.

정기선 해운시장이 과점상태이지만, 한 기업이 시장점유율을 확대하기 위해 치킨게임을 하다보면 가격을 평균비용 이하로 책정하여 시장의 모든 과점 기업이 위험에 처하게 되고, 한 기업이 운임을 올려 수익성을 개선하려 하면 다른 기업에게 시장점유율을 빼앗길 우려가 있어 한 기업이 운임인상이나 운임인하를 주도할 수 없는 경쟁적 과점상태에 있었다.

그러나 코로나19 사태 이후 공급부족사태가 만연해지자 운임인상에 따른 시장점유율 하락 리스크가 사라지면서 과점상태에 있던 정기선 해운기업에게는 일반적인 산업조직 이론처럼 과점시장에서 제한된 수의 공급자가 시장을 더 쉽게 통제할 수 있는 상태가 만들어졌다. 시장에서 공급부족으로 운임이 오를 수 있는 상황에 덧붙여 과점상태의 시장구조가 가격을 더 끌어 올리는 결과를 가져왔다.

코로나19 사태 이후 시장에서의 수요와 공급의 극적인 변화에 의해 운임이 상승하였고, 여기에 세계 컨테이너선 산업의 높은 산업집중도로 인해 현물시장 운임은 2021~2022년 중에 사상 최고 수준까지 상승했으며, 과거와 달리 화주들은 선사와 새로운 우대운송계약을 체결할 때 서둘러 더 높은 운임을 제시할 수밖에 없는 상황이 되었다.

6) 우대운송계약

우대운송계약(service contract, SC)은 화주와 원양선사 간의 계약으로, 화주는 일정 기간 동안 일정한 최소량의 화물을 제공하기로 약속하고 원양선사는 특정 요금을 약속하는 것이다. 미국의 SC는 미연방해사위원회(FMC)에 그 내용을 의무적으로 신고한다. 국내 선사들도 미국 화주(포워더 포함)와 SC 내용을 FMC에 신고해야 한다. 현재 미국향 컨테이너 수출입화물의 90% 이상이 우대운송계약에 의해 이루어지고 있고, 1년 정도의 장기운송계약 형태가 대부분을 차지하고 있다.[14]

1984년 신해운법에서 우대운송계약으로 신설되었으며 화주와 해운동맹 또는 개별선사 간 맺는 컨테이너 화물 장기운송계약으로 기간, 품목 및 최소물량, 계약운임, 항로 및 스케줄 등을 필수로 명시한 계약이다. SC 도입으로 화주는 시황에 탄력적으로 대응할 수 있는 이점을 얻고 운임외 서비스에 대하여 선사와 자유롭게 협상할 수 있는 여지가 마련되었다. 1998년 개정 외항해운개혁법(OSRA)에서는 SC 계약 내용의 공표의무가 사라졌다. 이에 따라 개별 선사와 화주의 쌍무 협상이 본격화되었다. 개별 선사의 SC 계약이 실제적으로 가능해짐에 따라 선화주의 교섭력에 따라 운임 책정이 자유로워져 운임하락 효과가 나타났다.

선사는 안정적인 화물을 확보하고 중개인 비용절감, 선화주 신뢰관계 강화의 효과가 있으며, 화주에게도 우대요율적용으로 운임절감, 성수기에 안정적 선복 확보효과가 있으며, 선사 및 화주 공히 계획성 있는 사업계획 수립, 안정적 운임의 유지효과가 있는 것으로 분석되었다.[15]

우대운송계약은 선사와 화주간의 장기적인 관계를 형성하는 데 도움이 되고, 운임 안정에도 기여하는 바가 있어 향후 선주와 화주간에 장기적이고 협력적인 관계를 형성하는데 일조할 것으로 기대할 수 있다. 이런 협력관계 아래 수출입 화주의 최적 SCM 구축과 같은 부가가치 물류도 이루어 낼 수 있다.

우리나라도 운임공표제를 시행하면서 3개월 이상 장기계약 건에 대하여서는 신고의무(공표의무 제외)만 부여하며 미국의 우대우송계약과 유사한 내용을 시행중에 있다. 그러나 선사와 화주간의 신뢰 구축 미흡 등의 이유로 장기계약으로 연결되지 못하고 있는 실정이다. 그러나 원양항로에서 자국선사 적취율이 점차 낮아지고 있어 컨테이너 화물 단기계약[16] 중심의 시장 계약관행은 개선될 필요가 있다.

특히 코로나19 사태 이후처럼 운임이 급등한 시점에 화주에게 장기운송계약을 제안해 화주에게 이익이 되는 동시에 운임하락기에도 안정적인 운임을 확보할 수 있는 장기운송계약의 적기이다. 선주와 화주간의 신뢰를 회복시킬

---

14 윤재웅, 안영균, 김주현(2018), pp.7 − 9
15 앞의 책, p.40
16 전체 컨테이너 물동량의 약 70%로 추정한다.

수 있는 더 강화된 장기계약 형태인 우대운송계약을 제도화하여 수출입 화주의 장기 경쟁력에 도움이 될 수 있는 시도가 필요하다.

📦 해운실무: GRI

GRI(General Rate Increase)는 일괄운임인상으로 선사들이 운임이 낮은 시장에서 해상운송 운임회복을 위해 시도하는 운임인상 수단이다. 일괄운임인상은 정해진 기간 동안 전체 또는 특정 항로의 해상운임을 조정하는 것으로 일반적으로 대형선사에 의해 개시된다. 운임하락이 심할 경우 GRI가 1년에 여러 번 적용된 적도 있다. 이론적으로, GRI는 모든 해상 운임에 적용될 수 있지만, 주로 극동에서 미국이나 유럽으로 수출하는 항로에서 자주 시도된다. GRI의 비율이나 적용항로는 전적으로 선사의 결정에 달려있다. 미국 연방해사위원회(FMC) 규정에 따르면, 발효되기 30일 전에 운임 인상을 신청해야 한다. 다른 나라들에서는 1주일 전에 신청 할 수도 있다. GRI 발표의 예는 다음과 같다.

XYZ 라인 고객님께
XYZ 라인은 귀하에게 동급 최고의 서비스와 광범위한 항만 서비스를 제공하기 위한 지속적인 노력으로 다음과 같은 일반적인 요금 인상을 발표합니다.
발효일: 2019년 9월 1일 범위: 극동 아시아 국가부터 남아프리카까지(남아프리카를 통해 서비스를 제공하는 내륙 국가 포함).
일반적인 요금 인상: 20피트 컨테이너당 300달러 및 40피트 컨테이너당 600달러
따라서 9월 1일부터 입하된 모든 화물에 GRI가 적용됩니다.
이러한 인상은 운영 비용이 계속 상승하고 현재 비율이 지속 가능한 수준보다 낮은 환경에서 이 업계에서 최고의 서비스를 계속 제공하기 위해 필요합니다.

일반적으로 컨테이너 해운시장은 공급과잉으로 운임이 전반적인 하락세를 유지하는 기간이 많다. 따라서 선사들이 더 높은 요금을 확보할 수 있는 특정한 계절이 있을 때, 운임인상을 시도하는 것이다. 이 요금은 1년 내내 지속될 수 없기 때문에 일정한 기간 동안 GRI를 시행하여 적용한다.

CHAPTER

08

컨테이너선 해운주기
변동

해운주기 변동분석

1) 해운주기 변동 요인

해운주기의 변동은 기업경기 변동과 밀접하게 연관되어 있다. 기업의 총수요 감소는 운송 서비스에 대한 수요 감소를 의미하기 때문이다. 반대로 경기 확장 주기 동안 총수요가 갑자기 증가하면 해운 선사들이 기존 수송수요 능력 이상의 공급능력을 즉시 확대시킬 수 없다. 이 같은 현상이 화물운임 상승을 초래하게 된다.

해운주기는 해상운송 부문에서 수요와 공급의 상호작용으로 이해된다. 일반적으로 해운산업에서 수요는 세계경제의 등락에 따라 변화한다. 이러한 세계경제는 주요국의 재정 및 금융정책의 변화와 물가 변동 등 외생적 또는 내생적 변수에 기인한다. 그리고 전쟁, 홍수, 운하 폐쇄와 자연재해 등 예측하기 어려운 대형사건에 의해서도 변화한다. 여기에 세계화의 진전으로 세계 일부 국가나 지역의 영향에도 전 세계 경제가 영향을 받기 때문에 수요 변화의 예측이 더욱 어려워지고 변동 폭도 큰 것이 특징이다. 특히 단기적으로 계절적인 영향에 의해서도 크게 변동하고 있다. 계절 주기는 해운에서 자주 일어나는 현상으로, 해상운송 수요에 대한 계절적 추세에 따라 1년 중 특정 계절에 운임이 변동하는 주기이다. 특히 컨테이너선 해운의 경우 7월부터 10월까지가 성수기로 연말 크리스마스 등 연휴에 대비한 상품 수송이 많은 시기이다. 그리고 보통 2월 중에도 중국의 설날과 이어지는 장기 휴가로 수출입 물량이 크게 하락하는 계절적 요인이 발생한다.

이 수요변화에 대응하기 위해 해운산업은 선대를 확대하거나 축소해서 공급능력을 조절하려 할 것이다. 그러나 정기선 해운은 공급능력의 확대와 축소에 탄력성이 부족하다. 해상운송 수요가 감소하면 계선을 하거나 고철로 매각하는 선박 해체를 늘리려 하지만 대부분의 선박은 여전히 운항할 수밖에 없어 공급과잉상태가 심화된다. 반대로 세계 경제의 상승으로 해상운송 수요가 증가하면, 공급을 빠르게 증대시키는 대응을 할 수 없기 때문에 공급부족이 발생하여 화물운임은 상승하고 신조선 발주를 증가시켜 수급균형을 맞추어 나가려 한다. 그러나 이와 같은 신조선 발주가 계속 증가하면서 신조선에 의한 선대 증가로 결국 공급과잉을 초래하여 운임이 다시 하락하게 된다.

다시 말해 생산과 무역의 변화에 의해 결정되는 매우 변동성이 큰 외생적인 수요에 비해 선박 건조에 수년이 소요되는 특성으로 인해 선박공급의 변화가 즉시 동기화될 수 없다. 단기적으로는 공급의 가격탄력성이 매우 낮아 호황기와 불황기가 장기화되는 구조적인 특성에 의해 해운주기가 발생한다.

특히 해운경기가 호전되어 신조선 발주가 일시에 증가하면 조선소가 이를 충분히 수용하지 못해 선박건조기간이 더 길어지는 경우가 발생하기도 하는데, 이는 조선분야의 건조능력 향상에 대한 투자주기가 수요변동주기에 비해 상대적으로 길기 때문에 발생한다.[1]

시황 호전시 공급 측의 선대공급에 상당한 시간적인 지연이 발생하기 때문에 컨테이너 선사들은 평균 수준의 수요 이상으로 수송능력을 유지할 필요가 생기고 이것이 일정부분의 공급과잉을 지속시키는 하나의 이유가 되고 있다.

화물 운임이 낮으면 해운부분에서 신조 건조가 줄고 해체되는 선박이 늘게 되지만 여전히 공급과잉 선박을 즉각 모두 줄여나갈 수 없어 상당기간 동안 공급과잉상태를 유지하게 된다. 반면에 수요가 증가하여 더 많은 운송 서비스가 필요해질 경우에도 선박 척수를 늘리거나 또는 운송 능력을 증대시키는 선박 가용성을 높이는 등의 공급을 빠르게 조정하는 데 한계를 가질 수밖에 없다.

경기침체기 경제에서 생산, 소비를 감소시키고 이는 결국 운송 수요를 감소시킨다. 이 시점을 해운주기의 시작으로 볼 때, 화물운임과 이익이 하락하

---

1 RICS Research(2009)

며, 선박에 대한 수요가 감소하고, 많은 선박이 해체되거나 계선상태로 들어가고 운임은 하락한다.

해운주기상 침체 단계에서 반전되는 계기는 세계 경제가 상승하기 시작하여 수요가 빠르게 증가하는 시점이다. 수요가 공급을 초과하여, 선박이 부족해지면서 화물운임은 상승하고, 신규 선박발주가 빠르게 증가한다. 많은 경우 미래 해운경기에 대한 낙관으로 선박 발주가 너무 많아질 수 있다. 운송수요가 다시 안정되기 시작하면 과잉 선박발주의 결과로 공급이 수요를 초과해 공급과잉 현상이 나타나 운임은 더욱 하락한다. 경기 침체기에 들면서 이와 같은 해운경기 순환은 다시 동일한 궤적을 따라 반복될 것이다.

2) 해운주기 변동에서의 심리적 요인

해운주기 변동에서 발생하는 부작용은 특히 경기 고점에서 경제 주체들이 내린 결정과 밀접하게 연관되어 있다. 해운주기의 고점에서 낙관적인 의사결정은 해운시장의 불균형을 심화시켜 해운경기 하락을 가속화시키거나 혹은 경기회복을 늦추는 영향을 가져올 수 있다.

시황이 호황기에 들어서면 미래 해운시황에 대한 낙관론에 편승하여 거의 모든 선주가 일제히 선박을 발주하는 군중심리가 발생되어 시황개선이 단기 사이클(short cycle, mini-peak)에 그치는 경우가 많다. 많은 신조선 발주량 규모를 확인한 시장에서 수요가 개선되어 시황이 개선되고 있지만 곧 시장에 인도될 신조선이 다시 공급과잉을 가져올 것을 알기 때문에 대부분 신조선 인도가 시작되기도 전부터 시황은 다시 하락하기 시작한다. 선박발주가 대규모로 이루어지지 않았다면 시황이 회복되어 호황으로 갈수 있는 기회를 놓친 것이다. 또한 시황 고점에서 발주한 선박이 실제로 시장에 인도되는 발주 후 2년이 지난 시점은 대부분 고점보다는 수요 증가세가 둔화되거나 혹은 이미 수요 감퇴기에 접어 든 상태일 수 있다. 이 경우는 수요정체에 공급이 크게 늘면서 선박과잉이 2년 전에 기대했던 것보다 더욱 심화되는 결과를 가져오게 된다. 신조선 발주가 일시에 급격히 증가한 경우 신조선이 인도되기 시작하면 대부분의 경우 해운경기 하락이 가속화되는 이유가 여기에 있다. 이렇듯 시황 고점에서 의사결정이 중기적인 시황변동 자체를 불균형 상태로 만들고 거의 선박과잉 상태를 만들고 있다.

130여 년 전에도 해운경기 변동에 대해 한 선박 브로커는 이렇게 기록해 두었다.[2]

> "1894년 불경기 속에서 선주들은 수익 없이 5년간을 지냈고, 건조 중에 있거나 발주된 선박을 감안하면 현재의 낮은 운임은 오래 지속될 것이다. 그러나 1900년 들어 상황은 반전되었다. 남아공 전쟁으로 인해 많은 무역이 이루어지고 안정적으로 큰 이윤이 쌓이면서, 이번 세기에 이런 해는 다시 찾기 어려울 것이다." (이때에도 해운 투자자들은 호황기를 맞아 다시 허둥지둥 선박을 발주한 결과 또 다른 시황침체를 불러일으키게 된다. 이후 10년 동안 해운산업에서 가장 힘든 기간을 보냈는데, 1900년에 호황기를 예측하고 선박을 과잉으로 건조하였기 때문이다.) "1902년에 영국의 80% 가량의 해운회사가 막대한 손실을 입어, 사비를 털어 겨우 적자를 막는 상황에 놓였으며, 1907년 선주들은 막대한 손실 속에서도 선박을 운영할 기회를 찾지 못하고 있었고, 1909년에 이르러서는 고통스러울 만치 어려운 시간들을 보내지 않을 수 없었다."

또 다른 경우가 해운주기 상 가장 어려운 시기중의 하나가 1980년대의 사례를 들 수 있다. 1980년대는 해운산업에게는 1930년대의 대공황시기보다 더 큰 영향을 받은 시기였다. 1981년 상반기부터 하락하기 시작한 해운경기가 계속되어 1987년까지 중고선가가 해체선가 가격까지 하락하는 등 큰 폭의 운임하락이 지속되었다. 막대한 적자 누적으로 우리나라의 선사들의 대대적인 통폐합이 이루어진 해운산업합리화가 이루어진 시기도 이때였다. 그러나 이 시기에도 1983년에 향후 경기가 회복될 것으로 낙관하여 선박을 대량 발주하였는데, 이것이 공급과잉을 더욱 심화시켜 해운경기 불황이 1980년대 후반까지 계속되는 이유가 되었다.

문제는 이 두 경우 모두 해운경기 하락이 단기에 그칠 수도 있었는데, 해운경기 상승을 염두에 두고 대량으로 발주한 선박 때문에 공급과잉이 더욱 심

---

2 양창호 외(2015), p.118

화되어 해운경기 침체가 장기화된 사례들이다.

1901년 이후 해운경기가 침체되었지만, 시장이 상승할 것이라는 예상을 갖고 1905~1906년에 신조발주를 크게 늘려, 결국 1909년까지 시황하락을 겪게 되었다. 또한 1980년대에도 1985년에 시장 회복을 예상한 선주들이 1983년에 대량으로 발주하였다. 만약 일부 선주들만 이러한 생각을 가졌다면 1985년에 무역량도 증가했고, 시황도 개선되었을 것이다. 그러나 시장에 참여하고 있는 거의 모든 선사나 선주가 신조선 발주 투자결정을 하면서 시황은 1987년까지 바닥세를 면치 못했다.

2008년 리먼 사태 이후 해운경기 불황국면이 2019년까지 지속되었다. 특히 2016년에는 컨테이너선 운임이 사상최저치를 기록하는 등 초유의 시황하락기를 맞이하였다. 그러나 이러한 장기 불황 역시 과거 해운역사에서와 마찬가지로 시황개선의 조짐이 보일 때 선박을 대량으로 발주한 것이 원인이 되고 있다. 첫 번째는 2011년 해운경기가 호전되자 2007~2008년의 해운경기 최고 상승기를 경험한 선주들이 나서 많은 신조선을 발주한 것이다. 또한 2013년 초 운임이 상승하자 시황회복의 조짐으로 보고 신조선가가 낮을 때 발주하자는 움직임이 일어 2013년에 전 세계에서 2,000척 이상의 신조선이 발주되었고, 2014년에도 1,700여 척 이상이 발주되었다. 2014년경에 시황이 회복될 것이라는 그간의 전망을 무산시키는 요인이 된 것이다. 이 선박들이 준공되는 2015~2016년 시황이 역사상 최저 수준으로 하락하는 요인이 된 것이다.

[그림 8-1]에서 2014년의 상승은 투자자들이 2014년에 선박발주에 조금 덜 적극적이었다면 경기회복으로 이어졌을 경기 변동주기였을 것이다. 그랬더라면, 2010년 이후 4년 만에 경기회복이 이루어졌을 텐데, 선박발주를 늘려서 결국 회복을 지연시키는 결과를 초래한다. 결국 2019년까지 장기 경기침체를 겪게 되었다.

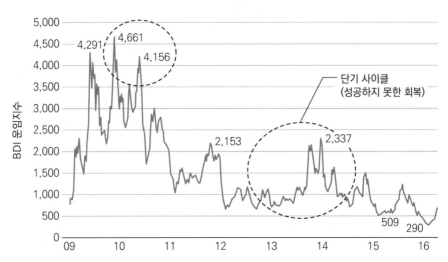

자료: 저자 작성

2011년과 2013~2014년에 화물운임은 낮은 수준을 유지하고 있기 때문에 해운주기가 낮은 단계에 위치하고 있음에도 신조선 발주가 멈추지 않았다. 전통적인 해운주기에 의한 균형시장 접근 메커니즘이 실패한 것이다. 신조선 발주가 계속 증가한 것은 오랜 기간 반복된 해운주기의 흐름을 유지하던 메커니즘에서 커다란 변화가 일어난 것이다. 그 변화의 핵심은 정기선 해운산업의 경쟁심화로 가격경쟁력을 확보하기 위해 초대형선을 대량 건조할 수밖에 없게 되었고, 생존을 위해 불가피했던 선사 간 전략적 제휴(alliance) 간의 초대형선 운항경쟁에 의한 초대형선 발주 증가에서 찾을 수 있다. 결국 초대형선 발주는 세계 컨테이너선 시장을 만성적인 공급과잉 시장으로 만드는 원인이 되었다.

이러한 심리적인 요인은 해운주기 예측이 어렵다는 점을 의미하기도 한다. 과거 수백년 동안 해운주기가 이어져왔고, 지금도 해운주기가 변동하고 있지만 해운주기 변동의 어떤 규칙성이나 기간을 예측할 수 없다. 결국 현 시점이 해운주기상 어느 위치에 있는지를 파악할 수 있는 수단이 없다. 해운경기 정점이라고 판단되어도 하락하지 않고 더 높이 상승하기도 하고, 그 상승기는 갑자기 사라져 운임이 크게 하락하기도 한다. 해운산업의 이익은 수요와 공급 등 외생적 요인 등에서 기인되는 예측할 수 없는 변화에서 오는 것이기 때문에 해운시장 투자분석가나 애널리스트가 예측하거나 이길 수 있는 게임이 아니다.

코로나19 사태가 장기화되면서 2020년 하반기부터 예상치 못한 소비재 수요증대가 발생하고 있고 해상물동량이 크게 증가하였다. 2020년 11월 컨테이너운임지수인 SCFI(상하이발 컨테이너운임지수) 기준으로 2020년 4월에 비해 2배까지 상승했다. 이후 운임 상승세가 이어져 2022년 1분기까지 분기 평균이 SCFI 기준으로 4,851까지 높아져 분기 역대 최고치를 기록했다. 월별 기준으로는 2020년에 비해 2021년에 7배까지 상승하기도 했다.

이러한 운임 폭등 호황시기에 세계적으로 가장 큰 수혜를 본 선사가 우리나라의 HMM사다. HMM사가 24,000TEU급 세계 최대 컨테이너선을 건조하기로 결정했을 때가 2018년인데 이때는 해운시황이 주기상 저점 국면이었기 때문에 신조선이 인도된 후에 선박적재율에 따라 엄청난 손실을 감내해야 하는 리스크가 큰 결정이었다. 2020년 4월에서 9월까지 12척의 초대형선이 모두 인도되어 유럽항로에 투입되었는데, 이 기간이 운임이 거의 2배까지 올랐던 시기였다.

과거를 살펴보면 성공적인 선주는 시황이 좋거나 어렵거나 관계없이 모두 지속시킬 수 있는 선대와 조직을 보유하고 있다. 왜냐하면 운임이 상승하고, 수익이 크게 증가할 때를 대비하여 그 기회를 잡기 위해 대비하고 있기 때문이다. HMM의 경우도 이러한 조건을 맞추어 놓았기 때문에 성공적인 기회를 잡을 수 있었던 것이다.

따라서 선박의사결정은 해운경기변동 예측능력을 갖추고 경기변동에 선행하는, 혹은 경기변동과 역행하는(anti-cycle) 의사결정을 하는 것이 해운주기의 불확실성에도 불구하고 지속가능한 사업으로 만들 수 있는 전략이 될 수 있다. 시황호전 때 운항이익과 선박매각이익의 기회를 가질 수 있는 것이다.

많은 학자들은 해운경기 변동 주기를 선박의 공급과 수요의 불균형을 제거하는 메커니즘으로 설명하고 있다. 이때 예측은 기본적으로 모든 선사나 선주들의 합리적 기대(rational expectation)에 의해 이루어진다고 가정하는 것이다.

그러나 개별기업들의 심리적 요인으로 합리적 기대와는 다른 의사결정이 이루어져 수급 불균형이 지속되는 해운주기가 발생하곤 한다. 즉, 공급이 부족할 경우, 시장은 신조선 발주가 충분해질 때까지 투자자들에게 높은 운임을 제공할 것이며 반면, 공급이 과잉이 되면, 시장에서는 선박이 해체되어 공급이 줄어들 때까지 낮은 운임이 지속될 것이다. 이 경우 경기가 상승할 것이라는 판단 하에 투자가들이 선박을 해체하지 않기로 결정한다면, 사이클은 더 오래 지속될 것이다. 이와 같이 선주들마다 경기에 대한 전망이 다르기 때문에, 선주의 심리적 요인이 각 사이클의 특징에 영향을 미칠 수 있다.

🗃 해운실무: 아시아 역내항로 해운주기 변동요인

1. 수요(Demand)요인

- 아시아역내 컨테이너 물동량: 아시아역내 컨테이너물동량은 전세계 컨테이너물동량의 30% 차지하는 최대 시장, 그러나 각 기관별 통계가 불투명. 항만물동량 증감을 통해 추정(데 하이퐁항의 한국수출/수입물동량, 부산항의 하이퐁 수출/수입물동량, 각국의 항만물동량 추이는 출발국 및 도착국 PMI[3]와 밀접)
- 아시아역내물동량은 중국수입물동량에 의해 좌우. 중국수입물동량(유럽, 북미, 아시아)은 ① 중국 산업생산증가율에 의해, 그리고 ② 중국의 PMI에 의해 영향 받음. 아시아 역내물동량은 ① 중국(홍콩 포함), ② 동북아시아 및 대만, ③ 동남아시아로 나누어 검토 필요.

2. 공급(Supply)요인

- 전배(cascading): 아시아역내 운항선박의 대부분은 3,000TEU 미만 선박이지만, 타항로 공급과잉으로 파나막스 등 대형선이 아시아역내항로로 전배가 증가. 이의 통계화, 추이분석이 요인으로 포함 필요
- 항로별 수송능력 추이: 아시아역내항로는 중국내, 중국-일본, 중국-한국, 중국-동남아, 동북아 역내, 동남아역내, 동북아-동남아 항로별 선박 투입량 추이, 투입선형별 선박량 추이 분석이 필요
- 컨테이너 명목 공급이외에 선박정시성(schedule reliability), 항만의 선박대기 같은 공급 감소요인도 검토

---

3 PMI(Purchasing Manager Index)는 구매자관리지수로 제조업체에서 물건구매를 담당

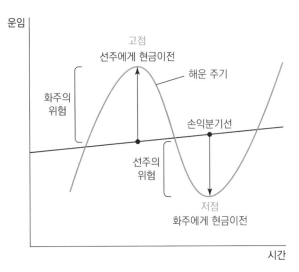

자료: 양창호 외(2015), p.128

익을 내지 못하고, 오히려 화주의 운송비 일부를 선주가 부담하는 결과를 초래할 것이고, 결국 선주는 투자를 중단할 것이다.

재정적 압박에서 벗어나, 사업을 계속하기 위해서는 운임이 다시 손익분기 운송비 이상으로 되돌아오도록 노력하게 될 것이다. 운임과 손익분기점이 일치할 때 전체 해운위험은 다시 제로가 되는 것이다.

해운주기가 변동하는 동안 누가 공급에 대한 통제권을 갖고 있는가에 따라 해운위험이 귀속될 수 있다. 중요한 점은 누가 공급부문의 의사결정을 하는가에 달려있다. 만일 화주가 확실한 미래 운송할 화물을 갖고 있기 때문에 해상운송을 직접 통제하려 한다면, 선박을 직접 구매하여 운항하는 대안(대안1)을 택할 것이다. 이렇게 함으로써, 화주는 선주의 위치에 서게 되며 모든 해운위험을 자신들이 진다. 만일 모든 화주들이 이렇게 한다면, 현물시장은 사라지고 독립 선주들의 역할은 크게 위축될 것이다.

그러나 미래 확실한 수송화물을 보유하고 있다 해도, 독립선사가 더 저렴하게 운송할 수 있다고 생각한다면, 화주는 독립선사로부터 정기용선을 하는

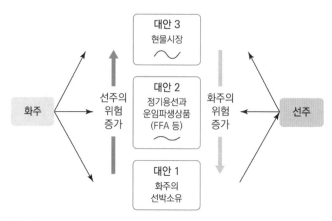

자료: 양창호 외(2015), p.129

대안(대안2)을 택할 것이다. 화주는 선박 사용과 관계없이 합의된 운임(용선료)을 지불하는 대신, 원가관리와 여타 위험은 선주가 떠안게 된다. 선주의 입장에서 중요한 것은 유리한 조건으로 계약을 체결하고 서비스를 제공하는 것이 중요하다. 때때로 용선주는 선주에게 인플레이션, 환율, 선박의 기계적 성능까지 책임지도록 불리한 거래조건을 내세우기도 한다. 따라서 선주는 용선주(화주)의 불리한 거래조건이나 할인요구에 대응해야 한다. 운임변동이 심할 경우 선주와 용선주들은 운임선도계약(Forward Freight Agreements: FFAs) 같은 운임파생 상품을 이용해 운임변동의 위험을 줄여나가는 것도 하나의 대안이다.

마지막으로, 화주는 현물시장을 이용(대안3)함으로써 선주에게 모든 해운위험 부담을 떠넘길 수 있다. 화주는 화물수송 수요가 있을 때마다 선박을 사용하기 때문에, 수송화물이 없을 때는 선주가 운영하지 못하는 선박의 모든 비용을 모두 부담하게 된다. 그러나 선박공급이 부족하게 될 경우, 화주는 높은 운임을 지불해야만 한다. 현물용선 시장의 주기는 정기용선 시장 주기보다 더 많이 변동하기 때문에 운임변동성이 큰 경우 현물시장 선박을 이용해 화물을 수송하는 것은 큰 해운위험에 노출될 수 있다.

이상 언급한 세 가지 대안이 해운위험 자체의 양을 줄이는 것은 아니라 화주와 선주 간에 위험을 분배하는 대안일 뿐이다. 화주는 대안1로 위험 부담을 모두 떠안을 수도 있고, 대안3으로 어떤 위험 부담도 지지 않을 수 있으며, 대안2로 정기용선에 따른 위험만 부담할 수도 있다. 이러한 화주의 선택에 따라 선주들은 여러 가지 전략적 대안을 가지게 된다. 현물 시장에서 용선 거래를 함으로써 위험 관리자가 될 수도 있고, 선박 관리자로 될 수도 있다. 화주들도 현물시장과 정기용선 시장 간의 위험 분산이 주된 정책이다.

03

해운주기 변동과 투자의사결정

1) 의사결정자

해운주기 변동과 관련된 의사결정 주체는 해운기업, 화주 그리고 선박 금융을 취급하는 금융기관 등을 들 수 있다.

① **해운기업**: 해운선사는 각 연구기관의 전망치와 해당 선사의 상황을 고려해 영업전략을 수립하고 투자의사결정의 기초자료로 사용한다. 특히 선박의 매각과 매입에 대한 의사결정을 한다. 신조선을 발주하고 정기용선(time charters)이나 장기운송계약(COA) 여부를 결정하며, 이러한 의사결정은 미래의 운임 수준, 신조선가, 그리고 중고선가에 의해 결정된다.

② **화주**: 미래의 운송비용과 적절한 운송수단의 이용 가능성에 의사결정의 중점을 둔다. 특히 향후 시황 전망과 관련하여 수송화물의 미래 운송비용에 대해 분석하게 된다. 또한 화주들은 현물시장에서 선박을 수배하여 화물을 운송할 수도 있고, 수요의 변동에 부응하기 위해 용선시장을 이용할 수 있다. 이때 기업은 용선할 선대의 형태와 규모에 대한 의사결정을 해야 한다.

③ **금융기관**: 선박금융 대출신청의 승인 여부와 요구되는 보장 수준에 대해 의사결정을 해야 한다. 여기에는 미래의 현금흐름에 대한 결정과 선주가 불황기에도 생존할 수 있는 재정 및 경영 기술을 확보하고 있는지의 여부 등이 포함된다. 선주가 오래된 불황으로 인해 부채에 대한 이자

지불을 하지 못한다면 은행은 현재 담보권을 실행하여 선박에 대한 손실을 감수할 것인지 혹은 시장이 개선된다는 희망으로 좀 더 기다려야 할 것인지와 관련된 의사결정을 해야 한다.

2) 해운시황 예측 목적

정기선 선사의 기본적인 투자 의사결정은 미래 어떤 일이 일어날 것인지를 판단하는 중요한 일이다. 의사결정자들은 여러 자료를 분석하지만 주로 시장에서 활동하는 중개인의 직관에 의존하는 경우가 많다.

① **정기용선**: 정기용선은 긴 기간을 대상으로 예측하는 것으로 합리적인 전망을 해야 한다. 지불할 정기용선료와 용선기간 동안의 미래 가능한 현물 시장운임 수준을 예측하여 비교하는 것이 핵심이다. 3~5년 이후의 해운시황 예측의 정확도가 요구되는 의사결정이다.

② **신조선 발주 및 중고선 매입**: 언제 선박을 발주하거나 구입 혹은 매각할 것인가를 결정하는 것은 해운 시황 예측의 또 다른 핵심 분야이다. 시장참여자들은 현재의 해운경기가 해운경기 사이클상 어디에 위치하고 있는지를 판단하고 미래 시황 상승여부를 판단해 결정할 필요가 있다.

③ **은행의 신용분석**: 선주에게 자금을 융자해 주는 은행들은 위험에 대한 견해를 수립해야 한다. 여기에는 시장의 미래상황, 운임 수준, 그리고 선가에 대한 검토가 포함된다.

3) 해운주기 변동 예측 방법

의사결정자들의 요구는 다양하기 때문에 이들의 서로 다른 시간 범위를 충족시키기 위해서 각각의 예측 전제조건과 방법을 면밀히 검토해야 한다. 비록 예측이 틀린 것으로 판명 나더라도 그 예측을 통해 의사결정자가 하려는 결정에 대해 충분히 이해했다면 그 예측은 가치 있는 일이 될 것이다. 이런 측면에서 예측은 분석가들에게 최대의 편익을 제공할 것으로 판단되는 방법론을 선택해야 한다.

이러한 목적에 접근하는 방법으로는 예측 모형(forecasting model)과 시나리오 분석(scenario analysis) 2가지가 있으며, 이들 각각은 장점과 단점이 존재한다. 이 2가지 예측을 위해서는 시장보고서(market report)를 기초로 해야 한다. 시장보고서는 고객들에게 미래에 발생할 수 있는 일에 대한 자신의 견해를 담은 것으로 충분한 정보를 제공할 목적으로 작성된 조사보고서이다. 상업적인 분석보고서도 있고, 용선 및 중고선 거래를 위해 만든 브로커 보고서들도 있다. 해운선사들 대부분은 세계 주요 해운조사기관들이 시장보고서와 주요 브로커 보고서를 참고하여 시황전망을 하고 있다. 대부분의 시장보고서는 통상 다음과 같은 내용을 담고 있다. 미래 수급변화가 어떻게 변화할 것인가, 그리고 그 이유는 무엇인가? 시장의 선두 주자는 누구이며, 경쟁요인은 무엇인가? 향후 긍정적인 면과 위험요인은 무엇인가? 등이다.

첫 번째 방법은 예측모형(forecasting model)이다. 이는 시황전망을 위해 운임과 선가 등에 대한 통계적 분석이 선행되어야 한다. 이를 위해서는 분석보고서의 기본 내용은 물론 역사적인 각종 통계에 대한 분석이 필요하다. 몇몇 기관에서 제공하는 유료 통계 DB를 이용할 수 있다. 시장에 대한 구조적 분석을 위해 수학적으로 모형화하기도 한다. 그러나 운임 수준과 선가 등을 예측하는 경우 기본적인 수요 공급 모형은 물론 국별 지역별 수요, 항만사정 등은 아주 사소한 가정의 변화에도 매우 민감하게 변동될 수 있기 때문에 결과 해석에 주의를 요하는 경우가 많다. 즉 예측 모형에 의해 도출된 결과라 해도 시장보고서의 정보나 시나리오 분석결과와 같은 내용으로 보완하는 경우가 많다.

두 번째는 시나리오 분석(scenario analysis)이다. 미리 알고 있는 모형에서 시작하는 것이 아니라, 미래에 의사결정자가 마주칠 것으로 예상되는 주제를 다룬다. 주제에 대해 기업이 처하게 될 상황들을 시나리오로 만들고 분석담당자는 시나리오별로 이러한 요소들이 수익이나 비용에 미치는 영향을 분석한다. 예를 들어, 만일 컨테이너선 시장에서 대기오염의 위험이 핵심 주제가 된다면, 규제의 압력과 상업적 추세에 의해 기업이 취할 수 있는 대안(탈황장치 부가, LNG선, 전기선 등)별 대응 시나리오를 작성한 후, 시나리오별로 비용과 수익에 미치는 영향을 분석한다. 시나리오 분석의 장점은 정량적으로 잘 정의되지 않는 영역까지 고려하도록 한다는 점이다.

4) 해운시황 예측 대표지표

해운선사의 주된 의사결정은 선박의 용선과 건조 및 매입, 매각과 관련된 것이다. 해운기업의 이익의 원천은 용선과 선박매매에서 발생한다. 수송화물을 확보하면 이를 이행할 수 있는 선박을 용선해야 한다. 혹은 선박을 미리 확보하였다면 이 선박운항에 필요한 화물을 확보해야 한다. 이때 화물 수송계약 운임과 선박확보에 소요된 용선료의 차이에서 이익을 실현하게 된다. 이를 '선박운항이익'이라 한다. 또는 선박을 신조하거나 중고선을 매입해서 운항하다가 선가가 상승하면 이를 매각해서 이익을 실현하는 것이다. 이를 '선박매각이익'이라 한다.

선박운항이익과 선박매각이익을 실현하기 위해서는 미래 해운시황에 대한 예측이 기반이 되어야 한다. 용선료가 상승하는 기간에 이를 감안하지 못한 채 화물 수송계약을 했다면 비싸게 용선을 해야 하고 큰 손실을 입게 된다. 또한 선박금융을 통해 신조선을 건조하거나 중고선을 매입했지만 해운시황이 장기 불황에 들어서게 되면 금융비 부담으로 큰 손실을 보고 헐값에 선박을 매각하는 일이 발생할 수도 있다.

즉 신조선을 발주하고 정기용선이나 장기운송계약(contract of affreightment: COA) 여부를 결정하며, 이러한 의사결정은 미래의 수급 추이에 따른 운임 수준, 신조선가, 그리고 중고선가에 의해 결정된다.

따라서 특정시점에서 선사들의 미래 컨테이너 해운시황 예측을 기반으로 한 의사결정 결과로 나타나는 지표는 컨테이너 신조선 발주량, 컨테이너선 정기용선료, 컨테이너 중고선가 등을 들 수 있다. 선사들의 향후 시황에 대한 판단을 확인할 수 있는 대표지수이다.

04

컨테이너 해운주기 변동

1) 해운주기 변동

세계경제를 살펴보면 단기 경기순환이 있는데, '비즈니스 사이클(business cycle)'이라고 불리는 순환이다. 이 주기는 일반적으로 한 주기가 되는 데 3년에서 12년 정도 걸리며, 등락을 반복하고 있다. 이것이 해운산업 변동주기의 중요한 요인이 되고 있다.[6]

해운경기 주기도 지난 200여 년 간의 순환으로부터 주기의 평균 기간이 8년이란 것을 알 수 있었지만, 각 단계의 길이나 타이밍에 대한 규칙은 없다. 해운주기가 정규적이지 않지만, 대체로 주기는 저점(trough), 회복(recovery), 고점(peak), 붕괴(collapse)의 4단계로 정의될 수 있다.

단기 경기순환 주기 모델은 시장 메커니즘의 중요한 부분이다. 수요가 증가해 시황이 상승하여 수송선박이 부족해지면서 운임이 급등하고 신조선 발주가 유발된다. 해운주기가 회복되는 구간이다. 수송능력이 부족해지면서 중고선가가 크게 오르고, 해체를 앞두었던 노후선도 연명이 된다. 주기상 고점에 다다를수록 선박에 대한 수요가 증가해 신조선 발주를 크게 증가시키게 되고 조선소의 건조야드도 확대된다. 수요증가세가 정체국면으로 접어들면서 고점에서 발주된 신조선이 시장에 많이 인도된다.

---

6 양창호 외(2015), pp.119 – 120

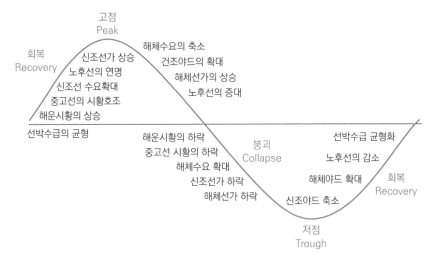

자료: 저자 작성

선박공급 과잉으로 시장 운임이 하락하기 시작한다. 이때 하락속도는 수요 감퇴보다는 선박인도량 즉 선박 공급규모에 의해 결정된다. 고점에서 신조발주 규모가 클수록 해운주기 붕괴가 더 가파르게 진행된다. 선박과잉 상태가 지속되면서 해운주기는 저점을 향하게 된다. 선박발주가 중지되고 신조야드가 축소되고 선박해체가 대량으로 이루어지게 된다. 공급측의 선박축소가 한계에 다다르면 수요가 다시 증가될 때까지 해운주기는 저점에 머물게 되고 외생변수인 수요증가까지 보통 수년 이상 길게 저점에 머물게 된다. 다시 세계경제 호전으로 수송수요가 증가하면 다시 해운주기는 회복국면에 접어 들 수 있다.

🗃 해운실무: 해운주기 단계[7]

회복(Recovery)

수요와 공급이 균형을 맞추어감에 따라, 운항비 이상으로 운임이 상승하여, 계선 선박량

---

7 위의 책 pp.123−124

도 점차 줄어들게 된다. 시장의 분위기에는 불확실성과 예측불가능성이 여전히 남아있다. 낙관적 목소리와 시장이 회복될 것인가에 대한 희비가 교차한다. 그러나 유동성이 개선됨에 따라, 중고선가가 상승하고, 시장이 다시 상승하리라는 심리가 커지게 된다.

고점(Peak)

고점에서는 모든 공급과잉이 흡수되고, 시장은 수요와 공급이 균형을 이루는 단계에 진입한다. 운항이 불가능한 선박을 제외하고는 모두 계선에서 풀리고, 선박들은 최대 속도로 운항을 한다. 운임이 상승하여, 운항비의 두세 배까지도 올라가며, 어떤 경우는 열 배까지도 상승한다. 고점은 수급 균형에 의해 몇 주간 이어질 수도 있고 혹은 몇 년간도 이어질 수 있다. 많은 수입으로 유동성이 풍부해지고, 은행은 적극적으로 대출해 주려고 한다. 해운회사들의 주식은 최고가를 갱신하게 된다. 중고선가가 신조선가 수준을 넘어서며, 노후선박도 선박검사 없이 구매하기도 한다. 신조선 발주도 크게 증가한다. 처음에는 발주가 느린 듯하지만, 나중에는 조선소 건조 야드가 부족할 정도로 발주가 빠른 속도로 증가하게 된다.

붕괴(Collapse)

일반적으로 공급이 수요를 초과하면 시장은 붕괴(침체) 단계에 접어들고, 운임은 급격히 폭락한다. 이런 붕괴단계는 주기상 하향국면에 의해 가속화되기도 한다. 이 밖에 항만 체선의 해소, 시황 고점에서 발주한 신조선의 대량 인도, 경제 쇼크에 의해 침체가 가속화되는 요인들도 붕괴국면을 가속화시키는 요인이 되곤 한다. 시장의 분위기는 심리적 요인에 의해 가속도가 붙어 불과 몇 주 만에 운임이 크게 하락할 수도 있다. 운임은 하락하고, 선박들은 감속운항을 다시 시작한다. 얼마 전에 최고가를 유지하던 선박들을 하락한 값에 매각하고 싶어 하지 않은 선주들로 인해 선박 매매는 많이 성사되지 않는다.

저점(Trough)

저점 단계에는 세 가지 특징이 있다. 첫째, 해운공급 과잉으로 연료를 아끼기 위하여 감속운항(slow-steaming)을 한다. 둘째, 운임이 선박의 변동비 이하 까지 하락해, 계선에 이르는 현상이 나타난다. 세 번째는 낮은 운임과 신용경색으로 현금 흐름이 어려워지고, 재정적인 압박이 생기며, 침체가 지속되고, 마침내는 시장의 압박이 지속되면서 곤경에 처하게 된다. 저점에서는 은행이 담보권으로 변제를 요구하면서, 선사들은 현금을 확보하기 위해, 할 수 없이 선박을 장부가 이하로 매각하기도 한다. 노후선의 선가는 해체선가까지 하락하며, 선박 해체가 크게 증가하게 된다. 이러한 해체 증가는 시황 회복의 가능성을 가져다 줄 수 있다. 어려운 결정들을 내려야 하는 시간이 지나고 나면, 시장은 제자리로 돌아오기 시작한다.

2) 컨테이너 정기선의 해운주기

중국컨테이너 운임지수(CCFI)[8]를 기준으로 2021년 코로나19 사태 이후 급등한 운임추이를 제외하고 2003년 이후 2020년까지의 컨테이너선 해운주기를 분석해보면 해운주기는 5번이 있었다. 각 주기의 길이나 타이밍에 대한 일정한 규칙은 없으나, 주기의 평균 기간이 약 3년 2개월(38.3개월)이며, 상승기간은 1년 5개월, 하락기간은 1년 9개월이고, 상승기간 중 평균 42%의 운임이 상승했고, 하락기간 중 평균 30%의 운임이 하락했다.

이와 같은 해운시황의 상승과 하락반복, 그리고 시황변동의 예측 어려움 등을 감안할 때, 결국 해운주기 예측은 당시의 활용할 수 있는 정보를 통한 시장 참여자들의 판단에 의존할 수밖에 없지만 활용하는 자료에 대한 통찰력이 필요하며, 선주의 심리적 요인을 배제시킬 수 있어야 한다.

세계경제의 순환이 해운경기의 순환을 가져오는데서 볼 수 있듯이 해운경

▼ 그림 8-5 CCFI 종합지수 추이와 해운주기

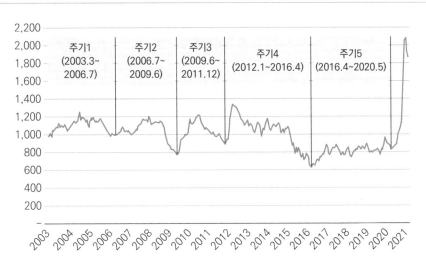

자료: 저자 작성

---

8 CCFI(China containerized freight index)는 중국에서 출발하는 컨테이너선의 운임지수로 상하이 항운교역소가 집계하여 매주 발표하며 기준은 1998년 1월 1일을 1,000포인트로 설정한다.

기는 세계경제 및 무역의 활성화에 의존하게 되지만 세계경제 전망이 바뀌게 되면 해운경기 전망도 수정해야 한다. 대부분의 해운경기 예측기관들은 세계 주요 경제전망기관들의 단기, 중기 세계경제성장률, 혹은 선진국경제성장률 등을 주요한 변수로 해서 해운경기를 예측하게 된다. 그러나 이들 기관의 세계경제성장률이 시간이 지남에 따라 바뀌게 되는데, 이에 따라 당초 예상했던 해운경기예측도 틀려지게 된다.

또한 해운 시장 참여자들의 심리적 요인이다. 선박발주에 대한 선주들마다 경기에 대한 전망이 다를 수 있다. 이와 같은 선주의 심리적 요인이 각 사이클의 특징에 영향을 미칠 수 있다.

☐ 해운실무: 동남아 항로 컨테이너선 해운주기[2]

① 주기1(2000.1~2003.11)

동남아 항로는 역내 물동량 증가에도 만성적인 선복과잉으로 인하여 운임이 2000년 중반 대비 크게 하락하는 등 운임 붕괴 국면을 맞게 되었다. 전세계 선박량도 2000년 대비 2003년에 1,621천TEU나 증가하였고 선복과잉에 따른 선사들 간 과당 경쟁으로 운임이 하락했다. 이 기간 중 컨테이너선 해체량을 살펴보면 2002년에 최고점 이후 하락하고 있으며 2002년 이후에 운임이 급격히 하락하는 것과 연동됨을 알 수 있다. 반면 선박 해체량이 증가하여 선박수가 줄어들어 운임반등의 계기가 될 수 있었다.

② 주기2(2003.12~2009.2)

중국을 비롯한 동남아 국가들의 경제가 고도성장을 지속함에 따라 2003년도의 해상물동량은 두 자릿수 증가율을 유지하였다. 2006년 동남아 항로는 인도 등 신흥시장 성장 및 물량이 증가하였으며, 동남아 주요국의 경기 회복이 이루어졌다. 동남아 국가들은 2008년 금융위기 이후에도 연 6%에 달하는 성장률을 보이면서 물동량이 증가하였다. 특히 2006년에는 중국에서 베트남(전자), 인도네시아(섬유)등으로 생산공장이 이전하면서 물동량이 증가하였다.

그러나 선박량도 꾸준히 늘어 2003년 대비 2009년 선박량은 거의 100% 증가하였다. 원양항로에서 손실이 커진 대형선사들이 동남아로 선박을 전배시키면서 동남아 항로 선박량이 크게 증가하였고, 대형선사의 공격적인 운임정책이 가세하여 경쟁이 치열해져 운

---

9 장금상선(김종인, 전효선, 신석한), 흥아라인(박재홍, 박희근, 이채연) 사내 사례연구 (2022.1)를 기초로 작성

임이 하락하였다. 그러나 동남아 항로 컨테이너 운임지수는 초 호황기인 2007~2008년에 고점까지 상승했다.

③ 주기3(2009.3~2016.10)

2008년 하반기 이후 급락한 운임이 2009년 후반기부터 위기국면에서 서서히 회복과정에 진입하여 동남아 운임지수가 회복하였다. 그러나 2010년 말을 고점으로 하여 이후 하락하기 시작하여 2016년까지 하락추세가 이어졌다.

컨테이너 수요는 지속적으로 증가해 2009년 대비 2016년에 총 7,542천TEU까지 증가하였다. 이 기간 동남아 항로에서도 세계경기 안정화 및 중국/아세안 국가 간의 물동량 증가로 물량 회복세가 뚜렷하였다.

그러나 2014년 말 이후 3,000TEU급 이상 선박 인도량이 증가하였고 원양항로의 대형화에 따른 4,000~5,000TEU급이 지속적으로 투입되었으나, 2016년 6월 파나마운하 확장 개통으로 선박 대형화에 따른 5,000~12,000TEU 이상의 포스트 파나막스 선박들이 주로 이 항로를 이용하게 되면서 3,800~4,500TEU 선박들이 아시아 및 중동/인도 항로로 전배(cascading)되어 동남아 항로의 극심한 선박과잉의 원인이 되었다.

또한 2014년 이후 해운불황으로 원양항로에 있던 대형 컨테이너 선박이 상대적으로 운임이 높았던 동남아 노선으로 몰렸다. 2014년에 NYK, K-LINE, 하팍로이드, MCC 등이 신규항로 개설 및 공동운항 방식으로 동남아 항로에 진출했다. 결과적으로 공급과잉에 의해 운임하락이 지속되었던 시기이다.

④ 주기4(2016.11~2021.12)

2016년 이후 2020년 3분기 직전까지 운임하락이 지속되면서 해운주기상 저점국면을 벗어나지 못해 해운사들이 장기간의 불황으로 인해 고사 직전 상태에 놓였다. 2016년 대비 2020년 선박량도 거의 정체상태에 있었다.

2020년 3분기부터 코로나19 여파에 따른 항만 적체와 공컨테이너 수급 불안정, 보복소비로 나타난 수요 확대 등으로 해운주기상 회복국면에 접어들었고 운임 상승으로 이어졌다. 2020년 10월 이후 글로벌 선사들이 수익성이 낮은 동남아 대신에 북미로 다시 전배되었다. 중형선박인 4000~5000TEU 선박까지 미주 노선에 투입되어 동남아 취항 선박 수가 대폭 줄어들면서 운임이 급등하게 되었다. 동남아 운임도 2010년 하반기 이후 회복 상승하여 2021년 말까지도 급등하고 있어 해운주기상 고점국면에 접어들었다.

05

해운주기 변동 예측과 투자의사결정

1) 해운주기 예측능력

대부분 해운주기에 대해 알고 있지만, 그것을 믿고 투자하기는 쉬운 일이 아니다. 해운주기의 각 단계가 진행되지만 이번 주기가 과거의 주기와 동일하지 않다는 점이 예측을 어렵게 만들기 때문이다. 분명한 전략은 예상되는 해운주기 진전에 따른 운임 변동성을 잘 이용하는 것이다. 운임상승 시장에서는 현물시장에서 단기 용선으로 선박을 활용하다가, 고점에 도달하면 선박을 매각하든지, 아니면 침체기까지 장기간 정기용선으로 내보내는 것이다. 선박 매입은 선가가 낮은 저점에서 해야 한다. 그러나 이런 기법은 해운주기에 대한 분석과 예측이 있어야 가능한 일이다.

현실에서는 해운주기의 고점과 저점은 잘 알아볼 수 없게 느슨하게 나타난다. 주기 각 단계의 시점이 불규칙하기 때문에, 단순화된 간단한 법칙으로는 의사결정의 기준으로 가치가 있다고 말할 수 없다. 전문가가 몇 개월에 대해서 합리적인 예측을 했다 해도 실제 시간이 지나보면 잘못된 것으로 나타나는 경우가 많기 때문이다.

다만 이미 검토한 대로 해운산업은 지금도 해운주기 형태의 변동을 보이고 있으며 주기적 고점과 붕괴, 저점 및 회복이 계속 반복해서 이루어지고 있고, 그 이유도 거의 동일하다는 점이다. 경제 환경, 기업 주기, 무역성장, 신조선 발주, 선박해체 등이 분석 변수가 될 수 있다. 이러한 변수들을 면밀히 분석하면, 완벽하지는 않아도 어느 정도의 불확실성을 제거할 수 있고, 그만큼 위험을 줄일 수 있다. 물론 여기에 해운주기 변동에 영향을 미치는 새로운 최근의 감염병, 항만정체, 컨테이너 용기 부족, 전쟁 같은 새로운 요인들도 포함하여 검토해야 한다.

일반적으로 해운경기가 호황국면에 있을 때 선박을 고가로 발주하거나 고가의 중고선을 도입하거나, 혹은 용선료가 높은 정기용선을 하는 경우가 많다. 이는 선주의 심리적 요인과 차입자금 여력이 풍부하기 때문이다. 선주는 호황국면에서 선박확보를 최우선과제로 삼는 경우가 많고, 유동성이 풍부해진 금융기관으로부터 차입이 쉽게 이루어지기 때문에 높은 선가의 선박을 과다하게 확보하는 경우가 생기게 된다. 이에 비해 해운경기가 불황국면에 있을 때 운전자본 부족에 의해 매입가나 건조선가에 비해 형편없는 수준으로 선박을 매각해야하는 경우가 발생한다.

이러한 불합리한 의사결정을 방지하기 위해서는 해운주기 변동에 대한 판단을 할 수 있는 핵심역량을 갖추는 것이 무엇보다도 중요하다. 일반적으로 시황이 저점이라고 판단할 수 있는 지표로는 해상운임이 변동비에 접근했거나, 금융기관이 선박금융을 기피할 때, 그리고 신조선발주량이 급감하고 해체시장이 활성화될 때이다.

그리고 시황이 고점이라고 판단할 수 있는 지표로는 해상운임이 총원가의 3배 이상을 보일 때, 그리고 금융기관이 선박금융을 적극적으로 권유할 때, 또한 중고선가가 신조선가와 비슷한 수준까지 상승하거나 역전되었을 때,[10] 그리고 선조선 발주가 증가하고 해체가 크게 둔화될 때를 들 수 있다.

이러한 고점과 저점판단을 위한 지표는 해운부문 각 선종별 선형별로 더욱 세분화할 수 있다. 판단의 근거가 되는 영향도[11]에 대한 분석도 함께 하여 주관적인 해운주기 판단의 근거를 가지는 것이 해운주기 분석 담당자의 능력을 키우는 길[12]이다.

---

10 2008년 1월 기준으로 73,000DWT 신조선가는 5천만 달러였으나 5년 중고선가는 8,300만 달러까지 상승

11 중고선가/신조선가 비율, 신조선 발주잔량/현존 선박량 비율, 용선료/운항원가 비율 등

12 컨테이너선의 경우 담당 항로별로 현지국 경제, PMI지수, 산업생산지수 항만물동량 같은 10여 개 이상의 지표변동을 장기간 분석하면 이 중 7~8개 이상이 일정 수준의 비율

2) 주기역행 의사결정

선사들이 향후 경기예측을 통해 투자의사결정을 한다고 하지만 실제로는 경기예측과 합리적 투자를 하기에는 여러 가지 어려움이 있다. 그중 첫 번째 어려움은 해운주기 변동에 대한 정규성이 없기 때문에 해운주기를 쉽게 예측할 수 없다는 점이다. 시장은 매우 가변적이고, 세계경제, 무역 등 해운 외적인 요인에 많이 의존하고 있기 때문에 시황분석과 해운주기 예측은 매우 어려운 작업이다. 다만 경제상황, 교역증가율, 선대증가율, 선박발주량 등으로 예측의 불확실성이나 위험을 줄일 수는 있다.

두 번째 어려움은 선박 발주시점과 인도시점의 차이에서 발생한다. 발주 당시와 다른 시장상황에서 선박을 인도 받는 위험성이 있기 때문이다. 시황이 크게 상승해서 서둘러 선박 신조발주를 하였지만 신조발주 선박이 인도될 때 이미 시황이 하락하고 있는 경우가 많다. 특히 일시에 많은 선주들이 선박을 발주한 경우 일정시간이 지나 너무 많은 선박이 발주된 것을 알게 되면 그 선박들이 인도되면 선박과잉으로 운임이 하락할 것을 인지하기 때문에 시황이 하락하는 요인도 선박인도 시 시황이 하락하는 한 요인이 되고 있다.

세 번째는 재무상태의 어려움을 극복하기가 어렵기 때문이다. 시황저점에서 손해를 감수하며 수년을 기다려야 하기 때문에, 운전자금 부족 상태에서 시황 저점임을 알지만 부족한 자금력으로 선박을 건조하거나 구입하기가 어려운 상황에 놓이게 되고 어떤 경우에는 오히려 선박을 헐값에 매각해야만 하는 경우까지 발생한다.

이러한 어려움을 극복할 수 있는 대안은 해운주기 변동 1회전의 긴 안목으로 투자하는 것이다. 호황 때 고가로 선박을 매각하여 현금을 축적[13]하여 불

로 증가하거나 하락할 때 시황 흐름의 방향을 알 수 있고, 나아가 시황고점이거나 저점이라는 판단을 내릴 수 있는 일관성을 찾을 수 있다. 이러한 능력이 분석담당자의 해운주기 판단모형이 될 수 있다.

13 그리스 해운세제는 외국기업으로부터 얻는 사업 소득은 비과세한다. 이에 그리스 선주들은 호황기에 고가로 선박을 매각하여 그 이익을 유보(일부는 선박 매각대금으로 환금성이 높은 유럽 대도시의 번화가 건물을 매입)한 후 해운경기가 하락해서 선가가 하락하면 이 유보 현금(건물을 매각하여 자금확보)으로 중고선을 대량으로 매입하는 교

황에 대비하고 불황 때 이 현금으로 저가로 선박을 확보하는 주기역행 의사결정이 필요하다.

🗃️ 해운실무: 해운경영 실패요인[15]

해운시황이 침체되었다고 왜 선주와 선박운영사의 경영이 파산으로 몰리는가? 파산 또는 경영 위기에 직면 한 운영선사들이 범했던 전형적인 실수는 다음 세 가지로 요약할 수 있다. 첫째는 용선료, 혹은 신조선가, 중고선가 등 고정비에 대한 관리 실패이다. 특히 호황기에 높은 운임을 향유하기 위해 용선활동을 통해 선대를 급격히 확대했거나, 중고선 매입이나, 신조선 발주를 통해 선대를 확장한 경우 운임이 하락하면 높은 고정비 부담으로 수익성이 급격히 악화될 수 있는 것이다. 두 번째는 비전문가가 경험이나, 시장의 흐름만 믿고 부정확한 분석으로 투자를 결정하는 일이다. 세 번째는 선주들의 투자형태가 경쟁적으로 그리고 군집행동으로 나타난다는 점이다.

첫 번째 선박을 소유하거나 운항하는 선박운영사의 경영파탄 요인은 정기용선이라는 해운 특유의 상관행에 의해 큰 영향을 받는다. 선사의 도산은 이 정기용선에 대한 지불채무 부담의 악화가 발단이 되는 경우가 대부분을 차지한다. 팬오션의 경우 리먼 쇼크 전부터, 그리고 2010년 이후까지 선대의 확대를 추구했다. 이 회사는 벌크선이 호황이던 2007년부터 350척 규모이던 선대규모를 2011년까지 자사선박 100척 등 총 운항선박 500척까지 늘려, 세계 5대선사를 목표로 선대를 확장해 왔다. 경영 위기를 해결하는 운영자는 레버리지(leverage)에 맞는 안정적인 수익을 지속적으로 확보하고 있어야 했다. 팬오션의 문제는 운항 선박 346척 가운데 전체의 70%를 차지하는 249척의 정기용선 용선비용 지불 채무의 문제였던 것이었다. 정기용선 위험을 방치한 결과가 아닌가하는 지적과 함께, 그 위험을 검토 했어야 한다는 반성이 나오는 것이다.

두 번째는 비전문가가 경험이나, 시장의 흐름만 믿고 부정확한 분석으로 투자를 결정하는 일이다. 특히 시황이 호황일 때 장기적인 시황분석 없이 정기용선을 하거나 신조선을 건조하는 일, 그리고 시황이 불황일 때 유동자금 부족에 밀려 자본손실을 보면서 서둘러 선박을 매각하는 일 같은 것은 해운산업의 한 사이클을 내다보지 못한 비전문가적인 의사결정의 전형이라 할 수 있다.

머스크 라인의 모그룹인 AP 몰러 머스크 그룹은 경기가 좋을 때 구조조정을 해서, 그

묘한 투자 활동으로 성장했다.

14 양창호(2016), pp.72-76

다음에 오는 불황의 골짜기에 대비한다는 전략을 추진하고 있다. 해운시황이 호조를 보였던 2008년에 이 회사는 글로벌 현지 기업을 대상으로 한 조직개혁을 실행하였다. 당시 관리 체제의 합리화, 해외 위탁 업무의 공통 서비스 센터로의 전환, 업무의 간소화 현장의 권한 강화 등을 실시하였다.

세계 정기선 업계가 2011~2013년간 총 25억 달러의 영업 손실을 보는 어려운 상황에서도 OOCL사는 순이익을 내고 있기 때문이다. 2013년 우리나라의 한진해운, 현대상선, 유럽의 머스크, 하팍로이드, CMA CGM, 함부르크슈드, 중동의 ZIM, 남미의 CSAV, 싱가포르 NOL, 홍콩 OOCL, 대만의 에버그린, 양밍과 중국의 차이나쉬핑 (CSCL)과 코스코그룹 등 14개 글로벌 컨테이너 정기선사중 9개사가 적자를 기록했다. 머스크, 하팍로이드, CMA CGM, OOCL 등 4개사만 영업이익을 거둔 것으로 나타났고, 영업이익을 거둔 4개사 중 유일하게 OOCL 1개사만 아시아선사로서는 흑자를 시현했다.

Drewry사가 분석한 홍콩의 OOCL사의 전략을 보면 두 가지 측면을 볼 수 있다. 첫째는 OOCL사의 소유 선대가 저렴한 원가구조를 지니고 있다는 점이다. 낮은 원가의 리스선박 보유, 선박대형화, 낮은 선령의 선대구성 등이 그 요인이다. 두 번째는 채무 원리금 상환 현금유출을 줄여나갔다는 점이다. 지난 2009~2013년간 세계 정기선 업계의 총 부채가 470억 달러에서 1,000억 달러로 두 배 이상 증가했다. 그러나 OOCL사는 시황이 비교적 양호한 2010년에 수익자산을 매각해, 원리금 상환 부담을 줄여나갈 수 있었고, 경기변동 사이클의 영향을 덜 받을 수 있었다.

세 번째는 군집행동에 의한 실패이다. 호황 때 대량 발주된 신조선은 인도시점에 시황이 하락국면에 있다면 공급과잉으로 시황침체를 가속화시키는 요인이 되기도 한다. 특히 이 과정에서 문제가 되는 것은 선박 신조발주가 선주들 간에 경쟁적으로 그리고 군집행동으로 나타난다는 점이다. 동일하게 보수적인 의사결정을 하거나, 동일하게 공격적인 투자의사결정을 하는 요인인 것이다.

2013년 신조선 발주량은 총 1억 5,820만 dwt로 2012년의 세 배에 달했다. 이와 같은 대량의 신조발주가 2014년에도 이어지고 있어, 2015년 이후 시황에 악재가 될 가능성이 높아졌다. 시장 참여자가 모두 신조발주에 함께 나선다면 어지간한 세계경제 호조로는 한꺼번에 쏟아져 나오는 신조선 인도량을 감당해 낼 수가 없게 된다. 즉 수요에 비해 공급이 일시에 크게 늘어 공급과잉상태를 가져오는 것이다. 현재 장기불황 끝에 시황개선을 앞두고 있는데, 직년 하반기부터 시작된 선박 일시 대량발주는 현재의 시황이 개선되지도 못한 채 불황국면을 연장시키는 커다란 악재가 될 수 있다.

해운기업이 지속가능하게 유지되기 위해서는 해운전문가에 의해 과학적 방법에 기초한 해운기업 경영 의사결정이 이루어져야 한다. 그룹경영이란 미명(美名)하에 이루어지는 해운 의사결정은 자칫 아마추어적인 결정이 될 수 있기 때문이다. 또한 정기용선과 신조선에 의한 레버리지 경영의 함정에 빠지지 말아야 한다. 그리고 모든 시장 참여자들이 똑 같은 의사결정을 하는 군중심리적인 성격을 띠고 있다면, 그 추세에서 벗어나는 또 다른 의사결정을 하는 것이 진정한 전략적인 의사결정이라 할 수 있다(양창호, 쉬핑뉴스넷, 2014년 5월 16일).

3) 정보와 통계에 의한 해운주기 예측

해운업계에 종사하는 많은 전문가들이 오랜 기간 동안 해운경기 변동을 경험한 경험적 지식과 직관에 의한 판단(heuristic)에 의해 의사결정을 하는 경우가 많다. 경험적 판단에 따른 선박투자 의사결정은 동일한 시기에 신조선 발주나 중고선 매입을 하는 군중심리나 군집행동에서 벗어나기 어렵다는 위험성을 지니고 있다.

시장정서(market sentiment)가 우리나라 해운기업의 의사결정 구조에 미치는 영향에 대해 분석을 한 결과[15] 의사결정자가 시장정서의 영향을 많이 받을수록 휴리스틱(heuristic) 의사결정이 증가하고 분석적 의사결정을 감소시키는 것으로 나타났다. 또한, 휴리스틱 의사결정은 해운기업의 재무적 성과를 낮추는 것으로 분석되었다. 과학적 의사결정 도구 확보 등 분석적 의사결정을 많이 할수록 경영성과에 대한 만족도는 증가하는 것으로 나타났다.

선박투자가 주기 역행적으로 이루어졌는지 평가하기 위해 해운경기와 선박투자의 상관관계를 분석한 결과[16] 2003년 4월부터 2013년 2월까지 기간 중 운임지수(CCFI) 상승률, 선박발주 증가율, 선박인도증가율 등 3개 변수 간의 상관분석을 실시한 결과 CCFI 상승률과 발주 증가율 간에는 양(+)의 관계가 나타나 주기 역행적 투자를 하지 못한 것을 알 수 있다.

---

15 배동진(2011)
16 김태일(2013)

합리적인 투자의사 결정을 위해서는 개인의 경험에 의해 판단하기보다는 정보와 통계를 기반으로 한 과학적 방법에 기초를 두어야 한다. 해운시장에서 무슨 일이 일어나고 있는지를 가장 정확하게 판단할 수 있는 방법은 관련정보와 통계분석에 의해 이루어질 수 있기 때문이다. 연구에 의하면 훌륭한 의사결정은 모든 관련 사실에 대한 주의 깊은 고려를 기반으로 하는 반면, 잘못된 의사결정에서는 사실에 대한 부적합한 고려를 한 경우라 한다. 잘못된 결정의 대부분은 이용 가능한 정보의 중요한 한 부분을 무시했거나, 보잘 것 없는 것으로 여기거나, 혹은 부주의했기 때문이다.[17] 의사결정을 위한 정보와 통계를 수집하고 정리하는 과정이 개선되어야 할 필요가 있는 것이다.

(1) 주요기관의 생산 해운통계

해운시황과 관련된 조사 분석보고서, 그리고 전망보고서가 국내외적으로 많이 발간되고 있지만, 자체통계를 기반으로 분석하는 곳은 얼마 되지 않는다. 수요측면에서 해상물동량 자료를 생산하는 곳은 IHS Markit사가 대표적이다. 이 회사는 전 세계 광범위한 품목별 교역 자료를 보유하고 있어 이를 토대로 세계 해상물동량 통계를 생산하고 있다. 선박공급은 신조선 발주와 해체량을 기초로 산정하게 되는데, 컨테이너선의 선형별 선대규모, 신조발주량, 항로별 배치 등에 대한 것은 Alphaliner사의 통계가 유용하다.

신조선 발주량과 신조선가 부문에서는 Clarkson사의 통계를 많이 이용한다. 자체의 신조선 브로킹 자료와 여기에 주요 조선소의 수주 자료를 받아 만드는 것으로 알려지고 있다. 이외에도 Fearnleys사의 신조선가, 중고선가 통계도 많이 이용하고 있다. 세계 선박 DB자료는 Fairplay사의 자료가 방대하다. 이 회사는 IHS Markit사로 합병되었다. 용선료는 런던의 Baltic FFA자료를 기초로 해서 주요 해운조사기관에서 발표하고 있다. 용선료 자료는 Howe Robinson사의 용선료지수(HRCI)와 Clarkson사의 주별 용선료를 많이 사용하고 있다.

---

17 양창호 외(2015), p.163

(2) 세계 3대 해운조사기관 조사보고서

해운시황을 참고할 때 주로 인용하는 Clarkson, Drewry, Fearnleys사 같은 세계 주요 해운조사기관은 위의 통계를 이용하고, 여기에 각자의 자료를 추가하여 시황을 분석해 발간한 시장 보고서의 내용을 활용하고 있다. 주로 1년 정도의 단기 수급변동 예측에 중점을 두고 있지만, 2~3년 후의 예측을 하기도 한다. 대부분의 해운선사들이 자신의 시황보고서를 작성할 때 이들 3대 보고서를 인용, 활용하고 있다. 우리나라 국책 연구기관인 한국해양수산개발원(KMI)과 한국해양진흥공사(KOBC)의 시황보고서도 이들 보고서의 시황분석과 판단자료를 기초로 해서 해운시황을 전망하고 있다. 국내 금융기관과 증권사, 신용평가기관, 언론들도 이들 해외 해운조사기관의 보고서와 KMI 및 KOBC의 보고서를 참고하고 재인용해서 시황 전망자료를 발표하고 있다.

(3) 해운시황 예측 전문기관 예측보고서

세계 주요 3대 해운조사기관은 과거 및 현재의 시황관련 수급 추이를 분석하고 정리하는 데 중점을 둔 시장 보고서를 발간하고 있다. 이를 기초로 해서 구독하는 선사나 금융기관, 기타 연구기관 학계에서 시황을 구체적으로 판단할 수 있도록 한다. 이에 비해 해운시황 예측을 주된 서비스로 하는 기관도 있다. 모든 정보가 유료로 공급된다. 컨테이너선의 경우 대표적인 시황 예측 전문보고서로 것으로 영국의 MSI(Maritime Strategies International) 보고서와 Drewry사의 Container Forecaster가 있다.

(4) Drewry, MSI사 해운시황 예측 보고서

세계 주요 선사나 각국의 증권회사, 금융기관 등이 특정시점에서 의사결정에 필요한 미래 해운시황을 발표하는데, 이들 보고서는 일반적으로 시황관련 원 통계를 기초로 하고, Clarkson, Drewry, Fearnleys사, 3대 해운시황 조사기관의 시장보고서와 MSI, Drewry의 해운시황 예측 전문기관 보고서를 참조하여 작성, 발표하게 된다.

해운시황도 전문가 양성과 자문 등으로 충분하게 시장 분석이 가능하다.

수요전망은 어려운 작업이지만 주요 전문컨설팅 기업의 자료나 직접 컨설팅을 활용하는 방안도 가능하다. 특히 여러 컨설팅 자료들을 비교할 수 있어 지식정보의 획득은 어려움이 없다. 문제는 이 정보의 전제조건이 무엇이고 어떻게 조정해서 활용할 수 있는지를 아는 해운시황전문가 그룹을 육성하는 일이 중요하다.

해운산업 밖에서 들어온 경험이 부족한 신규 참여자들은 의사결정의 문제가 나타나게 되는데, 해운시장 메커니즘을 이해하지 못해서 잘못된 의사결정을 하는 경우가 많기 때문이다.[18] 저렴한 원가구조를 형성하고, 운항이익과 선박매각이익의 기회를 포착하기 위해 정보를 획득하고 분석하는 전문가를 양성해야 한다. 이와 함께 분석과 의사사결정이 연계되는 시스템을 구축하고 권한과 책임을 주는 의사결정시스템을 구축하는 일이 필요하다.

주기와 변화의 시점을 예측하는 것은 특히 주기의 고점과 저점을 예측하는 것은 어려운 일이다. 각 주기의 틀은 경제적 기반 여건에 의해 결정된다. 이 틀 안에서 선주와 시장 심리 간에 게임이 일어난다. 수익이 낮은 산업에서 한쪽 투자자의 이익은 다른 투자자의 손실로 이어진다. 외부에서 낮은 평균 수익률을 보면서 왜 해운에 투자를 하는가를 질문한다. 그러나 상황 판단이 빠르고 가장 잘 적응할 수 있는 선주는 '빠른 자가 승리한다'는 신념으로 다음 시장에서 예기치 못한 사건을 미리 내다보고 큰 이익을 냄으로 살아남을 것을 안다.[19]

---

18 앞의 책 p.164
19 앞의 책 p.165

06

해운경기변동 요인 분석

해운 시장을 예측하는 일은 어떤 해운경기 변동요인들이 해운 시장에 영향을 미치며, 그것들은 어떻게 연결되어 있는지를 파악하는 것이다. 시장은 항상 수요와 공급에 의해 균형을 이룬다. 해운에서 화물 수요는 선박 공급을 촉진한다. 화물수요가 선박(톤수) 공급을 추월할 경우 선박 용선료(수익)를 높일 수 있고, 선가가 상승하며, 신조선이 발주되고, 선박 해체를 감소시킨다. 선박 공급이 화물 수요를 추월하면 정반대의 결과를 보일 것이다. 이 두 가지 힘은 작용하고 반응하며, 그들과 함께 움직이는 다른 요인들에 영향을 미쳐 해운경기 순환을 형성한다.

수요와 공급 사이에서, 선대 공급은 수요에 대한 반응이다. 용선료는 화물 수요와 선박 공급 사이의 연관성을 반영하는 것으로, 수요와 공급에 따라 변동할 것이다. 가장 중요한 시장의 핵심 동인은 화물 수요이다. 선주, 선대규모, 조선소, 해체, 중고선, 신조선 등의 요인들은 모두 선대 공급과 관련된 요인들이다. 선주는 수요 증가에 따라 선박을 신조하거나 수요 감퇴에 대응하기 위해 선박을 해체할 수 있다. 화물 수요는 해운산업에 관계하는 사람들에 의해 제어되지 않는 요인이다.[20]

---

20 본 절의 내용은 Wang Jian Jun(2017)의 자료에서 분석한 선박시장 동향의 분석 방법을 이용하여 최근자료와 추가 분석으로 재작성하였다.

1) 순수요증가율과 수익

순수요증가율은 수요증가율에서 공급증가율을 차감한 것이다. 수요는 해상
운송을 요구하는 화물량이며 공급은 이를 위해 사용될 수 있는 선대규모이다.
수요 증가가 공급보다 높다면 순수요증가는 긍정적일 것이고, 수요 증가가 선
대 공급보다 낮으면 순수요증가는 부정적일 것이다. 수요 증가가 공급과 같을
때 순수요증가는 0이 될 것이고 시장은 안정적이 될 것이다.

공급 과잉과 시장의 수요 감소로 인해 용선료는 낮아진다. 시장은 균형을

┃ 표 8-1 순수요증가율 추이

	선박증가율	수요증가율	순수요증가율	3년 평균 순수요증가율
2001	4.2%	3.0%	-1.2%	-
2002	5.9%	8.8%	2.9%	-
2003	5.2%	10.8%	5.6%	2.4%
2004	3.8%	13.4%	9.6%	6.0%
2005	4.1%	9.7%	5.6%	6.9%
2006	4.7%	11.8%	7.0%	7.4%
2007	5.9%	10.5%	4.6%	5.7%
2008	4.0%	4.0%	-0.1%	3.9%
2009	4.6%	-9.9%	-14.5%	-3.3%
2010	4.2%	14.4%	10.3%	-1.4%
2011	6.5%	7.4%	1.0%	-1.1%
2012	5.6%	2.8%	-2.8%	2.8%
2013	5.5%	5.4%	-0.2%	-0.7%
2014	5.2%	4.5%	-0.8%	-1.3%
2015	5.5%	2.4%	-3.0%	-1.3%
2016	5.9%	4.2%	-1.8%	-1.8%
2017	2.1%	5.7%	3.6%	-0.4%
2018	3.7%	4.3%	0.6%	0.8%
2019	9.2%	1.6%	-7.6%	-1.1%

자료: Clarksons(수요), Alphaliner(선박) 자료를 이용, 저자 작성

다시 맞추기 위해, 일정 수준까지 선박 공급을 감소시키게 된다. 수요증가 자체가 용선료를 높이는 동인이 되지 못하기 때문에 공급측면도 함께 보아야 한다. 즉 수요증가가 공급증가를 초과할 경우에만 용선료를 높일 수 있다.

당해년도 화물 물동량에서 전년도 물량을 차감한 후 전년도 물동량으로 나누어 수요증가율를 구할 수 있다. 또한 당해년도 선대 규모에서 지난해 선대 규모를 차감 것을 지난해 선대 규모로 나누면 선대 증가율, 혹은 공급 증가율을 얻을 수 있다. 순수요증가율은 수요증가율에서 공급증가율을 차감한 값이다.

일반적으로 선박 신조선 건조기간은 약 3년 정도가 걸리기 때문에 이 3년은 신조선이 인도되어 선대 공급규모에 포함되는 데 걸리는 시간이다. 따라서 3년 평균치를 추세변동의 평균기간으로 사용하는 것이 합리적이다. 즉 지난 3년간의 평균 순수요증가율과 금년의 수요증가율을 비교하면 현재의 순수요증가율의 변동을 이해하는 데 도움이 된다.

컨테이너 물동량은 Clarkson사의 연도별 세계 컨테이너물동량을 이용하고 컨테이너 선박량은 Alphaliner사의 선박량 자료를 이용했다.

2003년 이후 2008년까지는 순수요증가율이 플러스로 나타난 반면 2009년 이후 2019년까지는 2012년과 2018년 두 해를 제외하고는 모두 마이너스로 나타났다. 연간 순수요증가율과 3년 평균 순수요증가율의 추이를 그래프로 나타

▼ 그림 8-6 순수요 증가율

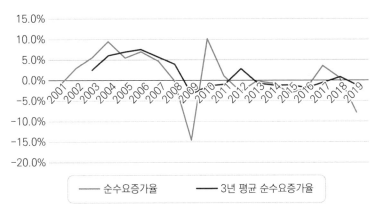

자료: Clarksons(수요), Alphaliner(공급) 자료를 이용, 저자 작성

▼ 그림 8-7 순수요증가율 3년 평균과 용선료 지수(HRCI) 추이

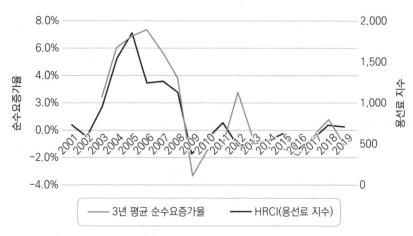

자료: Clarksons(수요), Alphaliner(공급), HRCI(용선료) 자료를 이용, 저자 작성

내면 [그림 8-6]과 같다.

컨테이너선 수익을 용선료로 표시할 수 있다. Howe Robinson Container Index는 1997년 7월을 1,000으로 하는 용선료 지수이다. 순수요증가율 3년 평균치와 용선료지수를 함께 표시한 그래프를 보면 [그림 8-7]과 같다.

순수요증가율(3년 평균치)과 용선료 지수간에는 피어슨 상관관계가 0.887054로 매우 높게 나타나고 있어 양자 간에 밀접한 상관관계가 있음을 알 수 있다. 순수요증가율 3년 평균치는 용선료, 즉 수익에 직접적인 영향을 미치고 있다고 할 수 있다.

당해연도 컨테이너선 순수요증가율이 증가하면 1년 정도의 시차를 두고 용선료지수도 증가하는 것을 볼 수 있다. 2004년, 2010년 2012년의 순수요증가율 상승에 따라 용선료가 2005년, 2011년, 2013~2014년에 상승한 것을 볼 수 있다. 반대로 순수요증가율이 하락하면 용선료도 시차를 두고 하락했음을 알 수 있다. 2003~2005년, 2007~2009, 2010~2011, 2017년의 순수요증가율 하락 이후 2005~2006, 2007~2009, 2011~2012, 2018년에 용선료가 하락했다.

요약하면 순수요증가율이 호전된다는 의미는 수요증가가 공급증가에 비해 빠르게 증가하는 것으로 용선료를 상승시키는 모멘텀으로 작용한다는 것을 의

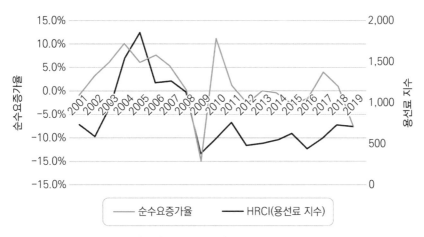

자료: Clarksons(수요), Alphaliner(공급), HRCI(용선료) 자료를 이용, 저자 작성

미한다. 반대로 순수요증가율이 악화된다는 것은 수요증가 이상 공급증가가 발생하는 것으로 용선 수익을 하락시키는 하락 모멘텀을 만드는 것을 의미한다.

2) 수급비율과 수익

순수요증가율이 어떻게 용선료 상승을 이끄는지를 살펴보았다. 순수요증가율은 수요(교역)가 공급(선대)을 상회할 때 상승한다. 그렇다면 특정 수요나 교역량에 대한 적정한 공급이나 선대규모가 얼마인지 알 수 있어야 한다. 공급과잉에 대해 이야기하려면 적정한 공급이 얼마인지를 제시할 수 있어야 한다. 용선 수익에 영향을 미치는 실제 수요와 공급규모를 판단하기 위해 수요와 공급을 비율로 표시하는 수급비율을 이용할 수 있다.

수급비율 = (연간 세계 해상교역량)/(선대규모)

수급비율은 연간 해상교역량을 DWT로 표시된 선대규모로 나눈 비율이다. 이는 연간 해상교역 수송요구를 완료하기 위해 DWT로 표시된 선대가 몇 번 수송해야 하는지를 나타내는 비율이다. 이는 화물 이동거리 및 선박의 평균 운항속도에 따라 결정된다.

컨테이너선 수급비율은 Clarksons사의 연간 해상 컨테이너 물동량(톤)과 IHS Fairplay사의 컨테이너 선박량(GT)[21]을 기준으로 특정 연도의 수급비율을 구할 수 있다. 2001년부터 2007년까지 이 비율은 9~10 정도를 보였지만 2009년 이후 2019년까지 7점대로 큰 변화를 보이지 않고 있다. Howe Robinson Container Index를 이용해 컨테이너 수익인 용선료 추이와 수급비율을 비교하면 [그림 8-9]에서 볼 수 있듯이 상승과 하락을 같이하는 것을 볼 수 있다.

수급비율이 높아지면 용선료도 상승하고 수급비율이 낮아지면 용선료도 하락하는 것을 볼 수 있다. 이 양자 간의 상관관계는 0.812857로 매우 높은 상관관계가 존재한다.

▼ 그림 8-9 수급비율과 용선료 지수 추이

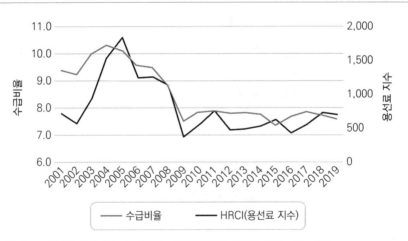

자료: Clarksons(수요), IHS Fairplay(공급), HRCI(용선료) 자료를 이용, 저자 작성

---

21 엄밀하게 수급비율을 비교하려면 톤으로 표시된 물동량과 DWT로 표시된 선박량을 비교해야 하지만 자료 제약으로 여기서는 선박량을 총톤수(GT)로 하여 비교한다.

컨테이너 시장에서 수급비율이 용선시장의 수준을 결정한다고 할 수 있다. 수급비율이 상승하면 용선료가 상승할 가능성이 크다. 수급비율이 낮아지면 용선료도 낮아질 가능성이 크다. 양자 간에 역사적 연관성을 보이기 때문이다. 그러나 문제는 특정 수급비율이 어느 수준의 용선료를 보이는가 하는 점이다.

2003년에서 2007년까지 수급비율이 9.5 이상 10.3까지일 때 용선료 지수는 940에서 1,844까지를 보였다. 그러나 2009년 이후 2019년까지 수급비율이 7점대일 때 용선료 지수는 365에서 758을 보여 수급비율 하락시 용선료는 상대적으로 더 크게 하락하였음을 알 수 있다.

3) 신조인도량 비율과 수익

공급측면의 선대 규모를 조절하는 방법은 신조선을 인도받아 선대규모를 증대시키는 방법과 노후선을 해체하여 선대규모를 축소하는 방법 두 가지이다. 신조선을 인도받으려면 먼저 신조선 건조계약을 체결해야 한다. 시장은 먼저 신조선계약에 의해 발주잔량이 증가하고 인도되면서 시장에 영향을 미치게 된다.

신조선 계약에서 실제 신조선이 인도되기까지는 약 2~3년이 걸리고 시황 변동에 따라 심지어는 4~5년까지 걸리는 경우도 있다. 신조발주 계약을 했지만 시간이 지나면서 시황이 변화한 경우 신조선 인도기간이 바뀔 수 있다. 만약 시장이 좋아지고 있다면, 선주들은 단 몇 달이라도 일찍 인도받을 수 있도록 조선소에 재촉을 하는 경우가 있고, 반대로 예상과 달리 시황이 크게 하락한 경우에는 선주는 가능한 신조 인도 받는 시기를 뒤로 늦추려 할 것이고, 심지어는 계약 취소를 요청하기도 한다. 신조인도량 비율과 미래 시황과 어떤 관련이 있는지를 살펴본다.

신조 인도량 비율 = (연간 신조선 인도량)/(현존 선박량)

연간신조선 인도량(DWT)을 현존선박량(DWT)으로 나누어 신조 인도량 비

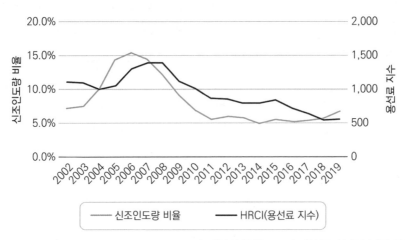

자료: 신조 인도량(Shipping Intelligence Network), 현존선박량(Drewry), 용선료지수(HRCI)를 이용, 저
자 작성

율을 산출한다. 여기서는 Shipping Intelligence Network의 100~17,000TEU 이
상 선형의 신조선 인도량 합계를 Drewry사의 TEU 표시 현존선박량으로 나누
어 이 비율을 산출하였다.

2005~2008년 중에 10% 이상이었던 신조 인도량 비율이 2009년 이후는
한 자릿수로 떨어진 후 2016년과 2019년에는 5% 미만으로 하락했다.

신조인도량 비율을 3년 평균으로 표시한 것과 수익을 나타내는 용선료 지
수의 3년 평균치를 비교하면 [그림 8-10]에서 볼 수 있듯이 2002~2004년까
지 그리고 2006~2007년, 2016~2018년 중에는 신조 인도량 비율이 올라가면
용선료는 하락하고 반대로 신조 인도량 비율이 떨어지면 용선료가 상승하는
것을 알 수 있다.

다만 2009년 이후 2015년까지의 경기 하락국면에서는 신조인도량 비율이
하락했어도 누적된 공급과잉으로 인해 용선료도 함께 하락하는 현상을 보이
기도 했다. 따라서 신조인도량 비율의 상승이 경기상승국면에 용선료의 하방
조정효과가 있을 수 있으며, 신조 인도량 비율이 낮아지면 용선료 증가에 긍
정적 영향을 미치게 되나 공급과잉이 해소되지 않아 경기가 하락하고 있는 경

우 신조인도량 비율이 낮아진다고 용선료를 올릴 수 있는 요인은 되지 못함을 알 수 있다.

4) 중고선가와 수익

중고선가는 선주가 중고선을 매입하여 얻을 수 있는 미래 수익이 반영되는 것이다. 또한 정기용선료 역시 1년, 혹은 3년 이후 수익 전망에 따라 결정된다. 따라서 중고선가와 용선료 양자 간에는 밀접한 상관성이 존재할 것이라는 예상을 할 수 있다.

중고선가와 용선료 간의 연관성이 얼마나 강한지 판단하기 위해, 지난 3년 간의 중고선가 평균치와 용선료 3년 평균치를 가지고 비교한다. 컨테이너선의 경우 클락슨 컨테이너선 중고선가지수가 있지만, 여기서는 Shipping Intelligence Network의 컨테이너선 중고선가와 용선료 시계열자료를 이용한다. 2,100TEU 5년 선령 중고선가와 2,750TEU 컨테이너선의 1년 정기용선료

▼ 그림 8-11 중고선가와 용선료 추이

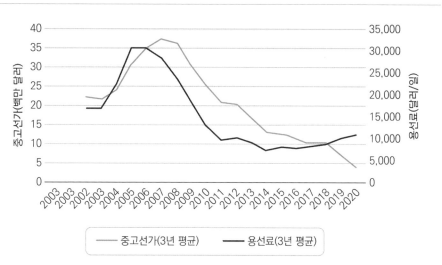

자료: Shipping Intelligence Network, 2,100TEU 5년 선령 중고선가, 2,750TEU 컨테이너선 1년 정기 용선료를 이용, 저자 작성

자료를 3년 평균치로 비교하였다. 5년 선령 중고선가는 2002년에 2,200만 달러에서 2007년에 3,800만 달러까지 상승했지만 이후 하락하여 2019년에는 7백만 달러까지, 2020년에는 500만 달러 아래로 떨어졌다. 1년 정기용선료는 2007년에 1일 3만 달러를 상회했지만 이후 하락하여 2016년에는 7,600달러까지 하락했다. 양자 간의 상관관계는 0.854949로 매우 높은 상관관계를 가지고 있다. 중고선과 용선료 모두 미래 시황에 대한 같은 기대가 포함되어 결정되기 때문일 것이다.

특히 2007년 이후 용선료수익이 낮을 때, 중고선 구매에 대한 관심이 줄어들고 중고선가도 지속적으로 하락하고 있는 것을 볼 수 있다. 용선료가 낮으면 수익이 크게 발생하지 않기 때문에 중고선을 구입하지 않게 되어 중고선가는 더 낮아지는 결과를 가져온다.

5) 신조선가와 수익

용선료가 높아지면 선주들은 신조선을 발주를 늘리기 때문에 신조선가도 오르게 된다. 신조선가와 용선료 간의 연관성을 판단하기 위해, 지난 3년간의 신조선가 평균치와 용선료 3년 평균치를 가지고 비교한다. 컨테이너선의 경우 클락슨 컨테이너 신조선가지수가 있지만, 여기서는 Shipping Intelligence Network의 컨테이너선 신조선가와 용선료 시계열자료를 이용한다.

2,500~2,900TEU 신조선가와 2,750TEU 컨테이너선의 1년 정기용선료 자료를 3년 평균치로 비교하였다. 신조선가는 2002년에 3,400만 달러에서 2008년에 5,200만 달러까지 상승했지만 이후 하락하여 2018년에는 2,950만 달러까지 떨어졌다. 1년 정기용선료는 2007년에 1일 3만 달러를 상회했지만 이후 하락하여 2016년에는 7,600달러까지 하락했다. 양자 간의 상관관계는 0.794753으로 매우 높은 상관관계를 가지고 있다. 신조선도 용선료와 같이 미래 시황에 대한 같은 기대가 포함되어 결정되기 때문일 것이다.

용선료가 높아 신조선으로 인한 수익이 높을 것으로 기대될 때 신조선가도 상승하고 용선료가 낮을 때는 선주는 신조선 계약을 꺼려하기 때문에 신조선가도 하락하게 된다.

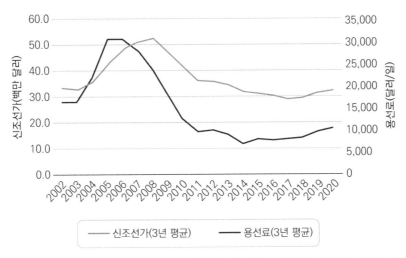

자료: Shipping Intelligence Network, 2,500-2,900TEU 신조선가, 2,750TEU 컨테이너선 1년 정기용선료
　　를 이용, 저자 작성

6) 신조선에 대한 중고선가 비율과 수익

　　시황이 상승하면 해상운송에 투입할 선박에 대한 수요가 증가하면서 몇 년
후에 인도될 신조선보다 중고선에 대한 수요가 더 많이 발생한다. 운임이 단
기적으로 크게 상승할 경우 심지어는 신조선가보다 중고선가가 더 높아지는
경우도 있다.

　　따라서 신조선가에 대한 중고선가의 비율이 용선료와 큰 상관성을 가질 수
있다. Shipping Intelligence Network의 1,850~2,000TEU 선박의 신조선과 5
년 중고선가 자료를 기초로 신조선가에 대한 중고선가비율을 산출해 보면 연
평균으로 2000년에 76%이던 것이 2005년에는 96%까지 상승했다. 월평균 기
준으로 보면 2005년 2월과 3월에는 신조선가가 4,100만 달러, 4,300만 달러였
으나 중고선가는 각각 4,250만 달러, 4,400만 달러를 호가했다. 따라서 이때
중고선가가 신조선가를 상회해 이 비율이 103.7%, 102.3%까지 상승하기도 했
다. 2012년 이후 해운경기 불황이 심화되면서 이 비율은 하락하다가 2016년

▼ 그림 8-13 중고선가와 신조선가 추이(1,850-2,000TEU 기준)

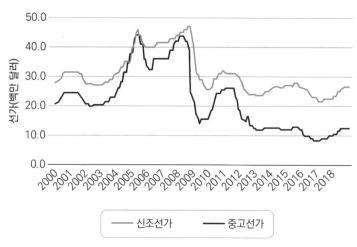

자료: Shipping Intelligence Network, 1850-2,000TEU 신조선가 및 중고선가를 이용, 저자 작성

▼ 그림 8-14 신조선가에 대한 중고선가 비율과 용선료 추이 비교

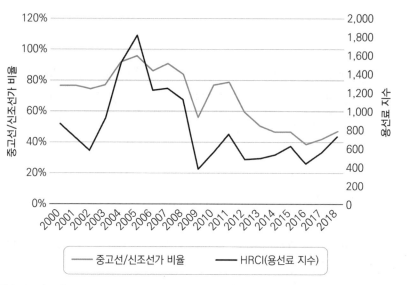

자료: Shipping Intelligence Network, 1850-2,000TEU 신조선가 및 중고선가, HRCI 용선료 지수를 이용, 저자 작성

에는 39%까지 떨어지기도 했다.

신조선에 대한 중고선가 비율을 HRCI의 용선료 지수와 비교하면 용선료가 상승하면 이 비율이 높아지고, 용선료가 하락하기 시작하면 이 비율도 하락하는 것을 볼 수 있다. 2002년 이후 용선료가 급격히 상승하자 신조선가보다 중고선가가 더 크게 상승해 이 비율이 상승하였으며, 2008년 이후 용선료가 급감하자 중고선가가 신조선가보다 더 크게 하락하여 이 비율이 하락한 것을 볼 수 있다. 지난 20여 년의 통계를 기초로 볼 때 신조선가에 대한 중고선가비율이 75%를 상회하면 시황이 호황인 경우가 많았고, 이 비율이 50% 미만인 경우는 시황이 불황을 면치 못한 것을 알 수 있다.

7) 시장변동

수요는 용선료에 의해 선박 공급을 형성한다. 수요가 증가하면 특정 선대 규모에서 용선료가 높아져 신조 발주, 신조선가, 인도량, 중고선가에 영향을 미친다. 시장은 역동적으로 상승하기도 하고 하락하기도 한다.

단기변동과 장기변동에 대해 살펴본다. 단기변동은 월별로 변동되는 시장을 12개월 평균으로 살펴보는 것으로 하고, 장기변동은 월별 변동을 36개월(3년) 평균으로 살펴보는 것으로 한다.

(1) 단기 시장변동

컨테이너선 2,750TEU 선형에 대한 Shipping Intelligence Network의 1년 정기용선료를 12개월 이동 평균치로 추세를 살펴본다.

시장이 상승할 때 현재의 용선료는 지난 12개월 평균 이상으로 이동하는 경향을 보이며, 시장이 하락세를 보일 때는 현물시장 용선료는 지난 12개월 평균 이하로 움직이는 경향이 있다.

2016년 말 최악의 운임하락기를 지나 운임이 다소 상승할 때 1년 정기용선료는 지난 12개월의 평균을 교차하여 상승으로 방향을 바꾸었다. 이 추세가 지속되다가 2018년 하반기에 다시 시황이 하락하자 지난 12개월의 평균치를

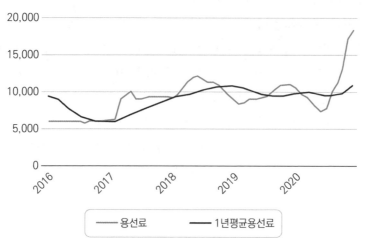

자료: Shipping Intelligence Network, 2,750TEU 컨테이너선 1년 정기용선료를 이용, 저자 작성

교차하여 다시 하향으로 방향을 바꾼다. 그러다가 2020년 하반기 이후 운임상승기를 맞이하자 지난 12개월의 평균치를 교차하여 상향하고 있는 것을 볼 수 있다.

(2) 장기 시장변동

컨테이너선 2,750TEU 선형에 대한 Shipping Intelligence Network의 1년 정기용선료를 3년(36개월) 이동 평균치로 추세를 살펴본다. 장기(3년) 시장이 상승세로 돌아설 때 현물시장 용선료가 3년 평균치를 상회할 가능성이 높다. 또한 시장이 하락할 때는 현물시장 용선료은 3년 평균치 이하가 될 가능성이 높다. 현물시장 용선료가 3년 평균 용선료와 교차하는 경우는 시장이 상승장, 혹은 하락장으로 변화할 가능성이 높음을 의미한다.

실제로 2013년에 현물시장 용선료가 용선료 3년 평균치를 교차하여 상승하여 2005년 중반까지 평균치를 상회하였다. 이는 시장이 상승추세라는 것을 의미한다. 2005년 이후 2011년까지 시장이 하락세로 돌아섰을 때 현물시장 용선료는 지난 3년 평균보다 낮은 위치에 머물렀다. 2020년 하반기 이후 현물

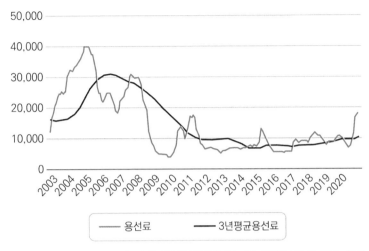

자료: Shipping Intelligence Network, 2,750TEU 컨테이너선 1년 정기용선료를 이용, 저자 작성

시장 용선료가 3년 평균치를 크게 넘어섰고, 시장이 바뀔 가능성이 크다는 것을 보여주고 있다.

시장변동을 요약하면 현물시장 용선료는 12개월(단기), 36개월(장기) 평균치와 함께 변동한다. 대부분의 경우 시장이 상승할 때, 현물시장 용선료는 이 평균을 상회하고, 시장이 하락할 때 현물시장 용선료는 그 평균치보다 낮게 움직이는 경향이 있다. 현물 시장 용선료가 단기, 혹은 장기 평균치와 교차하고 그 방향을 바꾸면 시장흐름도 바뀔 가능성이 높다. 따라서 이러한 교차점은 시장변동 추세의 신호탄이라 할 수 있다.

09

정기선 해운동맹

정기선 해운동맹

정기선 운송은 국제무역에서 선사들 간의 공동행위를 통해 정기적 운송 서비스를 확대해 온 산업이다. 정기선 산업이 중요한 산업이 된 이후, 정기선 기업들 간의 다양한 협정이 이루어졌다. 정기선 동맹은 해운동맹, 운임동맹 등으로도 불리며 특정 항로에서의 정기선 선사 간 공식적인 협약으로, 운임을 설정하거나 수송능력을 관리하였다. 국제 해운산업이 한 세기 이상 동안 각국의 규제당국으로부터 현저한 수준의 운임 등 공동행위를 인정받아 왔다. 특히 19세기 후반부터 미국은 셔먼 반 트러스트법에 따라 가격 담합 행위를 하는 기업들을 기소해왔지만 해상운송산업은 이 규칙에서 예외를 인정받았다.

1) 역사적 기원과 동기

국제 정기선 운항은 오랫동안 해운동맹에 의해, 그리고 최근에는 전략적 제휴에 의해 주도되어 왔다. 해운동맹은 정기선 산업이 시작되던 1870년대부터 형성되었다. 1875년 영국 – 캘커타 동맹[1](U.K. – Calcutta conference)이 최초의 해운동맹이다.

영국 – 캘커타 동맹 이후 30년 동안 영국과 북유럽의 주요 교역로 대부분에서 해운동맹이 형성되었다. 호주동맹은 1884년에 시작되었고, 남아프리카동

---

[1] P & O, B.I.(British India), City, Clan, Anchor Lines 등 5개 선사로 구성되었다.

맹은 1886년에 시작되었고, 서아프리카와 북부 브라질동맹은 1895년에 시작되었고, 남미 서안동맹은 1904년에 시작되었다.[2] 1909년, 영국 왕립 해운동맹 위원회[3]는 해운동맹 시스템이 필요하고 그 관행이 정당하다고 밝혔다. 1916년 미국 해운법도 해운동맹을 허용하였다.

국제 정기선 해운산업은 화물운송량과 관계없이 고정적인 스케줄에 의해 운항을 해야 하기 때문에 고정 비용이 매우 높은 산업이다. 경제학자들은 고정비용이 변동비용에 비해 높을수록 치열한 가격 경쟁이 발생하면 기업 도산으로 이어질 가능성이 높다고 분석한다. 과당 경쟁에 의한 높은 파산 위협 때문에 고정비가 높은 산업에서 기업들이 공동행위를 할 수 있는 강력한 동기를 갖게 된다.

정기선 서비스는 정기적인 운항일정을 따르는 해운서비스를 가리킨다. 정기선사들은 선박에 적재된 화물량에 관계없이 정해진 날에 출항할 것을 약속한다. 정기선 서비스는 개별화물을 집화해서 선적해야 하기 때문에 영업 등의 일반관리비가 더 많이 발생할 뿐만 아니라 고정된 일정을 따라야 하기 때문에 높은 고정 비용을 수반한다. 주어진 정기선 서비스에 필요한 선박의 수는 주로 서비스빈도, 거리 및 속도에 의해 결정된다. 선박에 화물이 가득 찰 때까지 기다릴 수 없기 때문에, 일부 선박은 부분 선적만 한 상태로 출항할 수밖에 없다.

해운동맹의 주요 활동은 화물 운임을 정하기 위해 자주 만나는 것이다. 낮은 비용 선사들은 높은 비용 선사보다 낮은 요금을 제시할 수 있기 때문에 카르텔의 요금 고정 과정은 매우 복잡하였다. 그러나 비가격 경쟁에 대한 통제는 없었기 때문에 더 많은 고객을 유치하기 위해 더 높은 품질의 선박에 투자하기도 했다. 해운동맹은 회원사들이 요금을 인하하여 더 많은 물량을 유치하는 것을 저지하기도 한다.

해운동맹의 중요한 이슈는 비동맹선사의 진입 위협이다. 카르텔이 이윤을 얻는 데 더 성공할수록, 비동맹선사들이 그 항로에 진입하려는 인센티브가 더 커진다. 해운동맹은 비동맹선사들의 신규진입에 대해 두 가지 종류의 전략으로 대응했다. 첫째, 비동맹선사의 항로 진입에 대응하여 운임을 인하하는 행

---

2 Dyos, H.J. and Aldcroft, D.H.(1969)

3 United Kingdom's Royal Commission on Shipping Rings

위로 대응했다. 요금전쟁은 진입자들의 사업 지속 동기를 감소시킬 수 있기 때문이다. 비동맹선사들이 동맹영역에 진입하는 것을 막기 위한 것이다.

두 번째 전략은 고객들에게 독점 계약을 제공하는 것이다. 수출업자나 수입업자는 동맹선박의 서비스를 독점적으로 이용하겠다는 약속의 대가로 할인된 운임을 받는 계약을 하는 것이다. 지연 리베이트(deferred rebate)라 불리는 이러한 독점 계약의 경우, 해운동맹은 특정 기간 동안의 리베이트의 전부 또는 일부를 보류한 후 선박 적재를 조사, 관찰하여 동맹과의 독점계약이 확인되면 이를 지급한다.[4]

1984년 미 신해운법(U.S Shipping Act 1984) 제정과 1998년 외항해운개혁법(OSRA)의 발효에 따라 해운동맹이 회원들을 통제할 수 있는 방법을 대부분 와해시켰다.[5] 또한 EU는 해운동맹에 경쟁법 면제를 2008년 10월부터 폐지하였다.

2) 해운동맹의 영향과 설명 모델

해운동맹은 사회복리에 미치는 영향에 대한 많은 논쟁이 있어 왔다. 카르텔 참여 기업들은 더 높은 요금을 부과할 수 있기 때문에, 카르텔 행동이 분명히 사회복리에 해를 끼친다고 주장하는 학자들이 있다. 반면에, 해운동맹이 정기선 운항산업의 존립을 위해 필요한 것으로 그들의 관행을 옹호하는 학자들도 있다. 그들은 정기선 운송에서의 경쟁이 지속 가능하지 않고 파멸적이기 때문에, 해운동맹이 다루기 힘든 시장 문제에 대한 효율적인 해결책이라고 주장한다. 만약 정기선 해운에서 경쟁만이 지배한다면, 과당경쟁의 결과 운임은 회복불가능한 상태까지 하락하여 기업들은 모두 파산으로 몰릴 것이고, 결국 독점기업만이 생존하게 되는데, 이것은 수출입기업에게 카르텔 시스템보다 훨

---

4 지연된 리베이트 제도하에서, 화주가 6개월 동안 동맹선사에게 독점적으로 운송한 후 다음 6개월 동안 동맹선사에게 독점적으로 운송하면, 화주는 첫 6개월부터 운송료에 대한 합의된 비율의 리베이트를 받는다. 지연 리베이트는 1873년 양쯔강 무역에 대해 제안된 후 1877년 영국 – 캘커타 동맹에 의해 처음 성공적으로 도입된 계약이다. 지연 리베이트 시스템은 1916년 미국 무역에서 금지되었다.

5 Sys, C.(2009)

씬 더 나쁜 영향을 미칠 것이라는 주장이다.[6]

해운동맹을 설명하는 모델은 독점적 카르텔(monopolistic cartels)이론과 파멸적 경쟁(destructive competition)이론으로 설명할 수 있다. 경제학자들은 전통적으로 카르텔을 구성원들이 독점자로서 공동으로 행동하도록 시도하는 합의로 정의하고 있다. 해운동맹을 시장에서 상당한 규모의 독점자로 작용하면서, 기존 가입업체들이 점유하고 있는 시장에 대해 독점적 이익을 얻을 수 있는 것으로 설명하는 이론이다. 과거 가입과 탈퇴가 제한되는 폐쇄동맹이 가능했던 시기에 해운동맹은 독점적 카르텔 이론으로 설명할 수 있었다. 그러나 미 신해운법 개정으로 화주가 선사와 사적 비밀계약으로 운임계약을 맺을 수 있도록 함으로써 해운동맹은 독점적 카르텔 기능을 상실하게 되었다.

현재 전 세계 모든 경쟁법 면제 제도에서 폐쇄 동맹을 금지하고 있기 때문에, 현재 해운동맹은 협의협정의 형태로 운영되고 있다. 협의협정에서는 항로별로 기본운임이나 할증료의 일률적인 인상 폭을 나타내는 운임 가이드라인을 책정해 가맹 선사에 RR(rate restoration)이나 GRI(general rate increase)라 불리는 운임회복(운임인상)을 권고하는 것에 불과하다. 운임 가이드라인은 구속력이 없기 때문에 가맹 선사는 해당 가이드라인을 벤치마크로 하여 화주와 운임에 관한 교섭을 개별적으로 실시해 왔다. 이에 따라 현재 정기선사 간 공동행위에서 독점적 카르텔을 형성하고 있는 사례는 없다. 오히려 정기선 시장은 매우 경쟁적이어서 대부분의 기간에서 적자를 기록하는 산업이 되었다.

파멸적 경쟁(destructive competition)이론은 시장에서 경쟁이 심화되어 손실이 장기화될 경우 선사들은 시장을 떠날 수밖에 없기 때문에 해운동맹으로 선사는 최소한의 이익을 보장하면 화주에게 경쟁적 정기선 서비스가 유지되는 대안이 될 수 있다는 이론이다.

파멸적 경쟁이론은 1950년대 Daniel Marx[7]의 주장에서 시작되어 현재까지 많은 해운경제학자들에 의해 해운동맹을 설명하는 데 수용[8]되고 있는 이론이다. 정기선 산업의 높은 매몰비용 비중 때문에 발생하는 높은 진출 장벽은 운

---

6 Richard Sicotte(2022)

7 Marx, D.(1953)

8 Graham, M.G.(1998)

임하락에도 공급능력을 줄일 수 없는 비탄력적인 단기 시장공급을 초래한다.[9] 정기선 운항서비스에 대한 수요도 수출입의 중요성에 비추어 운임변동에 큰 영향을 받지 않아 비탄력적인 경우가 많다. 비탄력적인 공급과 수요의 결합은 매우 불안정한 가격으로 이어진다. 따라서 선사들은 손실의 위험이 증가되고 화주는 화물 운임에 대한 불확실성에 직면한다.

가격 변동으로 인해 손실 기간이 발생한다면 이후 손실을 보전할 수 있는 기간이 이어져야 한다. 만약 손실위험을 보전할 수 있는 이익이 발생되지 않는 상황, 즉 시장에서 이익의 현재가치가 마이너스가 될 정도로 장기적인 변화가 일어난다면, 선사들은 시장을 떠날 것이다.[10]

이러한 상황에서 해운동맹은 선사는 최소한의 이익을 보장하고 화주는 경쟁적 정기선 서비스가 유지되는 상황을 만들 수 있어 모두에게 위험을 감소시킬 수 있는 대안이 될 수 있다.

---

9 Brooks, M.(2000), p.62
10 Fusillo, M.(2004)

02

정기선 해운선사 간 공동행위

　일반적으로 정기선 해운선사 간 공동행위를 해운동맹이라 부른다. 이 경우 해운동맹은 광의의 해운동맹이라 할 수 있다. 정기선사 간 공동행위에는 국제적으로 경쟁법 적용을 면제하는 외항 정기선(컨테이너선, 재래선 포함)의 공동행위나 협정에는 운임을 결정하고 준수해야 하는 협의의 해운동맹이 있고, 운임인상을 권고하는 협의 협정 같은 형태도 있으며, 그리고 운임의 결정을 수반하지 않는 선박 운항 등 선사 간의 협정인 얼라이언스도 포함된다.

　글로벌화가 진전된 오늘날에도 화주의 요구에 따른 안정적이고 효율적인 국제 해상운송 서비스를 제공하기 위해 선사 간 공동행위가 중요한 역할을 하고 있다. 투입 선박을 선사 공동으로 수행하면서 다양한 기항지가 포함된 복수의 정기선 서비스를 제공할 수 있어[11] 출발항에서 도착항까지의 수송 시간 단축을 가능하게 하거나, 다빈도 해상운송 서비스를 효율적으로 제공할 수 있게 하고 있다.

　그리고 선사들 간 선복 공유 협정에 의해, 선사들이 거액의 투자를 들이지 않고도 여러 항로 서비스를 제공할 수 있게 된다. 또한 선사들 간에 선복 공유를 통해 선복의 효율적인 이용에 따라 컨테이너 1개당 운송비용이 절감될 수 있다.

　또한 선사들 간의 운임 등의 공동행위를 통해 만성적인 공급과잉인 정기선

---

11 동일 항로에서도 기항지가 다른 다중 주간서비스(multiple weekly services)를 운영하고 있다.

해운 시장에서 일정한 범위 내의 운임수준을 유지해 결과적으로 물동량이 비교적 적은 항로에 대해서도 항로를 유지하고 일부 경쟁적 환경이 조성되어 화주의 요구에 대응한 질 높은 서비스의 제공에 기여하고 있다.

1) 해운동맹

1974년 유엔 정기선 동맹에 대한 행동규범 조약에서는 해운동맹을 다음과 같이 정의하였다.[12] 해운동맹은 "특정 지리적 한계 내에서 특정 노선 또는 항로의 화물 운송을 위한 정기선 서비스 제공과 관련하여 합의 또는 약정을 맺어 균일하거나 공통적인 운임 및 기타 합의된 조건에 따라 운영하는 국제 정기선 서비스를 제공하는 2개 이상의 선박 운항 운송사 그룹"을 말한다.

해운동맹(conference)이란 운임 결정을 수반하는 선사 간의 협력 협정을 말하며 주로 정기선(컨테이너선 및 재래선)에 의한 수송을 대상으로 하고 있다. 해운동맹의 주된 활동 내용은 항로나 컨테이너의 종류별로 기본운임과 할증료의 수준을 나타내는 운임표(tariffs)를 책정하는 것이다. 운임표는 구속력이 있으며, 원칙적으로 가맹 선사는 운임표에 제시된 운임 수준을 준수해야 한다고 되어 있다.

현재 동서 기간 항로인 아시아와 북미를 잇는 북미항로 및 아시아와 유럽을 잇는 유럽항로, 아시아 역내 항로에는 동맹이 정한 운임을 준수해야 하는 운임동맹 성격의 해운동맹은 존재하지 않는다. 1984년 미 신해운법 제정과 1998년 외항해운개혁법의 발효에 따라 동맹의 운임표 운임에 대한 독자운임결정권(independent action: IA)이 부여되고 선·화주 간 우대운송계약(service contract: SC)이 허용되고 그 계약의 비공개를 허용함으로써 운임표를 준수해야 하는 기능이 사라지게 되었기 때문이다. 오히려 대형선사들이 각 항로 해운시장에 자유롭게 참여하면서 정기선사 간 운임경쟁이 가속화되는 계기가 되었다.

---

12 UNITED NATIONS CONFERENCE OF PLENIPOTENTIARIES ON A CODE OF CONDUCT FOR LINER CONFERENCES, UNITED NATIONS, New York, 1975, Annex 1 Part one Chapter 1

2) 협의 협정

협의 협정(discussion agreement)이란 선사 간 협의를 수반하는 협정을 말하며, 항로안정화협정(stabilization agreement)이나 자발적 협의 협정(voluntary discussion agreement)을 말한다. 협의 협정에 의거한 주요 활동 내용은 운항비용이 증대하거나 실제 운임이 하락하는 경향에 있는 경우나 정기적인 계약의 교섭시기에 항로별로 기본운임이나 할증료의 일률적인 인상폭을 나타내는 운임 가이드라인을 책정해 가맹 선사에 운임인상(운임회복)을 권고하는 것이다.

운임 가이드라인은 구속력이 없기 때문에 가맹 선사는 해당 가이드라인을 기초로 하여 화주와 운임에 관한 교섭을 개별적으로 실시하게 된다. 따라서 수급 상황이나 시장 동향 등에 관한 정보교환도 협의 협정에 근거하는 주된 활동 내용 중 하나이다.

협의 협정은 국별 항로별로 다양하게 존재하고 있다. 아시아 역내 항로에는 아시아역내항로안정화협정(IADA), 북미항로의 태평양항로 안정화협의회(TSA)[13]와 같이 참가 선사의 해상 수송량이 해당 항로에서 큰 비율을 차지하는 협정도 있었다.[14] 우리나라 관련 항로에는 한국 – 동남아 항로에 동남아정기선사협의회, 한국 – 일본 항로에 한국근해선사협의회, 한국 – 중국항로에 황해정기선사협의회가 있다. 일본의 일본 관련 협의협정은 2015년 말 기준으로 총 23개가 있었다.[15]

해운동맹과 항로안정화협정이나 자발적 협의협정의 가장 큰 차이는 가맹 선사가 운임표에 제시된 운임 수준을 의무적으로 준수해야 하는 구속력이 있는지 여부이다. 해운동맹은 운임표 운임을 준수해야 하지만, 항로안정화협정이나 자발적 협의협정에서 권고하는 것이어서 운임 가이드라인에 대한 구속력이 없다.

---

13 Trans – pacific Stabilization Agreement
14 TSA와 IADA는 각각 2018년 초에 폐지되었다.
15 Japan Fair Trade Commission(2016), p.32

3) 컨소시엄

컨소시엄(consortium)이란 운임의 결정을 수반하지 않는 선박운영과 관련된 선사 간의 운영협정(operational agreement)을 말하며, 선박 공유(vessel sharing)를 수반하는 경우에는 선박공유협정(vessel sharing agreement)라고 불린다.

컨소시엄이란 1개 이상의 항로에서 기술적, 운영적 또는 상업적인 조정을 통해 해상운송 서비스 운영을 합리화하고 운항서비스 개선을 목적으로 하는 두 개 이상의 국제 정기선 서비스 선박 운항회사 간의 운송에 대한 공동운영협정으로 정의하고 있다.[16]

컨소시엄에 기초한 활동 내용은 선박 운송공간인 선복 공유(slot charter)를 바탕으로 하는 공동운항이며, 공동운항을 위해 운항 스케줄과, 운항 횟수 등이 함께 조정된다. 컨소시엄에는 특정 항로만을 공동운항의 대상으로 하는 소규모 컨소시엄으로부터 세계 주요 복수의 항로를 대상으로 공동운항을 하는 대규모 컨소시엄까지 있는데, 후자의 컨소시엄을 특히 얼라이언스(alliance)라고 한다.

현재 동서 기간 항로인 북미항로, 유럽항로와 우리나라를 포함한 아시아 지역을 잇는 아시아 역내 항로를 포함한 다양한 항로에서 여러 컨소시엄이 존재한다. 특히 초대형선으로 경쟁하는 정기선 해운선사들이 당면하는 가장 큰 문제가 선박 투자비를 감당하기 어렵고, 또한 선박 화물적재율을 높이기가 어렵다는 것인데, 이를 해결할 수 있는 가장 효과적인 방법이 얼라이언스(alliance)를 맺는 일이다. 세계 컨테이너 수송 수요 둔화 및 지속된 공급과잉 속에서 2017년 4월 이후 2M, Ocean, THE alliance 등 3개의 초대형 얼라이언스로 재편되었다.

---

16 COMMISSION REGULATION (EC) No 906/2009 of 28 September 2009, Chapter 1, Article 2

03

국제 정기선 해운 경쟁법 적용제외 현황

1) UNCTAD Liner Code

정기선 해운선사들이 1875년 최초로 해운동맹[17]을 조직한 이후 정기선 서비스는 특정 노선 서비스에 대한 통일된 요금으로 화물 해상운송을 제공해 왔다. 이후 유럽의 해운 선진국 중심으로 기존 가입선사가 시장을 독점하면서 개도국 등 여타국 선사들이 가입을 제한하는 폐쇄동맹(closed conference)[18]으로 운영되어왔다.

제2차 세계대전 이후 개발도상국들이 선진국 중심의 해운동맹에 가입 자체가 이루어지지 않았기 때문에 자국화물운송을 위한 해운업 육성도 어려워지는 상황에 처하게 되었다. 이에 개발도상국들은 UNCTAD에서 정기선 동맹과 관련하여, 개도국의 진입 및 적취율 분배 등을 요구하였으며, 그 결과 '정기선동맹의 행동규칙에 관한 조약[19]'(Convention on a Code of Conduct for

---

17 해운동맹(maritime conference), 정기선 동맹(liner conference), 운임동맹(freight conference) 등으로 불린다.

18 미국의 경우 상대적으로 유럽 국가들에 비하여 해운 후발국이었고 화주들의 강한 영향력으로 인하여, 정기선 해운의 특성을 고려하여 해운동맹의 경쟁제한행위에 대해 경쟁법 적용을 제외하되 해운동맹으로 발생하는 폐해를 규제하기 위하여 동맹의 가입 및 탈퇴의 자유, 독과점력 억제를 위한 여러 규정의 의무화를 특징으로 하는 소위 개방적 해운동맹(Open Conference)을 허용하는 방향으로 제도를 정비하였으며, 이는 현재까지도 이어지고 있다.

Liner Conferences, 이하 UNCTAD 라이너 코드)이 1974년에 채택되었다.

UNCTAD 라이너 코드는 수출국 및 수입국 간의 정기선 화물 운송에서 교역 당사국의 적취권을 각각 40%씩 부여하고, 나머지 20%의 화물은 제3국 선사에 의해 수송될 수 있도록 했다. UNCTAD 라이너 코드는 유럽연합 회원국들과 다른 선진국들(OECD) 및 개발도상국들에 의해 비준되어 1983년 10월 6일부터 발효되었다.[20]

UNCTAD 라이너 코드에서 해운동맹이 선주에게 합리적인 이익을 허용할 수 있을 정도의 운임을 정할 수 있도록 했고,[21] 해운동맹 선사들은 운임표(tariffs) 운임을 지키도록 했다.[22] 그리고 해운동맹은 일괄 운임인상(general freight-rate increase)을 할 수 있도록 했고, 각종 비용 항목 증가에 따른 할증료(surcharges)와 환율변동에 따른 통화시세 변동할증료(currency adjustment factors)를 부과할 수 있도록 했다.[23] 또한, 해운동맹은 내부적으로 효과적인 자율기구를 마련하여 동맹내부의 부정행위 또는 동맹협정 위반에 대해 중대성에 상응하는 벌칙을 설정하고, 그 범위를 마련하기도 했다.[24]

UNCTAD 라이너 코드를 적용한 유럽연합의 규정 4056/86에서는 외항 정기선 해운동맹에 대해 경쟁법 일괄 적용면제(block exemption)제도를 도입했다. 유럽연합은 다른 어떤 산업 부문에 대해서 가격 담합을 위한 유럽 경쟁규정에 대한 면제제도를 부여한 적이 없었다. 이것은 기본적으로 해상운송의 특수성과 국제적 특성에 대한 인식을 기반으로 해서 허용되었다.

UNCTAD 정기선 동맹 헌장 채택 이유를 다음과 같이 설명하고 있다.[25] "역사적으로 많은 국가가 해운동맹에 대한 정부의 지원 논의를 정당화했다.

---

19 정기선 동맹 헌장이라고도 불린다.
20 1974년에 조약으로 채택되고 1983년에 발효되어 지금까지도 적용되고 있다. 우리나라는 1979년 5월 11일 본 협약에 가입했다.
21 UNITED NATIONS CONFERENCE OF PLENIPOTENTIARIES ON A CODE OF COND UCT FOR LINER CONFERENCES, UNITED NATIONS, New York, 1975, Chapter Ⅳ Article 12, (a)
22 위 자료 Chapter Ⅳ Article 13,1
23 위 자료 Chapter Ⅳ Article 14,1 & Article 16.1 & Article 17.1
24 위 자료 Chapter II Article 5 Self Policing
25 Premti, A. (2016)

왜냐하면 정기선 해상운송은 전 세계 생산업체와 화주와 비교하여 정기선 사업은 많은 초기 자본 투자가 필요하면서도, 만성적인 공급과잉으로 사업의 불규칙성과 큰 비용을 극복해야 하기 때문이다. 그 결과 협의된 일괄운임(collective freight rate)이 없고, 제약 없이 경쟁이 심화하면 경쟁은 "파멸적(destructive)이 될 것이며, 나아가 가격 불안과 바람직하지 않은 과점 현상이 발생할 것이다."

UNCTAD 라이너 코드는 전 세계 정기선 거래를 지배하는 기본적인 법적 수단이다. UNCTAD 라이너 코드는 기존에 운영되던 해운동맹의 가격 담합과 수송능력 조절이라는 가격카르텔의 두 가지 핵심 사항을 국제법적으로 수행할 수 있도록 인정하는 의미가 있다. 또한 정기선 해상운송은 만성적인 공급과잉으로 사업의 불규칙성과 큰 비용을 극복해야 하는 산업이기 때문에, 정기선 요금에 안정적 영향을 미치고, 해운업체가 화주에게 필수적이고 효율적인 서비스를 제공한다는 측면에서 외항 정기선 해운업체의 운임 등에 대한 공동행위를 정당화하였다는 의미가 있다.[26]

세계해운협의회(World Shipping Council)가 유럽 위원회에 제출한 정기선 해운의 공동행위나 협약이 필요한 이유는 다음과 같다.

> "시장에 진입하는 해운선사에 규제 장벽이 없으며, 외항해운은 주기적으로 계절성 때문에 공급과잉의 어려움을 겪고 있지만, 과잉 선박을 활용하거나 쉽게 계선할 수 없다. 자본 및 운영비용은 높으며 서비스를 선택할 수 있는 화주를 놓고 선사 간 경쟁을 해야 한다. 결국 투자수익률은 다른 산업에 비해 뒤처질 수밖에 없다."[27]

독점금지법 적용에서 배제를 받을 수 있었던 근거는 컨테이너선과 같은 특수 용도의 정기선은 높은 고정비가 필요한 산업으로 시장경쟁 원리에 맡겨둘 경우 정기선은 버스 노선처럼 수익성이 높은 항로에만 집중되고 수익성이 낮

---

26 Opinion of the European Economic and Social Committee on the 'White Paper on the review of Regulation No. 4056/86, applying the EC competition rules to maritime transport' (2005/C 157/23), 2005

27 UNESCO(2015), p.2

은 항로에서는 운항하지 않는 상황이 발생할 수 있으며, 나아가서는 극심한 경쟁으로 인한 수익성 악화로 항로 유지가 어려워질 수 있고 이는 범세계적인 무역 증진에 저해요인이 될 수 있었기 때문이다.

즉 UNCTAD 라이너 코드는 해운동맹이 경쟁심화 시장에서 선사의 최소한의 이익을 보장하고 화주는 경쟁적 정기선 서비스가 유지되는 상황을 만들 수 있어 모두에게 위험을 감소시킬 수 있는 대안이라는 파멸적 경쟁이론에 근거한 조약이라 볼 수 있다. 따라서 UNCTAD 라이너 코드는 외항 해운과 관련되는 독점 금지법 적용제외 제도를 통해 선사의 사업 활동에 대해 법적 안정성을 확보하는 것을 통해서 적정한 운임 경쟁하에 있어서의 안정적이고 효율적인 정기선 서비스 제공을 목적으로 하고 있다.

선진국들이 독과점적으로 누리고 있던 해운동맹의 이익을 개발도상국들이 UNCTAD 조약을 통해 일부 이전받아 향유하기 위한 것을 목적으로 하기 때문에, 본질적으로 선진국들의 이익과 권한을 축소하고 개발도상국들의 이익과 권한을 확대하여 선진국과 개발도상국은 이해관계가 대립될 수밖에 없었다. 이는 정기선 협약의 발효 이후 해운 선진국인 유럽에서 가장 먼저 2008년 해운동맹에 대한 경쟁법 일괄 적용 면제를 폐지한 반면, 우리나라를 포함한 많은 나라들은 라이너 코드를 비준하여 현재까지도 이를 바탕으로 정기선사들 간 공동행위를 허용하고 있다.

우리나라도 정기선 협약이 채택된 이후 1979년 5월 11일 이를 비준하였으며, 그 전에 이를 국내에 도입하기 위하여 구 해상운송사업법(법률 제3145호, 1978. 12. 5. 일부개정) 제7조의 2를 신설하였고, 해당 조항은 현행 해운법 제29조로 이어져 오고 있다.

2) 주요국의 경쟁법 적용제외 현황

외항 정기선사들의 공동행위 및 협력 운송협정은 100년 이상 존재해 왔다. 주요 무역국들은 선박 공유협정이나 얼라이언스 등 선사 간 공동행위를 통해 컨테이너선 운항자가 화물을 공유할 수 있도록 허용하고, 빈도수 많은 항로 서비스를 하는 것이 수출입 업체의 신뢰성, 품질 및 가격 면에서 효율성을 높이는 데 중요하다는 것을 계속 인정해 왔기 때문이다.

실제로 각국 정부는 정기선 해운산업에 적용되는 파멸적 경쟁(destructive competition) 이론을 수용하였다. 미국 의회도 제1차 세계대전 직전에 이 현상을 처음으로 조사했고, 1914년 파멸적 경쟁 이론의 기본 원칙을 수용하는 보고서를 발표했다. 외항해운의 공동행위에 대해 경쟁법 적용이 제외되는 제도는 선사의 사업 활동에 대해 법적 안정성을 확보하는 것을 통해서 적정한 운임 경쟁하에 안정적이고 효율적인 정기선 해운 서비스를 화주에게 제공하는 중요한 역할을 하고 있다.

지난 20년 동안 낮은 운임에도 불구하고, 국제 무역 수요 증가를 수용하기 위해 해상운송 네트워크가 크게 확대되는 등 해상운송 서비스가 개선된 것도 이러한 공동운항 및 선사 간 공동행위에 의해 가능할 수 있었다.

무역을 위한 항로서비스 유지, 확대 등을 통해 정기선 항로가 다양하고 기항 빈도도 늘어나는 것이 화주들에게 수출입화물에 대한 해상운송 경쟁력을 향상시키는 길이기 때문에 많은 국가에서 이와 같은 경제적 이익을 얻기 위해 정기선 해운에 대해 경쟁법 적용제외를 허용하고 있는 것이다. 정기선사의 반복적이고 포괄적인 공동행위에 대해 정밀한 경쟁법 조사를 면하고 있는 이유이다.[28]

EU, 미국, 일본, 중국, 대만, 싱가포르, 홍콩, 말레이시아, 호주, 뉴질랜드, 한국 등 대부분의 나라가 특별법을 두어 국가마다 조건과 범위는 상이하지만 정기선 해운회사 간 공동행위의 필요성을 인정하고 국별로 다양한 기준에 따라 경쟁법의 적용을 면제하고 있다.[29]

---

28 유럽위원회는 1994년에 신고가 이루어진 TACA(Trans−Atlantic Conference Agreement)에 의한 내륙운송운임의 공동설정 및 개별 Service contract 체결권에 대한 제약이 경쟁법인 로마조약 제82조에 위반된다고 결정하였는데, TACA는 동 명령에 불복해 제소했다. 2003년에 유럽 제1심법원은 TACA의 경쟁법 위반을 인정하는 한편 벌금 지급을 면제한다는 취지로 판시했다. TATC 사건에 대한 유럽 법원의 판결로 명백한 경쟁법 위반 사안에 대해서도 외항해운의 공동행위 특성을 고려해 유럽위원회가 부과한 벌금은 면제하였다(European Commission Press Release, Commission approves revised TACA liner conference).

29 양창호(2021), 법무법인 광장(2021), 법무법인 세종(2021), 법무법인 율촌(2021), 법무법인 태평양(2021), 법무법인 김앤장(2021)을 참조하여 기술한다.

(1) EU

EU에서는 해상운송에 대한 실질적이고 절차적인 규정인 규정 4056/86에 따라 정기선 해운동맹은 경쟁법 일괄 적용면제(block exemption) 적용을 받아왔다. 2008년에 해운동맹에 대해 경쟁법 적용을 제외하던 이 규정이 폐지되었지만, 2009년에 채택된 규정 906/2009에 따라 컨소시엄의 경우 특정 조건에서 여전히 경쟁법 일괄 면제를 적용받고 있다.[30] 즉 총 시장점유율이 30% 미만인 정기선 외항해운사업자가 공동 정기선 서비스(consortia)를 제공하기 위한 협정을 체결할 수 있도록 허용하고 있다.

이처럼 세계 모든 나라가 외항해운의 공동행위에 대해 계속 경쟁법 적용을 제외하고 있는데, 유독 EU만 2008년에 해운동맹에 대한 경쟁법 적용 제외를 폐지하고 대신 컨소시엄에 대한 경쟁법 적용 제외를 허용하고 있는 이유가 과연 무엇인지 그 배경에 관한 논의가 많다.

세계 컨테이너 1위, 2위, 3위, 5위의 선사가 유럽 선사이고 이들 4개사의 보유 선박량이 전 세계 선박량의 52.5%를 차지[31]하고 있음을 고려할 때 해운동맹을 계속 인정해 중소선사들을 함께 생존하게 하는 것보다 초대형 선사가 시장을 주도해나가게 하는 것이 EU의 이익이라는 EU 해운위원회의 판단도 있었으리라는 주장이 폭넓게 인정받고 있다.

(2) 미국

해운동맹을 금지하는 것은 미국 경제의 혼란을 초래하고 극심한 운임경쟁 또한 초래할 우려가 있다는 권고에 따라 1916년에 해운동맹을 허용하는 해운법(Shipping Act)이 제정되었다. 이후 1984년 해운법을 개정한 신해운법, 1998년 외항해운개혁법(Ocean Shipping Reform Act, OSRA)을 제정, 시행하면서 독자운임결정권(IA)이 부여되고 선·화주 간 우대운송계약(SC)이 허용되고 그 계약의 비공개를 허용함으로써 운임표를 준수해야 하는 해운동맹 기능을 약화시켰다. 그러나 여전히 해운동맹에 대하여 경쟁법 적용면제를 계속 인정되고

---

[30] Consortia Block Exemption Regulation(CBER)

[31] Alphaliner(2021)

있다.

미국 해운법[32]은 연방해사위원회(FMC, Federal Maritime Commision)에 제출한 협정 등에 대해서는 경쟁법의 적용을 제외하도록 규정[33]하고 있다. 이 규정은 해상운송업자 간의 협정(Ocean common carrier agreements) 전반에 대해 적용되고, 이에는 운임결정에 관한 협정이 포함된다.

(3) 일본

일본의 경쟁법 적용제외 제도는 1949년 해상운송법 시행과 함께 도입되어 현재까지 유지되고 있다. 일본 해상운송법 제28조에서는 이 사건 공동행위와 같은 '운임 및 요금 기타 운송 조건 등에 관한 사항을 내용으로 하는 협정 또는 공동행위'에 대해서는 일본 경쟁법[34]의 적용을 제외하도록 명시적으로 규정하고 있다. 이에 따르면, 정기선사들이 운임 등을 공동으로 결정하고 이를 일본의 국토교통성에 신고한 경우에는 독점금지법의 적용이 제외된다.

일본 해상운송법 제28조에서는 '불공정한 거래방법을 사용할 때', '일정한 거래분야에서의 경쟁을 실질적으로 제한함으로써 이용자의 이익을 부당하게 해하게 되는 때', '협정의 내용 변경 또는 금지명령에 대한 청구의 관보 공시 후 1개월이 경과한 때'가 아닌 한, 일본의 항과 일본 이외의 지역항 사이의 운임, 요금, 운송조건, 항로, 배선, 환적에 관한 사항을 내용으로 하는 협정, 계약 체결 및 공동행위에 대하여 국토교통성에 신고를 하는 경우에는 그에 대해서 공정거래법을 적용하지 않는다고 규정하고 있다.

일본 해상운송법은 우리나라 해운법과 같은 신고 전 화주단체와의 협의 의무를 부과하고 있지는 않으며, 선사들이 공동행위를 하면서 국토교통성에 대

---

32 United States Code Title 46 − Shipping Subtitle Ⅳ − Regulation of Ocean Shipping

33 46 U.S. Code § 40307 − Exemption from antitrust laws
   (a) In General.─The antitrust laws do not apply to
   (1) an agreement (including an assessment agreement) that has been filed and is effective under this chapter;
   (2) an agreement that is exempt under section 40103 of this title from any requirement of this part;

34 私的独占の禁止及び公正取引の確保に関する法律

한 신고의무를 다하지 않는 경우 등에는 벌금이 부과된다고 규정하고 있다.[35]

　국토교통성은 신고 접수된 정기선사 간 공동행위가 부당하게 차별적이거나 가입탈퇴를 부당하게 제한하는 등의 사유가 있을 경우 정기선사에게 그 내용의 변경을 명하거나 행위를 금지하도록 할 수 있다.[36] 한편, 국토교통성은 정기선사 간 공동행위 신고를 수리하거나 위와 같은 처분을 한 경우 일본 공정거래위원회[37]에 그 내용을 통지하여야 한다.[38] 공정거래위원회는 정기선사 간 공동행위가 부당하게 차별적인지, 가입탈퇴를 부당하게 제한하는지 등을 검토한 후, 당해 공동행위의 내용이 적합하지 않은 것으로 판단되는 경우에는 국토교통성에게 위 공동행위의 내용변경 명령 또는 행위금지 명령의 처분을 할 것을 청구할 수 있다.[39]

(4) 중국

　중국 국무원은 2001년 국제해운조례를 제정하고, 교통운수부는 2003년에 국제해운조례시행세칙을 제정하였다. 국제해운조례 제17조에 의해 국제 정기선 운송에 종사하는 국제선박운송사업자들 사이에 중국 항만을 다루는 정기선 공동행위 협의, 운영 협의, 운임 협의 등이 체결되면 협정 체결일로부터 15일 이내에 협정 사본을 국무원 교통운수부에 신고하도록 규정하고 있다.[40] 단 공정경쟁에 손상을 줄 수 있을 경우 조사를 실시(해운조례 제28조)할 수 있도록 했다. 그리고 국제해운시행세칙 제48조에 의해 정기선사 간 운임협의 등 협정을 신고하지 않았을 경우 벌금에 처하고, 또한 자격을 취소할 수 있도록 했다.

　또한, 2007년 8월 제정된 독점금지법인 '중화인민공화국 반독점법'은 명시

35　해상운송법 제50조 제24호
36　해상운송법 제29조의2
37　공정취인위원회
38　해상운송법 제29조의4 제1항
39　해상운송법 제29조의4 제2항
40　经营国际班轮运输业务的国际船舶运输经营者的运价和无船承运业务经营者的运价，应当按照规定格式向国务院交通主管部门备案。国务院交通主管部门应当指定专门机构受理运价备案。

적으로 선사들 간 협약에 대한 면제 조항을 두고 있지는 않으나, "법률에서 정하는" 합의의 경우 반독점법의 적용이 면제된다는 조항을 두고 있다.

중국은 경쟁법이 시행된 이후에도 정기선 산업 분야에서 발생하는 정기선 사들의 행위에 대해서는 중국의 경쟁당국이 관할권을 행사하지 않고, 국제해 운조례와 시행세칙의 주무부서인 교통운수부만이 관할권을 행사함으로써 중 국정부가 정기선사 간 공동행위에 대해서는 경쟁법 적용을 자제하는 정기선 산업정책을 운영하고 있다.

(5) 대만

대만 해운법(Shipping Act)은 정기선사가 국제공동운영조직(international joint service organization) 또는 국제해운협약(international shipping agreement)을 교통부의 인가(국제공동운영조직) 또는 승인(국제해운협약)을 받아 운영할 수 있 다고 규정하고 있다.[41]

대만의 경쟁법인 공평교역법(Fair Trade Act) 제46조는 경쟁과 관련한 사업 자의 행위에 대해 공평교역법이 다른 법률에 우선하지만, '다른 법률에 동법 의 입법 목적에 반하지 않는 규정이 있는 경우에는 공평교역법의 규정을 우선 적용하지 않는다'고 규정[42]하고 있다. 이와 관련하여, 대만 경쟁당국은 해운법 에 따라 인가를 받은 국제공동운영조직 또는 승인을 받은 국제해운협약에 대 해서는 경쟁법이 아니라 해운법이 우선 적용된다고 판단하였다. 이는 정기선 사 간 공동행위에 경쟁법 적용을 제외하는 것이라고 볼 수 있다.[43]

(6) 싱가포르

싱가포르 경쟁법(Competition Act)에 따르면, 공동행위에 대하여 산업통상 부 장관의 경쟁법 일괄면제 명령이 있는 경우 경쟁법 적용이 제외될 수 있다

---

41 해운법 제34조, 제35조
42 公平交易法 第46條: 事業關於競爭之行為, 優先適用本法之規定。但其他法律另有規定 且不牴觸本法立法意旨者, 不在此限。
43 OECD(2015a), p.3 (법무법인 세종(2021), p.29에서 재인용)

(Section 36). 이에 따라 2006년 정기선 해운협정(liner shipping agreement)에 대한 일괄면제(block exemption) 명령이 발효되었고,[44] 여러 차례 유효기간이 연장되어 현재에도 정기선 해운 협정에 대해 경쟁법 적용이 제외되고 있다.[45]

일괄면제 명령에 따르면, 동맹 참가자의 시장점유율 합계가 50%를 넘는 경우에는 경쟁당국에 협정 내용 등을 제출하고 화주에게 통보하여야 하나, 50% 이하인 경우에는 당국에 협정 내용을 제출하지 않더라도 정기선 동맹을 운영할 수 있다. 싱가포르는 자국 해운산업에 부정적 영향을 고려하여 일괄면제 제도의 철폐에 반대하는 입장인 것으로 알려져 있다.[46]

(7) 홍콩

홍콩 경쟁법 조례(Competition Ordinance, Cap. 619) Section 15에 따르면, 홍콩 경쟁당국은 특정한 분야의 협정에 대하여 경쟁법 적용제외를 결정할 수 있다. 이 규정에 근거하여 홍콩 경쟁당국은 2017년 8월부터 5년 동안 선박공유협정(Vessel Sharing Agreement)에 대해 경쟁법 적용을 제외하기로 결정하였고,[47] 2022년에 다시 2026년까지 4년을 더 연장했다. 이에 따라 선박공유협정에 따른 정기선사들의 공동행위는 경쟁당국에 대한 별도의 신고 없이도 허용된다. 한편, 선박공유협정에 대해 경쟁법 적용이 제외되려면 협정 참가 정기선사들의 시장점유율 합계가 40%를 넘지 않아야 한다.

(8) 말레이시아

말레이시아 경쟁법(Competition Act) Section 8에 따르면, 공동행위에 대하여 경쟁당국의 일괄 적용면제(block exemption) 명령이 공표된 경우 경쟁법 적용이 제외된다. 이 규정에 근거하여 선박공유협정(Vessel Sharing Agreements)에 대한 일괄 적용면제 명령이 2014년 공표되었고, 현재에도 2019년에 발표

---

44 Competition (Block Exemption for Liner Shipping Agreements) Order 2006
45 Competition (Block Exemption for Liner Shipping Agreements) (Amendment) Order 2020
46 황진회, 박용안, 최영석, 박정선(2011), p.109
47 Competition (Block Exemption for Vessel Sharing Agreements) Order 2017

된 일괄 적용면제 명령이 적용되고 있다.[48] 정기선사는 선박공유협정에 서명한 날부터 2주 이내에 경쟁당국에 협정 사본을 제출해야 한다.

(9) 호주

호주는 2010년 경쟁 및 소비자 보호법 제10장에서 외항선사 간 협의체(해운동맹, 협의협정, 컨소시엄 등)에 대하여 광범위한 독점금지법 적용면제를 규정하고 있다. 단 호주의 경우는 다른 나라와 달리 화주와의 합의를 전제로 해운동맹을 허용하고 있다. 화주들은 정부가 인정하는 화주 단체(shippers body)를 구성하며, 정기선사 간 합의를 하기로 결정한 경우 정기선사들은 해당 합의문을 등록기관 및 위 화주 단체에 고지할 의무가 있고, 화주 단체가 협상을 요청하는 경우 정기선사들은 이에 반드시 참여할 의무가 있다. 정기선사와 화주 단체가 합의(agreement)에 이르면 합의문은 등록되게 되며 호주 독점금지법으로부터 적용 면제를 받게 된다.[49] 특히 명시적으로 이 사건 공동행위의 유형과 같은 정기선사들이 '운임'을 공동으로 결정하는 행위에 대해서는 경쟁법의 적용을 제외하도록 정하고 있다.

(10) 뉴질랜드

뉴질랜드의 1986년 상법(Commerce Act 1986)은 외항 정기선사 간의 협약에 대하여 부당한 공동행위의 금지에 관한 조항의 적용이 면제됨을 명시하고 있다. 특히, 외항 정기선사 간 가격 고정에 관한 협약의 경우 제44B조에서 (1) 정기선사 간 협력을 위한 것이며 (2) 해당 협력이 화주 및 위탁인들에게 제공되는 서비스를 개선하며 (3) 협약이 선박의 공간에 대한 교환, 매각, 대여, 임대와 관련되어 있으며, (4) 해당 교환, 매각, 대여, 임대가 협력을 위한 것이라는 조건을 충족하는 경우 부당한 공동행위의 금지에 관한 제30조 제1항이 적용 면제된다고 규정하고 있다.

---

48 Competition (Block Exemption for Vessel Sharing Agreements in Respect of Liner Shipping Services through Transportation by Sea) Order 2019

49 The Competition and Consumer Act 2010, Part X, Division 5, subdivision A

3) 세계 정기선 해운 경쟁법 적용면제 추세

2008년 EU의 정기선 해운동맹에 대한 경쟁법 일괄 적용면제 제도 폐지 이후 미국, 중국, 일본을 포함한 세계 어느 나라도 경쟁법 적용제외 제도를 폐지하기로 결정한 경우는 없다. EU의 해운동맹 경쟁법 적용 제외 폐지 조치 이후 전 세계적으로 화주의 요구에 부응하기 위해 해운산업에도 경쟁법을 적용해야 한다는 의견이 비등하면서 선사 간 공동행위를 제한할 수 있는 잠재력이 커졌다. 그러나 최근 몇 년 동안 여러 국가의 경쟁 당국이 실시한 검토에도 불구하고, 우리나라는 물론 미국, 일본, 싱가포르, 중국, 인도, 말레이시아, 호주 및 뉴질랜드와 캐나다를 포함한 대부분의 국가에서 선사 간 공동행위에 대한 경쟁법 적용제외를 계속 허용하고 있다.

일본 국토교통성과 공정거래위원회는 EU가 경쟁법 적용제외제도를 변경한 이후 선사 간 공동행위에 대한 경쟁법 적용이 필요한지를 검토하기 위해 2016년에 경쟁법 적용 제외 제도의 타당성을 검토하였다.[50] 일본 국토교통성은 경쟁법 적용제외 제도가 유지되어 온 배경으로 (i) 해운산업은 전세계 시장에서 치열하게 국제경쟁이 이루어지고 있고, (ii) 공급량 조정이 어려워 공급과잉이 발생하기 쉬우며, (iii) 거액의 투자가 필요하고 기업 간 협력 필요성이 매우 높고, (iv) 국제 법제도의 일관성 확보가 필요하다는 점을 지적하였다. 이 보고서는 "외항 해운과 관련되는 독점 금지법 적용제외 제도에 대해서는 국제적인 법제도 정합성의 확보가 요구되는 것부터, 여러 나라가 경쟁법 적용제외 제도를 유지하는 가운데, 안정적인 국제 해상 수송 서비스를 유지하기 위해 선행적으로 경쟁법을 적용하는 등의 선제적 조치가 적절하지 않다"는 결론을 내리고 있다.

또한, 컨테이너 해상수송에서의 환적물동량이 많은 홍콩과 싱가포르에서도 여러 나라의 제도 상황 등을 고려하여 최근 경쟁법 적용제외 제도를 또다시 각각 4년, 5년간 연장한다는 결론을 내렸다.[51]

2008년에 유럽연합이 선사 간 해운동맹 제도를 폐지한 정책은 일견 해운

---

50 日本海事センター(2016), p.20
51 Greg Knowler(2017), Seatrade Maritime News(2022)

동맹을 불허하면서 경쟁을 유도하고 이를 통해 낮은 운임으로 수송할 수 있어 화주를 위한 정책으로 보였다.

그러나 해운동맹을 불허하면서 오히려 선사들의 사이에 양극화가 심화하고 세계 해운시장이 과점화가 촉발되면서 운항 항차수/운항 회수가 줄어드는 운항 서비스의 하락, 그리고 해상운송 서비스 차별화의 감소, 기항항만 수의 감소, 선박 운항 지연의 증가 등 화주에 대한 해운 서비스가 부정적으로 하락하는 현상을 보이고 있다.[52] UNCTAD 라이너코드에서 정기선 해운 서비스는 세계 무역을 증진하는 가치가 크기 때문에 항로서비스를 다양하게 유지하고 해운 서비스를 높이는 것이 우선적인 가치라고 전제하고 있는 것에 반하는 결과를 초래했다.

UNCTAD 라이너 코드가 국제법적으로 해운동맹을 허용하고 있는 현행 국제법이고 이를 받아들인 대부분의 국가에서 정기선 해운동맹에 대한 경쟁법 적용제외 제도는 지금도 유지되고 있다.

---

[52] Drewry(2020a)

04

해운동맹의 기능[53]

1) 정기선 산업이 처한 환경

(1) 정기선 해운, 구조적 공급과잉 산업

정기 컨테이너선은 정기적인 스케줄에 의해 서비스되는 특성상 일정부분의 공급과잉이 불가피한 산업이고 운송서비스 산업의 특성상 서비스의 비저장성으로 가격경쟁이 타 산업에 비해 더 치열한 산업이다.

우선 정기선 산업의 공급과잉을 살펴보면 정기선의 특성상 수요는 척당 몇백건, 혹은 몇 천건의 분할된 수요로 나뉘어 질수 있지만 공급은 선박 척 단위로 증가한다. 수요의 분할가능성에 대한 공급의 불가분성(indivisibility)이라는 특성으로 수요가 낱개로 증가하지만 공급은 척 단위로 증가하면서 수급의 불일치가 발생한다.

그리고 정기 컨테이너 선사들은 노선버스 같아서 화물의 과다에 관계없이 미리 공표한 스케줄에 따라 항만에 기항하는 정기선 영업을 해야 한다. 이에 따라 일반적으로 월말, 혹은 4분기 피크시즌 등 수요 피크 기간에 대비해 선박을 공급하고 있기 때문에 여타 기간 동안은 일정부분 과잉선복으로 운항할 수밖에 없다.

---

53 이 절의 내용은 초안을 검토해 주신 장금상선 정태순 회장님의 의견에 따라 내용이 추가되고 첨삭되었다.

2012년 이후 2018년까지 7년간의 동남아 항로 취항선사의 자료[54]를 기준으로 평균 월별물동량을 보면 물동량이 가장 많았던 11월을 100으로 할 때 물동량이 가장 작은 2월에는 75.7에 불과하여 약 25%의 물동량 차이를 보였다. 또한 물동량이 많은 매년 4분기에 비해 물동량이 적은 매년 1분기의 물동량은 86.3%에 불과해 분기별로도 약 14%의 물동량 차이를 보였다. 또한 2008년부터 2020년까지의 한·일 항로의 평균 적재율은 47%[55]에 불과해 10년 이상 평균 50%이상의 공급과잉상태로 운항했다. 한·중 항로의 경우도 2002년 이후 2019년까지 평균적재율이 49.7%로 20여 년 가까이 평균 50% 이상 공급과잉 상태를 유지해왔다.

또한 특정항로를 운항하는 선대는 수출항로와 수입항로를 같은 선박으로 운항하게 된다. 그러나 대부분의 경우 항로별로 왕항과 복항 간 수출입물동량의 불균형을 보이고 있다. 이 경우에도 물동량이 많은 항로를 기준으로 선복을 공급해야 하므로 물동량이 적은 항로에서는 선박과잉이 더 크게 발생한다. 한·일 항로의 경우 2008년 이후 2020년까지 수출항로에서의 평균 선적률(소석율)은 55%였지만 수입항로의 평균 선적률은 38%에 불과했다.[56] 한·중 항로의 경우는 2002년 이후 2019년까지 수입항로에서의 평균 선적률(소석율)은 59%였지만 수출항로의 평균 선적률은 42%에 불과했다.[57]

정기선 산업의 더 근본적인 공급과잉은 정기선 산업의 높은 진출 장벽으로 운임하락에도 공급능력을 줄일 수 없는 비탄력적인 단기 시장공급 때문이다. 정기선 산업의 높은 매몰비용 비중 때문에 진출 장벽이 높아 선주들은 운송능력을 쉽게 감소시킬 수 없기 때문에, 운임 변동에도 불구하고 계속 선박을 운항할 수밖에 없는 경향이 있다. 이로 인해 정기선 산업은 공급과잉 상태가 지속되는 산업으로 이어진다.

---

54 동남아정기선사협의회
55 한국근해선사협의회
56 한국근해선사협의회
57 황해정기선사협의회

▼ 그림 9-1 한 · 일 항로 연도별 수출입항로 선적률(소석율)

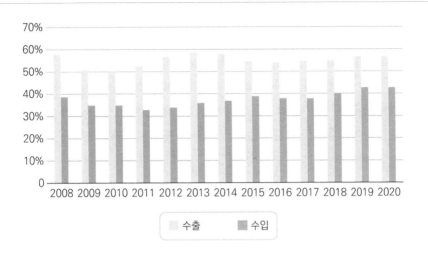

자료: 한국근해선사협의회

▼ 그림 9-2 한 · 중 항로 연도별 수출입항로 선적률(소석율)

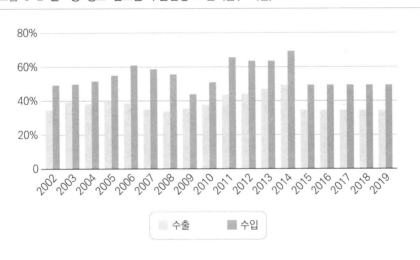

자료: 황해정기선사협의회

정기선 산업은 이와 같은 구조적인 공급과잉의 특성을 지니고 있으면서 동시에 서비스산업의 특성에 의해 가격경쟁이 더욱 심화되고 있다. 운송서비스산업은 일반 제조업 제품과 달리 생산과 동시에 소비되어 생산물을 저장할 수 없다. 따라서 공급이 수요를 초과하는 공급과잉의 경우 서비스의 비저장성 특징으로 인해 가격경쟁의 타 산업에 비해 더 치열해질 수밖에 없다. 출항을 하게 되면 비어 있는 선박 적재공간의 생산능력이 없어지기 때문에 출항을 앞두고 비어있는 적재공간을 채우는 화물이라면 변동비 수준 이하까지 운임을 내려서라도 화물을 확보하는 경쟁을 할 수밖에 없기 때문이다.[58]

(2) 화주와의 운송계약 실무형태

컨테이너 정기선 선사와의 수송 계약을 맺을 때 화주는 상호 견적 또는 경쟁 입찰을 실시해, 복수의 선사와의 운임 및 서비스 내용을 비교 검토하고 있다. 화주는 복수의 선사 중에 선택권을 가지고 있으며 자신들의 조건을 받아들이는 선사를 이용할 수 있는 "갑"의 위치에 있다.

화주에게 견적을 내는 운임이 시장운임, 즉 마켓 운임이 되지만, 이는 일반적으로 타 선사의 운임을 알 수 없기 때문에 선사 내부적으로 판단하여 결정하게 된다. 그러나 실제는 화주가 요구하는 운임 수준에 맞추어야 선택될 수가 있다. 이를 이용하여 화주가 선사에게 요구하는 운임수준을 알려주기도 한다.[59] 즉 타 선사가 어느 정도의 운임을 제시하니까 그 운임에 맞추어 줄 수

---

[58] 운임 확약 이후 선사가 B/L 발행을 위해 접수하는 선복의뢰서(Shipping Request: S/R)에는 운임을 표시하지 않고 관행상 선적의뢰서도 접수하지 않고 화주에게서 송장과 포장명세서를 받아 B/L 발행 전까지 선적 절차를 진행하기 때문에 운송계약은 매우 불안전한 형태로 진행된다. 따라서 선장의 B/L 발행 전까지 메일을 제외한 운임이 명시된 계약서류가 존재하지 않기 때문에 운임 변동에 따른 신용위험(계약 변경, 철회, 불이행 등)이 존재하게 된다.
이에 따라 컨테이너 화물 운임은 운임율표에 의한 정기 운송임에도 상당한 변동성을 갖게 되고 고정비 비중이 높은 선사에게는 재무적으로 상당한 부담이 되고 있다. 선사는 출항일에 인접할수록 소석율 압박이 커지게 되고 다음 계약이 담보되지 않는 상황에서 화주의 운임인하 추가협상을 거절하기 매우 어렵기 때문이다. 또한 운임 분쟁 시 구두나 메일로 확약된 운임에 의거하여 화주와 법적 다툼을 하기에는 부담이 크다(윤재웅, 안영균, 김주현(2018), pp.7 - 9).

있는가를 문의한 후 맞추어주면 계약을 하고, 그렇지 못하면 다른 선사와 계약을 하는 것이다. 따라서 꼭 집화해야 하는 경우나 시황이 약세일 경우 타 선사의 견적보다 낮은 운임을 제시해야 한다.

한편 대량화주의 경우는 비딩(bidding)이라는 경쟁 입찰의 형식을 취하고 있다. 비딩을 통해 가장 낮은 운임을 제시한 선사를 선택하는 것이다. 여러 차례의 비딩 과정을 가지면서 화주가 요구하는 운임 구간을 제시한다. 동시에 운임뿐만 아니라 프리타임(컨테이너 무료장치 기간)이나 할증료 기준, 육상운송에 대한 화주의 요구사항을 함께 제시한다. 이러한 과정을 통해 화주가 설정한 운송조건을 받아들이고, 화주가 제안한 운임보다 더 낮게 견적을 낸 선사를 선정할 수 있게 되는 것이다. 심지어는 이렇게 공개경쟁 입찰에서 결정된 운임과 물량을 최종 단계에서 다시 조정(네고)을 하는 경우도 있다. 그리고 이러한 조정을 거쳐 운송계약을 하더라도 일부는 당초 합의된 물량 배정을 확정 짓지 않는 경우도 있어 추가 운임조정의 여지를 두기까지 한다.

비딩을 통해 특정 기간 동안의 운송대상 구간에 대한 화물 해상수송업체를 선정하는 과정은 화주별로 조금씩 다르다. 그러나 대체로 2~3차례에 걸친 견적 비교와 비딩 시작 전이나 비딩 과정 중에 대면 회의를 통해 선사에게 운임 구간과 물량을 제시하고, 비딩을 통해 이를 받아들이는 선사 중 가장 낮은 운임을 제시하는 선사를 선정하는 방식이다. 국내 대량 화주들의 일반적인 비딩 절차를 정리하면 [표 9-1]과 같은 과정을 거치게 된다.[60]

선사와 화주와의 계약은 개별 자유계약으로 체결되고 있다. 그러나 만성적인 공급과잉 시장에서 화주가 해상운송 선사를 결정할 수 있는 유리한 협상의 위치에 있기 때문에 대부분 운임과 물량, 부대요금 조건 등이 화주의 요구에 맞추어 계약이 이루어지고 있다. 대량화주의 경우는 공개 입찰의 형식을 취하고는 있으나, 이 역시 수차례에 걸친 견적 비교와 대면 회의를 통해 화주가 요구하는 운임구간과 운송조건을 제시하여 화주가 요구하는 운임과 조건에서

---

[59] 화주가 타선사의 운임을 미리 알려 운임하락 경쟁을 유도하는 경우도 있고, 대형 화주들이 선사들에게 개별 접촉하여 타 선사는 이렇게 운임을 냈으니 운임을 더 맞추라고 이야기하는 경우도 있다(선사 관계자 인터뷰).

[60] 3개 대형화주의 비딩 프로세스에 대해 선사 영업담당자 인터뷰 및 선사자료에 기초해서 작성했다.

표 9-1 대량화주 비딩 프로세스

	비딩 프로세스	화주 요구 등
1	비딩스케줄 공지	이메일, 전산시스템
2	– 선사의 참여의사 확인 – 사전 대면회의	화주 요구 부대조건, 즉 할증료(surcharge) 및 프리타임(free time) 조건을 제시
3	1차 비딩	견적 비교
4	(2차 비딩)	(2차 비딩이 없는 경우도 있음)
5	최종비딩 전 대면회의	– 구간별 화주의 타겟 운임, 부대조건 협의 – 물량 통지, 협의
6	3차 비딩	선사 선정
7	추가 네고	– 선정 선사에 최종운임 허용구간과 물량 전달 – 운임조정 요청
8	계약서 작성	(일부, 물량 합의를 미루는 경우도 있음)

자료: 선사 자료 및 선사 영업담당자 인터뷰

운송계약을 체결한다.

2) 해운동맹의 기능

일반산업의 경우 산업정책은 자국산업보호 및 경쟁력강화정책이 주류를 이루고 있다. 자국 산업보호를 위해 관세를 부과하거나 노동력의 이동을 제한 하거나 혹은 제도나 규칙을 정해 자국산업에게 유리하게 만들게 된다.

그러나 해운산업은 영업범위가 전세계 화주를 대상으로 하기 때문에, 그리 고 선박이라는 공장이 전세계로 떠다니며 움직이는 이른바 부유식 공장 (floating factory)과 같은 특성이 있어 자국 해운산업이라고 관세나, 인력제한, 제도에 의해 보호해줄 수 있는 산업이 아니다.

세계 주요 정기선 항로는 선사들이 자유롭게 선박을 투입하기도 하고 새로 운 경로의 항로를 개설할 수 있는 자유로운 경쟁시장이다. 특정항로에서 공급 이 부족해 그 항로만 유독 운임이 높을 수가 없다. 2021년 기준으로 아시아역내 항로 중에서 동북아-동남아 항로에 176개 항로가 개설되어 있다. 근해항로 선사들은 근해항로 선사들 간의 경쟁 이외에도 원양항로 취항선사들과도 경쟁을 해야 한다. 이와 같이 국제적인 경쟁에 고스란히 노출되어 선사 간 경쟁력에 의해서만 생존이 가능한 산업이다. 이러한 과당경쟁시장에서 정기선사들이 생존할 수 있는 방안은 UNCTAD 라이너 코드에서 제시한대로 적정이윤을 보장해주는 공동행위를 하는 일밖에 없다.

특히 근해항로에 취항하는 국적선사들은 자본력이 높은 외국 대형선사들에 비하여 대부분 자본력이 낮은 중소, 중견 기업들이어서, 정기선사들의 자율적 규제가 없을 경우 초대형 외국선사들과 가격경쟁을 해야 한다면 규모의 경제에 의한 가격 경쟁력 차이로 생존의 문제에 직결될 수 있다. 초대형 외국선사들은 방대한 선단을 보유하고 있으며 재무적 상황도 건실해 운임이 안정화되지 않을 경우 중소, 중견선사들은 이들과의 과당경쟁에서 존립하기 어렵기 때문에 항로유지와 선사의 생존을 위해 선사 간 공동행위가 불가피한 실정이다.

한국-일본, 한국-중국, 한국-동남아 항로에는 각각 한국근해수송협의회, 황해정기선사협의회, 동남아정기선사협의회가 구성되어 있어 이를 통한 선사 간 공동행위로 해운불황기에 근해항로에서 선사 간 극심한 출혈경쟁을 어느 정도 막아냈고 많은 중소, 중견선사들이 운항을 지속할 수 있었다. 특히 만성적인 공급과잉 시장에서 선사들의 공동행위가 화주에게 안정적인 수송서비스 유지에 기여하는 역할을 하고 있고, 화주에 대한 서비스 하락을 방지하는 역할을 하고 있다.

선사 간 공동행위가 없다면 근해항로에서 중국, 유럽 등 외국선사들에 의한 시장 독과점이 발생하게 될 것이고 초대형 외국선사들이 독과점적 지위를 이용하여 운임을 인상할 수 있으며 화주 및 소비자들은 높은 운임을 지불해야 하는 불이익이 발생할 수 있다.

또한, 외국선사들은 수익성이 낮은 국내 근해항로에는 정기선 투입을 줄이거나 다른 항로로 선박을 전환 배치할 수 있어 국내 화주 및 소비자들은 국적선사들이 제공하던 다양하고 빈번한 정기선 운송 서비스를 누릴 수 없게 될 것이며, 심지어는 특정 항로에 대한 운항 일정 자체가 없어져서 필수적인 화물 운송 자체를 포기해야 할 수도 있다.

　전통적으로 유럽국가들이 해운을 중시한 해운국으로 해운선사를 지원을 위한 정책이 해운정책의 중심을 둔 반면, 미국은 화주국으로 화주보호를 해운정책에 중심에 두고 있다. 이러한 미국이 EU와 달리 아직 정기선사들의 운임 등 공동행위를 허용하고 있는 것은 이 정책이 선사보호에 주 목적이 있다기보다는 화주에게 경쟁적인 정기선 서비스 운송시장을 안정적으로 유지시켜주기 위한 것임을 알 수 있다.

　특히 UNCTAD 라이너 코드의 정신과 달리 경쟁당국의 선사 간의 경쟁만을 강조하는 정책은 근해항로에서 우리나라 중소, 중견 해운회사들의 생존을 위협하여, 외국 대형 선사들이 중심이 되는 과점운송시장으로 변화할 수 있다. 선사 간 공동행위와 해운동맹이 초대형선사와의 경쟁에서 중소, 중견해운회사가 생존할 수 있는 방안이고, 이를 통해 화주들이 경쟁적 운송시장에서 수출입을 할 수 있다.

CHAPTER

10

해운법상 정기선사 간 공동행위

우리나라 정기선 해운정책

우리나라가 해운업을 전략적으로 육성해야 하는 이유는 우리나라가 무역에 의존해 경제를 발전시키는 국가이기 때문이다. 우리와 비슷하게 무역에 의존하는 중국, 일본, 대만이 해운산업을 전략적으로 육성하는 것도 마찬가지 이유이다.

우리나라는 2021년 기준으로 세계 무역 8위의 무역 대국이다. 무역은 상품 경쟁력이 없으면 이루어질 수가 없는 것인데, 그 경쟁력에서 가장 많은 비중을 차지하는 것이 물류비이고, 물류비용 가운데서도 40% 이상을 차지하는 것이 바로 해상운송 비용이다. 해상운송 경쟁력을 유지하기 위해 정기선 서비스의 확대가 필요하다.

그러나 정기선 해운은 만성적인 공급과잉으로 과당경쟁에 노출될 우려가 있기 때문에 선사들의 공동행위를 허용하고, 선사들 간의 연합 정책을 추진하여 정기선 서비스를 유지 및 확대시키는 정책을 추진하고 있다.

1) 선사 간 공동행위 허용

정기선 해운 서비스 확대가 세계 무역을 증진하는 가치가 크다는 UN의 정기선 헌장을 받아들인 우리나라 해운법도 정기선 해상운송 항로서비스를 다양하게 유지하고 해운 서비스를 높여 나갈 수 있도록 정기선사 간 공동행위를 허용하고 있다.

정기선 해운 서비스를 유지하기 위해 많은 자본이 투입되는 높은 자본집약 산업임에도 불구하고 스케줄대로 선박을 정기 운항시켜야 하기 때문에 일정 부분 수송능력보다 더 많은 공급을 하는 공급과잉으로 선대를 운영하게 된다. 시장에서의 공급과잉상태는 화주가 운송 선사를 선택할 수 있는 화주 우위 시 장으로 만들게 된다. 결국 선사들은 과당경쟁을 할 수밖에 없고, 과당경쟁의 결과 높은 고정비와 높은 매몰비용 때문에 선사들이 경영위기에 처하면서 다 양한 정기선 서비스를 유지하기 어려워질 수 있는 위험이 있다.

외항 정기 컨테이너선 산업에 의한 국제 정기선 해운 서비스를 유지, 확대 하는 것이 화주는 물론 국민경제에 도움이 되기 때문에 각국은 금융 및 세제 지원을 통해 정기선 외항해운산업을 지원하고 있고, 외항 정기선 해운산업에 대해 경쟁법(독점금지법) 정밀감시를 제외하거나 특별법으로 대체하여 선사 간 공동행위를 허용하고 있다.

우리나라도 해운법 제29조에 의해 선사 간 운임 등 공동행위를 허용하고 있다. 이를 통해 한국-동남아 항로, 한국-중국항로, 한국-일본항로 등 근 해항로에서 상대적으로 많은 선사들이 정기선을 운항하고 있고, 연근해 지역 수출입 화주들이 여러 정기선 서비스를 경쟁적으로 선택, 활용할 수 있는 컨 테이너 운송시장이 유지, 확대하고 있다.

2) 선사 간 연합 해운정책

2008년 금융위기 이후 세계 1위 선사인 머스크사는 경쟁력이 없는 선사들 은 항로에서 도태되어야 함을 주장했다. 세계 수위의 선사들이 중심이 되어 초대형선을 대거 투입하여 공급과잉을 유도하고 운임경쟁력으로 시장점유율 을 확대해가는 전략을 추진했다. 이 결과 국적 외항 정기선사들도 2011년 이 후 경쟁력이 크게 약화하여 재무상태가 악화되는 어려움을 겪기 시작했다. 2013년 STX 팬오션이 회생절차에 들어갔고, 2017년에 우리나라 최대 해운사 인 한진해운이 파산하였다. 2020년에는 운임하락으로 실적이 악화한 동남아 항로 주력선사인 흥아해운도 워크아웃을 신청했다.

국적선 경쟁력이 크게 악화하기 시작한 2011년을 기준으로 할 때 국적선 컨테이너선 선박량은 총 431만 4천 톤(GT)[1]이었는데, 이후 파산하거나, 법정관리에 들어간 선사의 컨테이너 선박량은 총 223만 2천 톤으로 2011년 선대의 52%에 해당하는 규모였다.

우리 정부는 이러한 정기선 해운산업의 어려움을 극복시키기 위해 국적 정기선사들에게 선사 간 연합을 적극 권장하는 정책을 추진해왔다. 외항 정기선사의 경쟁력을 강화하기 위해 두 가지 해운동맹을 출범시켰다. 2017년 국적 14개 컨테이너선사가 참여한 '한국해운연합(KSP)'과 2020년 말에 합의한 'K-얼라이언스'이다.

한국해운연합을 통해 운임 덤핑 출혈경쟁에서 벗어나 항로 다변화와 서비스 제고, 그리고 운임안정을 통한 수익성 개선을 협력기반의 경영혁신으로 추진토록 했다. 또한 'K-얼라이언스'를 통해 동남아 항로 시장을 선도하는 경쟁력을 갖출 수 있도록 유도했다.

글로벌 해운시장의 공급이 과잉되면서 더 이상 가격경쟁이 선사들의 수익을 보장할 수 없는 환경으로 변함에 따라, 정부가 나서 항로합리화, 선복교환 확대, 신규항로 공동개설 등 컨테이너 정기선 산업의 발전을 위한 상호 협력기반을 마련하기 위한 정책을 추진한 것이다. 국적선사들이 해운동맹을 통해 운임안정화를 꾀하는 것이 경영혁신의 대안이라는 정책을 추진한 것이다.

3) 공정한 경쟁환경 조성 및 해운산업 건전성 제고정책

외항 정기 화물운송 시장의 공정한 경쟁과 건전성 제고를 위하여 해운법상 운임공표제[2]를 통해 운임 및 요금을 각각 공표하도록 하고 있다. 특히 공표되

---

1 풀 컨테이너선 기준, 동남아 해운 컨테이너 선박량 포함 수치(해운통계요람, 2007, 2011, 한국해양수산개발원)

2 운임공표제는 1999년에 도입되었다. 운임공표제는 선사의 해상운임을 해운 종합정보시스템에 의무적으로 공표하도록 해서 화주들의 알 권리를 보장함과 동시에 이를 지키지 않을 경우 벌금 등의 불이익을 받게 해 선사 간 과당경쟁을 막고 운임을 안정화하기 위해 시행된 제도로 종전 운임신고제('90-'99.9)를 1999년에 운임공표제로 전환·시행한 것이며, 그 이후 2006년, 2010년, 2014년, 2016년, 그리고 2020년까지 총 다섯 번의

거나 신고된 내용이 외항 정기 화물운송 시장에서 지나친 경쟁을 유발하는 등 사업의 건전한 발전을 해칠 우려가 있다고 인정되면 그 내용을 변경하거나 조정하는 데에 필요한 조치를 하게 할 수 있도록[3] 하여 운임공표와 신고업무가 선사 간 과다한 경쟁을 제한하고 산업의 건전할 발전을 도모하는 것을 목표로 하고 있다.

운임공표제는 공표운임의 실제 준수 여부보다는 공정한 경쟁질서 유지를 위한 사전·예방적 도구로 제도를 운용하고 있는 경우가 많다.[4] 해양수산부의 운임공표요령 제10조 2항에서 "운임 등의 공표 및 신고는 원칙적으로 항로별로 영업이익[5]이 0보다 커 최소한의 정상이윤이 보장되도록 하여야 한다"고 되어 있다.

운임공표제를 시행하고 있는 외국의 경우도 마이너스 운임 방지 조치나 정상이윤 보장 조치를 취하는 경우가 있다.[6] 마이너스 운임에 대해 중국은 선사 경영수지를 악화시키는 수준의 운임공표는 원칙적 불허한다고 규정[7]하고 있다. 미국의 경우 구체적인 조치는 없어도 "공동운송인에 대한 비용 절감을 가져올 수 있는 기존 요금의 변경(인상)은 FMC의 운임 변경 허가 심사에 효과적일 수 있다"고 하여 적정운임 수준 유지에 도움이 되는 조항을 업무지침상에 규정하고 있다. 일본에서도 구체적인 조치는 없지만 "악질 위반 사례로 인정돼 화물 이용 운송 사업의 수행이 불가능하게 되는 경우에는 3개월 이내 또는 6개월 이내로 기간을 정하여 처분을 실시"한다고 하여 적정운임 수준 유지에 도움이 되는 조항을 업무지침 상에 규정하고 있다.

해양수산부는 2016년 3월 건전한 해상운송 질서 확립을 위해 '외항 운송사

개정을 하였다.

3 해운법 제28조(운임 및 요금의 공표 등) 7항

4 황진회, 박용안, 최영석, 박정선(2011)

5 (운임＋요금)－(영업비용＋영업외 비용)

6 안영균, 김태일, 윤희성(2019)

7 정상이윤 보장 조치에 대해 중국에서는 운임 신고 시 원칙적으로 '운임－제반 수수료－컨테이너 관리비'가 0보다 높아 정기선사에 최소한도의 정상이윤이 보장되어야 한다고 규정하고 있다. 또한 동일 조건에서 해상운임에 40%를 곱한 금액은 '해상운임＋부대비용'에 20%를 곱한 금액보다 낮을 수 없다고 하여 부대비용을 늘리는 방식으로 덤핑운임을 적용하는 방식을 원천 차단하고 있다.

업자 운임공표업무 처리요령'을 개선 시행하면서, 2009년 금융위기 이후 장기적으로 침체한 해운경기에서 국적선사들이 적자를 내고 있어 선박운항 및 항로유지에 어려움을 겪게 되자 선사 간 지나친 경쟁을 자제시키기 위해 마이너스 또는 제로 운임을 불승인하겠다는 방침을 세우기도 했다.

02

정기선사 간 공동행위 허용법률

1) 공정거래법

우리나라의 '독점규제 및 공정거래에 관한 법률'[8](이하, 공정거래법)에서의 주요 위반 유형은 시장지배적 지위의 남용금지(제3조의 2), 기업결합(제7조), 경제력 집중의 억제(재벌규제), 부당한 공동행위의 금지(제19조), 불공정거래행위의 금지(제23조) 등이다.

이들 중 공동행위가 그 대상이 되는 것은 부당한 공동행위의 금지 조항(제19조 1항)이며, 동 조항 위반의 경우 시정조치(제21조), 과징금(제22조) 및 형사처벌 등이 가능하도록 하고 있다.

공정거래법의 적용제외 규정에 대해서는 공정거래법에 의하면 법령에 따른 정당한 행위(제58조), 지적 재산권의 행사 행위(제59조), 일정 요건을 갖춘 조합의 행위(제60조)에 해당하는 행위에 대해서는 적용제외 대상이 된다.

외항해운사업에 관련한 공정거래법상의 적용제외 규정은 공정거래법 제58조의 '이 법의 규정은 사업자 또는 사업자단체가 다른 법률 또는 그 법률에 의한 명령에 따라 행하는 정당한 행위에 대하여는 이를 적용하지 아니 한다'고 되어 있는 조항이다. 따라서 해운법에 따라 행하는 외항해운사업의 공동행위는 공정거래법 적용이 제외된다.

---

8 2020년 5월 19일 일부개정, 2021년 5월 20일 시행(법률 제17290호), 1980. 12. 31, 제정, 시행 1981. 4. 1 시행(법률 제3320호)

공정거래법은 일반적으로 금지하는 일반법이고, 해운법은 명시적으로 특정 사업자 간의 공동행위를 인정하고 있으므로 특별법적 지위와 같이 볼 수 있다. 공정거래법 적용 제외 규정이 특별법인 해운법이 아니라 일반법인 공정거래법(제58조)에 있는 것은 해운법의 공동행위 허용 조항이 1978년에 신설되었고, 공정거래법은 1980년 12월에 제정되면서 뒤에 제정된 공정거래법에 일괄 적용제외 조항을 둔 것으로 이해된다.[9]

즉 공정거래법에서는 해운법에서 이미 허용하고 있는 선사 간 공동행위에 대해 공정거래법 적용을 제외하기 위해 제58조를 둔 것으로 해석된다. 따라서 정기선사 간 공동행위를 해운법에서 이미 허용하고 있기 때문에 공정거래법 제58조는 공정거래법 적용 제외 조항일 뿐, 정기선사 간 공동행위를 재차 허용하는 법률로 볼 수 없다.

2) 해운법

외항해운사업의 공동행위를 허용한 것은 1978년 해상운송사업법 개정 때 제7조의 2 제1항에서 "국내항과 외국항 간 또는 외국항 간의 선박 운항사업자는 다른 외항 선박 운항사업자와 운임·요금·배선 및 적취 기타 운송조건에 관한 계약 또는 공동행위(협약)를 할 수 있다"는 조항이 신설되면서부터이다. 이 법은 1984년 1월 해운업법으로, 그리고 1993년 6월 해운법으로 개정되면서 현재까지 이어져 오고 있다. 현행 해운법 제29조 제1항에서는 외항화물운송사업자는 다른 외항화물운송사업자와 운임·선박배치, 화물의 적재, 그 밖의 운송조건에 관한 계약이나 공동행위(협약)를 할 수 있도록 하고 있다.

1980년 12월 31일 제정되어 1981년 4월 1일부터 시행되기 시작한 공정거래법은 당시 같은 법 제47조에서 "이 법의 규정은 특정한 사업에 대하여 특별한 법률이 있거나, 특별한 법률에 의하여 설립된 사업자 또는 사업자단체가 법률 또는 그 법률에 의한 명령에 따라 행하는 정당한 행위에 대하여는 이를 적용하지 아니한다(제1항)", "제1항의 규정에 의한 특별한 법률은 따로 법률로

---

9 한국해양수산개발원(2021), p.19

지정한다"고 규정되어 있어, 제정 당시부터 이미 해운법(당시 해상운송사업법)에서 규정한 외항 정기선 선사들의 공동행위가 인정되었고 현재까지 유지되고 있다.

따라서 공정거래법 제정 이전에 제정된 해상운송사업법의 입법 취지 및 공정거래법 제정 당시부터 현재까지의 규정을 종합하면, 정기선사 간 공동행위는 해운법에 의해 허용되며, 해운법에 따라 행하는 외항정기선사 간 공동행위는 공정거래법에 의해 공정거래법 적용이 제외된다. 따라서 외항해운사업의 공정거래법 적용제외에 따른 관련 업무들의 소관 부처는 원칙적으로 해운법 주무부처인 해양수산부다.

그러나 공동행위에 참가나 탈퇴를 부당하게 제한하거나, 공동행위가 국제협약을 위반하거나(해운법 제29조 5항 1호) 선박의 배치, 화물적재, 그 밖의 운송조건 등을 부당하게 정하여 해상화물운송 질서를 문란하게 하는 경우(해운법 제29조 5항 2호)는 해양수산부 장관은 공동행위의 시행중지, 내용의 변경이나 조정 등 필요한 조치를 할 수 있도록 했다(해운법 제29조 5항). 다만 해운법 제29조 5항 3호와 같이 부당한 운임이나 요금의 인상 또는 운행 횟수 감소에 의해서 경쟁을 실질적으로 제한하게 되는 경우에 대한 조치일 때에는 공정거래위원회에 통보를 하도록 하고 있다.

3) 해운법 제29조의 도입 배경 및 연혁[10]

(1) 적용제외제도 제정의 배경

우리나라는 1960년대부터 시작된 본격적인 경제성장 정책에서 원자재와 에너지를 수입하여 이를 가공하여 수출하는 방식을 취해왔다. 이러한 성장 전략은 경제의 무역 의존도를 높이게 될 뿐만 아니라, 외항해운에의 의존도 수반하게 되지만, 당시의 우리나라에서는 외항해운 분야에 자신의 힘으로 적극적으로 진출할 수 있는 민간 사업자는 거의 없고, 또 몇 안 되는 민간 사업자

---

[10] 양창호(2021), 법무법인 광장(2021), 법무법인 세종(2021), 법무법인 율촌(2021), 법무법인 태평양(2021), 법무법인 김앤장(2021)을 참조하여 기술하였다.

도 국제 경쟁력은 낮았었다.

이 때문에 우리 정부는 경제성장 정책의 일환으로서 국내 해운사업자의 육성 및 보호에 힘을 쏟게 되었다. 1974년 4월 우리나라 정부는 '외항해운 종합육성법안'이라는 정책을 발표하였는데, 이에 따르면 수출이 100억 달러에 이를 것으로 예상되는 1981년의 수출 및 수입의 총 물동량은 1억 2,700만 톤이 될 것이며, 이들 중 50%를 우리 국적 외항선으로 운반하는 것을 목표로 삼았다. 1976년에 이 법안은 '해운조선종합육성법안'으로 개정되었는데 여기서도 역시 우리 국적 외항선이 국제물류를 담당한다는 것이 강조되었다. 이러한 외항해운사업에 대한 보호 정책은 1980년에 공정거래법이 제정되었을 때는 물론 현재도 기본적으로는 변하지 않았다.

(2) 해운법 제정 연혁

현행 해운법 제29조에 대응하는 조항은 해운법의 구(舊)법인 해상운송사업법의 1978년 개정 당시에 신설되었다. 이 조항은 "요금 등의 협약은 외항해운에서는 널리 통용되고 있는 사실로써 운임 요금 배선 및 적취 기타 운송조건에 관한 계약이나 공동행위를 함은 당연한 것"임을 이유로 신설된 것이며,[11] 이후 1983. 12. 31. 구 해운업법이 법률 제3716호로 전부 개정되면서 "신고된 협약이 제1항 단서의 규정 또는 국제협약에 위배되거나 그 협약의 내용이 한국해운의 발전에 지장이 있다고 인정할 때" 그 협약의 시행의 중지 또는 내용의 변경등 필요한 조치를 할 수 있다는 내용이 추가되기도 하였다.

또한, 1995년 12월 29일 구 해운법이 법률 제5114호로 일부 개정될 때, 위와 같은 필요한 조치를 할 수 있는 경우에 "부당하게 운임 또는 요금을 인상한 경우" 및 "부당하게 운항을 감축한 경우"가 추가되었으며, 협약을 체결한 외항화물운송사업자와 하주단체가 상호 충분한 정보를 교환하여야 하고 운송조건에 관하여 협의를 하여야 한다는 내용이 신설되었다.

그리고 구 해운법이 1999. 4. 15. 법률 제5976호로 일부 개정되면서, 위와 같은 필요한 조치를 할 수 있는 경우가 "선박의 배선, 화물적재 기타 운송조

---

11 1978. 10. 23.자 교통체신위원회 회의록(김앤장(2021)에서 재인용)

건 등을 부당하게 정하여 해상화물운송질서를 문란하게 하는 경우” 및 “부당하게 운임 또는 요금을 인상하거나 운항회수를 감축하여 경쟁을 실질적으로 제한하는 경우”로 수정되었다.

또한, 후자에 해당하는 경우에는 해양수산부장관이 조치를 한 후에 공정거래위원회에 통보할 의무가 신설되어 사실상 현행 해운법 제29조와 동일한 내용이 되었다. 참고로 이 개정 때 공정거래위원회는 해수부가 조치를 하기 전 공정거래위원회와 협의하는 절차를 도입할 것을 요구하였지만, 해수부는 이 조치는 해수부 고유권한이므로 협의가 불필요하다는 입장을 고수하여 결국 해수부가 독자적으로 판단하여 조치를 한 후 사후적으로 공정거래위원회에 통보하는 것으로 개정이 된 것으로 알려져 있다.[12]

---

12 해양수산부, 해운법 관련 질의회신(해운정책과-3249)(2021. 7. 12.)

03

해운법상 정기선사 간 공동행위

1) 해운법 제29조 규정

해운법 제29조 제1항에서는 외항화물운송사업자는 다른 외항화물운송사업자와 운임·선박배치, 화물의 적재, 그 밖의 운송조건에 관한 계약이나 공동행위(이하 "협약"이라 한다)를 할 수 있다. 단 제1항의 단서로 협약 참가나 탈퇴를 부당하게 제한하는 것을 내용으로 하는 협약을 맺어서는 안 된다고 하고 있다.

외항화물운송사업자가 제1항에서 가리키는 협약을 맺었을 경우에는 해양수산부령에서의 규정에 따라 그 내용을 해양수산부 장관에게 신고해야 한다(제2항). 또한 해양수산부 장관은 신고된 협약의 내용이 다음 각 호 중 하나에 해당할 경우에는 해당 협약의 시행 중지, 내용의 변경이나 조정 등 필요한 조치를 명할 수 있다(제5항). 단 제3호에 해당하는 것에 대한 조치일 경우에는 그 내용을 공정거래위원회에 통보해야 한다.

1. 동법 제29조 제1항 단서 또는 국제협약을 위반하는 경우
2. 선박의 배치, 화물 적재, 기타 운송 조건 등을 부당하게 정하여 해상화물 운송 질서를 문란케 한 경우
3. 부당하게 운임이나 요금을 인상하거나 또는 운행 횟수를 줄여 경쟁을 실질적으로 제한하는 경우

그리고 협약을 체결한 외항화물운송사업자와 대통령령으로 정해진 화주단체는 해양수산부령에서의 규정에 따라 운임과 부대비용 등 운송조건에 관해 서로 정보를 충분히 교환해야 하며, 신고를 하기 전에 운임이나 부대비용 등 운송조건에 관해 협의해야 한다. 이 경우 당사자는 정당한 사유 없이 이를 거부해서는 아니 된다(제6항).

또한 해운법 시행령[13] 제14조에 따르면, 해운법 제29조 제2항에 따라 신고된 협약에 대해서 같은 법 제29조 제5항에 따른 변경이나 조정 등에 필요한 조치를 하게 하는 경우에는 미리 이해관계인의 의견을 들어야 한다고 되어 있다.

2) 해운법 제29조의 해석[14]

(1) 정당한 행위, 경쟁제한성과 부당성의 의미

외항해운사업에 관한 공정거래법상의 적용제외 규정은 제58조의 '이 법의 규정은 사업자 또는 사업자단체가 다른 법률 또는 그 법률에 의한 명령에 따라 행하는 정당한 행위에 대하여는 이를 적용하지 아니 한다'고 되어 있어, 해운법에서 명시적으로 1978년부터 규정, 허용되어 온 외항해운사업 관련 공동행위는 원칙적으로 공정거래법 적용대상이 아니다.

그럼에도 불구하고 공정거래법 제58조 문구 중 '정당한 행위'가 구체적으로 어떤 것을 의미하는지를 살펴보자. '정당성'의 판단을 공정거래법의 관점에서 파악해야 한다는 견해[15]와, 관련된 개별 법률 자체의 목적이나 이념에 따라 판단해야 한다는 견해[16]가 있다.

정당성을 공정거래법의 관점에서 파악해야 한다는 주장은 정당성의 요건

---

[13] 2021년 1월 5일 일부 개정, 2021년 1월 5일 시행(대통령령 제31380호). 원래는 해상운송사업법 시행령이며, 1964년 9월 14일 제정 및 시행(대통령령 1935호)

[14] 본 절의 내용은 초안을 검토해 주신 법률사무소 선경 윤남호 변호사님의 의견에 따라 내용이 추가되고 첨삭되었다.

[15] 대표적으로 이호영(2006), pp.23-24(이정원(2012)에서 재인용)

[16] 대표적으로 신동권(2011), p.1,057 그리고 신현윤(2006), p.134가 있다.(이정원(2012)에서 재인용)

을 동 조항의 적용 범위의 문제, 즉 경쟁 질서에 관한 기본법으로서 공정거래법의 실효성 확보라는 관점에서 동법 제58조의 적용제외 사유도 가급적 엄격히 해석해야 하여야 하며, 따라서 동 조항의 정당성 요건도 공정거래법 자체의 관점에서 파악해야 한다고 해석하고 있다.

이에 대해 공정거래법 적용제외라는 개념 자체가 공정거래법의 관련 규정에 저촉되는 행위임에도 불구하고 산업별 특성 등을 고려하여 일정한 요건을 구비한 경우에 공정거래법의 적용을 제외하겠다는 것이므로 각 행위의 정당성 요건은 공정거래법이 아닌 해당 행위를 허용, 규율하는 개별 법률의 관점에서 파악하는 것이 타당할 것이라는 해석이다.[17] 동시에 공정거래법 적용제외 사유는 엄격하게 해석하여야 하지만 그렇다고 해서 반드시 공정거래법의 적용제외의 범위와 동법 제58조의 '정당성' 요건을 결부시킬 필요는 없다고도 분석하고 있다.[18]

공정거래법 제58조의 '정당한 행위'에 대해 공정거래법 적용을 제외한다는 의미는 원래 공정거래법에서 그 대상으로 삼는 '행한 행위'는 공정거래법을 위반을 전제로 하기 때문에 공정거래법 제58조의 '정당한 행위'의 대상인 '행위'는 공정거래법상 '정당한' 것이 아니고, 해당 법령(해운법)상 '정당한' 것이라고 분석할 수 있다.[19]

특별법인 해운법에서 정기선사 간 공동행위를 허용한 입법취지로 볼 때 공정거래법 제58조에서 규정한 '정당한 행위'를 공정거래법을 위반하지 않은 '정당한 행위'로 해석하는 것은 특별법의 입법취지에 반할 수 있다. 따라서 해운법에 의해 '정당하게' 행하는 정기선사 간 공동행위를 '정당한 행위'로 보는 것이 입법취지에 부합할 것으로 판단된다. 즉 정기선 해운선사들의 공동행위의 근거가 되는 개별 해당 법령인 해운법상 '정당한 행위'인지 여부로 해석하는 것이 타당하다.

특히 공정거래법과 해운법의 경쟁제한성과 부당성은 다른 개념이다. 공정거래위원회는 2022년 한·동남아 항로, 한·일 항로, 한·중 항로에서 컨테이

---

17 이정원(2012), p.300

18 위 자료 각주 15, p.300

19 公正取引委員会(2016), p.39

표 10-1 경쟁제한성과 부당성의 법상 차이점

	공정거래법	해운법
부당한 공동행위	합의자체	해운법 제29조 5항 각호에 명시
경쟁제한성	시장지배적 사업자	실질적 경쟁제한 여부 판단

너 정기선사의 공동행위를 운임담합으로 과징금을 부과하는 제재를 결정했다. 공정거래위원회는 이 사건에 대한 경쟁제한성을 공정거래법의 경쟁제한성으로 판단하여 다음과 같은 이유로 '당연위법'으로 판단하였다. 첫째, 가격의 결정과 같이 공동행위 성격상 경쟁제한 효과만 생기는 것이 명백한 경우에는 구체적인 경쟁제한성에 대한 심사없이 부당한 공동행위이다. 둘째, 한·동남아 항로, 한·일 항로, 한·중 항로의 컨테이너 해상화물운송 서비스 시장에서의 시장점유율이 공동행위 기간 내내 70~90% 수준이기 때문에 시장지배적 사업자로 추정(공정거래법 제4조)[20]된다.

그러나 해운법 제29조 5항 3호에서는 운항횟수를 줄여, 화주가 선택할 수 있는 정기선 서비스를 축소하여, 화주의 경쟁을 실질적으로 선택을 제한했는지 여부로 경쟁제한성을 판단하도록 되어있다.

해운법에 의해 경쟁 제한성 여부를 판단 받아야 할 한·동남아 항로, 한·일 항로, 한·중 항로 선사들의 공동행위를 공정거래위원회는 공정거래법에 의해 당연 위법한 행위로 보고 경쟁 제한성에 대한 입증을 하지 않은 채 경쟁제한성을 판단하였다.

또한 공정거래위원회는 해운법 제29조에서 정한 화주단체와의 협의 및 해양수산부장관에 대한 신고가 제대로 이루어지지 않은 중대한 흠결이 있어 이 사건 공동행위는 해운법은 물론 공정거래법을 위반한 부당한 공동행위로 심결하였다.

그러나 해운법상 부당한 공동행위 경우는 제29조 제5항 각호의 내용으로 명시되어있다. 제29조 제5항의 위반시 협약의 시행중지, 내용의 변경이나 조정 등 필요한 조치를 명할 수 있고, 제5항 제3호에 해당하는 경우에 대한 조

---

20 시장지배적 사업자: 3개 이하의 사업자의 시장점유율 합계가 100분의 75 이상인 경우로 추정

치인 때에는 그 내용을 공정거래위원회에 통보하도록 엄격히 규정되어 있다. 신고 위반의 경우 과태료 처분, 화주와의 협의 위반의 경우 처분규정도 없는 것은 제5항 규정위반보다 경한 위반으로 입법되어 있다. 따라서 화주와의 협의와 신고여부가 부당한 공동행위 요건이 되려면, 법 체계상 협의와 신고 위반을 부당한 것으로 명기하여 제29조 제5항에 명시되었어야 했다.

해운법상 부당한 공동행위는 제29조 제5항 각호의 위반시 판단될 수 있는 사항으로 제29조 제5항에 명시되어 있지 않은 절차규정으로 공동행위 부당성을 판단하는 것은 해운법 입법 의도에 반하는 것으로 볼 수밖에 없다.

(2) 신고와 협의의무에 대한 해석

해운법 제29조 제1항에서 외항정기선사들 간에 운임, 운송조건에 관한 공동행위가 허용된다고 명문화 하고 있다. 또한 제29조 제1항 단서를 보면, 협약에 참가하거나 탈퇴하는 것을 부당하게 제한하는 것을 내용으로 하는 협약을 금지하고 있다. 본문과 단서를 종합적으로 해석하면, 협약에 참가하거나 탈퇴하는 것을 부당하게 제한하는 협약이 아닌 한 정기선사들 간 운임 등에 관한 계약을 포함한 공동행위를 할 수 있다고 명시적으로 허용하고 있다.

해운법 제29조에서는 정기선사 간의 협약 후 화주와의 협의(제6항), 그리고 이러한 협의를 거친 후 해수부에 대한 신고(제2항) 등의 절차를 규정하고 있다. 그러나 이는 협약을 체결한 '후'에 이루어지는 사후 절차로 규정되어 있다. 즉 신고와 협의절차는 협약을 할 때까지는 거쳐야 하는 절차로 규정되어 있지 않으므로, 협약이 효력을 가지기 위한 실질적 전제 요건이 아니라는 의미이다.

특히 해운법 시행규칙 제20조 5항에 의해 협약체결일로부터 30일 이내에 별지 제15호 서식의 협약신고서에 협약서 및 협약개요서를 첨부하여 해수부 장관에 제출하도록 하고 있다. 이 경우 협약서 및 협약개요서에 협약당사자 모두의 이름을 적어 공동으로 제출하도록 하고 있는데, 시행규칙 서식의 내용들을 보면 이 신고는 협약의 내용을 해수부가 확인하기 위한 행정적인 목적이라 할 수 있다.

해운법 제29조 제6항에서 규정하고 있는 화주단체와의 협의도 협약체결

후 사후적인 절차로 규정하고 있으면서 화주단체와의 합의가 아닌 "협의"만을 요구하고 있다. 정기선사가 화주단체와 논의하는 절차만 거친다면 이 협의요건은 충족하게 되는 것이다.

이처럼 행정적 목적을 달성하기 위한 의무를 위반하는 경우에는 일반적으로 과태료 부과 등의 행정제재가 이루어지는 경우가 많다. 해운법 제29조 2항의 신고 의무 역시 이를 이행하지 않는 경우 해운법 제59조 제3항 제1호에 의해 100만원 이하의 과태료를 부과할 수 있도록 하고 있다. 또한 해운법 제29조 제6항의 화주단체와의 협의 의무 위반에 대해서는 별도의 과태료 근거 규정도 없는데, 이는 협의라는 요식행위를 위반한 것에 대해서는 아무런 가벌성이 없다는 입법자의 판단으로 해석할 수 있다.

(3) 신고와 협의절차와 화주후생

해운법 제29조에서 정기선사가 공동행위 협약을 한 때에 해수부장관에게 신고를 해야 한다고 규정하고 있다. 그러나 공동행위 협약체결 후에 신고절차를 둔 점, 그리고 미 신고시 행정벌로 과태료를 부과하도록 규정하고 있는 점, 특히 공동행위 신고내용이 일반에게 공표되는 것이 아니기 때문에 신고여부가 화주보호에 직접적인 관련이 없다는 점 등을 비추어 볼 때 정기선사 간 공동행위 신고절차가 운임이나 협약에 영향을 미치는 화주 후생절차로 보기 어렵다.

또한 해운법에서 규정하고 있는 화주단체와의 협의 절차도 공동행위 체결 후 화주와 협의하도록 하고 있다. 협의를 통해 특정 조건에 합의가 되어야 한다거나 협약 내용이 변경되어야 한다는 등의 부가 요건이 없기 때문에 이는 협약사실의 통고 이상의 실질적인 협약 내용 변경이나 협약의 유효성을 위한 절차로 보기 어렵기 때문에 역시 실효성이 있는 화주 후생절차로 보기 어렵다.

화주와의 협의 절차는 1978년 공동행위 허용 규정이 제정될 당시에는 규정이 없었지만 1995년 해운법 개정시 신설되었다. 화주에게 공동행위 내용을 통지하여 참고하도록 하고 화주와 공동행위 정보를 교환한다는 취지로 법을 개정한 것으로 볼 수 있다.

미국과 일본, 중국, 싱가포르 등 대부분의 나라에서 화주와의 협의에 대해

협의의무 규정을 두고 있지 않다. 미국의 경우는 선사와 화주 간의 자율적인 사적 계약을 존중하는 입장에 있어 선사와 화주 간 협의를 의무화하고 있지 않다 일본도 선사와 화주 간 협의 내지 교섭은 의무화되어 있지 않다. 중국 해운조례와 시행세칙에도 국제선박운송사업자 간 체결된 운임협의에 대해 화주와의 협의를 하는 규정을 두고 있지 않다. 다만 2007년 중국 교통부 고시 10호로 화주단체와의 협의체제를 구축하고 일방이 요청이 있을 경우에 한해 협의하도록 하고 있을 뿐이다. 싱가포르의 경우도 동맹참가자의 시장점유율 합계가 50%가 넘는 경우 협정내용을 경쟁당국에 제출하고 화주에게 통보하도록 하고 있다.

이와 같이 각국이 선사 간 공동행위를 화주단체와 협의하도록 규정하고 있지 않고 있는 이유는 공동행위와 관계없이 화주는 선사와 사적 비밀 운송계약을 통해 운임이나 운송조건에 대해 충분히 자신의 권리를 보호할 수단을 가지고 있기 때문이다.

협약체결 후 해양수산부에 신고하는 행위가 시장운임에 영향을 미칠 수 없고, 또한 협약체결 후 화주와의 협의절차가 시장운임을 변동시킬 수 없기 때문에 이들 절차규정을 화주의 후생에 영향을 준다고 보기 어렵다. 즉 화주는 경쟁시장에서 선사 간 비교견적, 경쟁입찰을 통해 화주가 원하는 운임구간에서 수송계약을 체결할 수단을 갖고 있기 때문에 해수부에 신고나 화주와 협의절차가 화주후생에 큰 실효성이 없다는 것을 반증하는 것이다.

(4) 협약 참가와 탈퇴의 제한 의미

해운법에서는 정기선사 간에 협약에 참가하거나 탈퇴하는 것을 부당하게 제한하는 협약을 금지하고 있다(제29조 제1항 단서). 협약에 참가하거나 탈퇴하는 것을 부당하게 제한하는 협약은 해운법상 인정되는 협약이 아니므로, 선사 간 협약이 있더라도 해운법에 따른 협약의 시행 중지, 내용변경이나 조정 등의 필요한 조치(제29조 제5항)의 대상이 될 것이다.

여기서 말하는 가입, 탈퇴가 제한되는 협약이란, 협약에 가입하지 않으면 운항을 할 수 없는 소위 폐쇄동맹(closed conference)을 의미하는 것으로 보아야 한다. 즉, 폐쇄동맹은 기존 가입 선사들이 점유하고 있는 시장에 대해 독점적 이익을 유지하게 해주는 형태를 의미하는데, 폐쇄동맹이 허용된다면 특정 선사들에게만 이익이 되며, 반면 협약에 가입이 허용되지 않은 선사들에게는 손해가 될 수 있다. 이러한 이유로, 해운법 제29조 제1항 단서는 폐쇄동맹의 성격을 가지는 협약은 인정하지 않음으로써 협약을 허용한 취지와 목적을 달성하려고 하는 것이다.

이는 정기선동맹 조약의 입장과도 동일한 것으로, 정기선동맹 조약의 내용을 해운법에 반영한 것으로 보여진다. 즉 1960년대까지 대부분 선진국의 대형 선사들만이 해운동맹을 맺고 시장을 점유하고 있었는데, 이들은 대부분 폐쇄동맹으로 운영하면서 새로운 해운사의 동맹가입을 제한하고 있어 동맹에 가입하지 못한 개도국의 선사들의 반대가 커졌다. 개도국들이 주도한 UNCTAD 정기선동맹 조약이 제정되면서, 폐쇄동맹을 금지하기로 하고 1974년 UNCTAD 정기선동맹 조약에서는 선사들의 가입과 탈퇴를 제약하는 해운동맹을 금지하게 된 것이다.[21]

(5) 부당한 운임인상, 실질적 경쟁제한

해운법 제29조 제5항은 해수부장관이 협약에 대해 협약의 시행 중지, 내용의 변경이나 조정 등 필요한 조치를 명할 수 있는 경우를 규정하고 있는데, 이 중 제3호는 "부당하게 운임이나 요금을 인상하거나 운항 횟수를 줄여 경쟁

---

21 양창호(2021), pp.56-57

을 실질적으로 제한하는 경우"를 제시하고 있다.

해운법은 정기선 해운에 있어서 실질적 경쟁제한성 여부를 가장 잘 판단할 수 있는 해수부장관에게 실질적 경쟁제한성에 대한 판단 권한을 주고, 실질적인 경쟁제한을 초래한 경우는 해운법이 보호하려는 공동행위의 범위를 벗어난 것이므로 제29조 제5항 단서에서 해수부장관이 제3호에 따른 조치를 할 수 있도록 규정한 것으로 볼 수 있다. 그리고 조치 후 공정거래위원회에 사후 통보하여야 한다고 정하고 있는 것이다.

대법원은 "'경쟁을 실질적으로 제한' 한다는 것은 시장에서의 유효한 경쟁을 기대하기 어려운 상태를 초래하는 행위, 즉 일정한 거래 분야의 경쟁상태가 감소하여 특정 사업자 또는 사업자단체가 그 의사로 어느 정도 자유로이 가격·수량·품질 및 기타 조건을 좌우할 수 있는 시장지배력의 형성을 의미하고, 시장에서 실질적으로 시장지배력이 형성되었는지 여부는 해당 업종의 생산구조, 시장구조, 경쟁상태 등을 고려하여 개별적으로 판단하여야 할 것이다."[22]라고 판단했다.

3) 공정거래법 적용 사례

외항해운사업에 대해 해운법 제29조 및 공정거래법 제58조에 의해서 동맹은 물론 협정, 컨소시엄, 공동행위 모든 것이 인정되고 있다. 그럼에도 불구하고 우리나라에서 외항해운사업에 관한 공정거래법 적용 사례는 근해수송협의회의 사건을 들 수 있다.

첫 번째는 1996년 근해수송협의회[23]가 포워더에 의한 덤핑요구를 막기 위해 사업자끼리의 '협약'이 인정되었던 당시의 해운법 제29조에 근거해 공동배선협의회를 설립하고, 동 단체가 포워더로부터 배송 의뢰를 일괄적으로 받은 후, 포워더의 희망과 관계없이, 동 단체의 판단으로 임의로 각 해운 사업자에게 배송 담당의 해운 사업자를 할당하고 있던 방식을 취한 건이다.

---

22 대법원 1995. 5. 12. 선고 94누13794 판결 [시정명령등취소]
23 한·일 항로에서 수출입을 담당하던 선주들의 해운동맹

이에 대해 공정거래위원회는 해운법에서 인정되고 있는 공동행위의 범위를 벗어난 부당한 거래 제한에 해당한다고 하여 시정 명령[24]을 내렸다.

두 번째는 1993년부터 당시 20개사로 구성된 근해수송협의회 중 과당경쟁 방지를 위해 14개사에 의해 공동으로 전년도의 각 회사의 영업 실적을 고려해, 연도마다 시장점유율 및 수송량의 한도를 할당하는 운임풀제[25]가 만들어지고, 이를 담보하기 위해 신규회원 및 기존회원에 대해 백지의 어음 등을 예치시켜, 이 시스템 탈퇴 시 정산이 종료될 때까지 어음을 반환하지 않았던 사건이다.

이에 대해 1999년 공정거래위원회는 이 시스템이 공정거래법 위반이 될 우려가 있다고 하였으나, 동 협의회는 원래 정기선사의 공동행위에 대한 관할권은 해양수산부에 있으며, 해당 행위는 해운법에 따른 정당한 행위라고 주장했다. 결국 공정거래위원회는 운임풀제에 대해서는 합법적인 것으로서 인정하였으나, 백지 어음 등을 정산 완료 시까지 반환하지 않는 행위는 현재 또는 장래의 사업자 수를 제한하는 행위로, 공정거래법 제26조 1항 2호에 명시된 사업자 단체의 금지 행위에 해당한다고 하여 시정조치를 명했다.[26]

위 두 사건 모두 근해수송협의회의 부당한 거래제한, 사업자 단체 금지행위에 관한 것이었으며, 해운법에서 허용한 선사 간 공동행위에 대해 제재한 것은 아니었다.

그 밖의 사례로 공정거래법이 직접 적용된 것은 아니지만, 외항해운사업과 관련된 사례로 2007년 11월부터 근해수송협의회의 일부 회원사업자가 수출입 화물에 대해 서로 월별로 취급량의 한도를 정하고, 그것을 상회한 물량을 취급한 사업자에 대해서는 동 협의회가 벌금을 부과하는 제도를 실시해 온 건에 대해 한국하주협의회가 당시의 외항해운사업의 관할 부처인 국토해양부에 동 제도의 철폐를 제안한 것을 들 수 있다(2008년 4월 29일).

이 제안에 대하여 당시 국토해양부는 이 제도가 해운법 제29조 1항에 규

---

24 1997년 2월 18일, 사건번호: 9609 공동 1253
25 각 선사의 운임수입의 일정 부분을 갹출하여, 이것을 미리 정한 비율로 각 선사에게 분배하는 제도이다.
26 2000년 10월 31일, 사건번호 2000 단체 0119

정, 허용된 공동행위이며, 해상화물운송질서를 문란케 하는 부당한 행위로 취급되어야 할 명백한 증거는 없다고 하여 동 하주협의회의 주장을 기각하였다.

현재까지 해운법 제29조 5항 단서에 명시된 해양수산부 장관이 공정거래위원회에 통보 의무가 있는 경우(부당하게 운임이나 요금을 인상하거나 운항 횟수를 줄여 경쟁을 실질적으로 제한하는 경우)와 관련해서는 실제로 통보가 이루어져 공정거래위원회에 의해 협약의 내용 등이 변경된 적은 없다.

이상의 사건 조치와 해양수산부의 정책에 비추어 보면 우리나라에서 외항해운 사업의 공정거래법 적용제외는 소관 부처인 해양수산부에 의해서 폭넓게 인정되고 있음을 알 수 있다.

특히 해운법 제29조 5항의 반경쟁적 협정내용에 대한 증명 의무가 해양수산부에 있기 때문에 정기선 해운선사의 경쟁제한 행위에 대한 공정거래법 적용 제외와 관련된 법적 확실성은 상당히 높다고 볼 수 있다.

04

정기선사 간 공동행위 허용제도의 효과

해운법상 외항 정기선 해운 사업자 간 운임 등 공동행위가 허용되고 있다. 그 이유는 공동행위에 의한 폐해보다는 운임 안정화나 과도한 경쟁 방지 등에 의한 외항해운시장 안정과 성장이 우리 국민경제에 더 큰 도움을 주고 있다는 입법취지에 기초한 것이다.

특히 근해 해운사업을 주된 활동 영역으로 하는 그 외의 대다수의 중소 해운사업자는 선사 간 협의회를 통한 협정의 형태인 공동행위[27]가 안정적인 경영을 위한 중대한 도구가 되어 왔다.

우리나라에서는 국적선사의 경쟁력 유지와 해외 거대 해운회사의 독과점화에 대한 견제, 근해항로를 주요 사업영역으로 하는 중소해운사의 보호, 그리고 정기선 서비스의 유지, 확대를 통한 국내 수출입 업체의 경쟁력 강화를 위해 정기선사 간 공동행위에 대해 경쟁법 적용제외제도가 계속 필요하다는 의견이 강한 것이 현 상황이라고 할 수 있다. 근해항로를 중심으로 정기선사 간 공동행위 허용의 효과를 살펴본다.

---

27 한국근해수송협의회(한·일 항로), 황해정기선사협의회(한·중 항로), 동남아시아 정기선사 협의회(한·동남아 항로)

(1) 한·일 항로

한·일 항로에서는 한국근해선사협의회를 통한 선사 간 공동행위로 해운불황기에 선사 간 극심한 출혈경쟁을 어느 정도 막아냈고 많은 영세 선사들이 운항을 지속할 수 있었다. 한·일 항로에서 2007년부터 선적상한제도[28](실링제도)가 도입이 되고 최저운임가이드라인 등을 통해 지나치게 하락한 운임안정에 큰 기여를 하였다. 이러한 정기선사 간 공동행위가 허용되어 있어 다수의 중소형 국적선사들이 대형선사의 선대투입 및 저가운임 공세에서 속에서도 생존할 수 있으며, 국적선사들이 안정적으로 한·일 구간에서 경쟁적인 정기선 운송시장을 형성하고 있다.

특히 한·일 항로의 경우 대형선사인 맹외선사들이 해운동맹인 한근협 선사들에 비해 몇 배 이상의 수송능력을 보유하고 있지만 한·일 항로에서 수송능력을 늘리지 않는 것은 한·일 항로에서 저운임 수준이 유지되고 있기 때문이다. 이는 한근협 선사들이 맹외선사들과의 경쟁을 의식하여 저운임을 유지하고 있기 때문이다. 선사 간에 경쟁이 존재하기 때문에 화주들은 낮은 운임 수준의 수송을 할 수 있는 것이다.

한근협을 통한 선사들의 공동행위 허용으로 우리선사들이 한·일 항로의 소규모 지방항만까지 수송 네트워크를 구축하여 한·일 양국의 화주들에게 경쟁력 있는 정기선 서비스를 제공하고 있고, 메인 포트까지 추가로 운송을 해야 하는 비용을 절감시켜 주고 있다.

한·일 항로에서 선사들의 공동행위가 없어진다면 우선 대형선사인 맹외선들이 수송능력을 크게 늘려 과당경쟁을 유도해 우리선사들의 시장점유율을 차지하는 전략을 세울 것이다. 이럴 경우 한·일 항로는 현재의 국적선사와 외국적 대형선사 간의 경쟁이 사라지고 외국적 대형선사들의 과점시장으로 변화할 수밖에 없다.

---

28 선사별로 선적물량 상한(ceiling)제를 실시하고 그 이상 물량을 집화하는 선사에게 벌금을 부과하는 제도이다. 2007년 말부터 도입된 이 제도는 당시 2006년 수송실적의 93%를 선적물량 한도로 정했다.

(2) 한·중 항로

한·중 항로는 한·중 양국 정부의 해운회담 합의에 기반하여 한·중 간 서비스 개설 또는 선박 투입에 대해 합의하는 관리항로로 운영되어 왔다. 관리항로는 한·중 양국 해운당국이 선박 투입, 항로 개설 등을 결정하는 항로이다. 한·중 해운회담의 근거인 한·중 해운협정 제12조에 따르면, 조약의 해석 및 적용과 관련된 모든 사안은 체약 당사국 간의 우호적인 협의를 통하여 해결하도록 하고 있다. 한·중 항로 선사 간의 공동행위도 양국 정부가 해운회담을 통해 논의한 사항을 이행하기 위한 방편으로서 이루어진 것이다.

한·중 항로에서 운송물량을 확보하기 위한 선사 간 경쟁심화에 대해 해운동맹인 황해정기선사협의회는 운임 하락이 반복되는 상황에서 최저운임가이드라인 등을 통해 과도한 운임하락을 방지하고 운임회복을 이루어 선사들의 생존을 이루려는 노력을 해왔다. 한·중 항로에는 한국과 중국의 총 39개사가 협의회 회원선사가 있고, 여기에 비 회원사 20여 개 선사 등 총 59개 선사가 시장에서 경쟁을 하고 있다.

▼ 그림 10-1 한·중 항로 최저운임가이드라인 추세

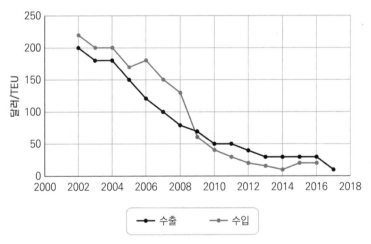

주: 부산항 및 중국 주요4대항로 최저운임 가이드라인(AMR) 기준(부대운임 제외)
자료: 황해정기선사협의회

실제로 2003년 이후 2018년까지 한·중 항로의 공급과잉이 심화되고 운임 경쟁이 심화되어 운임이 지속적으로 하락했다. 최저운임가이드라인 기준으로 수출운임이 20피트 컨테이너당 2003년 180달러에서 2017년에 10달러까지 하락했고, 2018년에는 타 선사들에게 물량이 이동할 것을 우려해 대량화물 화주에 대한 운임을 1달러까지 내리기도 했다. 수입운임도 20피트 컨테이너당 2003년 200달러에서 2016년 20달러까지 하락했다.

한·중 항로의 공동행위는 항로의 점진적 개방이라는 정책을 추진하게 만들어 국적선사들의 시장점유율을 유지하는 데 기여하고 있다. 만약 이러한 공동행위가 없다면 시장경쟁 격화로 한국과 중국 컨테이너 선사 중에 한국선사와 소형선사는 퇴출되고 중국선사와 대형선사만 운항하는 항로로 변모될 것이다.

(3) 한·동남아 항로

한국-동남아 항로는 아시아역내항로의 하부항로이다. 한국-동남아 항로의 1주당 수송능력은 12만TEU 정도이지만 아시아역내에는 455개 항로에 1주당 수송능력은 총 220만TEU에 달한다. 역내 세부 하위항로에서 일시적으로 수급이 변화하여 운임이 상승하면 선사들이 선박을 추가로 투입할 수 있기 때문에 한·동남아 항로는 물론 아시아 역내 운임이 모두 연동되어 움직이고 있는 경쟁시장이다. 이에 따라 동남아 항로운임은 세계 컨테이너선 수급에도 영향을 받아 세계종합운임과 동남아항로운임 양자 간에는 0.7697의 높은 상관관계를 보이고 있다.

한국-동남아 항로의 경우도 2011년 이후 2017년까지 평균 공급과잉률은 23.7%를 보였다. 이에 따라 2009년부터 2018년까지 10년간 영업이익률을 보면 2010년과 2014년을 제외한 8년 동안 마이너스를 기록했다. 만성적인 선박 공급과잉으로 선박 과잉률이 20% 이상인 항로에서 선사가 할 수 있는 경쟁전략은 낮은 운임의 제시밖에는 없다.

해운동맹인 동남아정기선사협의회는 이와 같은 과당경쟁을 막고 최저운임가이드라인 같은 최소한의 자구책을 마련해 선사들이 장기간의 해운불황 속에서도 생존할 수 있는 데 기여했다. 이를 통해 동남아 항로에서 우리나라 무역네트워크를 유지시켜 수출입화주의 무역경쟁력을 강화시켜주는 역할을 했다.

▼ 그림 10-2 세계 운임과 동남아 운임비교(CCFI)

주: Pearson correlation coefficient: 0.7697
자료: CCFI 자료로 저자 작성

▌표 10-2 한국-동남아 항로 선사들의 컨테이너 영업이익률

연도	영업이익률	연도	영업이익률
2003	2.40	2011	−5.63
2004	5.58	2012	−1.94
2005	8.36	2013	−3.41
2006	3.72	2014	0.98
2007	4.15	2015	−0.35
2008	2.32	2016	−12.03
2009	−10.71	2017	−4.31
2010	8.73	2018	−4.30

자료: 각 선사

05

법률적 구체성 미흡 및 개선방향

1) 해양수산부와 공정거래위원회의 권한충돌 사건

　공정거래위원회는 2022년 6월 한·일 항로, 한·중 항로에서 컨테이너 정기선사의 해상운임 담합에 대해 시정명령과 함께 한·일 항로 취항선사에 과징금 총 800억원을 부과하는 제재를 내렸다. 2022년 1월 한·동남아 항로에서의 운임담합 행위로 962억원의 과징금을 부과한 데 이어, 한·일, 한·중 항로에 대해서도 선사 간 운임 등 공동행위를 운임 담합 행위로 제재하였다.

　공정거래위원회는 해운법 제29조에서 정한 화주단체와의 협의 및 해양수산부장관에 대한 신고가 제대로 이루어지지 않은 중대한 흠결이 있어 이 사건 공동행위는 해운법은 물론 공정거래법을 위반한 부당한 공동행위라 하였다.

　그러나 해운업계는 해양수산부에 선사들 간의 공동행위를 적법하게 신고하였고, 필요한 화주와의 협의를 했다고 주장했다. 설사 일부 신고가 누락되거나 일부 화주와의 협의가 미흡한 경우라 하더라도 이는 해운법 절차규정 위반 정도라는 주장이다.

　실제 해운법상 신고 위반의 경우 과태료 처분, 화주와의 협의 위반의 경우 처분규정도 없다. 해운법상 경미한 절차규정 위반을 공동행위 부당성 요건으로 판단한 것은 해운법 입법 의도에 반하는 것으로 밖에 볼 수 없다는 것이다.

　이 사건은 해양수산부의 명시적 관할권에 따라 내린 지난 15년간의 처분 (신고수리)효력이 발생한 공동행위 협약에 대해, 공정거래위원회가 사후적으로 협약의 실행행위에 대해 공정거래법을 집행하는 것으로 해양수산부의 관할권에 대해 공정거래위원회의 법집행으로 권한충돌이 발생한 사건이다.

2) 법률적 구체성 미흡

(1) 공정거래법 적용제외 명시

해운법 제29조에는 공정거래법과의 관계에 대하여 언급이 없다. 해운법에서 명시적으로 공정거래법의 적용을 배제하는 규정을 두고 있지 않기 때문에 공정거래법 제58조의 적용제외 규정에 해당되는 사안인지를 판단하겠다는 공정거래위원회의 주장과 해운법에 의해 포괄적으로 공동행위가 허용되고 있어 해운법 적용사안이라는 해양수산부의 관할권 논란이 발생할 수 있다.

이와 같은 권한충돌의 가장 큰 이유는 공동행위에 대해 그 정당성을 해운법으로 볼 것인가, 혹은 경쟁법인 공정거래법으로 볼 것인가에 대한 차이이며, 보다 근본적으로는 특별법인 해운법에 공정거래법 적용을 제외한다는 명시적 규정을 두고 있지 않기 때문이다.

미국은 미해운법에 의해 정기선사 간 협정에 대하여 경쟁법의 적용 면제가 계속해서 인정되고 있고, 일본의 경우 특별법인 일본 해상운송법에 정기선사 간 운임 등 공동행위에 대해 일본 공정거래법 적용하지 않는다고 규정되어 있다.

미국은 해운기업의 공동행위에 대해 미해운법에 의해 연방해사위원회(FMC)가 규율하고 있으며 일본의 경우도 해상운송법에 의해 국토교통성에서 관장하고 있다. 우리나라도 해운법에 의해 해양수산부가 관장하고 있다. 미국, 일본, 한국 모두 정기선 해운기업 간 공동행위에 대한 경쟁법 적용을 제외한다는 취지에 따라 경쟁당국의 개입 전에 해운 소관부처가 위법성 판단과 필요조치를 취하도록 하고 있다.

본질적으로 컨테이너 선사 간 공동행위는 자본 투자는 막대하게 이루어져야 하지만, 만성적인 공급과잉과 경쟁심화로 정기선 시장이 불안정해질 수 있다. 이에 선사 간 경쟁을 완화시키기 위해 국제 무역에 필요한 정기 해상운송 서비스가 유지되도록 하려고 선사 간 공동행위를 허용해 온 것이다.

이처럼 국제적으로 인정되고 있는 정기선 외항해운사간의 운임 등 공동행위를 특별법에서 허용하는 본래의 취지를 법적 안정성이 있도록 만들기 위해서는 해운법에 공정거래법 적용제외 규정을 두어야 할 것으로 보인다.

(2) 공정거래위원회 통보

해운법 제29조 제5항 단서조항에 의해 부당하게 운임이나 요금을 인상하거나 운항 횟수를 줄여 경쟁을 실질적으로 제한하는 경우 그 내용을 공정거래위원회에 통보하여야 한다고 되어있다(제5항 3호).

그러나 공정거래위원회에 통보하여야 한다고 되어 있을 뿐 그 통보의 효력과 후속조치에 대해 관련 규정이 없다. 해운법 제29조 5항에 의해 협약의 시행 중지, 내용의 변경이나 조정 등 필요한 조처를 하는 것과 별개로 공정거래위원회에 통보만 하는 것인지, 아니면 공정거래위원회에 이 내용을 통보하고 공정거래위원회의 조사내용을 회신 받아 해운법상 필요한 조치를 하는 것인지가 불명확하다.

또한 공정거래위원회가 해양수산부로부터 이 내용을 통보받으면 현행법상으로는 해양수산부의 시정조치내용을 내부적으로 검토한 후 그 시정조치내용의 적정성에 관하여 부처간 의견을 개진할 수 있을 뿐, 공정위가 별도로 관련 조사나 심사를 공식적으로 진행한 후 직접 조치를 허용할 수 있는 법적 근거는 마련되어 있지 않다.

다만 해운법 제29조 5항에서 "협약의 내용이 다음 각 호의 어느 하나에 해당하면 그 협약의 시행 중지, 내용의 변경이나 조정 등 필요한 조치를 명할 수 있다"고 되어 있기 때문에 공정거래위원회로 통보하는 것에도 불구하고 관련 조치는 해운법에 의해야 할 것으로 보인다.

일본의 경우에도 공정거래위원회의 심사에서 적합하지 않은 것으로 심사된 경우 이를 국토교통성 장관에게 행위의 내용에 대해 변경 또는 금지조치를 청구하도록 하고 있다.[29]

---

[29] 海上運送法 第二十九条の三(公正取引委員会との関係)
　　3 公正取引委員会は、第二十九条第一項の認可に係る協定の内容が同条第二項各号に適合するものでなくなつたと認めるときは、国土交通大臣に対し、同条第三項の規

따라서 공정거래위원회는 해양수산부로부터 통보받은 내용에 대한 조사나 심사를 하되 그 내용을 다시 해양수산부에 통보하여 해운법 제29조 5항의 조치를 받도록 함이 해운법의 입법 정신으로 판단된다. 해양수산부도 해운법상 공정거래위원회에 통보하게 되어 있기 때문에 공정거래위원회의 심사 결과를 통보받아 이를 반영하여 해운법에 의해 조처를 하는 것도 방안이라고 판단된다. 해운법에서 공정거래위원회에 대한 통보 규정의 효력과 절차에 대해서도 법적으로 보완하여 규정해야 할 것이다.

3) 개선방향

(1) 법률규정 구체화

해운법 제29조는 공정거래법과의 관계에 대하여 언급이 없기 때문에, 개별 법률에 따라 승인되거나 또는 허용되는 행위의 경우 공정거래법의 위반 여부가 문제될 수는 있다. 해운법에서 명시적으로 공정거래법의 적용을 배제하는 규정을 두어 공정거래법과의 모순, 저촉시 논란의 여지를 없애야 할 것이다.

해운법 29조 1항 부속조항으로 "외항화물운송사업간의 운임 등의 협약은 공정거래법의 적용을 배제한다"를 추가하는 규정개정으로 구체화, 명료화할 수 있다.

또한 해운법 제29조 5항에서 "협약의 내용이 다음 각 호의 어느 하나에 해당하면 그 협약의 시행 중지, 내용의 변경이나 조정 등 필요한 조치를 명할 수 있다"고 되어 있지만 그 내용과 절차를 구체화하여 규정화할 필요가 있다.[30]

定による処分をすべきことを請求することができる。
30 다음의 두 가지 대안이 가능하다. 부당하게 운임이나 요금을 인상하거나 운항횟수를 줄여 경쟁을 실질적으로 제한하는 경우 그 내용을 공정거래위원회에 통보하고 공정거래위원회의 의견을 감안하여 조치한다." 또는 "부당하게 운임이나 요금을 인상하거나 운항횟수를 줄여 경쟁을 실질적으로 제한하는 경우 시정 등 조치내용을 공정거래위원회에 통보하여야 한다.

(2) 해운시장위원회

정부는 공정거래위원회를 대신하여 해운시장의 불공정 행위를 감독하고 관리할 별도의 독립적인 기구를 설립할 필요가 있다. 가칭 해운시장위원회를 설립하여 해운업의 특성상 정기선 해운사들이 운임 등 공동행위를 일반 기업의 담합과 같은 불공정 거래 행위로 단정하기 어려운 특성을 고려하면서도 화주의 이익도 부당하게 침해되지 않도록 하는 기능을 수행하게 해야 할 것이다.

특히 최근 해상운임 급등으로 수출기업이 어려움을 겪는 상황에서 선주와 화주와의 공정질서 확립이라는 규범을 찾아가야 할 필요성도 커지고 있다. 해운시장의 공정질서를 저해하는 행위에 대한 사례를 구체화하고, 국내 해운 시장에 적합한 사건 조사 절차와 시정조치나 이의 제기 등 사건 처분에 대한 절차를 마련할 수 있도록 미국 연방해사위원회(FMC), 중국 교통운수부, 일본 국토교통성 등이 해운시장 불공정 행위를 처리하는 절차와 지침, 규정 등에 대한 실제 사례와 국내 사례를 고려해 해운시장위원회 같은 기구를 설립해야 할 것이다.

선화주간 공정질서 확립과 선사의 불공정거래에 대한 조사, 시정 등을 담당할 기구를 만들면 최근 공정거래위원회가 문제를 삼고 있는 신고절차와 내용, 화주와의 협의 등에 대한 심사기준을 더욱 공정하고 구체적으로 정립할 수 있을 것이다.

> 🗃 해운실무: 한국-동남아 항로 선사들의 부당한 공동행위에 대한 건'에 대한 공정거래위원회의 전원회의 심결(2022.1)[31]

1. 사건개요(공정거래위원회 의견)
- 2021년 5월 공정거래위원회는 한국-동남아 항로 컨테이너 해상화물 운송 서비스 운임 관련 공동행위는 한국-동남아 항로 시장에서의 경쟁을 부당하게 제한하는 부당한 공동행위에 해당하여 독점규제 및 공정거래에 관한 법률 제19조 1항 1호를 위반했다고 심결

2. 선사측 반론 주요 쟁점
1) 합의:

- 신고된 운임회복의 폭 내에서 이루어진 각종 최저운임 가이드라인 등 협의 및 합의는 신고행위에 포함되는 부수적 행위임
- 실제로 122차례의 운임관련 협의 및 합의는 모두 각 년도의 신고된 운임회복의 폭 내에서 이루어졌음
- 따라서 해양수산부에 신고해 온 운임회복에 관한 협약신고는 관련 부수적인 협의, 합의를 포함하는 합법적인 신고라 할 수 있음

2) 경쟁제한 :
- 한국-동남아 항로 시장구조: 아시아역내 시장 수급에 의해 영향을 받는 하부 시장구조
- 한국-동남아 항로경쟁상태: 글로벌 선사, 기존선사들이 자유롭게 항로개설, 선박투입 시장. 만성적 공급과잉으로 화주 우위의 교섭력으로 운임회복이 어려운 시장구조
- 실제로 피심인 선사 임원들은 화주와 협의를 통해, 화주가 요구하는 수준에서 운임이 결정된다고 진술. 실무 운송계약에서 선사의 공동행위 의견을 개진할 수 없는 경쟁시장임

3) 해운법에 따른 정당항 행위여부:
- 공동행위가 허용되지 않는 업종에 대해 공정거래법 제외는 필요 · 최소한의 범위 내에서 이루어져야 한다는 대법원판례의 법리를 원칙적으로 공동행위가 허용되는 정기선해운에 인용 적용한 것은 이치에 맞지 않음
- 또한 해운법에서 공동행위가 금지조항을 두고 있는 포괄적으로 허용하고 있는데도, 선사 간 공동행위가 원칙적으로 허용되지 않고 마치 예외적, 제한적으로만 허용된다는 취지의 해석도 필요 · 최소한의 범위 내에서 이루어져야 한다는 판례에 기초하여 이루어짐
- 이에 따라 공정거래위원회 심사보고서에서는 공동행위 충족 요건으로 화주와의 협의, 신고, 참가탈퇴 제한 금지, 그리고 국제협약 위반, 해운질서 문란, 부당한 운임인상, 실질적 경쟁제한에 해당되지 않을 것을 들고 있으며, 이 요건이 충족이 되지 않으면 필요 · 최소한의 행위를 벗어나는 것으로 제약되어 있다고 심사
- 해운법상 과태료 처분규정이 있는 운임 미신고, 처분 규정도 없는 협의 미준수를 이유로, 그리고 해운법상 금지조항이지만 자유로운 가입탈퇴가 보장되었기 때문에 이러한 사유들을 이유로 필요 · 최소의 행위를 벗어난 부당한 공동행위로 심사한 것은 해운법의 공동행위 허용 입법취지와 공정거래법 제58조의 취지를 잘못 해석한 것으로 판단됨

3. 부처간 권한출동
- 해양수산부의 명시적 관할권에 따라 내린 지난 15년간의 처분(신고수리)효력이 발생

한 공동행위 협약에 대해, 공정거래위원회가 사후적으로 협약의 실행행위에 대해 공정거래법을 집행하는 것으로 해양수산부의 관할권에 대해 공정거래위원회의 법집행으로 권한충돌이 발생한 사건
- 권한충돌의 가장 큰 이유는 공동행위에 대해 그 정당성을 해운법으로 볼 것인가, 혹은 경쟁법인 공정거래법으로 볼 것인가에 대한 차이

4, 법리적 쟁점
- 공정거래위원회는 해운법에 의한 공동행위가 정당성을 가지려면 공동행위 요건을 충족해야 한다는 논리로 심사. 공동행위 충족 요건으로 화주와의 협의, 공동행위 신고 등을 들고 있음
- 공정거래위원회는 선사 간 공동행위가 원칙적으로 허용되지 않고 마치 예외적, 제한적으로만 허용된다는 열거주의 법체계인 것처럼 해석하여 일정한 요건을 갖춰야만 적법한 공동행위가 성립하는 것처럼 심사하였지만, 해운법은 공동행위 금지사유만 두고 나머지는 공동행위를 포괄적으로 허용하는 포괄주의 법체계를 취하고 있음
- 공정거래위원회가 화주와의 협의, 공동행위 신고 등을 공동행위 충족 요건으로 심사하면서, 이러한 요건을 충족하지 못할 경우 해운법이 허용하는 범위 내에서 이루어진 필요·최소한의 행위로 볼 수 없다고 심사
- 그러나 해운법상 신고, 협의 등은 협약체결 후 이루어지는 행정절차 규정에 불과하여 법문상 공동행위 요건으로 볼 수 있는지가 논쟁이며, 또한 해운법의 법체계가 포괄주의임에도 불구하고 이런 항목을 충족될 때만 공동행위가 유효하다는 열거주의 법 체계로 심사한 것이 법리에 맞는지도 쟁점임

---

31 양창호(2021) 참조

CHAPTER

11

국제복합운송과 포워더

컨테이너 운송과 물류

컨테이너 운송은 화물이 적재된 컨테이너가 선박, 기차, 트럭 같은 서로 다른 운송수단에 의해 운송되고 컨테이너터미널, 크레인, 트레일러, 창고 같은 다양한 유형의 취급 장비 및 시설에 의해 처리되는 전 세계적인 글로벌 공급사슬이라 할 수 있다. 컨테이너 운송 공급사슬은 내륙운송업자, 해상운송 선사, 항만/터미널 운영자, 내륙 터미널/데포 운영자와 같은 여러 주요 이해관계자로 구성되어 있다.

글로벌 컨테이너 운송을 물류관리 측면으로 나누어 보면 화물운송 물류, 컨테이너 물류, 선박물류, 항만/터미널물류, 내륙운송물류 등 5가지 부문으로 나누어 볼 수 있다. 화물운송 물류는 화물 및 컨테이너 화물의 저장, 경로 및 스케줄의 배치에 초점을 맞춘다. 컨테이너 물류는 고객 요구사항을 충족하고 컨테이너를 더 잘 활용하기 위해 컨테이너 박스를 계획하고 통제하는 데 중점을 둔다. 선박물류는 컨테이너선 선대의 이윤을 극대화하거나 물류비용을 최소화해 화주들에게 신뢰할 수 있는 해운서비스를 제공하는 데 초점을 맞추고 있다. 항만 및 터미널 물류는 항만에서 컨테이너를 취급하고 보관할 때 선박, 열차 및 외부 트럭에 효율적인 서비스를 제공하는 데 중점을 둔다. 내륙운송 물류는 내륙 지역의 컨테이너를 운송, 저장 및 유지하기 위한 내륙 운송차량과 내륙터미널 같은 시설계획과 통제에 초점을 맞추고 있다.[1]

---

[1] Song, D.P.(2021)

특히 화물운송 물류에서 일반적인 계획 활동 및 프로세스는 운송 수단 및 운송사 선정, 운송 조건 및 운임 협상, 관련 서류 준비 및 통관, 혼재, 내륙 픽업 및 배송 준비, 컨테이너 선적 경로 및 일정, 컨테이너 보관 및 운송 등이 포함된다.

또한 컨테이너 물류는 운송 네트워크에서 컨테이너 박스의 흐름을 효율적이고 효과적으로 관리하여 고객의 요구를 충족시키고 컨테이너 선대의 활용도를 극대화하는 것을 목적으로 한다. Drewry사에 따르면 2018년 세계 컨테이너는 20피트 컨테이너 기준으로 3,700만 개를 넘어섰으며, 선사와 컨테이너 임대업자들이 50:50 분할로 소유하고 있다. 컨테이너 박스는 선사들에게 가장 중요한 자산으로, 자본 투자 측면에서 컨테이너선 다음으로 중요하다. 장비 자산으로서 컨테이너는 물류 프로세스상 적컨테이너와 공컨테이너의 두 가지 상태를 가진다. 공컨테이너는 재사용을 위한 장비이며, 저장과 유통은 주로 선사에 의해 결정된다. 따라서 컨테이너 물류에는 컨테이너 박스 규모, 컨테이너 리스, 적컨테이너 운송, 공컨테이너 재배치 등의 계획이 포함된다. 특히 컨테이너의 활용도를 높이기 위해서는 선사들이 공컨테이너 물류를 효율적으로 관리하는 것이 필수적이다.

이러한 계획 활동 중에서 가장 중요한 활동은 혼재 통합, 운송, 환적, 혼재 분배일 것이다. 이 과정에 수출국 창고에서 국내 내륙운송, 출발지 항만, 해상운송, 목적지 항만, 해외 내륙운송, 수입국 창고까지 운송을 포함한다. 이와 같이 컨테이너 운송은 일반적으로 해상운송과 내륙운송을 모두 포함하기 때문에 복합운송으로 수송하고 있다. 이는 각 운송수단의 고유한 특성이나 고유한 경제적 이점을 활용하려 하기 때문이다. 예를 들어 해상운송 수단은 긴 대륙 간 거리에 비해 비용이 낮다는 장점이 있는 반면, 트럭운송 수단은 출발지 첫 운송이나 도착지 마지막 운송에 대한 접근성이 높다는 장점이 있다.

🗃 해운실무: 선박물류의 문제점

선박물류는 화주의 운송수요를 효율적이고 효과적으로 충족시키기 위한 운송 서비스 공급 및 관련 정보 흐름의 관리를 목적으로 한다. 선박은 컨테이너 운송 서비스를 제공하는 선박회사에 있어 가장 자본 집약적인 자산이다. 그러나 예기치 못한 사건과 사고로 선박이 효율적으로 운항되지 못하는 상황이 발생하곤 한다.

몇 가지 예를 들면 우선 2016년 한진해운 파산으로 컨테이너 화물이 전 세계에 좌초돼 전 세계 화주의 생산과 재고에 차질을 빚으면서 컨테이너 운송 공급사슬에 일대 혼란이 빚어졌다. 화주들과 화물 운송업자들은 상대방의 위험에 대해 점점 더 우려하게 되었다.

항만에서 심각한 공급사슬 중단도 발생했다. 예를 들어, 옌티안 항은 2021년 5월 25일부터 27일까지 4일간 항만 지역에서 코로나바이러스 발생으로 인해 수출 컨테이너의 입항을 중단했다. 현지 당국은 감염된 선원이 탑승한 선박에 대해 14일간의 검역 기간을 명령했다. 감염된 선박의 선주뿐만 아니라 다른 선주들도 영향을 받았다. 2021년 6월 11일까지 총 153척의 컨테이너선이 영향을 받았고, 132척이 남중국해 지역 기항을 하지 못했다. 이 파급 효과는 공급사슬 전반에 영향을 미쳤다.[2] 선사들은 서비스 중단 및 서비스 복구를 위한 비상 계획을 설계해야 한다.

코로나19로 인해 선박 선원관리상 심각한 문제가 발생하기도 했다. 선원들의 안전, 보안에 더 많은 대책이 필요해졌다. 코로나19 발생 이후 일부 항만에서는 선원들이 교대를 할 수 없었고, 일부 항만에서는 선원들을 집으로 돌려보낼 항공편을 마련하지 않았기 때문에 선원 교대가 불가능한 상황까지 이르렀다. 해운업계가 직면해야 할 새로운 도전이다.

수에즈 운하는 2021년 3월 23일 20,388TEU급 컨테이너선 에버 기븐호에 의해 봉쇄되었다. 운하가 2021년 3월 29일 다시 개통되었을 때, 350척 이상의 선박들이 이미 양끝에 줄을 서 있었고 많은 배들이 수에즈 운하를 우회하기 위해 희망봉으로 방향을 돌리기도 했다. 그 영향은 전 세계적으로 항만과 화주들에게 파급되어 항만의 혼잡과 선적 지연을 야기했다.

---

2 Waters, W.(2021)

02

국제복합운송

1) 국제복합운송의 정의

(1) 정의

국제 해상운송에 있어서 운송회사들의 책임은 각 나라별 해상화물운송법 (Carriage by Sea Act)에 의해 규정되어 있으며, 이들 규정은 오랜 역사를 지닌 헤이그 협약(Hague Convention), 헤이그 – 비스비 규칙(Hague – Visby Rules), 함부르크 규칙(Hamburg Rules)에 근거한다. 국제복합운송의 발달로 육로운송에 의해 운송수단이 전환되는 동안의 운송 책임에 대한 사항을 다루는 사안 역시 국제협약에 포함되었다.

UN이 1980년에 채택한 UN국제복합운송협약(United Nations International Multimodal Transport of Goods)은 이러한 국제협약들 중 하나이며 국제복합운송협약에 의하면, '국제복합운송'의 특징을 두 가지 혹은 그 이상의 운송수단으로 제품이 운송되고, 하나의 계약, 하나의 문서로 이루어지며, 운송 전반에 대해 책임을 지는 것으로 설명하면서 다음과 같이 정의하고 있다.

"국제복합운송(international multimodal transport)은 국제복합운송계약에 기초하여 두개의 상이한 운송수단을 이용하여 복합운송인이 화물을 인수한 국가의 한 장소에서 다른 국가로의 인도를 위해 지정된 장소로 화물을 운송하는 것을 의미한다. 그러나 단일운송계약을 이행하기 위한 화물의 집화 및 인도를 위하여 다른 종류의 운송수단이 이용된다면 국제복합운송으로 간주되지 않는다."[3]

미국 신해운법에 의하면 "일관운송(through transportation)이란 일관운임이 부과되는 출발지에서 목적지까지의 계속적인 운송으로 적어도 1인의 일반운송인(common carrier)을 포함하는 1인 이상의 운송인에 의해서 미국 내의 지점 또는 항만과 외국 내의 지점 또는 항만간에 제공되는 운송[4]"으로 정의하고 있다."

국제상업회의소(International Chamber of Commerce: ICC)의 「복합운송증권 통일규칙」에서 규정하고 있는 혼합운송(combined transport)의 정의는 「UN국제복합운송협약」에서 규정하고 있는 복합운송(multimodal transport)의 정의와 동일하다." ICC의 복합운송증권에 관한 통일규칙에서는 혼합운송(combined transport)을 "특정국가에서 화물을 인수한 장소로부터 다른 나라의 화물인도 장소까지 최소한 두 가지 이상의 상이한 운송수단을 이용한 화물운송"으로 정의하고 있다.

유럽교통장관회의(European Confer of Ministers of Transport: ECMT)에서 정의하고 있는 혼합운송(combined transport)은 "여러 가지 운송수단을 사용하는 계속적인 운송으로서 운송수단 전환시 화물의 지체없이 한 가지의 동일한 운송도구 또는 방법으로 이루어지는 화물운송이다"고 정의하고 있다.

UN유럽경제위원회(ECE)의 1977년 컨테이너운송에 관한 보고서에 의하면

---

3 International multimodal transport means the carriage of goods by at least two diffe rent modes of transport the basis of a multimodal transport contract from a place in one country which the goods are taken in charge by the multimodal transport operator place designated for delivery situated in a different country. The operation of pick – up and delivery of goods carried out in the performance unimodal transp ort contract, as defined in such contract, shall not be considered as international m ultimodal transport.

4 Through transportation means continuous transportation between origin and destina tion for which a through rate is assessed which is offered or performed by one or more carriers, at least which is a common carrier, between a United States point or port point or port.

혼합운송(combined transport)은 두 가지의 동일한 종류 혹은 다른 종류의 운송수단에 의해 운송되는 화물운송이며 복합운송(multi-transport)은 복합운송인과의 복합계약에 의하여 최소한 2종 이상의 운송수단에 의해 화물을 운송하는 것으로 해석하고 있다.

미국에서 보편적으로 사용되고 있는 연계운송(intermodal transport)은 다른 종류의 운송수단인 해상운송과 철도운송을 연계해서 화물을 운송하는 데서 유래하였으며 일반적으로 2종 이상의 운송수단에 의해 문전에서 문전까지 연속적으로 화물운송이 이루어지는 개념으로 인식되고 있다.

미국의 복합운송효율화법[5]에 의해 설치된 미 교통부(Department of Transportation) 복합운송국에 의하면 국제복합운송(intermodalism)은 다음과 같은 3C의 특징을 가지고 있는 것으로 정의[6]하고 있다.

- **접속(connections)**: 적절한 비용으로 이용자에게 최상의 품질과 가장 광범위한 운송서비스를 제공하기 위해 문전에서 문전까지(door-to-door)의 운송에서 이동수단 간에 화물을 편리하고 신속하며 효율적이 안전하게 운송하는 것
- **선택(choices)**: 단독이든 또는 공동이든간에 상이한 형태의 운송업무 공정하고 건전한 경쟁을 통해 운송수단에 대한 선택의 자유를 제공하는 것
- **조정(coordination)과 협조(cooperation)**: 모든 운송형태의 조합에 대해서 운송서비스의 품질, 안전, 효율성을 제고시키기 위해 운송조직 간에 공동작업을 할 것

복합운송에 대한 이상의 여러 정의를 요약하면 국제복합운송이란 운송에 소요되는 운송수단이 두 종류 이상이며 출발지에서 목적지까지 전체운송에 대해 하나의 운송인이 일관운송책임을 지며, 일관운임을 제시하고, 자신의 명의의 복합운송증권을 발행하는 요건을 갖춘 운송이라 할 수 있다.

일반적으로 복합운송은 집화와 배송, 간선(trunk) 운송으로 구성되며, 제품의 운송은 두 개 이상의 다른 운송수단을 사용하여 이루어진다. 집하와 배송

---

5 Intermodal Surface Transportation Efficiency Act of 1991: ISTEA
6 Robert Martinez(1993), pp.48-49(전일수(1997)에서 재인용)

은 도로운송에 의해 이루어지는 반면, 간선운송은 일반적으로 해상운송으로 이루어진다. 장거리 대륙운송인 랜드 브리지 복합운송의 경우 간선운송은 철도운송에 의해 이루어진다.

(2) 연계운송과 복합운송

연계운송(intermodal transport)은 해상운송, 트럭운송, 철도운송 등 두 가지 이상의 운송수단을 연결하는 복합운송시스템이다. 운송과정은 각기 다른 운송 계약을 맺은 운송 서비스 제공업체의 관리 아래 이루어진다. 즉 연계운송은 각 운송수단과 독자적인 계약을 체결하고 서로 다른 운송업자가 책임을 지는 여러 운송 모드에 의해 출발지에서 목적지까지 화물이 이동하는 것이다. 따라서 화주는 여러건의 계약을 체결하고, 각 운송업체는 계약된 구간의 화물운송을 책임지고 관리한다.

연계운송을 할 경우 몇 가지 단점이 있다. 각 회사와 별도로 계약 조건을 협상할 수 있으며 이는 또한 다른 제공업체와의 여러 계약을 맺고 관리해야 하기 때문에 보다 많은 간접비가 발생할 것이다. 한 회사가 다른 회사가 가지고 있는 정보(지연 등)에 대해 알지 못하기 때문에 일정을 조정해야 할 필요가 있다.

그러나 연계운송의 장점도 있다. 화주들은 각 운송 경로에 대해 더 낮은 운임의 운송업체를 선택할 수 있다. 또한 각 구간별로 하역이나 기타 화물취급을 전문적으로 하는 업체를 선택할 수 있다.

복합운송(multimodal transport) 역시 서로 다른 운송업자가 책임지고 있는 여러 운송수단에 의해 출발지에서 목적지까지 화물이 이동하는 것으로 정의

▼ 그림 11-1 연계운송(인터모달)

출발지　　　　　　　　　　　　　　　　　　　　　　　　　도착지

계약　　　　　　　계약　　　　　　　계약

▼ 그림 11-2 복합운송(멀티모달)

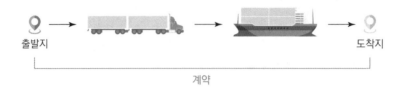

출발지　　　　　　　　　　　　　　　　　　　　도착지

계약

된다. 그러나 이 경우는 수송 전체에 대해 단일 계약으로 진행된다. 즉 복합운
송은 여러 운송수단을 사용하지만 하나의 운송장, 선화증권에 의해 운송이 진
행된다. 복합운송의 장점 중 가장 큰 것이 단일 업체를 통한 계약에 따라 간
접비가 감소된다는 데 있다.

(3) 복합운송계약[7]

복합운송증권에 관한 ICC통일규칙에서는 "복합 운송"보다 "복합운송계약"
에 역점을 두고 있다. "복합운송계약"(multimodal transport contract)은 복합운
송인이 복합운송을 이행할 것을 협정하는 계약으로 설명하고 있다.

UN국제복합운송협약에 의하면 "복합운송계약"은 복합운송인이 운임을 받
는 대가로 국제복합운송의 이행을 책임지거나 있는 계약이 복합운송을 직접
수행하거나 타인에 의해 복합운송을 제공하는 것이다. 복합운송계약은 최소한
두 가지 이상의 다른 운송수단에 의하여 물품 운송하기 위한 단일계약을 의미
한다.

육·해·공에 걸친 운송을 필요로 할 경우에 육상운송인, 해상운송인, 항공
운송인과 개별적으로 운송 체결함으로써 육·해·공에 걸친 운송으로 목적을
달성할 수도 있다. 그렇지만 이 경우에는 독립된 각 운송방법에 따른 3개의
개별적인 운송계약이 존재하기 때문에, 연계운송이다. 복합운송은 2개 이상의
운송방법을 조합하여 일관된 운송을 하는 것이므로 그러한 운송을 이행하기
로 약정한 계약이 복합운송계약이다. 따라서 복합운송계약은 반드시 단일의

---

7 전일수(1997), pp.6－8을 참조, 인용 기술

계약이어야만 한다.

단일의 계약이어야 한다는 것에는 나름대로의 이유가 있다. 복합운송은 컨테이너에 의한 운송을 전제로 한 것이다. 컨테이너 자체에 아무런 손상이 없는 경우에도, 최종 인도지에서 컨테이너를 열자마자 물품이 손상되었다는 것을 발견하는 경우가 있다. 이른바 '숨겨진 손상(concealed damage)'이라는 것이다. 이러한 손상은 언제 어디서 발생된 것인지 알 수 없는 경우가 많기 때문에 단일계약이 아닌 한, 화주는 복합운송에 참여하고 있는 다수의 운송인 중 누구에게 손해배상을 청구할 수 있는 것인지 알 수 없게 된다. 하나의 운송인에게 책임을 집중시켜 책임의 소재를 명확히 하는, 단일의 계약형태로 해야만 할 것이다. 이것이 단일계약으로 하는 이유이다.

이때 복합운송인은 화주에 대해서는 책임있는 운송인으로서, 그리고 실제 운송에 대해서는 화주로서 역할을 수행하게 된다. 복합운송인은 선사나, 항공사 같은 실제 운송인이 되는 경우와, 무선박운송인(non-vessel operator)이나 운송주선인인 포워더가 되는 경우도 있다.

2) 국제복합운송 발전 배경

화물운송에 있어서 가장 효율적인 방법은 운송과정에서 화물의 흐름이 멈춤 없이 계속적으로 이루어지도록 하는 것이다. 이러한 측면에서 볼 때 전 운송과정에서 둘 이상의 상이한 운송수단을 이용하는 복합운송보다는 단일운송에 의해 이루어지는 것이 가장 바람직하다. 그러나 도로운송, 철도운송, 해상운송, 항공운송 같은 단일운송으로는 국제적 운송을 완결하기 어렵다.

트럭에 의한 도로운송은 다른 운송수단과 비교하여 가장 기동성이 크고 편리하며 단거리운송에서는 유연성(flexibility), 자체완결성(completeness) 등으로 다른 운송수단에 비하여 우위를 점하고 있으나, 처리능력에 제한이 있다. 철도운송은 어느 정도 대량성과 저렴성의 장점을 가지고 있지만 유연성과 자체완결성이 부족한 단점이 있다. 해상운송은 가장 많은 화물을 저렴하게 운송할 수 있는 저렴성과 대량성의 장점을 가지고 있지만 창고까지 트럭운송 등으로 추가 운송이 필요하다. 항공운송은 다른 운송수단에 비해 고속성(신속성)을 가지고 있어 적시성, 안전성 등에서 신뢰성이 높으나 운송할 수 있는 품목이 제한되어 있고 운송비가 많이 소요되는 단점을 가지고 있다. 화주는 수요자의 특별한 요구나 화물의 특성에 따라 여러 가지 운송방법 최적의 운송방법을 택하게 된다.

국제 복합운송이 발전해 온 배경으로는 우선 첫 번째로 잡화 수송의 컨테이너화(containerization)진전을 들 수 있다.[8] 1960년대부터 진행된 컨테이너의 보급에 의해 국제 복합운송이 발전하게 되었다. 컨테이너의 등장으로 인해 화물이 무엇이든 모든 화물은 컨테이너화물로 표준화되어, 각 운송수단 간의 수송연계가 용이하게 되었다. 두 번째의 배경은 화주가 빠르고 비용이 저렴한 화물 수송 수요, 그리고 문전운송에 대한 요구가 높아진 물류니즈에 의한 것이다. 특히 국제간의 문전수송을 빠르게 수행하려면 수송을 담당하는 트럭과, 해운이나 철도, 항공기간의 양적하, 상하차 등 수송 연계가 원활히 이루어져야 한다. 또한 내륙운송 또한 매우 중요한 요인이 되고 있어 국제복합운송에 대한 투자 중요성이 커지고 있다. 컨테이너를 이용한 국제복합운송이 이러한 물류 니즈에 부응하는 최적의 방안이 될 수 있었던 것이다.

세 번째는 물류서비스 제공자들이 새로운 물류서비스 개척에 의해 국제복합운송이 발전하게 되었다. 물류서비스 제공자로 발전하기 위해 해운업체는 해운뿐 아니라 육상운송과 창고업에도 진출했고, 철도업과의 제휴도 진행하여 국제복합운송을 발전시키는 결과를 가져왔다.

네 번째는 운송에 대한 국제적인 규제 완화가 크게 진전되었기 때문이다. 1984년의 미국 신 해운법으로 해운동맹의 기능이 현저히 약화되었다. 해운동맹에 가입하지 않은 비동맹선사들이 시장점유율을 높여가자 동맹선사들은 비동맹선사들과의 차별화를 도모하기 위해서 고부가가치서비스인 국제복합운송서비스 확충에 나서게 되었다. 항만운송업자나 창고업자 등도 모두 선사와 함께 다양한 항로 선택이 가능한 국제복합운송을 개발하게 되었다.

---

8 Steadie Seife et al.(2014)

3) 국제복합운송 발전

(1) 북미

컨테이너화 초기 단계에서부터 철도를 이용하는 연계수송은 북미에서조차 제한을 받게 되었는데, 이는 주간(州間) 통상위원회(Interstate Commerce Commission)에 의한 엄격한 규제와 트럭 회사들과의 경쟁 때문이었다. 그러나 철도 규제가 1980년 스태거스 철도법(Staggers Rail Act)에 의해 완화되면서, 철도와 해운회사들은 복합운송에 협력하기 시작했다. 해운회사들은 철도회사들로부터 공간(space)을 확보하여 열차에 컨테이너를 2단으로 적재하여 미 서안에서 내륙으로 컨테이너를 운송하였다.

해운회사에 의해 제공되는 복합운송 서비스는 북미 랜드 브리지(mini-land bridge, MLB), 마이크로 랜드 브리지(micro-land bridge), 리버스 마이크로 랜드 브리지(reverse micro-land bridge)를 포함하고 있다.

북미 랜드 브리지는 컨테이너선에 의해 미국 서안에 위치한 여러 항만으로 운송된 화물들을 대륙횡단 철도로 미국 동안 항만까지 운송하는 서비스이다. 뉴욕까지의 운송거리는 파나마 운하를 통과하는 해상운송에 비해 3,500km 정도 짧으며, 운송일수도 10일 이상까지 단축시킬 수 있다. 북미 랜드 브리지는 1972년에 시작된 가장 오래된 서비스이며, 이단적열차는 1984년부터 운영되고 있다. 해운회사들은 선박과 연계된 전용열차를 도입하고 있으며, 환적 및 운송시간을 줄이기 위해 경쟁하고 있다.

미국 내륙으로 운송되는 화물에 대해 미국 서부 해안을 통과하는 마이크로 랜드 브리지(IPI) 서비스가 1980년에 시작되었다. 선박이 대형화하면서 대부분의 선박이 파나마 운하를 통과할 수 없게 되자 IPI서비스를 통해 내륙지역으로의 화물운송이 크게 증가했다.

미국 철도산업이 성장산업으로 발전하고 있는 것은 무엇보다도 컨테이너 화물의 철도복합운송이 큰 역할을 하고 있기 때문이다 미국철도협회(AAR)에 따르면 미국의 철도복합운송은 이단적열차의 지속적인 증가로 인해 화주들이 앞으로도 계속해서 대륙횡단 운송시장에서 트럭으로부터 철도로 화물운송을 전환시킬 것으로 전망하고 있다.

(2) 아시아

일본 항만의 수출입 컨테이너 물동량은 2010년 2억 5,000만톤이지만, 그 국내 수송의 90% 이상이 트레일러로 수송되고 있다. 또한 2012년 일본의 대외 무역 컨테이너 물동량은 1,752만TEU에 달했지만 철도의 해상 컨테이너 물동량은 21,000TEU에 그쳤다. 그 이유는 수출입 컨테이너의 ISO(국제 표준화기구)규격과 일본 내에서 사용되는 철도 컨테이너 JIS(일본 공업 규격)규격이 상이하여 터널의 높이 제한 등 하드웨어 측면의 제약으로 수출입 컨테이너 철도수송은 소량에 그치고 있다. 즉 국제규격의 40피트 컨테이너는 일본 철도규격 컨테이너보다 약 30cm가 높기 때문에 일본의 많은 철도노선의 터널 통행에 지장이 생기는 구간이 존재하고 있다.[9]

중국에서 철도는 장거리 내륙운송을 위한 운송수단으로서 중요한 역할을 하고 동시에 석유, 석탄, 광물, 곡물에 대한 거대한 운송 수요로 인해 컨테이너 화물 처리량이 제한되고 있는 상황에 직면하고 있다. 중국은 구 철도부(현 국유기업 중국철도총공사)가 나서 철도 컨테이너 수송과 Sea & Rail 복합운송을 발전시키기 위해 상해, 청도, 대련, 정주, 서안, 성도, 중경, 곤명, 우한 등 전국에 철도 컨테이너 운송 시스템의 핵심 거점인 컨테이너 센터역 건설을 계획하고 순차적으로 정비하고 있다. 또한 주요 철도연결망에 열차당 160TEU를 적재할 수 있는 이단적열차가 운행되고 있다.

중국에서는 내륙수로운송도 활발하게 이루어지고 있다. 특히 양쯔강(Yangtze River)과 주강 삼각주(Pearl River Delta) 지역에서 내륙수로운송이 많아, 강가 내륙지역에 컨테이너 터미널 건설이 증가했다. 중국은 양쯔강을 이용하여 충칭(Chongqing)과 쓰찬(Sichuan)까지 2,000km를 소형 컨테이너선으로 화물을 운반하고 있으며, 산샤댐이 완공되면서 안정적인 서비스가 가능 되었다. 양쯔강을 이용한 복합운송은 내륙 지역에 위치한 업체들에게 중요 운송수단이 되고 있다.

우리나라는 북한지역을 지나 화물을 철도로 수송할 수 있다면 한반도를 지나 대륙으로 이어지는 철도복합운송이 가능하다. 단순히 우리의 수출입화물을

---

9 Steadie Seife et al.(2014)

철도로 유럽까지 보낸다는 의미에 그치는 것이 아니라, 유라시아 대륙을 관통하는 국제 복합운송의 랜드브리지(land bridge)를 구축하는 것이다. 미국이나 일본에서 해상으로 운송되어 온 화물이 우리나라의 항만을 통해 중국 동북3성이나, 중앙아시아, 나아가 유럽까지 복합운송되거나, 혹은 반대방향으로 운송되는 관문 역할을 할 수 있을 것이다. 이렇게 되면 우리나라가 유라시아대륙의 한쪽 끝을 담당하는 Sea & Rail 국제복합운송의 중심지가 될 수도 있다.

다른 아시아 국가들의 경우, 내륙수로운송을 할 수 있는 강이 부족하고 철도도 충분히 갖추고 있지 못하기 때문에, 철도와 내륙수로를 사용하는 복합운송은 제한적이다. 대부분의 아시아 국가들이 연안 지역에 산업시설이 집중되어 있어 해상운송에 치중하고 있지만 유라시아 대륙을 연결하는 대륙 철도의 이용이 늘어나면서 아시아 국가들의 복합운송에 대한 수요도 증가하고 있다.

4) 국제복합운송 방식과 경로

(1) 국제복합운송 방식

컨테이너 복합운송은 화주로부터 운송을 위탁받은 컨테이너 화물을 그대로 외국의 수하인에게 보내는 시스템인 문전운송 시스템이다. 컨테이너를 이용한 국제 복합운송이 화주에게 주는 큰 이점은 화물이 화주의 창고를 떠나기 전에 컨테이너에 넣어 봉인을 하게 되는데 여러 운송수단과 연결점을 거치는 장거리 운송이면서도 최종 목적지에 도착할 때까지 컨테이너가 개봉되지 않을 수 있다는 점이다.

국제물류는 컨테이너선이나 항공기에 의한 장거리 수송뿐만 아니라 컨테이너선과 철도(Sea & Rail), 컨테이너선과 항공기(Sea & Air), 또한 컨테이너선과 항공기 및 철도의 조합에 의한 육해공 국제복합일관수송이 증가했다.

① 해륙복합운송
국제복합운송의 대부분을 차지하는 것은 해운과 철도운송을 결합한 복합운송(Sea & Rail) 방식으로 북미횡단철도(MLB), 시베리아 횡단철도(TSR), 유라시아 횡단철도(ELB) 아시아 횡단철도(TAR)의 각 국제화물 열차는 국제 물류에서 중요한 역할을 담당하고 있다.

해륙복합운송 루트는 지리적 위치에 따라 해상운송 루트보다 훨씬 짧을 수 있다. 파나마 운하를 통과하는 아시아에서 북미동안까지의 전 구간 해상운송에 비해 아시아에서 북미서안까지 해상운송된 후 북미서안에서 대륙횡단 열차로 북미동안까지 운송되는 복합운송의 운송거리가 더 짧고 운송시간이 단축될 수 있다. 또한 시베리아 횡단철도(Trans-Siberian Railway)를 사용하는 아시아에서 유럽까지 운송거리가 수에즈 운하를 통과하는 아시아-유럽 간 해상운송의 거리보다 짧다.

해상운송 후 철도가 갖는 대량운송의 이점을 결합하여 운송하는 철도복합운송방식에는 피기백(piggyback) 운송방식이 있다. 피기백 운송방식은 미국에

▼ 그림 11-3 TOFC, COFC

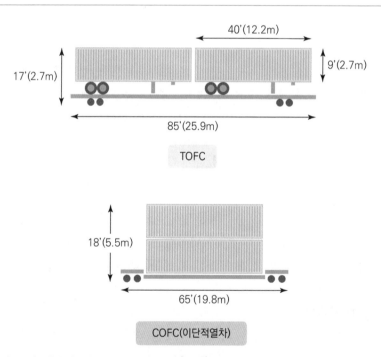

자료: Coyle, J.J., E.J. Bardi and R.A. Novack(1994), p. 262.

서 주로 사용하는 화물열차의 대차위에 트레일러를 적재하는 TOFC(trailor on flat car)방식과, 국제물류에서 주로 사용하는 컨테이너만 직접 열차의 대차위에 적재하는 COFC(container on flat car)방식이 있다.

또한 COFC가 발전한 형태로 이단적열차(double stack train: DST) 운송방식이 있다. 이는 철도운송이 중장거리에서 트럭운송에 비해 우위를 차지하기 위해 한 화차에 컨테이너를 2단으로 적재하여 운송량을 2배로 증가시킨 혁신적 운송방식이다. 이단적열차는 총 길이가 1마일(약 1.6km)로 약 400TEU의 컨테이너를 적재하였다. 뛰어난 운송 효율을 지닌 이단적열차는, 기존 열차 시스템의 운송비 비교하여 볼 때, 약 35~40%를 줄일 수 있었다.

② 해공(Sea & Air) 복합운송

글로벌화의 진행에 따라 복합운송시스템의 장점인 신속성과 부가가치 서비스 제공이 화주들에게 부각되면서 특히 신속성이 강조되는 수송품에 대한 서비스를 위해 해공복합운송이 발전하고 있다. 해상운송은 저가로 대량운송이 가능하나 수송시간이 길다는 단점을 가지고 있지만, 항공운송은 신속하게 화물을 운송할 수 있으나 수송비가 높다는 단점이 있다. 따라서 해공복합운송은 전 구간 해상운송보다 운송시간을 단축(해상운송 기간의 70% 단축 등)시키고 전 구간 항공운송보다 운임을 절감(예: 항공운송 운임의 50% 등)하는 신속성과 저렴성을 결합한 복합운송이다. 이에 따라 전 구간 해상운송에 비해 재고투자와 창고료의 절감, 포장비의 절감이라는 종합 물류비용의 절감을 기할 수 있다.

해운과 항공운송 결합 서비스는 비상사태 시 운송수단으로 일부 사용되거나, 공항에서의 혼잡을 피하기 위해 사용되기도 한다.[10] 그러나 항공사들의 치열한 경쟁과 대형 항공기의 확산으로 항공운임이 낮아져 해공 복합운송서비스가 크게 증가하고 있지 못한 상황이다.

---

10 베이징 공항에서의 정체로 인해, 유럽행 중국 화물을 해상운송을 인천항만으로 운송한 후 항공을 통해 유럽으로 화물을 운송하기도 했다(송동욱, 포티스 파나이데스(2018), p.148).

(2) 국제복합운송 경로

① 해륙복합운송

해륙복합운송의 대표적인 예는 북미대륙과 아시아대륙을 횡단하는 철도를 가교(bridge)로 삼아 복합운송을 하는 Land Bridge 복합운송 형태이다. Land Bridge의 목적은 운송비용의 절감과 전체 소요시간의 절감을 위한 것이다.

북미지역의 철도화물은 1980년대 규제 완화 이후 괄목할 만한 성장을 했다. 이러한 변화의 상당 부분은 북미의 두 주요 거점항만인 LA/LB항과 뉴욕/뉴저지항을 연결하는 장거리 철도화물 수송로의 출현과 관련이 있다. 북미 land bridge는 운송시간과 비용을 줄이려는 해상운송업체, 그리고 고객의 요구에 부응하기 위한 대안을 찾은 철도운송업체 간의 협력의 결과이다.

북미 랜드 브리지(American Land Bridge: ALB)는 북미지역 철도수송로를 이용해 미 서안과 미 동안을 연결하는 서비스이다. 파나마 운하를 통과하여 미 동안까지 해상수송하는 전 구간 해상운송 서비스(all water service)의 화물운송 대안으로 발전했다. 예를 들어, 싱가포르에서 파나마 운하를 통과하여 뉴욕에 도착하는 데 36일이 걸린다. 싱가포르─시애틀─시카고─뉴욕 철도운송을 이용할 경우 19일밖에 소요되지 않는다.

또한 ALB는 유럽과 아시아 사이의 해상운송과도 경쟁할 수 있다. 부산항과 로테르담항 간 해상운송서비스는 평균 5주에서 6주 정도 소요되지만, 랜드 브리지를 이용해 북미를 가로지르는 6일간의 철도운송을 할 경우 운송시간이 약 3주로 단축될 수 있다. 다만 수에즈 운하를 통과하는 유럽항로에 초대형선 박들을 투입해 비용을 절감하고 있어 유럽향 랜드 브리지는 많이 사용되지 않는다. 일반적으로 로스앤젤레스와 시카고를 연결하는 데 약 3.8일이 걸리고 시카고와 뉴욕을 연결하는 데 추가로 2.8일이 걸린다.

또한 파나마운하 확장으로 15,000TEU급의 초대형선도 미 동안까지 해상운송을 할 수 있어 초대형선에 의한 규모의 경제효과가 나타나고 있고, 미 서안지역 항만들의 항만노동력과 항만 처리능력 제한으로 미 동안까지 해상운송하는 서비스가 증가하면서 철도를 이용한 랜드 브리지 서비스에 영향을 미치고 있다.

또 다른 형태의 랜드 브리지로 마이크로 랜드 브리지(micro─land bridge)가

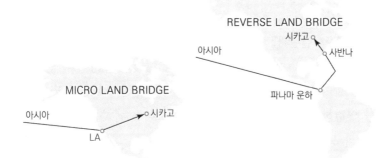

자료: SCM wiki

있다. 이는 선박을 통해 한 국가에서 다른 나라로 이동한 후 대륙을 가로질러 내륙도시로 이동하는 복합운송이다. 부산을 출발해 미서안의 시애틀, 오클랜드, 로스앤젤레스 등 미서안 항만까지 해상운송을 한 후, 철도로 시카고 등 내륙도시 철도터미널까지 운송하고 그곳에서 트럭으로 최종 내륙도시까지 수송하는 방식으로 평균 수송시간은 약 22일 정도 소요된다.

　내륙 도시로 많은 양의 컨테이너를 운송할 때 트럭보다 철도를 이용하는 것이 비용 효율적인 방법이다. 그러나 열차가 항공운송이나 트럭운송에 비해 상대적으로 수송시간이 더 소요되기 때문에 해상운송에 이어 철도운송에 의해 운송시간이 길어지는 단점이 있다. 리버스 마이크로 랜드 브리지(reverse micro-land bridges)는 마이크로 랜드 브리지와 달리 뉴욕이나 찰스톤, 사반나 항 등 미 동안까지 운송된 후 내륙 목적지까지 철도로 운송하는 방식으로 마이크로 랜드 브리지보다 약 10일 정도 더 소요된다.

　해륙복합운송의 또 다른 예는 아시아대륙을 횡단하는 철도를 가교(bridge)로 삼아 복합운송을 하는 랜드 브리지이다. 시베리아 횡단철도와 중국횡단철도를 이용하여 유럽항만 혹은 내륙도시까지 운송하는 복합운송이다.

　시베리아 랜드 브리지(SLB)는 동아시아 각국의 항만에서 러시아의 블라디

보스토크항까지 해상운송을 하고 그곳에서 시베리아 횡단 철도(TSR)를 통하여 발트해 연안 항만까지 운송한 후 유럽의 여러 항만으로 해상운송을 하거나, 혹은 시베리아 횡단철도를 통하여 중동, 유럽지역의 국경역까지 철도운송을 한 후 그곳에서 다시 중동, 유럽지역으로 트럭이나 철도에 의한 육상운송을 하는 복합운송을 말한다.

중국 랜드 브리지(CLB)는 아시아 각국의 항만에서 중국의 연운항 등까지 해상운송을 한 후 이곳에서 중국횡단철도(TCR)와 중앙아시아 및 시베리아 횡단철도를 연결하여 유럽지역 국경역까지 철도운송을 하는 복합운송을 말하며, 유럽 전역의 도시로 연결된다.

TSR과 TCR을 이용하는 것은 해상운송에 비해 시간을 절감할 수 있다. 해상 화물 운송에 비해 운송 시간이 45~50% 더 짧다. 아시아에서 TSR을 이용해 발트해로 화물을 운송한다고 가정할 경우 수에즈 운하를 통한 화물운송기간은 40~45일이 소요되는 반면, TSR을 이용하면 총 25~30일로 절반가량 감소된다. 또한 TCR의 운송기간은 약 15~18일로 해상운송에 비해 약 1/3 정도 소요된다. 물론 운임은 해상운송보다 비싸지만 해상운송보다 빠르게 운송할 수 있는 장점이 있다.

▼ 그림 11-5 아시아 랜드 브리지(Eurasia Landbridge)

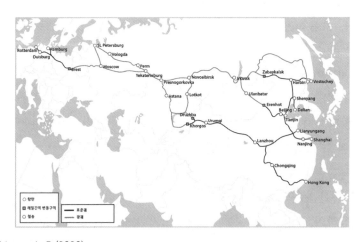

자료: Rodrigue, J. P.(2020)

특히 TCR은 1992년에 개통되었으며, 동아시아에서부터 중앙아시아와 유럽까지 화물 철도 운송 채널로의 역할을 담당해왔다. 그러나 TCR 노선은 중국, 카자흐스탄, 러시아 국경을 경유하여 유럽으로 연결되기 때문에 여러 번의 국경통과 시 지연 및 비용증가로 경쟁력을 가지지 못했었다. 중국의 서부대 개발과 중앙아시아 국가들의 급속한 경제성장에 따라 TCR의 화물수요 잠재력은 TSR에 비해 우위에 있다고 볼 수 있다. 독일의 함부르크까지 화물 운송을 가정할 때 TCR은 TSR에 비해 약 1,000km의 노선을 단축시키는 거리 경쟁력이 있다. 이러한 상황에서 중국은 2015년부터 일대일로 프로젝트를 통해 지금까지 TCR이 가지고 있던 문제들을 해결하고, 향후 중국을 포함한 동아시아에서 유럽까지 이르는 국제 화물 운송 통로의 지위를 확고히 하는 목표를 추진해 가고 있다.

② 해공복합운송

해공복합운송은 해상운송과 항공운송을 결합한 복합운송으로 동북아 지역을 중심으로 한 해공복합운송 주요경로를 살펴보면 다음과 같다. 우선은 중국, 일본, 한국의 동북아 항만에서 미국이나 유럽까지 운송하는 경우 밴쿠버나 시애틀, LA항 등 북미 서안 항만으로 해상운송을 한 후 북미 동안이나 캐나다 공항까지 항공운송을 하는 Sea & Air 복합운송을 하거나, 혹은 이곳에서 다시 유럽의 공항까지 항공운송을 하는 미국/캐나다 경유 Sea & Air 복합운송을 할 수 있다.

중국에서 미국이나 유럽까지 항공운송으로 수송하던 것을 일부는 중국에서 해상운송으로 인천항 – 인천공항까지 수송한 후 인천공항에서 미국이나 유럽으로 수송하는 해공복합운송을 하기도 한다.[11]

유럽까지 운송하는 또 다른 방식은 중국, 일본, 한국의 동북아 항만에서 나호트카나 블라디보스토크항까지 해상운송 한 후 그곳에서 모스코바나 룩셈부르크까지 항공운송을 하는 Sea & Air 복합운송도 가능하다. 또는 동북아 항만에서 홍콩이나 싱가포르나 쿠알라룸프르, 혹은 두바이까지 해상운송을 한

---

11 삼성전자 휴대폰의 경우 삼성전자 텐진공장에서 인천공항까지 해상운송 후 미국 시카고나 달라스 허브로, 또는 네덜란드 유럽허브로 항공운송을 하기도 한다.

후 그곳부터 항공운송을 하여 유럽의 공항까지 운송하는 Sea & Air 복합운송도 이루어지고 있다. 이렇게 하면 항공운송에 비해 운임이 40~60% 정도 절감할 수 있고, 해상운송에 비해 운송시간은 약 10~15일 정도 줄일 수 있다.

우리나라에서 해공복합운송을 시작한 것은 1980년대 중반부터이며,[12] 주로 해상운송하려던 유럽행 화물의 납기가 늦어질 경우 많이 이용했으며, 주로 캐나다 밴쿠버로 해상운송한 후 밴쿠버에서 토론토로 육상운송을 하고, 여기서 항공운송으로 유럽까지 가는 북미루트 이용 방식이었다.

5) 국제복합운송의 의의

(1) 물류에 미친 영향

국제복합운송이 물류에 미친 영향을 살펴보면 첫째, 전 운송과정이 하나의 운송수단을 이용하여 이루어질 수 있어 시간이나 비용면에서 이점이 크다고 할 수 있다. 복합운송은 복합운송인이 각 운송수단의 비교우위를 최대한 활용하여 전 운송과정에서 효율을 최대화하는 것이다. 어느 한 운송구간에서 비용이 증가하더라도 전체 운송과정에서 취급비용, 운송시간 등의 단축으로 총비용을 절감하는 것을 목표로 한다. 따라서 복합운송은 로지스틱스의 개념을 포함하고 있으므로 시스템적인 접근방법을 요구하며 화물의 출발지로부터 최종목적지까지 일관된 운송체제를 통해 가장 적절한 비용으로 질 높은 서비스를 제공할 수 있다.

두 번째는 복합운송인이 전 운송구간의 복합운송 운임율을 화주에게 제공하기 때문에 운임율의 계산이 간단하고 비교적 저렴하다. 복합운송에서는 복합운송인이 운송에 수반되는 포장, 검사, 관리, 통관 등의 서비스를 제공하므로 편리하다. 상업적 측면에서 보면 컨테이너를 이용한 복합운송은 항만이나 내륙기지 등에서 환적에 따르는 소요시간(transit time)의 단축, 멸실 훼손의 감

---

12 처음 씨앤에어를 시작한 곳은 지금은 TNT프레이트매니지먼트로 이름이 바뀐 성진콩코드로, 이 업체는 1985년에 첫 씨앤에어 서비스를 선보인 것으로 알려져 있다(코리아 쉬핑가제트(2006)).

소로 인한 보험료의 감소가 가능하다. 또한 전 운송과정과 화물의 대금결제가 조속히 이루어지고 수화인은 재고관리를 효과적으로 할 수 있으므로 이자부담 및 창고의 필요성이 줄 수 있다.

세 번째는 수송을 수배하는 것이 간편하게 된 점이다. 기존에 화주는 육상운송업체, 해상운송업체 등 이용 운송업체별로 운송 계약을 체결해야 목적지까지 운송할 수 있었지만, 국제복합운송을 이용하면, 복합운송인과 한 번의 계약으로 목적지까지 일관운송을 할 수 있기 때문이다.

네 번째는 운송과정에서 문제가 발생할 때 그 처리가 간편하게 된 점이다. 국제복합 운송에서는 복합운송인이 일관수송책임을 지기 때문에 문제발생 시 대응이 수월해졌다. 복합운송에서는 책임이 복합운송인 한 명에게 집중되어 손해가 발생했을 때 화주는 복합운송인에게 용이하게 손해배상청구를 할 수 있다.

다섯 번째는 수송경로 선택의 폭이 넓어졌다는 점이다. 최근 국제 수송수요는 수송 날짜와 수송경로를 지정하는 경우가 많다. 수송경로와 수송수단의 조합은 복합운송인에 맡기게 된다. 많은 선사와 육상운송인, 항공운송인의 다양한 수송서비스와 경로 선택을 조합하여 운송시간과 거리를 단축하는 새로운 복합운송서비스를 개발할 수 있게 되었다.

마지막으로 단일 운송인에 의해 화물이 운송되므로 화주가 운송 중 화물추적정보를 체계적으로 받아 볼 수 있는 장점이 있다.

(2) 환경에 미치는 영향

해상운송에 의한 장거리 운송을 해상운송, 철도운송, 트럭운송 각각의 장점을 결합한 시스템으로 전환하면 환경에 미치는 영향을 최소화할 수 있는 합리적인 대안이 될 수 있다. 해상운송으로 일정구간을 선박으로 운송한 후 이를 철도운송을 통해 대륙을 횡단한 후 트럭 운송으로 철도터미널부터 현지 수집 및 배송센터까지 비교적 단거리의 수송을 담당하게 하는 것이다.

차량별로 약 1,000톤 이상 적재하여 철도운송으로 장거리 구간을 수송하면 선박에 의한 전 구간 해상운송보다 대기오염을 줄일 수 있어 환경에 미치는 영향이 줄어들 것이다. 이러한 해상−철도−도로의 운송수단 결합 복합운송

은 다량의 장거리 화물 이동 문제에 환경적으로 우수한 해결책을 제공할 수 있다.[13]

6) 우리나라의 복합운송인 제도

우리나라는 물류산업의 진흥을 촉진시키기 위해 특별법인 화물유통촉진법을 제정·시행하였다. 1992년 화물유통촉진법을 개정해 복합운송주선업 업종을 제도화하였으나,[14] 항공운송주선업만 참여하였고, 이후 1995년에 복합운송주선업을 일원화하는 내용으로 개정되어 1996년부터 시행하면서 해운법상 해상화물주선업도 복합운송주선업으로 일원화되었다. 화물유통촉진법은 2007년 8월 3일 법률 제8617호인 물류정책기본법으로 전부 개정되었다.

구 화물유통촉진법에서 전부 개정된 물류정책기본법은 물류의 범위를 기존에 재화의 운송·보관·하역 등을 중심으로 하는 물적 유통에 한정하였던 것을 재화의 조달·생산·소비 및 회수·폐기에 이르기까지의 전 과정을 포괄하는 것으로 확장하고(법 제2조 제1항 제1호), 구 화물유통촉진법 복합운송주선인을 국제물류주선업자로 본다고 규정하고 있다(부칙 제7조 제1항). 물류정책기본법(제2조)에서 "국제물류주선업"이란 타인의 수요에 따라 자기의 명의와 계산으로 타인의 물류시설·장비 등을 이용하여 수출입화물의 물류를 주선하는 사업으로 정의하고 있다.

시행규칙에 의하면 국제물류주선업자는 자기의 이름으로 선화증권과 항공화물운송장을 발행할 수 있으므로(제5조 제2항 제2호), 국제물류주선업자가 자기 명의로 운송계약을 운송을 인수하는 경우에는 복합운송인의 지위를 취득하여 해당 운송계약에 따른 주체가 된다.

상법 제816조는 복합운송인의 책임에 관해 규정하고 있지만, 정작 상법에서는 복합운송인의 관해서는 별도로 규정하고 있지 않다. 구 화물유통촉진법은 '복합운송주선업자'[15]란 용어를 사용하고 있었지만, 개정 물류정책기본법은

---

13 David Lowe(2005), p.110
14 한국국제복합운송협회(1990)

'국제물류주선인'이란 용어를 사용하고 있다. 결국 우리나라의 경우 법상 복합운송의 주체로써 복합운송인의 정의나 자격에 관한 명확하고 직접적인 규정은 없다.

그러나 국제물류주선을 위해서는 2개 이상의 운송수단을 사용하는 복합운송 주선을 하는 것이 일반적이고, 물류정책기본법은 국제물류주선업을 경영하기 위해서는 동 법이 규정한 등록을 하여야 하고 이를 위반한 경우 처벌규정을 두고 있다는 점을 감안하면, 복합운송인은 물류정책기본법상 국제물류주선업자로 볼 수 있다.[16]

따라서 국제물류주선업자로서 2개 이상의 상이한 운송수단을 통한 화물운송을 인수한 자를 의미한다고 볼 수 있겠지만, 물류정책기본법상 국제물류주선업자란 단순히 화물의 운송만을 인수하는 자가 아니라, 화물의 운송, 창고등의 물류시설운영·운송주선 및 물류정보처리 등의 부대서비스의 제공 등을 망라하는 화물의 유통과 관련한 종합서비스업을 영위하는 자를 의미하는 것으로 규정했다. 즉 우리 법에서의 국제물류주선업자는 복합운송인의 기능뿐만 아니라 종합물류서비스 제공자의 역할도 함께 부여하고 있다.

---

15 구 화물유통촉진법 상 복합운송주선업자라 함은 타인의 수요에 응하여 자기의 명의와 계산으로 타인의 선박·항공기·철도차량 또는 자동차 등 2가지 이상의 운송수단을 이용하여 화물의 운송을 주선하는 영위하기 위해 건설교통부령이 정하는 바에 따라 등록한 자이다.

16 이정원(2020), p.136 각주 8

03

포워더[17]

1) 포워더의 정의

　Freight forwarder는 포워더, 포워딩회사, 혹은 국제물류주선업체 등으로 불린다. 제조업체나 생산자로부터 고객 등 최종 유통지점으로 상품을 운송할 수 있도록 운송을 조직하는 사람 또는 회사이다. 수출입에서 화물의 운송과 관련된 업무를 하며 화주의 대리인으로서 송하인의 화물을 인수하여 화주가 요구하는 목적지의 수하인에게 인도할 때까지 적절한 운송수단을 선택하여 화물을 유기적으로 결합하고 운송에 따르는 일체의 부대적인 업무를 처리한다. 포워더는 상품을 직접 운송하지는 않지만 물류 네트워크의 전문가로 선박, 항공기, 트럭, 철도를 포함한 다양한 운송수단을 활용하여 한 국가에서 다른 국가로 화물운송을 계약하는 사람이다. 특히 국제 포워더는 국제 화물을 취급하며 세관 서류를 준비하고 처리하며 국제 화물과 관련된 활동을 수행하는 데 추가적인 전문 지식도 가지고 있어야 한다.

　Freight forwarder의 국제조직인 FIATA[18]는 포워더(forwarder)를 운송의 설

17　전일수(1997), pp.126−132 내용을 참조하여 기술

18　FIATA는 FEDERATION INTERNATIONALE DES ASSOCIATIONS DE TRANSITAIRES ET ASSIMILES의 약자이며 영어로는 International Federation of Freight Forwarders Associations이다. FIATA는 Freight forwarder간의 상호협조를 통하여 업자들의 이익을 수호하기 목적에서 1926년 5월 31일에 오스트리아의 Vienna에서 창설되었다. 본부는 스위스의 Zurich에 있으며 2019년 기준 160개국 50,000여 개의 회원사가 가입하고

계자(architect of transport)로서 그 특징을 파악하고 있다. 1968년부터 FIATA 에 의해 사용된 복합운송 선화증권(FBL)[19] 표준약관에서 Freight forwarder를 복합운송인(multimodal transport operators: MTO)으로 규정하고 있다.

과거에는 선사가 화주에게 본선의 선복(space)을 판매하기 위해 해운 대리 점 또는 선적 브로커에게 선사의 대행업무를 위탁하였다. 화주는 이들에게 선 적관계 서류의 작성이나 수속을 대행시키거나 또는 화주를 위해 본선에 선적 할 화물을 운송하는 일을 의뢰했다. 이와 같이 과거 포워더는 단지 포워딩의 실무를 맡아 그것에 종사하는 조직 또는 사람이라고 해석되어 왔다. 그러나 오늘날 포워더는 단순히 대리인이 아니라 실제 운송을 하지는 않지만 운송인 의 책임을 지는, 즉 계약의 주체인 운송인으로서 그 정의가 변천해왔다.

2) 포워더의 기능

기업의 글로벌리제이션에 따라 화주는 전 세계에서 생산, 조달, 판매를 하 게 된다. 포워더 업체들도 이러한 화주에 대한 운송서비스를 위해 전 세계에 걸친 국제복합운송 서비스를 제공한다. 중국과 아세안(ASEAN)에서부터 유럽 과 미국까지 전 세계에 걸쳐 화주의 수요에 따라 다양한 국제복합운송서비스 가 이루어진다.

예를 들어 세계적인 포워더 업체 중 하나인 Nippon Express는 200개 이상 의 도시에 해외 지점을 설립하여 많은 복합운송 서비스를 개발해오고 있다. 이렇게 많은 서비스 네트워크를 관리하기 위해 이 회사는 새로운 서비스 개발

있다.

FIATA의 목표는 다음과 같다. ① 전 세계 freight forwarding 산업의 통합, ② 운송 관 련 국제기구의 회의에 자문 또는 전문가로 참여함으로써 산업의 이익대표 및 보호, ③ 정보 제공, 간행물 유통 등을 통하여 freight forwarder의 제공 서비스를 산업 및 일반 대중에게 친숙하게 함, ④ 통일 포워딩서류, 표준거래조건 등을 개발하여 freight forwa rder가 제공하는 서비스의 품질의 표준화 및 향상, ⑤ freight forwarder를 위한 직업 훈련, 책임 보험 문제, 전자 데이터 교환(EDI)을 포함한 전자상거래를 위한 도구 및 바 코드를 지원(FIATA 홈페이지, 2022)

19 FIATA Multimodal Transport Bill of Lading

및 화물 추적 및 재고관리와 같은 정보시스템을 개발하는 특별 복합운송 부서를 운영하고 있다.

포워더 업체들은 복합운송 서비스와 함께 포장, 보관, 물류관리(logistics processing)와 같은 다양한 물류서비스도 제공한다. 또한 이들 업체 중 일부는 화주들의 복잡한 아웃소싱 요구에 부응하기 위해 3자 물류(third-party logistics, 3PL) 서비스를 제공하기도 한다. 3자 물류 서비스는 화주와 협력하여 화주의 관점에서 컨설팅은 물론, 전반적인 물류서비스를 제공해준다.[20] 포워더의 기능을 살펴보면 다음과 같다.[21]

① **전문적 조언자**: 화주의 요청에 따라 해상, 항공, 철도, 도로운송의 소요비용과 시간, 신뢰성, 경제성을 고려하여 가장 적절한 운송로를 채택하게 해주고 또한 그 운송수단, 운송로에 바탕을 두고 화물의 포장형태 및 목적국의 각종 운송규칙을 알려주며 운송서류를 용이하게 작성하도록 하는 등 일체의 조언을 해준다.

② **운송계약의 체결 및 선복의 예약**: 포워더는 통상 특정화주의 대리인으로서 자기의 명의로 운송계약을 체결한다. 운송계약을 체결할 때 특정 선박의 선복을 예약해야 하며, 이때 선박회사는 포워더로부터 구두예약을 접수하여 화물의 명세, 필요한 컨테이너 수, 운송조건 등을 기재한 선복예약서를 사용하게 되며, 매도인은 선복예약서의 조건대로 선적할 수 있다.

③ **관계서류의 작성**: 선화증권, 통관서류, 원산지증명서, 보험증권, 선적지시서 등의 서류들을 포워더가 직접 작성하든가 또는 화주가 작성하는 경우 효율적인 조언을 한다.

④ **통관수속**: 주요 항만에 사무소를 두고 세관원 및 관세사들과 긴밀한 접촉을 유지하면서, 화주를 대신하여 관세사를 통하여 통관수속을 한다.

⑤ **운임 및 기타 비용의 지불**: 포워더와 화주간에 통상의 거래관계가 확립되어 있는 경우, 포워더는 고객을 대신하여 모든 비용을 일체 지불한다. 수출입업자는 통상 선사 및 하역업자, 컨테이너, 보관시설 기타의 설비

---

20 송동욱, 포티스 파나이데스(2018), p.161
21 한국국제복합운송업협회(1990), p.39

등을 이용하는데, 이러한 것들이 포워더를 통해 이루어지게 되면 이 비용에 대한 수출입업자의 지불은 포워더에게 일괄적으로 지불됨으로써 수속절차가 간소화된다.

⑥ **포장 및 창고보관**: 포워더는 운송수단 또는 목적지에 적합한 포장을 할 수 있는 독자적인 포장회사를 가지는 수도 있으며, 화물의 포장방법에 관해서 운송수단이나 목적지에 가장 적절하고 효과적인 것을 화주에게 조언을 한다. 또한 포워더는 주체자로서의 운송이나 소량컨테이너화물 (LCL)의 통합·분배 또는 혼재업무를 행하면서 자기의 창고를 소유하여 단기적인 보관서비스도 제공한다.

⑦ **보험의 수배**: 포워더는 화물보험에 관계되는 가장 유리한 보험형태, 보험금액, 보험조건 등을 숙지하여 화주를 대신하여 보험수배를 할 수 있으며, 운송화물의 사고발생시 화주를 효율적으로 지원한다.

⑧ **화물의 집화 · 분배 · 혼재서비스**: 전통적인 대행기관이 아닌 운송 주체자로서의 포워더의 업무는 화물의 집화·분배·혼재서비스 등을 들 수 있는데, 이는 운송주체자로서의 업무가 포워더 본연의 중요한 기능이라 할 수 있다.

⑨ **관리업자, 분배업자**: 포워더는 수화인을 위한 화물의 관리업자 및 분배업자로서의 기능도 가지고 있다. 전자는 Door to Door의 전운송과정에 걸쳐 화물의 안전과 원활한 흐름을 도모하기 위해 화주를 대신해서 이를 감시하는 일이며, 후자는 대량으로 수입되는 화물을 일괄하여 통관한 뒤 각지에 흩어져 있는 수화인에게 배송·인도하는 일이다.

⑩ **시장조사**: 해외의 거래망을 통하여 외국의 바이어를 소개하기도 하고 또 국내외시장에 관한 정보를 수집하는 등 여러 가지로 수출입업자를 지원한다.

3) 운송주선인, 운송인으로서의 기능

이상의 포워더의 기능은 고객 또는 운송인을 대신하여 단순히 운송주선인, 혹은 대리인(agent)으로서의 업무를 수행하는 경우와 운송업무 자체를 수행하지는 않으나 운송책임을 지고 계약운송인으로서 업무를 수행하는 운송인으로서 기능으로 나누어 볼 수 있다.

(1) 운송주선인으로서의 포워더

화주는 국제무역에 있어서 운송 및 유통이 국제화, 다양화, 복잡화되면서 운송주선업무를 전문적인 취급인에게 위탁하게 되었다. 이 수탁업자인 포워더는 국제화물 유통상 운송에 관계되는 일련의 업무를 조직하고, 운송수단과 유통시설을 조달하는 방안을 주선하는 역할을 수행해 왔다. 이와 같은 운송주선인이 종래의 freight forwarder의 개념이다. 운송주선인으로서 포워더의 주 업무는 화주의 운송요구에 부응하는 운송방식을 조회하고 노선계획과 비용을 산출하여 화주에게 통지하는 것이다. 또한 선박의 예약, 창고하역, 포장 및 창고보관, 통관, 항만비용의 결제, 수출입관련기관과의 통신, 필요서류의 준비를 하며, 필요시 시장조사 등도 수행한다. 특히 서류관련 업무는 B/L, 세관서류, 원산지증명서, 외국환관리서식, 보험증서 등 각종 관련 서류의 작성과 수속 등을 행하는 것이다.

(2) 운송인으로서의 포워더

일반적으로 국제화물운송법은 엄격한 운송책임을 가지고 있는 일반 운송인(common carrier)이라는 전통적인 개념에서 출발하고 있다. 포워더가 운송인으로서의 기능을 수행할 경우 운송인에게 부과되는 책임을 이행해야 한다.

오늘날 실제 운송업무를 수행하고 있는 선사 등 운송인뿐만 아니라 복합운송업무 수행하는 포워더들도 운송인으로 간주하고 있다. 그러므로 실제 선박을 보유하면서 운송하는 운송인이나 선박을 보유하지 않고 복합운송을 하는 운송인 모두 동일한 운송책임을 지게 된다.

전통적으로 포워더에 의해 발행되는 선화증권은 서류신용거래에서 신뢰를 얻지 못하고 있었으나, 4차개정 ICC(국제상업거래소) 신용장통일규칙이 1984년 10월 1일부로 발효되면서 포워더가 스스로 운송인이거나 그 대리인임을 선언하고 발행한 운송서류라면 수리될 수 있다고 인정하였다. 또한 국제물류협회(FIATA)에서 정한 B/L(FBL)이 은행에서 매입할 수 있게 돼 기존 선박회사 B/L만이 누려오던 금융거래상의 이점을 포워더 B/L도 동등하게 받을 수 있게 됐다. 또 미국이 1984년 해운법(Shipping Act)에서 프레이트 포워더의 복합운송인화를 실체화한 NVOCC(무선박운송인) 개념을 제도적으로 수용함으로써 해상운송주선업의 복합운송체제를 더욱 가속화시켰다.

4) 미국의 복합운송제도 및 NVOCC

1984년 미국 해운법과 1998년 미국 외항해운개혁법 개정 이후 포워더의 업무 범위가 더욱 확대되고 있다. 1998년 해운개혁법에서는 해상운송중개사업자는 해상운송주선인 혹은 무선박운송인으로 규정되어 있다.

미국에서 국제 복합운송 포워더로 명명된 사업은 1984년 미 신해운법에 정해진 해상운송주선인(Ocean Freight Forwarder)이 있다. 해상운송주선인은 화주의 대리인으로서 일반운송인을 통해 미국에서 화물 발송, 그리고 이들 화물 적하를 위한 선박 예약, 관련 서류 작성, 그리고 각종 선적에 부수되는 작업 처리를 담당하는 것으로 규정하고 있다. 즉 해상운송주선인의 서비스는 일반운송인을 통한 선적 편의를 제공하는 것과 타인을 대신하여 선적 화물을 운송하는 것을 업무로 하고 있다.

그러나 해상운송주선인에게는 내륙운송 주선이 허락되지 않는다. 이에 비해 FMC가 관할하는 무선박운송인(non vessel operating common carrier: NVOCC)은 외항화물운송 및 내륙운송 주선을 모두 할 수 있도록 했다. 무선박운송인이라고 불리는 것은 실제 선박을 소유한 해운기업이 일반운송인인데 선박을 소유하지 않아도 일반운송인의 역할을 할 수 있게 만들었기 때문이다. 따라서 NVOCC는 실제 선박 운항자가 아니지만 일반운송인의 역할을 수행할 수 있도록 규정된 사람이다.

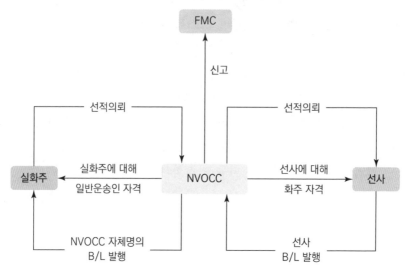

자료: 저자 작성

　　1984년 해운법에서는 일반운송인인 해운기업 측에서 보면, NVOCC는 화주로서의 입장에 있다고 규정되어 있으며, 실제 화주에 대해서는 운송인의 입장에 있다고 규정되어 있다. 결국 NVOCC는 화주에 대해서는 운송의 책임을 지는 일반운송인(common carrier)이며 실제운송인에 대해서는 화주라는 이중의 지위를 가지고 있다. NVOCC는 기존대로 화주 입장에서 해운기업과 우대운송계약(service contracts)를 맺을 수는 있지만 선사 입장에서 화주와 우대운송계약을 맺을 수 없다.[22]

　　NVOCC는 컨테이너화 초기단계에 소형화주에게 일관운송서비스를 제공하며, 선사와 선복계약을 하고, 전 운송구간 B/L을 발급하고, 운임표를 공시하고 자기 책임하에 운송을 수행하기 시작했다. 실제로 이들 기업은 운송수단을 보유하지는 않지만 해상운송인이 수행하는 모든 기능은 물론 그 이상의 기능도 수행했다. 1961년에 FMC는 이들을 무선박 일반운송인(non vessel operating

---

[22] 山岸 寬(2004), p.115

common carrier: NVOCC)로 명명하고 1963년에 NVOCC를 인정하는 규정으로 법제화하였다.

이 규정에 의하면 NVOCC는 운임율을 설정 및 고시하고 해운법에서 규정한 해상운송을 이용하여 화물의 운송 서비스 제공하며, 화물 운송을 위임 받아 그 법적인 책임을 지며, 사용선박의 소유 또는 지배의 유무를 불문하고 해상운송업자와 자기명의로 당해화물의 운송계약을 체결하는 자로 규정하고 있다. 이후 1984년 외항해운개혁법의 제3조(정의) 제17항에서는 NVOCC를 자기가 직접선박을 운항하지 아니하는 일반운송인(common carrier)이되, 해상운송인(ocean common carrier)과의 관계에서는 화주(shipper)라고 명시하고 있다. 이전 FMC의 규정과 비교해서 외항해운개혁법에서는 일반운송인으로 규정하며 그 이전에 있던 'by water'가 삭제되었다. 이는 NVOCC에게 단순한 해상운송인으로서가 아니라 복합운송인으로서의 기능을 부여한 것이다.[23]

5) 국제 포워딩업 동향

(1) 물류서비스 제공자 업무 확대

최근 포워딩업을 둘러싼 변화의 특징은 수직적 통합이 이뤄지고 있는 점이다. 포워더는 단순 운송주선에서 벗어나 화주의 폭넓은 물류서비스 아웃소싱을 담당하는 물류서비스업으로 업무가 확대되고 있다. 또한 선사가 포워더 업무나 물류서비스 제공자의 업무를 수행하는 수직적 통합도 이뤄지고 있다.

화주에 대한 전문물류서비스 제공자에는 화주의 화물을 운송인에게 주선하는 포워더(international freight forwarder)와 무선박운송인(non vessel operating common carrier)과 제3자 물류서비스 제공자(third party logistics provider) 등이 포함된다. 포워더와 NVOCC는 화주의 국제화물에 대해 대리점이나 화물주선인으로 운송수단, 운송인을 선택하고 관련 업무를 대행하며, 운송인(carrier)의 지위를 갖고 있다. 3PL업체는 많은 기업들이 글로벌 시장에 대한 지식과 전문

---

23 전일수(1997), p.138

가를 확보하고 있지 못하기 때문에 물류서비스를 제3자에게 위탁하여 이들의 국제물류와 공급사슬관리역량을 활용하는 것이다.

최근 들어 포워더는 단순한 운송주선을 하는 경우보다는 화주의 물류아웃소싱을 담당하는 제3자 물류서비스 제공자의 업무를 포함한 물류서비스 제공자로의 역할로 기능이 확대되고 있다. 그리고 과거에는 선사나 내륙운송업체, 컨테이너터미널들이 각자 고유의 해상운송업, 내륙운송업, 터미널운영업무에 중점을 두었지만, 현재는 선사, 글로벌 터미널 오퍼레이터(GTO), 내륙운송사, 국제적 유통기업들이 모두 종합물류업화를 지향하고 있다.

예를 들어 머스크(Maersk)사는 담코, 트레이드 윈즈, 티윌(Twill)을 통합하여 종합물류업화하고 있다. 머스크는 2020년 말까지 Damco의 항공 및 해상 포워딩 기능을 머스크의 물류 및 서비스에 통합시켰다. 이에 따라 머스크는 현재 해상운송, 트럭운송, 통관 및 창고 보관, 그리고 항만 터미널운영 등 기존 서비스 외에도 항공화물 포워딩과 LCL까지 수행하고 있다.

아마존이 라스트 마일까지 모든 것을 통제하듯이 현재 컨테이너 선사에서도 end-to-end 물류서비스가 일어나고 있다. 담코 서비스를 머스크로 내부화하면서 포워더와 선사 사이의 경계가 모호해지고 있다. 결국 선사가 운송주선인의 업무까지 수행하는 결과를 가져오게 한다. 머스크는 중소형 화주들을 도울 수 있는 전문지식을 가지고 고객이 공급사슬 과제를 해결하며 시장에서 경쟁력을 가질 수 있도록 지원하는 서비스를 제공하고 있다.

(2) 글로벌화의 확대

국제 포워딩업의 수평적 통합도 일어나고 있다. 화주가 전 세계를 대상으로 하는 조달, 조립 및 생산과 판매를 확대하면서 물류서비스 제공자의 글로벌화도 가속화되고 있다. 이를 위해 국제포워딩사와 물류서비스 제공자들은 규모를 확대해야 했고, 결국 인수·합병(M & A)이 활발히 이뤄지게 되었다.

세계 상위 물류기업들은 활발한 인수·합병을 통해 외형을 키우고 있다. 2014년에 글로벌 물류기업 20대 순위에도 들지 못했던 북미지역 중견물류기업인 XPO Logistics가 불과 3년 후인 2017년 순위에서는 세계 5위의 글로벌 물류기업으로 성장했다. 2014년 매출액이 2조 6천억원에 불과했던 미국 택배

/운송기업이던 이 회사는 다수의 M & A를 성공시켜 2017년에는 매출 16조 4천억원 규모의 대형 물류회사로 발전했다.

글로벌 종합물류기업 1위는 독일의 DP DHL사다. 이 회사의 경우도 세계 1위의 물류회사가 되기까지 많은 M & A를 성사시켰다. 1997년 매출 17조 8천억원의 회사였으나 1999년 스위스의 대형 포워더인 Danzas사와 미국 최대 포워더 AEI를 인수하고 2002년과 2003년에 미국의 특송업체인 DHL사와 Airborne사를 각각 인수하면서 매출 50조원 규모로 성장했다. 2005년에는 영국의 EXCEL사를 인수하여 56조원까지 매출규모가 커졌으며, 이후에도 지역별 특화업체에 대한 M & A를 지속적으로 추진하여 2017년 기준으로 77조 5천억원의 글로벌 물류기업으로 성장했다.

글로벌 기업들의 성장 과정을 살펴보면 사업영역의 확장, 지역의 확장, 그리고 산업별 전문성의 강화의 세가지 축으로 확장전략을 추진하고 있다. 첫째, 사업영역의 확장을 보여준 대표적인 사례가 DHL사이다. 1997년 당시에는 우편 및 특송 위주의 단일서비스사업에 머물렀으나 이후 M & A를 통해 포워딩 업무, 공급사슬 사업를 추가해 종합물류기업으로 발전했다. 실제로 DHL사는 2017년 기준으로 우편택배, 29%, 특송 24%, 포워딩 23%, 그리고 공급사슬 23%로 균형 잡힌 사업영역을 구축하였다. 두 번째는 지역의 확장으로 이를 잘 보여준 사례가 세계 3위의 글로벌 물류기업인 스위스의 퀴네 나겔(Kuehne & Nagel)사다. 이 회사는 유럽위주의 해상 포워딩사에서 출발했지만, 지속적으로 중소형 M & A를 통해 지역을 확대해 현재는 세계 100여 국 이상을 서비스하는 글로벌 기업으로 성장했다. 세 번째는 취급 산업군을 확대하는 산업별 전문성을 강화하는 전략으로 대표적인 사례가 12위의 글로벌 물류기업인 네덜란드의 CEVA사다. 이 회사는 처음에는 자동차 및 전기 전자물류를 주로 취급했지만 소비재 물류로 물류역량을 확대시켜 사업을 확장시켰다.

(3) 포워더와 선사 간 힘의 균형 변화

선사, 내륙운송사, 터미널운영사들이 그동안 포워더의 업무영역이던 물류, 유통, 내륙운송에 참여하면서 경쟁이 심화되고 있다. 포워더와 선사 간의 힘의 균형에 영향을 미치는 요인들이 있다.

우선 최근 들어 선사에게 내륙운송까지 일관운송을 위탁하는 선사내륙운송(carrier haulage) 대신 내륙운송을 화주의 대리인인 포워더에게 위탁하는 화주내륙운송(merchant haulage)이 증가하고 있다. 이는 내륙운송비 절감과 항만배후지에서 운송중 가공활동 등 유연성 있는 통제를 위해서이다. 이 경우 포워더가 선사에 비해 경쟁에서 유리한 입장이 될 수 있다.

선사가 피더운송, 터미널운영, 철도운송, 예선서비스 등 해상 물류사슬의 전체서비스는 물론 포워딩 등 물류서비스 제공자의 역할을 함께 수행하는 것을 인티그레이터(integrator)라고 부른다. 특히 최근 들어 인티그레이터로의 전환 노력을 디지털화와 연계시켜 진행시키고 있다. 선사가 디지털 플랫폼을 구축해서 화주로부터 직접 운송의뢰를 받는 등 정보 흐름까지 제어하려는 것이다. 이 경우 포워더를 거치지 않고 화주가 직접 선사와 계약을 할 수 있게 된다. 화주는 선사로부터 해상물류와 관련된 거의 모든 서비스를 원스톱으로 받을 수 있게 된다.

인티그레이터가 되면 이 서비스를 제공받는 화주 등 고객은 일부의 서비스를 다른 업체로 전환하려 해도 전환비용(switching costs)이 많이 소요되기 때문에 쉽게 전환하기 어렵게 된다. 이를 통해 선사는 고객을 자신의 공급사슬 솔루션에 묶어 두려는 것이다. 예를 들어 화주가 판단할 때 운송주선서비스 같은 각각의 서비스 품질이 최선의 대안이 아니더라도 선사에 속해 있는 공급사슬 전체 서비스에서 벗어나는 것이 비용적으로 불리하기 때문에 일관 서비스로 선택을 할 수밖에 없는 상황에 놓이게 된다. 포워더가 선사의 거대 디지털 플랫폼에 의해 영향력이 축소될 우려가 있는 사안이다.

(4) 물류서비스 제공자 업무능력 심화

포워더는 상품을 운송하기 위해 선사와 계약한다. 즉 포워더는 상품을 직접 운송하지 않고 공급사슬 링크 역할을 한다. 운송업체는 선박, 항공기, 트럭, 철도를 포함한 다양한 운송 유형을 사용할 수 있으며, 일관수송을 위해 복합운송방식을 사용한다.

이에 비해 제3자 물류서비스(3PL)제공자는 물류 및 공급사슬 관리에서 기업의 물류 활동의 전부 또는 일부를 다루는 아웃소싱 서비스 제공업체이다.

제3자 물류 서비스 기업도 화물운송 등 물류서비스를 지원하지만 이들은 단순 화물 운송이 아니라 조달, 화물 보관 및 운송, 물류센터 반출, 포장, 유통에 대한 가시성 제공 등 여러 부가서비스를 제공한다.

이 양자 간의 근본적인 차이점은 포워더들은 공급사슬 중에서 운송 측면에 초점을 두면서 물류최적화에 중점을 두고 있는 반면 제3자 물류서비스 제공자들은 물류사슬뿐만 아니라 전체 공급사슬 운영을 최적화하는 더 폭넓은 서비스에 중점을 둔다는 점이다.

최근 들어 국제 포워딩회사의 대부분은 물류서비스 제공자(LSPs)로 불린다. 즉 단순 운송최적화에서 벗어나 화주의 공급사슬 최적화를 위한 서비스를 제공하는 업체로 그 서비스의 범위를 확대한 것이다. 즉 포워딩회사나 3PL 제공업체나 화주의 공급사슬최적화업무를 서비스하는 물류서비스 제공자의 업무를 수행하고 있다.

화주 화물에 대한 운송최적화를 하는 운송주선인에서 화주의 공급사슬최적화를 위한 서비스를 제공하는 물류서비스 제공자가 되기 위해서는 가장 중요한 점이 화물에 대한 현지 시장분석능력을 갖추어야 한다. 화물에 대한 소비자의 동향, 전망을 통해 최적 재고 및 최적 운송방법을 제시하고, 나아가 시장 예측, 고객 예측, 신제품 예측도 제시할 수 있어야 하기 때문이다.

6) 우리나라의 포워딩업

1970년대 초부터 선박대리점에서 맡았던 포워딩 에이전트 업무는 1973년 이후 개별 독립법인으로 분리되기 시작해 아세아익스프레스가 스위스계 글로벌 포워더인 퀴네 나겔(Kuehne+Nagel)의 파트너로서 포워딩업무를 시작해 국내 최초의 순수 포워딩업을 시작했다. 이후 해운항만청이 1976년 10월 국내 26개사에 첫 면허를 발급함으로써 해상운송주선업체가 국내에 본격적으로 시작되었다.[24] 이 중 현재까지 삼영익스프레스, 세방, 오리엔트쉬핑, 제일항역,

---

24 한국국제복합운송업협회(1990), pp.51-54 삼영익스프레스 정은구 회장께 자료 자문을 받았다.

일양해운, 천우통운 등이 영업을 하고 있다.

1970년대, 80년대에 국내 포워딩 업체들이 해상 수출물동량의 절반 정도를 취급할 정도로 크게 신장하였다. 포워딩 수요가 늘어나자 건교부가 1999년 포워딩 등록업무를 각 지자체로 이관하였고 포워딩 업체수도 1,000여 개에서 3,000여 개사로 급격히 증가하였다. 1992년에 해상운송주선업, 그리고 1996년에 항공포워딩이 개방되면서 외국계 포워딩사의 100% 투자업체 설립이 가능해져 외국계 거대 업체와 경쟁이 불가피하게 되었다. 영세업체 난립과 외국계 거대 포워딩 업체와의 경쟁으로 우리나라 포워딩업은 2000년 이후에 들어서도 경영여건이 어렵게 되었다.[25]

2020년 기준으로 세계 25대 글로벌 프레이트 포워더에 우리나라의 CJ Logistics가 24위로 유일하게 포함되어 있다. 처리 물동량이 31만TEU로 퀴네나겔이나 중국의 시노트란스의 1/10 수준에도 미치지 못하고 있다. 이에 비해 일본은 4개사가 포함되어 있고 총 물동량도 CJ의 8.6배에 이른다.

이러한 차이는 우리나라 기업의 글로벌 네트워크 경쟁력이 글로벌 물류기업에 비해 열위이기 때문이다. 이는 기본적인 네트워크의 차이뿐 아니라 우리나라 기업들이 본격적으로 해외진출을 시도한 2000년대 중후반에 글로벌 물류기업들은 이미 M & A를 통해 네트워크를 확대한 이후였다. 즉, 네트워크의 차이가 곧 기업 경쟁력으로 연결되는 물류업계에서 국내 물류기업들은 해외진출 시기도 뒤쳐졌을 뿐 아니라, 순차적인 해외법인 설립방식 채택 등으로 인해 글로벌 물류기업과의 네트워크 경쟁에서 격차를 해소하지 못하고 있기 때문이다.

우리나라 운송주선업체들도 글로벌 영업확대를 위해 국제적인 글로벌 포워딩 회사로 성장하든지 아니면 지역의 중소회사로 남아 니치마켓을 대상으로 영업을 하는 회사로 남든지 기로에 서있게 되었다. 그러나 중소 포워더로 남아있으면 글로벌 포워딩기업의 흡수합병의 대상이 될 수밖에 없다. 화주의 조달, 생산, 판매의 글로벌 확대에 따라 물류서비스 산업도 국내적으로, 그리고 국제적으로 흡수 합병을 주도해서 서비스의 글로벌화를 추진해 나가야 한다.

---

[25] 코리아 쉬핑가제트(2006)

12

컨테이너터미널

컨테이너터미널 개요[1]

1) 개요

컨테이너가 복합일관수송에서 가장 크게 공헌한 일은 수송 수단이 바뀔 때의 화물 환적의 효율성을 높일 수 있었던 것이다. 컨테이너터미널은 컨테이너 운송에서 해상운송과 육상운송 간의 화물을 환적하는 곳이다. 컨테이너터미널의 기능과 컨테이너 터미널 하역기기에 대해 살펴본다.

컨테이너터미널은 컨테이너의 해상운송 및 육상운송의 접점으로서 컨테이너의 반입 또는 양하, 반출 또는 선적, 장치, 컨테이너 및 관련기기의 정비 및 수리, 외부트럭이나 철도, 피더선 등 2차 연계운송수단과의 연계 등이 이루어지는 장소이다. 1960년대 초 이후 재래식 다목적 터미널에서 컨테이너 터미널로 전환되면서 장비와 터미널 배치에서 근본적인 변화가 생겼다.

가장 큰 변화는 컨테이너를 양적하 할 수 있는 크레인이 설치되는 점이다. 기존 재래식 화물선에는 선박에 크레인을 탑재해 화물의 양적하를 하였지만, 컨테이너선에는 크레인이 탑재되어 있지 않고, 컨테이너터미널에 설치되어 있는 안벽크레인으로 컨테이너화물을 양적하하는 방식으로 바뀌었다.

또한 선박에 양적하되거나 반출입되는 컨테이너를 일시적으로 보관하기 위한 일정 규모의 장치공간이 확보되어야 한다. 이 장치공간은 여러 개의 컨

---

1 본 장의 내용은 양창호(2021a) 제7장의 내용을 기초로 작성하였다.

테이너 장치블록으로 구성되어 있다. 컨테이너터미널 내 컨테이너 이송장비인 야드 트럭이 컨테이너를 안벽과 야드 사이를 이동시킨다. 야드에는 야드 트럭과 블록 간에 컨테이너를 상하차, 혹은 장치를 할 수 있도록 야드크레인이 설치되어 있다.

그리고 철도와의 연계를 위한 장비 및 장치장, 그리고 피더선과의 연계운송체계도 확보해야 한다. 또한 터미널에서의 컨테이너의 반출입, 양적하, 그리고 각종 장비 및 야드의 활용 최적화를 위한 터미널운영시스템도 갖춰야 한다.

이와 같이 컨테이너터미널은 부두에 안벽 크레인이 설치되고 충분한 야드 보관 공간을 제공하고, 효과적인 부두 운영을 위해 재설계되었다. 그리고 재래식 개품선적이 컨테이너 화물로 양적하되면서 컨테이너터미널 생산성이 크게 높아졌다.

2) 컨테이너터미널 화물 흐름

컨테이너터미널에서는 컨테이너의 반입 및 양하, 반출 및 선적, 이송, 장치의 4가지 활동이 이루어진다. 수입 컨테이너는 선박을 통해 항만으로 반입된 후 내륙 운송업체에 의해 반출된다. 반면에 수출 컨테이너는 내륙운송업체에 의해 항만으로 반입되고, 선박에 의해 반출된다. 그리고 환적컨테이너는 본선과 피더선 혹은 본선과 본선 간의 컨테이너 이송이며, 컨테이너 야드에 임시 장치된 후 이적 작업이 이루어진다.

수출 컨테이너가 게이트를 통해 항만에 반입되면 컨테이너 도착시간 및 관련 정보가 기록된다. 그런 다음 수출 컨테이너의 경우 선적될 선박 도착 때까지 야드에 장치된다. 컨테이너의 장치위치는 블록의 열(row), 베이(bay)와 단(tier)까지 정해진다.[2] 이 위치는 최적의 선박 선적을 가능케 하는 선박의 화물 적재계획(stowage plan)에 따라 결정된다. 이 계획은 다음 기항 항만에서 양하/선적시간을 최소화하고 선박의 안정성을 고려한 계획이다. 일반적으로 수출

---

2 Gunther, Hans—Otto, Kim, Kap—Hwan(2006), p.439

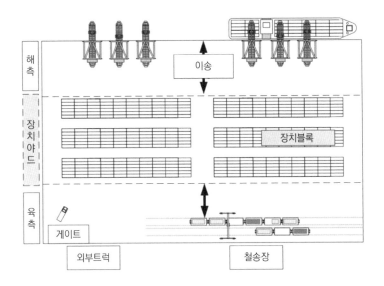

자료: Wiese et al.(2010), p.220

컨테이너의 반입은 무작위로 이루어진다. 심지어는 선박 입항 2주 전에 반입이 되기도 한다.

수입 컨테이너가 적재된 선박이 항만 부두에 접안하면 컨테이너는 안벽크레인으로 선박에서 터미널 이송장비인 야드 트럭에 하역되고 야드 트럭은 컨테이너의 장치위치로 이송한다. 이 컨테이너는 일정시간 후에 외부 트럭에 실려 게이트를 통해 반출된다. 수입화물은 수출화물과 달리 화물 반출이 상당부분 예측 가능하다. 위험물 화물 등 일부는 안벽크레인에서 외부트럭에 직접 실려 터미널 외부로 직반출되는 경우도 있다.

컨테이너터미널에서는 수출 및 수입 컨테이너 외에도 환적컨테이너도 처리한다. 환적컨테이너는 선박을 통해 터미널에 반입되지만 곧 다른 선박으로 반출되기 위해 임시로 장치하는 화물이다. 그러나 실제로 터미널에서 환적화물을 수출화물 처리와 같이 취급하고 있다.[3]

---

3 Kim, Park(2003)

컨테이너 터미널의 경쟁우위는 선박 재항시간 단축, 낮은 양적하 비용, 신뢰성 등에 달려있다.[4] 선박재항 시간을 최소화하기 위해 자원을 가장 효율적으로 사용해야 한다. 우선 해측 작업을 살펴보면 선박이 안벽에 배정된 후 컨테이너가 양하되고 선적된다. 이 화물은 이송장비로 선박과 야드 사이를 이송된다. 이를 효율적으로 수행하기 위해 접안 선박에 대한 선석이나 안벽크레인의 배정계획(선석계획), 선박 내 컨테이너 위치계획(선박 화물적재계획), 야드 내 컨테이너 위치 계획(야드계획), 양하, 선적 순서 계획(컨테이너 양적하 순서계획) 같은 여러 계획을 수립해야 한다.

육측에서도 야드와의 연결된 작업의 효율성을 제고해야 한다. 외부 트럭은 게이트를 통과하여 컨테이너 반입, 혹은 반출을 위해 게이트를 통과하고, 적절한 야드 위치에서 야드 크레인에 의해 컨테이너의 상차, 혹은 하차작업을 한다. 철송의 경우 크레인을 이용해 철송 야드에서 열차에 적재하기도 하고 하차시키기도 한다. 이와 관련되어 트럭 순서 지정 계획, 컨테이너의 야드 내 위치 계획(야드 계획), 트럭과 열차에 대한 컨테이너 작업순서계획 등을 수립하게 된다.

---

4 Steenken, D. Stefan Voß, Stahlbock, R.(2004)

02

컨테이너터미널 영역별 기능

컨테이너항만은 일반적으로 항만수계, 선석(부두), 안벽, 에이프론, 컨테이너 야드, 게이트로 나누어 볼 수 있다. 항만수계(harbor)는 항만의 육지구간에 인접한 자연적이거나 인공적인 수역으로 선박이 앵커를 놓아 정박할 수 있는 곳이다. 정박을 통해 선박은 항만의 부두 접안이 가능할 때까지 기다릴 수 있다.

선석(berth) 또는 부두는 안벽(quay)에 나란히 접해있는 바다 영역으로, 화물을 내리거나 선적하기 위해 선박이 접안하는 곳이다.[5] 선박이 도착하면 항만은 선박이 접안할 부두의 위치를 결정하고 크레인 등 양적하를 위한 크레인 등 자원을 할당한다.

안벽(quay, wharf)은 화물의 양하 및 선적을 위해 선박이 접안하는 부두와 나란히 접해있는 육상구조물이다. 에이프론(apron)은 안벽의 한 영역으로, 하역작업을 위한 크레인이 설치되어 있고, 크레인이 주행할 수 있도록 하는 영역이며, 동시에 야드 트레일러 같은 이송장비와 안벽크레인이 컨테이너 양적하 작업을 하는 공간이다.

컨테이너 야드(container yard)는 반입되어 선박에 선적되기 전까지, 그리고 양하 후 반출되기 전까지 컨테이너를 일시적으로 보관하는 장치공간이다. 컨테이너 야드는 블록으로 구성되어 블록마다 야드크레인이 설치되어 야드트럭

---

5 Tally Wayne. K.(2018), p.26

(YT)이나 외부트럭에 상차, 하차작업이 이루어지는 공간이다. 게이트(gate)는 컨테이너가 항만으로 반입되거나 항만에서 내륙으로 반출되는 지점이다. 이 밖에 관리 및 유지 보수건물, 수출화물을 컨테이너에 적입하거나 배분하는 건물(CFS), 트레일러, 야드 장비이동을 위한 도로, 항만에 철송 서비스가 있는 경우 철도 트랙과 레일 야드도 위치한다.

컨테이너 터미널의 주요 목표는 항만 운영의 효율성과 생산성을 향상시키는 것이다. 컨테이너 항만 생산성에 대한 많은 연구가 수행되었다.[6] 부두운영, 야드운영, 이송 및 육측 운송을 포함한 항만물류 프로세스에 대한 연구가 진행되고 있다.

▼ 그림 12-2 컨테이너 터미널 영역별 기능

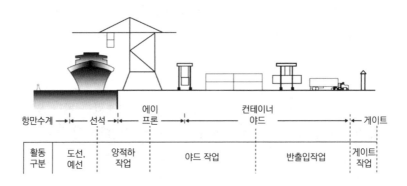

자료: World Bank(2017a)

1) 안벽 및 에이프론 영역

컨테이너 선박이 안전하게 접안할 수 있는 육상구조물을 안벽(quay)이라고 한다. 안벽은 컨테이너터미널의 가장 중요한 시설로 선박과 내륙을 연결하며, 안벽크레인(QC)[7]에 의해 컨테이너를 양·적하하는 장소이다. 안벽의 길이는

---

6 Kim, K.H. Lee, H.(2015)
7 안벽크레인(quay crane)은 안벽에 설치된 크레인을 의미한다. 컨테이너 크레인(C/C)으

과거 300~350m이었지만, 초대형 컨테이너선의 취항으로 신설 항만의 경우 400m 혹은 그 이상의 길이로 건설되고 있다. 일반적으로 컨테이너 터미널은 3~4 선석 단위로 한 개의 터미널이 구성되는 경우가 대부분이다. 안벽 전면 수심은 일반적으로 15~16m의 수심을 갖지만, 초대형 선박에 대응할 수 있도록 17m 이상의 대수심을 가진 터미널을 건설한다.

안벽 및 에이프런(apron) 영역은 펜더(fender)[8]를 포함한 안벽 법선에서부터 장치장 첫 적재 시작위치까지의 영역이다. 이 영역에는 안벽법선을 따라 크레인이 주행할 수 있도록 레일이 설치되어 있다. 레일간 간격(rail span)은 30~70m 폭이며, 이 영역은 야드트럭(YT) 주행로, 그리고 안벽크레인과 YT의 접속이 이루어지는 공간이다. 또한 선박작업 시 선박의 해치커버(hatch cover) 등을 임시적으로 장치하기도 한다.

YT의 주행로는 기본적으로 QC 레일 간격 내부에 위치한다.[9] YT의 주행영역은 YT가 컨테이너를 적재하고 야드로 이동하거나 본선으로 이동하는 구간으로서 가장 많은 이동이 발생하는 공간이다.

안벽법선과 해측 레일간에 선박의 기울어짐에 따른 선박과 크레인의 충돌 방지를 위해, 그리고 QC 유지보수를 위한 공간으로, 그리고 승선을 위한 공간(set−back)을 두며 3.5~6.5m 정도의 거리를 두고 있다.

QC의 백리치(backreach) 영역[10]은 해치커버를 위한 공간, 여유 작업레인 및 기타차량을 위한 공간으로 활용된다.

안벽 및 부두 운영은 전 세계 대부분의 컨테이너 터미널에서 병목 현상으로 간주되기 때문에 컨테이너 터미널에서 가장 광범위하게 연구되는 물류 프로세스 분야이다.[11]

로 부르기도 한다. 본서에서는 안벽크레인(QC)으로 통일해 사용한다.

8 선박이 안벽에 접안할 때 충격으로부터 선박과 부두시설을 보호해주기 위해 안벽에 설치하는 방충재이다.

9 YT의 주행로는 1레인의 폭이 4.5m이다.

10 크레인의 선박측 작업붐대를 아웃리치(outreach)라 하고 육지 측 붐대를 백리치(backreach)라고 한다.

11 Bierwirth, C. Meisel, F.(2015)

2) 야드영역

야드 운영은 야드 크레인 관리, 야드 차량 관리 및 야드 공간 관리 등 세 가지 분야로 나눌 수 있다.[12] 야드 공간 관리에는 장치공간 할당, 컨테이너 적재 등이 포함된다. 이러한 활동의 대부분은 컨테이너 재배치(rehandling)와 관련이 있다. 야드에서의 컨테이너 재배치는 비생산적인 활동이기 때문에 이를 최소화하는 것이 효율적인 야드운영이기 때문이다.

야드영역은 마샬링 야드(marshalling yard)와 컨테이너 야드(container yard)로 구성되어 있다. 마샬링 야드는 컨테이너의 양적하 생산성을 향상시키기 위해 특별히 지정한 야드로 컨테이너의 도착지 항만, 규격, 무게를 고려해서 선적예정 순서대로 미리 쌓아놓는 장소이다. 최근 터미널에서는 양적하 계획능력이 고도화되면서 이런 마샬링 야드를 별도로 두지 않고 야드에서 직접 양하나 선적 순서에 의해 작업이 이루어지는 경우가 많다. 선박에 하역 작업을 신속하고 효과적으로 할 수 있도록 컨테이너를 분산배치하여 장치해 둔다.

컨테이너 야드는 크게 수출 장치장과 수입 장치장으로 나누어지며, 화물이 적재된 컨테이너와 공컨테이너는 장치장을 구분하여 관리한다. 또한 냉동 컨테이너, 위험물 컨테이너, 규격 외 컨테이너는 각각 특정위치에 장치장을 배정하고 있다.

컨테이너 선박의 대형화로 컨테이너 야드 면적도 증가하고 있다. 야드 장치장은 수평구조형과 수직구조형으로 구분할 수 있다. 대부분의 국내 터미널 야드는 수평구조식이며, 수직구조식은 자동화 컨테이너터미널에서 사용하는 방식이다. 야드장치장은 야드블록으로 구성되어 있고 야드블록의 길이는 컨테이너 베이(bays)수에 의해, 야드의 폭과 높이는 야드크레인의 처리 열(rows)수와 단적(tiers)수에 의해 정해진다.

(1) 일반 컨테이너 야드 영역

일반 컨테이너 야드 영역에서 취급화물은 표준 컨테이너[13]로 화물종류는

---

12 Zhen, L. Jiang, X. Lee, L.H. Chew, E.P.(2013)

수출입화물과 환적화물을 취급하며 컨테이너 종류는 적컨테이너와 공컨테이너를 취급한다.

일반적으로 야드 블록은 야드의 터미널 안벽과 수평으로 위치해 있다. 야드 블록의 폭과 단적수는 야드 크레인 장비의 처리 열수와 최대 단적수에 의해 결정된다. 최대 적재 단적수는 대부분 4단, 5단으로 운영되지만 홍콩, 싱가포르 등 해외항만에서는 9단까지도 적재한다.

(2) 냉동 컨테이너 야드 영역

냉동 컨테이너블록은 본선에서 하역된 수입화물이나 환적화물, 반입된 수출화물에 대하여 냉동 컨테이너를 야드에 저장한다. 냉동 컨테이너 내부의 일정 온도 유지를 위하여 전력시설을 보유하고 있다.

냉동컨테이너는 컨테이너별로 설치된 냉동감시기로 연결여부, 온도체크 등을 수행하며, 또한 각 냉동감시기는 터미널 운영시스템과 연결되어 중앙통제를 한다. 또한 냉동관리자가 냉동전원의 연결, 해제 관리 및 감시 역할을 수행한다.

(3) 위험물 컨테이너 야드 영역

위험물 컨테이너 야드영역에서의 취급화물은 위험물 컨테이너 중 IMO 규정 1번(폭발물), 7번(방사능 물질)을 제외한 위험물 컨테이너를 취급한다. IMO 1번, 7번화물은 직반출을 원칙으로 한다. 위험물 컨테이너 야드영역의 운영 하역장비는 일반 컨테이너 야드 영역의 하역장비와 동일하게 사용된다.

(4) 온휠 컨테이너 야드 영역

온휠(on-wheel) 야드영역의 취급화물은 기준규격을 벗어나거나 특수 화물로서 일반 컨테이너 야드에 적재될 수 없는 컨테이너를 저장한다. 컨테이너 야드에 적재 불가능한 비규격 컨테이너, 비컨테이너 브레이크벌크 화물을 장

---

13 길이가 20피트나 40피트, 45피트이고 폭이 8피트, 높이가 9.6피트인 컨테이너이다.

치한다. 그리고 IMO 규정 1번, 7번 화물의 임시 장치장으로도 사용된다. 온휠 야드영역의 경우 사용되는 별도의 장비는 없으며 새시에 놓인 형태로 저장되고 야드트럭이나 외부트럭이 접근, 연결하여 이동하는 형태이다.

(5) 재유통 공컨테이너 야드 영역

재유통을 위한 공컨테이너, 수리 및 검사를 위한 공컨테이너, 수출입 공컨테이너 장치장의 부족 시 등 특별한 경우 일부 수출입 공컨테이너 등이 장치된다. 재유통 공컨테이너 야드에서는 컨테이너의 종류에 상관없이 적재, 인출이 가능하기 때문에 장비는 경제적이고 효율성이 높은 리치스텍커(RS)가 사용된다. 국내에서는 태풍 등 기상조건을 감안하여 5단적을 기본으로 하고 있으나, 기상여건이 좋은 싱가포르항 등에서는 9단 이상까지도 적재한다.

(6) 철송야드 영역

철송야드는 원칙적으로 컨테이너터미널 내부에 위치해야 한다. 터미널 내에 철송시설이 없을 경우 게이트를 통과하여 철송시설까지 이송하는 작업이 추가로 발생하게 되고 이는 해당 터미널을 이용하는 화주의 비용을 상승시키는 요인이 되기 때문이다.

철송영역은 크게 레일터미널 영역, 조차장 영역, 임시보관 야드 영역으로 나뉜다. 철송터미널(rail terminal)은 크레인에 의해 컨테이너를 이송장비나 화차에 상차, 하차하는 곳이다. 철송터미널에서 사용되는 하역장비는 일반적으로 레일을 따라 이동하는 크레인(RMGC)[14]을 사용한다.

조차장 영역은 기본적으로 열차의 대기를 주목적으로 하며 하역이나 적재 작업을 수행하지는 않는다. 또한 화차의 도착이나 출발시 대기장소로서 작업 트랙으로 들어가기 전 빈 트랙상에서 컨테이너 열차를 대기하거나 교체하는 기능을 한다.

야드에서 컨테이너가 이송되거나 화차에서 하차된 컨테이너가 터미널로 이송될 때 정확한 스케줄을 맞추기가 어렵기 때문에 임시 보관 야드가 필요하

---

14 Rail mounted gantry crane

다. 임시보관 야드는 일일 반출입 철송물동량을 수용할 수 있어야 하며, 철송 터미널 인근에 위치해야 한다.

철송 터미널 운영과 관련하여 철송 터미널에서 컨테이너의 사전 준비, 적재 작업 최적화[15]가 중요하다.

3) 게이트 영역

게이트는 컨테이너터미널을 출입하는 컨테이너화물 정보의 발생지이자 종착지이며, 보안구역이 시작되는 장소이다. 게이트는 컨테이너터미널을 출입하는 컨테이너화물에 대한 반입, 반출의 출입구일 뿐 아니라 수출 컨테이너의 경우 게이트를 통과하여야 선적이 가능하며 수입화물의 경우는 게이트를 통과함으로써 화주에게 인도될 수 있다.

게이트에서 고려하여야 할 사항은 EDI 등을 이용한 게이트 반출·입 정보의 사전처리이다. 차량 예약 시스템은 게이트 시스템의 외부 트럭 도착을 관리하여 게이트 혼잡을 방지하고 트럭 회송 시간을 단축하기 위해 컨테이너 터미널에 널리 적용되어 왔다. 사전에 컨테이너에 대한 정보가 전송된 컨테이너와 운송차량은 신속하게 게이트를 통과하여 반출·입이 가능하지만 사전정보가 처리되지 않은 컨테이너와 운송차량은 컨테이너터미널 내 선사 사무실 등에서 관련정보를 입력·전송한 후 게이트를 통과해야 한다.

게이트에 진입한 후 컨테이너 운송트럭 기사 확인, 컨테이너 손상 여부 확인, 봉인 검사작업 등이 이루어진다. 터미널 작업을 마친 후 트럭은 반출작업을 하게 되고 통관, 검역업무를 한 후 컨테이너 검사를 하게 된다.

통관, 검역, 검사 시설은 반입게이트 및 반출게이트와 인접한 장소에 위치한다. 게이트를 진입한 후 별도의 검사가 필요한 컨테이너에 한하여 검사업무가 수행되며, 세관공무원이 요청하는 경우, 컨테이너터미널 내의 컨테이너 검사시설에서 컨테이너 내용물을 검색하게 된다.

---

15 Xie, Y. Song, D. P.(2018)

▼ 그림 12-3 게이트 업무

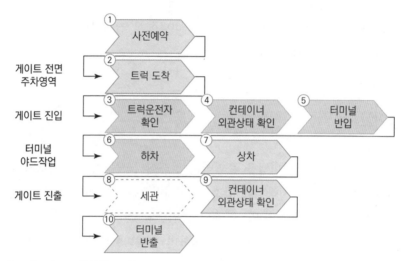

자료: Geweke, Busse(2010). p.308

4) 시설물 영역

시설물 영역은 컨테이너터미널을 운영하기 위하여 요구되는 건물 및 주요 운영시설 영역을 의미한다. 시설물의 종류에는 터미널 지원을 위한 운영빌딩, 유지보수빌딩, CFS, 근로자빌딩, 컨테이너 세척시설, 주유소, 세관건물, 크레인 수리장소, 운전자 대기소, 변전소 등이 포함된다.

(1) 운영빌딩(operation building)

운영빌딩은 외부 이용자들을 접견하는 기능과 컨테이너터미널 운영, 재무, 상업적인 업무기능과 기타 지원기능 및 운영직원 수용 및 편의시설 제공기능 역할을 한다. 선박상황, QC 등 안벽작업, YT의 해측작업, 야드작업, 육측작업 상황 등을 감시, 통제한다. 터미널 운영시스템, 항만정보시스템 운영 기능도 수행한다.

(2) 유지보수빌딩(maintenance & repair shop)

컨테이너터미널 하역작업에 사용되는 야드크레인, 스프레더, YT, 새시의 수리와 유지보수를 위한 정밀검사, 정비 등의 작업장으로 사용된다.

(3) 컨테이너 화물조작장(container freight station)

CFS에서는 화물의 집화, 혼재, 분류, 포장, 통관, 보관 및 화물의 인·수도, 검수작업 등이 이루어진다. 수출화물의 경우, 화주가 1개의 컨테이너를 가득히 채울 수 없는 소량의 화물[16]을 인수하여 동일 목적지별로 선별하여 컨테이너에 혼재하고 수입화물의 경우, 혼재되어 있는 화물을 목적지별로 구분하고 수화인에게 인도하는 업무를 수행한다. CFS는 컨테이너터미널 내부에 위치하는 경우가 많이 있지만 터미널 부지조성에 많은 투자비가 소요되기 때문에 터미널과 인접한 곳에 위치할 수도 있다.

---

16 LCL(Less than Container Load) 화물이라고 한다.

03

컨테이너터미널 장비

안벽에 설치된 대형 크레인은 안벽크레인 또는 갠트리 크레인으로 불리며, 선상에 있는 컨테이너를 안벽 크레인 밑에서 기다리고 있는 트레일러에 올리는 작업이나 그 반대 작업을 한다. 크레인은 컨테이너를 잡는 장치가 부착되어 있는데 이를 스프레더라고 부른다. 컨테이너선은 선창 안에 컨테이너를 실은 후, 갑판 위에 컨테이너를 쌓게 된다. 선창 개구부에 커버를 하고 그 위에 컨테이너를 쌓아 적재해 나간다. 이 커버를 해치커버라고 부르는데, 갠트리 크레인은 해치커버의 분리작업도 한다. 컨테이너 야드 내에서의 하역작업에는 주로 스트래들 캐리어 또는 야드 크레인을 이용한다. 공컨테이너와 같은 비교적 가벼운 컨테이너는 탑 리프터나 대형 지게차 등을 이용한다.

1) 안벽크레인(QC)

안벽에 고정적으로 설치되어 있는 안벽크레인은 컨테이너 하역용으로 에이프런에 설치되어 있는 레일 위를 주행하는 크레인이다. 컨테이너 크레인(C/C)으로도 불리고 있다. QC는 선박의 컨테이너를 이송장비로 상차하거나 이송장비에 적재된 컨테이너를 선박에 적하하는 작업을 한다.

QC는 선박의 대형화에 따라 아웃리치가 길어지고, 인양높이가 높아지며, 호이스트 및 트롤리 속도가 빨라지고 있다. 그리고 크레인의 스프레더 기술,

호이스트 기술이 개발되면서 크레인의 생산성을 크게 높이고 있다.

안벽 크레인의 하역작업은 선박의 재항시간을 단축시킬 뿐만 아니라 하역 생산성을 좌우하는 작업이다. 특히 아웃리치는 초대형선의 기항을 결정하는 중요한 요인이다. 22,0000~24,000TEU급 초대형선의 컨테이너 갑판적 열수가 23~24열에 이르기 때문에 안벽크레인의 아웃리치도 24열 이상을 처리할 수 있어야 한다. 이전에 설치된 포스트 파나막스급 선박용 안벽크레인은 17~19열 처리가 가능한 것으로 아웃리치가 45~55m였다. 그러나 23~24열을 처리하기 위해서는 크레인의 아웃리치가 70m 이상이 되어야 한다.

안벽크레인이 시간당 몇 개의 컨테이너를 양적하 할 수 있는가 하는 생산성이 터미널 전체의 생산성에 큰 영향을 미친다. 세계 최대 선석생산성을 기록한 터미널도 시간당 평균 120여 개 정도이다. 이는 크레인 6대가 동시작업을 할 때 크레인당 20개 정도만 처리한 것이다. 시간당 크레인 생산성을 60개로 올릴 수 있다면 선석생산성은 300개를 넘을 수 있다.

▼ 그림 12-4 듀얼 호이스트 시스템 QC

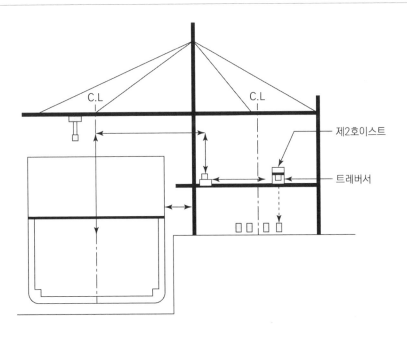

현재 안벽크레인 시스템 중에서 가장 많이 사용하는 방식은 안벽크레인은 싱글 트롤리(single trolley)시스템, 더블트롤리(double trolley)시스템, 듀얼 호이스트(dual hoist)시스템의 3가지로 나누어 볼 수 있다. 대부분의 항만에서 싱글트롤리시스템을 사용했으나, 선박의 대형화 및 항만의 자동화로 인하여 더블트롤리 및 듀얼 호이스트시스템의 사용이 증가되고 있다.

더블트롤리 시스템은 2개의 트롤리가 작업을 하는 방식이고, 듀얼 호이스트는 시간이 많이 소요되는 트럭과의 인터페이스 작업을 위해 호이스트를 별도로 두는 방식이다. 트럭과의 연계가 선박 상에서의 하역작업과 분리됨으로써 무인 하역시스템에 적합하다.

스프레더에 따라서도 안벽크레인 생산성에 큰 차이를 가져온다. 40피트 컨테이너를 동시에 2개 처리할 수 있는 탠덤(tandom) 스프레더를 장착한 경우, 싱글트롤리 탠덤크레인 혹은 듀얼호이스트 탠덤크레인으로 불린다.

2) 야드 하역장비

컨테이너부두는 제한된 부지에서 가능한 많은 컨테이너를 장치하며, 장치된 컨테이너를 효율적으로 관리하여 빠른 시간 내에 컨테이너를 반입, 반출할 수 있어야 한다. 터미널 장치장 운영시스템은 저단적 하역시스템과, 대규모 컨테이너 전용터미널에서 많이 채택하고 있는 고단적 하역시스템으로 나눌 수 있다.

저단적 하역시스템은 온새시 시스템, 포크리프트 시스템, 스트래들 캐리어 시스템 등이 있다.

온새시 시스템(on-chassis system)은 새시에 올려진 상태로 야드에 보관하는 방식이다. 크레인에 의해 선박에서 하역된 컨테이너를 트레일러의 새시 위에 올려놓은 상태로 외부트럭에 의해 견인되어 반출될 때까지 정해진 장치위치에 보관된다. 또한 외부트럭에 의해서 견인된 수출컨테이너도 안벽크레인에 의해서 선박에 선적될 때까지 트레일러의 위에 놓여진 채로 적재위치에서 보관된다. 이 시스템은 컨테이너의 상차, 하차작업이 생략되기 때문에 야드크레인이 필요 없는 방식이지만, 1단으로 적재해야 하므로 넓은 장치장이 필요한 단점이 있다.

포크리프트 시스템(folk-lift system)은 2단적 이상이 가능하다. 일반적으로 포크리프트 트럭은 컨테이너 야드(CY) 내에서 또는 컨테이너 화물조작장(CFS)과 CY 사이에서 작업을 수행한다.

스트래들 캐리어 시스템(straddle carrier system)은 자체 프레임에서 컨테이너를 들어올려 항만 내 다양한 위치로 컨테이너를 운반할 수 있는 바퀴 달린 고무 타이어 차량이다. 야드장치장 영역에서는 장치장에 컨테이너를 장치하거나 컨테이너를 재배치하는 데 사용된다. 스트래들 캐리어는 3단적까지 적재가 가능하다.

고단적 야드시스템은 트랜스퍼 크레인(transfer crane: T/C)시스템과 오버헤드브리지 시스템(overhead bridge system: OHBC)을 들 수 있다. 트랜스퍼 크레인은 컨테이너터미널의 야드에서 컨테이너를 YT에 상차 혹은 하차작업을 하는 하역 장비이다. 야드장치장에 컨테이너를 장치하거나 컨테이너를 재배치, 또는 컨테이너 반출을 위해 Y/T나 외부트럭에 상차하는 데 사용한다. 스트래들 캐리어와 달리 트랜스퍼 크레인은 컨테이너 운송을 위해 YT 등 추가 장비가 필요하다. 그러나 트랜스퍼 크레인은 6단적까지 적재가 가능하고 또한 야드장치장에서 컨테이너를 신속하게 픽업 또는 재배치할 수 있는 장점이 있다.

T/C는 바퀴식과 레일식이 있다. T/C는 대부분 바퀴식인 RTG(rubber tired gantry crane)이지만, 레일 위로 이동하는 레일식인 RMG(rail mounted gantry crane)도 많이 설치되고 있다.

RTGC 시스템은 바퀴가 달린 고무타이어로 주행하는 크레인으로, 레일로 주행하는 방식에 비해 이동성이 높아 유연성 있는 작업이 가능하다. 현재 세계 각국의 컨테이너 전용터미널 중 약 63%이상의 터미널이 RTG를 채택하고 있다.[17] 일반적으로 RTG의 폭은 보통 6열에서 9열까지이며 트럭 주행레인 4~5m 한 개가 포함된다. 장치높이는 4단에서 6단까지가 보통이며, 처리하는 블록은 40TEU에서 50TEU 길이다. 대부분 디젤엔진을 사용하나 최근에는 전기를 동력으로 하는 e-RTG도 사용된다. 이러한 경향은 유가상승으로 인한 운영사의 운영비 상승을 억제하고 저탄소 녹색물류를 지향하는 정책의 영향

---

17 Wiese et al.(2010), p.224

이 크다고 볼 수 있다.

레일식인 RMG 시스템은 일반적으로 철송용 장비로 가장 많이 사용되어 왔으나 최근에는 야드운영의 자동화시스템 채택에 따라 야드 내 컨테이너 취급장비로 많이 사용되고 있다. 국내의 경우 부산 신항만에서 최초로 야드 운영시스템으로 RMG를 채택하였다. RMG는 RTG에 비해 폭과 높이가 크다. 폭은 최대 12열까지이며 높이는 8단적 이상이다. 시간당 처리능력이 요구되는 허브 항만이나 야드 면적이 제한된 부두에서 많은 양의 적치능력이 필요할 경우, 환적화물을 많이 처리하는 부두에서 효율적인 야드 장비이다.

특히 RTG는 주행시 고무바퀴의 마찰력이 철로 주행보다 10~15배에 달해 에너지가 비효율적이다. 그리고 디젤엔진을 통해 전력을 얻는 방식은 전력 전환률이 35%에 불과해 비효율적인 연료 사용방식이다. 연료절약형을 감안한다면 전기식 RMG가 우수한 방식이다.[18]

오버헤드브리지 시스템(OHBC)은 기둥(붐)을 세우고 기둥 간에 레일용 거더를 설치하여 이 레일위에 크레인을 설치하여 이동시킬 수 있는 방식이다. 이때 크레인 레일용 거더를 받치는 기둥(붐) 건설과, 기초공사에 많은 초기투자가 소요된다.

▼ 그림 12-5 RTG와 RMG

주: RMG는 국내 최초로 개발된 무인 RMG로 광양항 철송장에서 시연하는 모습임

---

18 Rijsenbrij, Wieschemann(2010), p.71

싱가포르 PSA사의 파샤르판장 터미널(PPT)에서 8단적 높이의 OHBC를 설치하여 운영하고 있다. 수출화물과 환적화물을 처리하며, 특히 환적화물이 주류를 이루는 싱가포르 항만의 특성에 따라 이와 같은 고단적 장치시스템 운영이 가능하다.

이 밖에 최근 벨기에의 헤세네티 터미널에서도 OHBC 방식을 이용한 자동화 컨테이너터미널을 계획하고 있으며, 앞으로 점차 야드의 고집적화 현상에 비추어 볼 때 OHBC 시스템도 하나의 대안이다.

3) 야드 이송장비

야드 이송장비는 컨테이너를 적재하여 안벽과 야드 사이를 운반하거나 또는 CFS 및 철송장으로 운반하는 장비로 야드 트랙터에 새시를 붙여 사용하며 야드 트럭(YT) 또는 야드 트레일러로 불린다.

야드 트럭은 게이트를 통과하여 공로운항을 할 수 있는 외부 트럭과 달리 게이트 밖 공로를 주행할 수 없으며 터미널 내에서만 주행이 가능하다. 최근 터미널의 QC 및 야드크레인의 대수가 증가하고 생산성이 향상되면서 이송장비인 YT의 소요대수도 늘고 생산성 향상도 필요해졌다.

이송장비 대안으로 셔틀캐리어(shuttle carrier)가 혁신적인 장비로 부각되고 있다. 셔틀캐리어 시스템은 기존의 YT를 대체할 수 있는 시스템으로서 컨테이너를 적재한 상태로 주행 가능하며, 스스로 컨테이너를 적양하여 작업할 수 있다. 기존 이송장비와는 달리 본선작업이나 야드작업시 하역 장비와의 연계가 불필요하므로 셔틀캐리어의 작업사이클을 줄일 수 있어, 생산성을 크게 증가시키는 것으로 분석되었다.[19]

자동화 터미널에서는 무인이송장비(automated guided vehicle: AGV) 또는 자동셔틀캐리어(automated shuttle: ASHC)가 YT 대신 이송장비로 사용된다. 자동화 터미널에서 이송장비를 AGV를 10년 이상 사용하면서 나타난 결과가 사람이 조작하는 YT에 비해 타이어나 엔진이나 브레이크 등 부품 소모율이 낮

---

19 Yang, Chang Ho, Choi, Yong Seok, Ha, Tae Young(2004)

다는 것이다. 자동화 장비가 정비주기나 감가상각비용에도 유리한 영향을 주고 있다.[20] 또한 AGV도 초기에는 디젤엔진으로 구동되었으나 최근 자동화터미널에서는 에너지 효율성이 좋은 친환경 배터리로 구동되는 전기식 AGV가 사용되고 있다.

과거에는 컨테이너터미널에서는 선박작업 시 안벽크레인(QC)별로 YT를 3~4대 투입하는 조별방식(dedicated operation)으로 운영하였으나, 현재는 선박 또는 선석, 터미널별로 YT를 배정하는 풀링방식(pooling operation)을 적용하여 하역생산성을 높이고 있다.

4) 기타 장비

컨테이너터미널에서 사용하는 기타장비로는 탑 핸들러(top handler)와 리치 스태커(reach stacker)로 공컨테이너 또는 화물이 적재된 컨테이너를 상·하차하는 데 주로 이용한다. 그리고 CFS 등에서 컨테이너에 화물을 적입하거나 적출하는 경우에는 지게차(folk lift)를 주로 사용하고 있다.

---

20 Rijsenbrij, Wieschemann(2010), p.76

04

터미널운영시스템

컴퓨터를 이용한 기술 발전으로 컨테이너 터미널 운영시스템은 최적화 기반의 의사결정 시스템을 지원하고 있다. 중요한 알고리즘의 개발뿐만 아니라 예상치 못하게 발생하는 문제에 대한 해결책을 합리적인 시간에 찾을 수 있게 한다. 컨테이너 터미널에서 트윈 리프트 작동을 하는 크레인 같은 새로운 장비를 도입해도, 최적화 알고리즘을 포함하는 운영시스템의 적절한 소프트웨어 지원이 수반되지 않는다면 기대된 생산성 향상으로 이어지지 않을 수 있다.

1) 기능

터미널 운영시스템(terminal operating system: TOS)은 항만운영에 있어서 두뇌에 해당하는 것으로 항만생산성 향상과 처리능력 최대화에 중요한 기능을 한다. 세계 주요 항만들은 안벽 하역장비 및 야드크레인의 생산성 향상과 더불어 효율적인 터미널 운영과 높은 수준의 서비스를 제공하기 위하여 지속적으로 컨테이너터미널 운영시스템을 개선하고 있다.

컨테이너터미널은 선사에 대한 재항시간 단축 등 서비스 수준 향상을 위해 안벽크레인 생산성 제고와 야드 운영의 효율성을 높여야 한다. 동시에 화주서비스 개선을 위해 육측 서비스 시간도 단축시켜야 한다. 터미널 운영시스템은 야드 등 시설에 대한 공간할당과 모든 장비에 대한 최적 배치 등을 달성할 수 있게 한다.

터미널 운영시스템에서 각종 업무 규칙과 알고리즘, 그리고 각종 변수가 잘 설정되어 있지 않은 경우, 설계 능력보다 처리능력이 크게(20~50%) 저하될 수 있다.[21] 홍콩의 HIT 터미널에서는 터미널 운영계획, 생산, 통제 및 관제업무 등 터미널 통합운영시스템(terminal management system)을 항만운영업무에 적용하여 전체 항만생산성을 약 30% 증가시킨 적이 있다.

터미널 운영시스템은 터미널을 통과하는 모든 컨테이너에 관한 기록들을 관리하고 컨테이너의 예정 위치, 컨테이너의 이동 방법, 트럭과 크레인 운전자에 대한 작업 지시 방법에 대한 계획을 사전에 계획한다.

컨테이너 터미널의 작업 및 운영의 최적화를 위해 각종 계획을 수립하고, 운영과 통제를 하며, 실시간 의사결정을 지원한다. 선석배정 및 본선작업계획 등 안벽작업 최적화, 장치장 운영계획을 세우고 효율적인 장비이동과 장치장 활용을 극대화하도록 운영한다. 실시간으로 터미널 내에서 발생하는 상황을 모니터링하고 장치장, 선석 등 터미널 내의 모든 컨테이너 이동을 추적하고, 하역장비의 상태 및 작업상황을 추적한다.

선사들로부터 정보를 접수하여 입항 선박에 적재되어 있는 컨테이너의 위치를 파악하고 화주와 운송업자들로부터 육로나 철도로 터미널에 반입, 반출할 컨테이너에 관한 정보도 계획한다. 터미널 운영 시스템은 컨테이너를 선박이나 열차, 트럭으로부터 반출하여 야드 내 어느 장소에 각 컨테이너를 장치할 것인지 계획한다.

2) 시스템 구성

컨테이너 터미널에서 이루어지는 대부분의 업무는 사전계획에 의해서 수행된다. 특정 선박에 적재할 게이트 반입 화물을 수출입장치계획에 의해 수출장치장에 적재한다. 선박이 도착하면 선석이 배정되고 수립된 컨테이너의 수출입 장치계획에 따라 선박으로부터 양하된 컨테이너는 수입장치장에 적재된다.

---

[21] Saanen(2010), p.94

수출장치장에 적재된 컨테이너는 해당 선박 접안 후 터미널의 적하계획에 따라 순차적으로 선박에 적재되면서 터미널에서의 모든 작업이 종료된다. 수입 장치장에 적재된 컨테이너는 반출트럭이 터미널에 도착하면 트럭에 적재되어 게이트를 통해 터미널을 반출되면 터미널에서의 관련업무가 모두 종료된다.

이러한 업무의 흐름은 터미널의 운영시스템에 의해서 원활한 처리가 가능하며 작업영역별로 볼 때 게이트, 장치장, 안벽 및 이를 전반적으로 지원하는 IT 영역으로 구분된다.

(1) 선석 운영시스템

선석운영시스템(berth operation system)은 선석배정 계획시스템과 본선작업 계획시스템으로 나누어 볼 수 있다. 선석배정 계획시스템(berth allocation planning)은 선석활용의 극대화와 선석대기시간의 최소화를 목표로 여러 제약조건과 요구사항을 수용하는 선석배정 계획을 수립한다.

본선작업 계획시스템(ship planning)은 QC와 야드트럭의 이동을 최소화시키도록 선박으로부터 컨테이너를 하역하거나 선적하는 데 있어 최적의 방법을 도출해낸다. 선박에 적재할 때 선박의 다음 기항 항만에서 먼저 하역할 컨테이너를 상단에 적재할 수 있도록 한다. 또한 중량 컨테이너의 배분 등 선박의 운항 안정성 확보도 고려해서 본선작업 계획을 수립한다.[22]

(2) 장치장 운영시스템

장치장 운영시스템(yard operation system)은 주로 컨테이너 장치장 배정계획을 수립하는 것으로 야드를 통과하는 컨테이너를 최적의 방법으로 이동시키기 위한 것이다. 먼저 이동시켜야 할 컨테이너를 적재단의 상단에 위치시킨다. 컨테이너를 선적하거나 터미널 밖으로 반출할 경우에는 선박 가까이에 위치시키거나 게이트에 가까이 위치시킬 수 있다. 야드 이송장비와 야드트럭의 이동을 최소화시키고 컨테이너 재작업(rehandling)을 최소화할 수 있도록 계획을 세워야 한다.

---

[22] 김갑환 외(1997)

(3) 게이트 운영시스템

게이트 운영시스템(gate operation system)은 게이트 운영과 컨테이너와 장비 인식시스템으로 구성된다. 게이트 운영시스템은 컴퓨터에 사전 입력된 데이터를 활용하여 트럭 운송업자에 대한 장치장 이송안내 기능을 보유하여야 한다. 또한 컨테이너 운송트럭과 운전자의 확인 기능과 이송 컨테이너에 대한 손상확인 및 자료 보존 기능을 보유하게 된다.

(4) 운영통제시스템

운영통제시스템(operation & control system)은 컨테이너터미널 내의 종합관제시스템, 작업지시 및 통제시스템, 문제해결 및 통합경보시스템 기능이 포함된다. 종합관제시스템은 실시간으로 터미널 내에서 발생하는 상황을 모니터링하는 것으로서 장치장, 선석 등 터미널 내의 모든 컨테이너 이동을 추적하고, 하역장비의 상태 및 작업상황을 추적하는 기능이다.

컨테이너 터미널 운영을 사전에 계획을 잘 수립해 놓아도 돌발 변수에 의해 실시간으로 최적화를 위한 의사결정을 해야 할 경우가 생긴다. 예를 들어 트럭에 의해 터미널로 반입되는 컨테이너 데이터가 EDI에 의해 사전에 입력될 수 있어도 실제 컨테이너가 터미널에 도착하는 시간은 예측시간과 다를 수 있다. 또한 도착한 컨테이너의 사전 정보를 수정해야 할 때도 있다. 대상 야드 위치가 변동될 수 있다. 컨테이너 양적하에 대해서도 같은 일이 발생할 수 있다.

작업지시 및 통제시스템은 장치장 및 안벽작업을 실시간으로 최적화하여 재작업을 줄이고 이송장비 및 하역장비의 이동거리를 최소화하도록 장비를 할당하는 기능이다.[23] 문제해결 및 통합경보시스템은 문제를 실시간으로 파악하여 상황에 적합한 계획을 재수립하는 작업지시 기능과 사전에 설정된 문제 발생 및 해결방법 시나리오에 따라 작업자에게 경보를 발령하는 기능이다.

---

[23] 김갑환 외(1999)

05

자동화 컨테이너터미널

1) 자동화 터미널의 필요성

자동화 컨테이너터미널은 일시에 많은 컨테이너화물을 양적하고 야드에 장치, 이송하기 위하여 하역, 이송, 보관의 컨테이너터미널 작업의 효율을 향상시킬 수 있는 시스템이다. 최근 각국의 항만들이 신규 컨테이너 터미널을 건설 계획을 발표하는데, 채용하는 시스템이 거의 자동화터미널이다. 이렇게 자동화터미널을 건설하는 이유는 터미널 간 경쟁, 그리고 생산성 향상 두 가지로 볼 수 있다.

첫 번째는 항만간, 터미널 간 운영비 등 비용경쟁력 경쟁 때문이다. 자동화 터미널 운영으로 전략적, 비용경쟁적 우위를 확보할 수 있다. 항만 간, 터미널 간 경쟁이 심화되는 가운데, 인건비 등 비용경쟁력이 뒤지지 않도록 하기 위해 자동화터미널을 건설하지 않을 수 없기 때문이다. 항만 내 터미널 간에도, 그리고 항만 간 터미널에서도 경쟁이 심화되어 특정터미널이 비용우위나 서비스 우위를 오래 지속할 수 없는 상황이다. 특히 GTO내의 터미널 간 혹은 다른 GTO 터미널과의 비용이나 서비스 차이가 지속될 수 없는 일이다. 처음 네덜란드의 로테르담 항에서 자동화 컨테이너터미널을 구축한 이후 경쟁관계에 있는 독일의 함부르크항에서 자동화 컨테이너터미널을 개발 운영한 것도 같은 이유이다.

컨테이너터미널 하역작업 중 가장 많은 인력이 소요되는 부분은 에이프런에서 장치장까지 컨테이너를 이송하는 YT작업이다. 자동화 컨테이너터미널은 컨테이너의 이송을 자동 무인이송장치인 AGV(Automated Guided Vehicle)를 이용한다. 자동화터미널에서 인건비 비중을 가장 많이 절감시키는 부분이다. 그리고 야드에서도 자동화 무인 야드크레인(ARMG)을 사용하여 야드크레인 인력도 절감하게 된다.

두 번째는 선사, 얼라이언스의 초대형선 운항에 따른 생산성 향상요구 때문이다. 세계 정기선 산업이 3대 얼라이언스로 재편되면서 동서 기간항로상 투입선박을 크게 대형화하였다. 컨테이너 선박이 대형화되면서 선박당 하역 물동량도 증가하고 있다. 부산신항의 경우 8,000TEU 이상 선박에서 처리되는 물량비중이 2017년 50%를 초과하였다.

컨테이너 터미널은 이와 같이 기항 선박의 양적하물동량이 크게 늘면 단위 시간에 처리해야 할 화물이 증가하고 있다. 그럼에도 선사는 평균 항만 체류 시간인 약 1일 내에 하역을 완료하고 출항할 수 있는 생산성을 항만에 요구하고 있다. 이를 위해 항만 생산성을 현재보다 크게 향상되어야 한다.

2) 자동화 터미널 배치

자동화 컨테이너터미널의 일반적인 터미널 배치는 해측에 안벽크레인(QC) 작업구역이 있고, AGV의 대기 등을 위한 해측 완충지대(buffer zone), 그리고 AGV 주행 차로가 있다. 수직블록의 해측 끝에 야드크레인과 AGV가 컨테이너의 상차, 하차작업을 하는 해측 교환구역(exchange area)이 있다.

선박으로부터 무인 자동안벽크레인을 통해 컨테이너를 AGV에 올려놓게 되면, AGV는 자율주행을 하여 컨테이너를 해측 교환구역까지 운송하게 된다. 자동 무인 야드크레인(ARMG)이 AGV 도착을 인식하고 컨테이너를 상차하여 정해진 위치에 적재하게 된다.

육측에는 외부트럭의 주행차로와 수직블록의 육측 끝에 외부트럭과 야드 크레인과 컨테이너 상차, 하차작업을 하는 육측 교환구역, 그리고 게이트가 있다. 야드의 장치블록의 폭은 선택한 자동 야드 크레인의 종류에 따라 달라 진다.

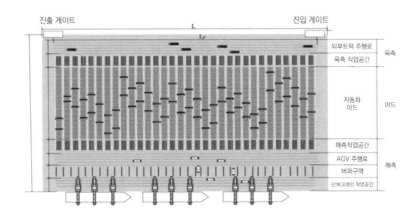

자료: Wang et al.(2019), p.2

3) 자동화 터미널 도입현황

　　자동화터미널 기술 패러다임은 항만노동을 포함한 여러 운영 및 절차의 개선을 수반한다. 따라서 터미널 자동화의 정도는 항만을 둘러싸고 있는 여러 가지 조건을 감안하여 추진하게 된다. 경쟁 전략 목표, 항만생산성 및 효율성 목표, 초기 투자비용, 야드의 토지 가용성, 전문 기술인력, 노동조합과의 관계, 데이터 확보 등이다.

　　컨테이너 터미널의 자동화는 작업과정을 표준화하고, 인공지능을 이용한 시설 및 장비 최적화 운영을 통해 항만서비스와 항만 생산성을 높일 수 있다.[24] 현재 초대형선 기항이 일반화되어 있는 상황에서 세계적으로 신규 컨테이너 터미널은 거의 자동화 컨테이너터미널로 건설하고 있다.

　　2020년 기준으로 유럽의 네덜란드, 독일, 벨기에, 영국 등 주요 항만, 그리고 아시아에서는 중국, 싱가포르, 호주, 한국 등 세계 70개 이상의 컨테이너터미널이 부분적으로 또는 완전 자동화 시스템을 도입했다. 최근 건설되는 자동

---

24 Cariou, P.(2018)

화터미널은 완전 무인자동화터미널인 경우가 많다. 2016년 기준으로 전체 자동화터미널 중에 완전무인자동화터미널은 51%였다. 그리고 2021년까지 그 비중이 55%로 더 증가하고 있다. 그럼에도 불구하고 전체 항만에서 차지하는 자동화터미널은 약 3%에 그치고 있고 완전자동화 터미널은 1%에 불과하다.[25] 초대형선이 기항하는 대형허브항만들은 경쟁에서 유리한 위치에 서기 위해 자동화터미널을 건설하고 있지만, 중소형 항만들은 자동화터미널의 이점에 비해 투자비가 더 부담되기 때문이다.

반자동화를 포함한 자동화 컨테이너터미널 시장이 2020~2024년 동안 연평균 2.5% 성장할 것으로 전망하고 있다. 자동화터미널 건설을 계획하고 있는 곳도 지중해 항만 등 유럽항만이 10여 개, 중국 등 극동이 4개 등 20개 이상에 이르고 있다.[26]

초대형선 기항을 유인해야 하는 글로벌 터미널 오퍼레이터(GTO)들은 자동화컨테이너터미널을 운영을 선호하고 있다. 전 세계 자동화터미널 70여 곳 중 75%는 GTO에 의해 운영되고 있다. 또한 2020년 현재 계획 중인 자동화터미널 22개 중 80%를 GTO가 운영할 계획이다.[27] 글로벌 터미널 운영자 중에서 HP, DPW, PSA, COSCO가 특히 자동화터미널을 많이 운영하고 있다.

---

25 Drewry Maritime Research (2018)
26 Drewry(2020), p.76
27 https://shipip.com/covid-19-to-stifle-container-port-investment/

06

글로벌 터미널 운영자

　세계 각지에서 터미널을 운영하는 터미널운영자를 글로벌 터미널운영자 (GTO)[28]라 한다. 세계 컨테이너터미널 운영은 유럽과 아시아, 그리고 북미 각 항만에 컨테이너 터미널을 운영하면서 터미널 간의 글로벌 네트워트를 구축하고 있는 글로벌 터미널 운영자(GTO)에 의해 주도되고 있다.

　터미널운영자는 이러한 집중화를 통해 글로벌 물류서비스 제공 업체의 역할을 키워나가고 있다. 정기선사들도 컨테이너 터미널을 소유하고 관리하는 경우도 크게 늘어나고 있다.

　컨테이너터미널 사업의 세계화는 3단계에 걸쳐 진행되었다.[29] 첫 번째 단계는 영국의 P&O Ports가 말레이시아의 Port Klang에 있는 터미널 시설에 처음으로 투자하기로 결정한 1980년대 중반으로 거슬러 올라갈 수 있다. 이 전략적 선택은 전 세계의 항만 민영화가 시작된 덕분에 가능했다. 몇 년 후 홍콩에 본사를 둔 허치슨 왐포아 그룹(Hutchison Whampoa Group)의 Hutchison Port Holdings가 영국의 펠릭스토우 항만에 유럽 본사를 설립했다. 이는 해외 확장의 출발점이 되었으며 이후 중국 본토, 북유럽, 중미 및 기타 아시아 국가에도 투자를 했다.

　글로벌 터미널 글로벌화의 두 번째 단계는 싱가포르의 PSA와 미국 CSX 그

28　Global Terminal Operator를 의미하며 Drewry Shipping Consultants사가 연간 리뷰 보고서에서 글로벌 규모의 터미널 운영자를 지칭하며 사용한다.

29　Bichou. Gray(2007)

룹이었다. PSA는 전 세계를 대상으로 항만 민영화의 기회를 활용하여 투자하였다. 1996년에 처음으로 외국 컨테이너터미널에 투자하여 중국 북부에 위치한 다롄 컨테이너터미널의 지분을 인수했다. PSA는 2002년에 전 세계적으로 성장하는 데 있어 중요한 곳인 벨기에의 Hesse Noord Natie를 인수하였다. 이를 통해 HPH 및 P&O Port가 있는 유럽 북부 시장에 진입할 수 있었다.

철도 사업에 주력했던 미국의 CSX 그룹은 1980년대 중반에 당시 최대 정기선사인 시랜드(Sealand)를 인수하여 터미널 운영사업에 진입했다. 1999년 시랜드사가 머스크에 매각된 후에도 CSX는 터미널 그룹을 유지하고 CSX World Terminals를 설립했다. 결국 2004년 말 두바이 항만청(DPA)에 매각되어 DP World사로 흡수되었다.

세 번째 단계는 정기선사의 터미널 운영 참여로, 머스크 시랜드, 에버그린, COSCO 등을 예로 들 수 있다. 에버그린은 대만, 파나마, 미국, 이탈리아 및 베트남에서 터미널을 운영했고, COSCO는 홍콩, 중국 및 이탈리아에서 터미널을 운영했다. 이와 같이 정기선사들이 터미널을 운영하는 것은 정기선사의 수직적 통합 전략의 일환이기도 했다.

2019년 기준 전 세계 컨테이너 항만물동량은 8억 800만TEU이다. 상위10대 글로벌 터미널 운영자에 의해 처리된 항만물동량은 총 3억 4,280만TEU로 전체의 42.8%를 차지했다. PSA와 COSCO가 각각 1위와 2위를 차지하였다. Hutchison Ports의 지분 20%를 가지고 있는 PSA가 단연 1위로 6천만TEU 이상을 처리했고, 중국 COSCO는 OOCL 인수에 힘입어 4,860만TEU를 처리해 2017년 5위에서 2019년 2위로 상승했다. 이에 따라 각각 4,680만, 4,570만TEU를 처리한 APMT와 허치슨이 3위와 4위로 한 계단씩 하락했다. DP World와 China Merchants Ports, TiL이 각각 5위, 6위와 7위를 차지했다. 세계 컨테이너 터미널운영은 세계점유율 3% 이상을 차지하는 상위 7개사의 GTO가 주도하는 형태를 보이고 있다.

표 12-1 세계 주요 글로벌 컨테이너 운영자

GTO	처리물동량(백만TEU)	세계 전체 점유율(%)
PSA Intrenational	60.4	7.5
China Cosco Shipping	48.6	6.1
APM Terminals	46.8	5.8
Hutchison Ports	45.7	5.7
DP World	44.3	5.5
China Merchant Ports	41.5	5.2
TIL	28.8	3.6
ICTSI	10.1	1.3
CMA CGM	8.3	1.0
SSS Marine	8.3	1.0
10대 GTO 합계	342.8	42.8
세계 합계	800.8	–

주: 터미널운영자가 소유하고 있는 터미널의 지분을 고려한 처리물동량 기준
자료: Drewry(2020)

13

컨테이너선 해운의
미래

01

미래 컨테이너선 시장의 변화

1) 정기선의 특성과 미래 영향

정기선 선사들이 지속적인 수익성을 거두는 데 장애요인은 규모의 경제의 추구와 정기선 산업의 구조적인 공급과잉 특성을 들 수 있다. 컨테이너 선박의 크기는 지난 10년 동안 빠르게 성장했다. 20,000TEU 이상의 컨테이너를 운반할 수 있는 최신형 초대형 컨테이너 선박으로 인해 운송용량이 크게 늘어났다. 이러한 발전의 원동력은 정기선 선사들이 규모의 경제효과를 지속적으로 추구해왔기 때문이다. 그러나 선형이 계속 커짐에 따라 규모의 경제효과가 감소하고 있다. 초대형선과 관련된 비용절감은 선형을 키울 때마다 적어지고 한계에 다다르고 있다.

또한 규모의 경제효과 추구는 해운회사에 이익을 제공하지만 초대형선의 대량 주문으로 인해 정기선 산업에는 공급과잉을 초래하고 있다. 또한 컨테이너선의 대형화는 실물경제의 발전이나 무역의 발전과 관계없이 모든 무역항로에 영향을 미치고 있다. 전배효과(cascade effect)에 의해 그 영향이 확산된다. 아시아－유럽 노선에 배치된 새로운 초대형 선박은 해당 노선을 운항하던 선박을 대체하게 되고 이 선박들은 다른 노선에 전배된다. 이런 과정이 계속 이어져 모든 무역항로를 따라 전배와 대체가 이어진다. 예를 들어 남미 동부 해안을 기항하는 컨테이너 선박의 평균 선형은 2010년대 중반 이후 5년간 약 50% 증가한 반면 무역량은 정체되었다.

정기선 해운의 특성은 구조적인 공급 과잉을 유발하는 특성으로 설명할 수 있다. 그 첫째는 해운서비스의 소멸성이다. 해운서비스는 저장이 불가능하여 운항중인 선박의 비어있는 화물공간은 낭비될 수밖에 없다. 게다가 정기선 해운서비스는 정해진 스케줄에 따라 규칙적으로 제공되어야 하며, 개별 항해는 복잡하고 정교한 해상네트워크에 기반해야 한다. 선박은 남아있는 화물공간을 채우기 위해 대기할 수 없으며, 정기선 해운네트워크 구축을 고정비용을 감당하여야 한다. 따라서 선사들은 네트워크 구축에 따른 고정비용을 커버하기 위해 선박 이용률 극대화를 추구하게 된다. 이와 같은 정기선 해운서비스의 소멸성과 높은 고정비용은 시장이 선복과잉일 때, 그리고 초대형선을 운항하면서 더욱 심각한 운임하락을 유발할 수 있다.

둘째, 선사들은 자신들이 제공하는 서비스의 차별화를 노력하지만 현실에 선사들의 핵심서비스(컨테이너의 해상운송)는 매우 범용화되어 있다. 이와 같은 서비스의 범용화는 얼라이언스를 통한 선박공유협정이나 전반적인 운영상 표준화 등에 기인한다. 이에 따라 서비스 차별화가 어려운 정기선 선사들은 주요 경쟁무기로 삼아 가격인하 경쟁에 돌입하게 된다. 또한 정기선 산업은 분절된 산업구조(fragmented industry structure)를 가지고 있어 다수의 시장참여자가 존재하는 완전경쟁시장에 가까운 형태를 보인다. 이와 같은 완전경쟁시장 판매자는 가격순응자로서 시장에 전혀 영향을 미칠 수 없다. 따라서 개별 선사들은 시장에서 정해진 가격하에서만 서비스를 판매할 수 있다. 또한 시장의 높은 투명성으로 인해 선사들은 경쟁사의 고객정보를 쉽게 파악할 수 있어 등을 쉽게 발견할 수 있다.

셋째, 해운서비스에 대한 수요는 매우 비탄력적이라서 가격인하가 그에 상응한 수요증가를 유발하지 못한다. 이는 해상운송서비스는 주로 교역량에 파생수요이고, 해상운송을 대체할 만한 대체재의 이용가능성이 그리 않다는 의미이다. 게다가 해상운송비용이 제품가격에서 차지하는 비중도 따라서 해상운임이 하락하더라도 해상서비스에 대한 수요가 큰 폭으로 증가하지 않는다.[1]

다만 이러한 여건 속에서도 몇 가지 공급과잉을 해소할 수 있는 가능성은 있다. 규모의 경제 효과가 한계에 도달했다는 분석과, 최근 들어 정기선 시장

---

1 재단법인 양현(2018), p.49

구조가 기존 완전경쟁시장 형태에서 과점시장 형태로 변화하고 있어 공급조절의 가능성이 높아졌다는 점이다.

2) 초대형 컨테이너선의 한계

선박대형화를 통한 규모의 경제 효과는 선박 크기 증가에 맞춰 터미널 생산성 증가가 담보될 수 있을 때 전체 공급사슬에 대해 작용할 수 있다. 따라서 초대형선 발주는 항만에 대해 수심을 위한 준설, 장비 및 야드운영 현대화 등의 항만 비용 증가를 수반하게 된다. 초대형선에 따른 추가적인 항만비용을 감안할 때 선박크기가 18,000TEU를 상회하면 규모의 경제 효과가 감소하는 것으로 나타내고 있다.[2] 이러한 결과는 시장수요와는 상관없이 단위비용 절감 목적으로 추진되어 왔던 선사들의 선박대형화 추세에 제동을 걸 수 있는 요인으로 초대형선 건조에 따른 구조적 선복과잉을 해소하는 데 기여할 것으로 보인다.

초대형선이 기항시키기 위해 항만은 다양한 인프라와 장비에 대한 투자를 해야 한다. 수심이 더 깊은 접근항로와 안벽, 긴 아웃리치의 크레인이 필요하다. 또한 초대형선에 의해 발생하는 최대 피크물량을 처리하기 위해 더 넓은 야드 장치용량과 배후 운송수단과의 원활한 연계를 위한 운송레인과 게이트, 트럭 버퍼공간 등에 대한 투자도 이루어져야 한다. 이를 위해 터미널 운영자, 항만 당국 및 배후 운송을 담당하는 회사는 관련비용을 부담한다. 장비 등 상부시설 투자비용은 터미널 운영자가 부담하게 되고, 준설비는 항만당국이 그리고 일반 도로나 철도 같은 배후 연계 투자비는 정부가 부담하게 된다. 그리고 초대형선 기항으로 발생하는 게이트 및 야드 혼잡으로 발생되는 비용은 트럭운송업체를 통해 화주가 부담하게 된다.

이렇게 추가되는 투자비용과 관련하여 터미널과 항만의 적절한 대응이 필요하다. 터미널의 경우는 초대형 선박은 항만 운영의 변동성을 증가시켜 초대형선의 양적하가 이루어지는 동안은 장비와 노동력에 큰 작업부담을 주지만

---

2 Drewry(2017)

초대형선의 하역에 맞추어 설치한 장비들이 초대형선이 출항한 후 다른 시간 대에는 높은 유휴 상태를 발생시킨다.

여러 연구를 종합하면 향후 25,000TEU, 그리고 최대 30,000TEU급 선박의 출현이 가능할 것으로 전망하고 있다.[3] 선사입장에서 선박대형화에 따른 선박의 유용성, 운영 효율성 등을 고려할 때 25,000TEU급 선박이 향후 초대형선의 한계로 적절한 것으로 조사되었고,[4] 설계상 30,000TEU까지 초대형선 건조는 가능하다고 한다.[5]

또한 선박의 선박 폭과 흘수가 커지면 파나마 운하와 수에즈 운하는 물론 말라카 해협도 통과가 문제 될 수 있다. 수에즈 운하를 통과하지 못하면 남아프리카 공화국을 돌아 유럽으로 가야 한다. 말라카 해협의 통항 한계를 넘는다면 인도네시아 자바섬 밑으로 돌아가야 한다.

2020년에 건조된 24,000TEU급 컨테이너선도 폭이 기존 10,000TEU급에 비해 5~6m 정도만 넓어졌고, 적재열수는 24열로 대형 허브항만들이 기존 10,000TEU급 컨테이너선에 대비해 설치한 24~25열급 안벽크레인으로도 작업이 가능하다. 선장 400m도 18,000~19,000TEU와 비교해 거의 같은 수준으로 제작되었다. 또한 말라카 해협의 안전수심이 20m 정도이고 24,000TEU 선박의 흘수는 16.5m 정도로 통항에 문제가 되지 않는다.

선박이 계속 대형화되고 있지만 항만 및 운하, 해협 등의 수용능력을 고려하여 건조되고 있어 당초의 건조가능성에 갖던 의문을 해소하고 있다. 남은 것은 수에즈 운하 통과 사양이다. 초대형선이 주로 취항하는 아시아-유럽항로가 기존의 수에즈 운하를 통과하고 있는데, 이 수에즈 운하를 항해 가능한 선박은 선박길이 400m, 선폭 60여m로 제한되어 있다. 25,000TEU 선박도 전장 430m지만 선폭과 흘수는 61m와 17m로 24,000TEU 제원과 차이를 보이지 않고 있지만 이 한계에 거의 임박한 선박이다. 따라서 케이프타운으로 돌아가지 않는다면 컨테이너선의 초대형화도 거의 한계에 달했다고 볼 수 있다.

근본적으로 컨테이너선이 25,000TEU, 30.000TEU 이상으로 초대형선화가

---

3 해양수산부(2016)

4 Haralambides(2017), p.12

5 조선소 관계자의 의견

지속될 수 있을 것인가를 살펴보아야 한다. 딜로이트는 2030년까지 초대형선에 의한 규모의 경제 경쟁은 일단락될 것으로 예상하고 있으면서, 선박의 초대형화가 더 이상 계속될 것 같지 않다고 예상하고 있다.

3) 정기선 시장의 집중

최근 들어 정기선 시장구조가 기존 완전경쟁시장 형태에서 과점시장 형태로 변화하고 있다. 과점시장(oligopoly)의 최대 특징은 소수의 자가 가격 및 산출물 변화를 통해 다른 기업들에게 즉각적인 영향을 미칠 다는 상호의존성이다. 과점의 형태에는 협조적 과점(collusive oligopoly)과 비협조적 과점(non-collusive oligopoly)이 있다. 협조적 과점은 흔히 운임동맹(conference system)과 같은 카르텔을 구성하여 정부당국의 규제를 받게 된다. 반면 비협조적 과점은 상대기업의 행동을 예상하여 독립적으로 의사결정을 수행하게 된다. 협조적 과점시장의 대표적 사례인 굴절수요곡선이론에 따르면 과점기업이 가격을 인상하면 상대기업들은 아무런 반응을 하지 않아 시장점유율이 급격히 하락하고, 반대로 가격을 인하할 경우 상대기업들에게 가격전쟁을 선포하는 잘못된 신호를 보낼 수 있기 때문에 가격의 변동폭이 크지 않다. 이는 과점기업들이 새로운 생산시설(선박량)을 도입하려는 경우에도 마찬가지로 적용되므로 가격 안정성과 생산시설의 통제가 어느 정도 가능하다.[6]

세계 정기선 산업의 집중도는 높아졌다. 상위 4개 컨테이너 해운회사가 2020년에 수송능력이 전 세계의 58%를 차지하고 있다. 2000년에는 약 25%였고, 2013년 말에도 45%이었다. 상위 4개사의 점유율은 나머지 선사들과의 격차가 점차 확대되고 있어 과점화가 진행되고 있음을 알 수 있다.

동시에 얼라이언스의 지배력도 증가했다. 얼라이언스는 선박의 슬롯을 공유하기 위해 해운회사 간의 계약이다. 경쟁법 면제를 통해 가능해진 이러한 선박공유 계약은 중형 선사가 힘을 합쳐 초대형선박을 발주하고 운항할 수 있게 함으로써 초대형선 시대에 더욱 중요한 전략이 되고 있다. 얼라이언스가

---

6 재단법인 양현(2018), p.50

2017년 4월부터는 3개로 집약화하면서 거의 모든 동서 컨테이너 무역로가 3개의 대규모 얼라이언스에 의해 통제되는 상황이 되었다. Ocean, 2M, THE Alliance 3개 얼라이언스가 아시아－북유럽항로(서향)의 수송능력은 98%에 달하며, 아시아－북미서안항로(동향)에서는 70%의 수송능력을 점유하고 있다.

이와 같은 선사의 수평적 통합과 수직적 통합은 화주를 위한 선택의 폭이 매우 제한되는 화물운송 시스템으로 이어질 수 있다. 화주는 공급사슬 위험을 최소화하기 위해 여러 해운회사와 협력해 왔다. 이 전략은 선사의 집중과 얼라이언스 확대로 점점 더 불가능해졌다. 해운회사가 전체 운송 공급사슬 서비스를 제공하기 시작하면서 특정 공급사슬에 고정될 위험이 있게 되었다.

다만 이러한 과점화와 같은 산업통합화로 인해 공급조절의 장치가 마련되면서 글로벌 정기선 시장의 구조적인 선복과잉 시장구조가 개선될 수 있는 여지가 생기고 있다.

02

디지털 전환

디지털화와 미래 신기술은 매우 광범위해서 미래 무역과 운송, 그리고 해운에 얼마큼 영향을 미칠지 불분명하다. 그러나 이들 기술로 인해 미래에 상품의 생산, 지리적 위치 및 무역 방식이 변경될 수 있을 것이다. 현재도 컨테이너박스 트랙킹, 공컨테이너 재배치, 서류관리, 네트워크 디자인, 가격설정 분야에 있어서는 이미 디지털 기술들이 활용되고 있다. 향후 디지털화와 인공지능·블록체인·사물인터넷·자동화의 새로운 발전으로 더욱 기존 프로세스를 최적화하고, 새로운 비즈니스 기회를 창출하며, 공급사슬과 무역의 지형을 변화시킬 것으로 예상된다.

해운 서비스는 디지털 전환(digital transformation)의 혜택을 크게 받을 수 있다. UNCTAD의 연구에 따르면, 95,402척의 선박을 보유한 해상운송은 전세계 무역량의 약 80%를 차지하고 있다. 사실상 모든 해상무역 거래와 운송의 모든 데이터가 디지털화될 수 있다. 사물 인터넷으로 데이터의 가용성을 증가시키고 자동화된 프로세스를 통해 기하급수적인 성장이 가능하게 될 것이다.[7] 디지털 연결성과 물리적 연계가 조합되어 해운회사와 항만 및 복합운송업자들이 화주의 글로벌 공급사슬과 통합하는 데 도움을 줄 것이다. 인공지능은 자동식별시스템, 글로벌 위치확인 시스템, 화물 및 컨테이너 추적장치 등에서 증가하는 데이터를 분석하는 데 도움을 줄 수 있다. 이러한 데이터는

---

[7] UNCTAD(2019)

블록체인에 변조를 방지하고 안전하게 저장할 수 있다.

해운 서비스가 디지털화되면 우선 데이터 표준이 중요해질 것이다. 대표적인 사례가 이 네비게이션(e-Navigation), 블록체인 기술 등이다. 최근 여러 해운사가 선도적인 정보기술(IT) 기업과 협력하여 기술 솔루션을 개발하기 시작했다. 필요한 표준의 개발과 사용을 장려하는 동시에 이러한 표준이 일부 참가자만 참여하는 폐쇄적인 표준이 되지 않도록 하는 것이 중요하다.

디지털 기술은 정기선 해운에 기회와 위협을 동시에 가져다 줄 것이다. 정기선 선사들은 전체 물류서비스를 제공하는 데 있어 전통적 물류기업과 다른 디지털 기술로 무장한 신규 진입자로부터의 위협으로부터 포워더, 대형화주 등 자신의 고객을 방어해야 할 것이다. 만약 이들 디지털 혁신기업들의 비즈니스 모델이 성공하면 전통적인 선사들의 역할은 단순 해상화물운송서비스 제공에 국한될 것이기 때문이다. 특히 선박을 소유하지 않은 무자산 비즈니스 모델을 기반으로한 디지털 기술로 무장한 디지털 혁신기업이 큰 위협이 될 수 있다.

디지털 전환은 선사뿐만 아니라 복합운송인 IT혁신기업, 포워더들의 미래 산업으로 여겨지고 있다. 이들은 디지털 플랫폼을 구축하여 많은 수출입업체를 고객으로 확보할 수 있을 것으로 예상한다. 그러나 디지털 플랫폼 구축을 위해서는 첫째, 전 세계적인 운송수단과 업체들의 서비스, 요금 등의 D/B가 구축되어 있어야 한다. 기존 D/B업체와의 제휴를 통해 확보하는 것도 한 방법이다. 둘째, 주요 해외 국별 시장별로 시장분석에 근거한 운송, 보관 등의 최적 물류솔루션을 제공할 수 있는 물류서비스 제공과 LSPs의 역량도 함께 구축해야 한다.

이와 같이 미래에는 컨테이너 정기선사, IT 기반 디지털 혁신기업, 터미널 운영자, 복합운송업자 등이 모두 화주의 공급사슬에서 더 큰 지분과 영향력을 차지하기 위해 경쟁할 것이다.

정기선 선사들이 디지털 혁신을 추구하기 위해서는 초기부터 막대한 규모의 IT시스템에 대한 투자를 요구하는 것이 아니라 기존 인프라 시설을 활용하여 점진적으로 시스템을 강화해 나가면 된다. 데이터 부족을 이유로 디지털화를 지연시켜서는 안 된다. 대신 선진적인 분석도구 솔루션을 이용하여 기존 데이터를 정리하여 회사의 디지털 도구로 활용하며, 동시에 데이터 질을 제고하기 위한 노력을 해야 할 것이다.

디지털화와 혁신이 이루어지면 해운산업의 미래 도약의 중요한 요소가 될 수 있을 것이다. 증기선개발과 컨테이너화라는 혁신이 세계 무역 발전의 주요 초기 동인이 되었듯이 빅데이터, 인공지능 같은 디지털화와 혁신이 해운산업의 경쟁력을 다시 강화시킬 수 있을 것이다.[8]

---

8 Danish Ship Finance and Rainmaking(2018)

03

정기선 해운서비스업의 미래

1) 하이테크 엔지니어

정기선 해운서비스업의 인력을 해운이나 물류업계에서는 어떤 의미로 사용되고 있는지 생각해 볼 필요가 있다. 일반적으로 해운회사나 물류 대기업에서 생각하는 해운인력, 물류인력은 현업의 관행을 이해하는 사람을 전문인력이라 여기는 듯하다.

그러나 해운전문인력이나 물류전문인력은 모두 화주기업의 물류서비스를 제공하는 물류서비스제공자이며, 공급사슬관리 전문가이다. 공급사슬관리 전문가는 저비용으로 상품을 목적지로 운송하기 위한 최적의 프로세스를 설계하고 이를 시스템으로 구현하는 하이테크 엔지니어이다. 전 세계적인 조달, 생산, 판매가 이루어지는 글로벌리제이션하에서 해운, 항공운송, 육상운송 등 운송, 조달, 보관, 물류거점 등 복잡한 물류 프로세스를 최적화시켜 기업의 경쟁력과 직결되는 물류서비스를 제공하는 것이다.

과거 물류 전문가를 단순 창고관리나 운송관리 업무로 인식하였으나 최근 공급사슬관리 전문가는 저비용으로 상품을 목적지로 운송하기 위한 최적의 프로세스를 설계하고 이를 시스템으로 구현하는 하이테크 엔지니어로 평가되고 있다.

조달과 생산, 판매활동이 전 세계에서 이루어지는 글로벌 기업경영에서 물류만큼 기업 경쟁력에 영향을 미치는 요인이 없다. 애플(Apple) 같은 외국의 주요 글로벌기업뿐만 아니라 우리나라 대기업에서도 첨단 기술개발만큼 중요한 기업의 경쟁력 요인으로 물류를 꼽고 있어 전자, 철강 등의 분야 대기업들이 물류전문가를 CEO로 영입하고 있다.

글로벌 다국적 기업들이 요구하는 물류 최적화를 달성시켜 주는 것이 물류전문업체의 주된 업무영역인 것이고 해운업체도 물류서비스를 제공하는 분야이기 때문에 해상운송분만 아니라 제3자 물류전문업체(third-party logistics provider: 3PL)가 되어야 하는 것이다. 3PL 업무는 물류업무를 위탁 수행하는 것으로 화주기업의 물류업무 전반을 대행하는 의미이다. 이를 위해 3PL 사업자는 물류에 대한 전문지식은 물론 화주에 대한 지식도 갖추어야 한다.

화주기업 자신이 행하는 것보다 해운기업 등 3PL 사업자에게 맡기는 편이 명백하게 뛰어난 물류운영이 가능하다는 확신을 줄 수 있어야 한다. 이 조건이 충족되어서야 화주기업은 안심하고 물류를 아웃소싱 할 수 있고, 핵심 업무에 경영자원을 집중적으로 투하할 수 있게 된다.

따라서 진정한 해운전문인력, 물류전문인력은 화주기업의 공급사슬을 구축해 주고, 화주보다 더 뛰어나게 물류시스템을 운영해 줄 수 있는 인력인 것이다. SCM 전문지식과 국제무역 전문지식을 갖춘 3PL 제공자는 물류 분야의 전략적 선택과 혁신적인 솔루션, 재고관리, 최적의 분배 수준을 달성하기 위한 수요관리, 글로벌 수송, 보관서비스를 제공하게 된다. 특히 해운, 복합운송 등 운송시스템의 구축, 시설 및 위치분석, 재고관리 등의 물류컨설팅 업무도 수행할 수 있어야 한다.

화주의 공급사슬의 최적 글로벌 물류시스템을 설계하고, 낭비요소를 제거하는 최적 물류를 운영할 수 있다면 이는 고객인 화주가 국제경쟁력을 제고할 수 있도록 만들어 주는 것이다.

2) 물류전문서비스 제공자로의 전환

2010년대 약 10여 년 동안 컨테이너 해운선사들이 운임을 낮추며 서로 치열한 경쟁을 벌이면서 해운업계 전체가 적자누적에 고군분투했다. 세계 7위의 해운사인 한진해운이 파산을 선언하고 2016년 문을 닫았다. 머스크도 2016년에 19억 달러의 적자를 보았다. 2016년 9월 머스크는 스스로를 재창조하고 더 탄탄한 재정기반을 마련하기 위해 석유 사업을 매각하고 물류네트워크를 건설하는 데 주력할 것이며, 해운 이외의 공급사슬의 다른 부분으로의 확장을 선언했다. 그 후 5년 동안 머스크는 항공화물운송사를 설립하고, 화물 운송회사 세너터 인터내셔널을 인수하고, 라스트마일 회사 B2C 유럽을 인수함으로써 전자 상거래에 진출했다. 2021년 12월에 세계 최대 소비재 기업 중 하나인 유니레버의 물류사업을 인수해서 유니레버의 국제해상 및 항공운송의 운영관리를 제공하기로 했다.

이제 머스크는 더 이상 선사로서 마케팅에 머물지 않고 화주기업의 공급사슬 및 물류 파트너이며, 고객의 공급사슬 전략을 상담하고 해상, 항공, 육상의 모든 화물을 운송하여 수익을 창출할 수 있는 물류기업으로 그 업무영역을 확대했다.

선사가 화주에 대한 가치를 창출시켜야만 선사의 경쟁력과 시장점유율을 높일 수 있게 하는 것이고 이렇게 해야 선사나 물류기업이 생존이 가능하다. 즉 해운회사나 물류회사는 화주에게 가치를 전달할 수 있는 시장지향적 기업(market focused firm)이 되지 않으면 도태가 될 수밖에 없다.

코로나19 이후 해운 및 물류의 디지털화가 지속되면서 해운회사나 물류회사가 디지털 인티그레이터(integrator)로 발전하는 추세가 가속화 되고 있다. 물류회사가 유통업에까지 진출하고 플랫폼 비즈니스업체인 아마존이 라스크 마일까지 진출하는 디지털 인티그레이터로의 변화는 결국 모두 화주에게 가치를 전달하고, 그리고 소비자에 대한 가치창출을 하고자 하는 전략인 것이다.

세계 주요선사들도 해상운송서비스업에서 인티그레이터로 전환되고 있다. 많은 정기선사들이 터미널 운영 이외에도 고객의 물류서비스를 직접 수행하는 사업에도 진출하고 있다. 정기선사들은 창고 보관 및 유통 활동, 내륙 운송까지 수직 통합 및 다각화 과정을 추진했다. 선사 자체의 피더서비스와 배후지 내륙운송업체도 보유하고 있다.

수직적 통합의 이러한 시도는 선사가 컨테이너 운송 공급사슬 통합자(integrator)가 되고자 하는 노력으로 볼 수 있다. 인티그레이터는 선사가 피더운송, 터미널운영, 철도운송, 예선서비스 등 해상 물류사슬의 전체 서비스를 모두 직접 제공하는 것이다.

이를 통해 정기선사는 화주와 직접 연결될 수 있고, 화주는 선사로부터 해상물류와 관련된 거의 모든 서비스를 원스톱으로 받을 수 있게 된다. 선사가 운송 주선인(freight forwarder)의 업무까지 수행하기도 한다.

3) 물류서비스 제공자의 핵심역량

글로벌 화주는 세계 각지에서 원자재 및 부품을 조달하고, 세계적으로 분업화된 생산 활동을 원활하게 연결하고, 전 세계 판매 시장에서의 경쟁력을 높여 나가기 위해서는 고도의 공급사슬을 구축하는 것이 필수적이다. 글로벌 시대에 전 세계적으로 퍼져있는 복잡한 공정을 시스템으로 관리하는 것이 공급사슬 관리이다.

수요를 전망하여 대량으로 싸게 제품을 생산하고 신속하게 수송하는 것을 우선으로 했던 물류에서, 소비자의 요구에 따른 생산 및 배송을 세밀하게 동기화하는 물류, 즉 공급사슬관리로 진화하였다. 즉 글로벌 시대의 시장에서의 가치창조는 제품의 생산에 의해 이루어지는 것이 아니라, 시장의 요구에 치밀하게 대응하는 공급사슬관리에 의해 이루어지고 있다고 할 수 있다.[9]

해운업체도 제3자 물류전문업체(third-party logistics provider: 3PL)가 되어야 하는 이유이다. 3PL 사업자는 해운 및 물류에 대한 전문지식은 물론 화주에 대한 지식도 갖추어야 한다. 고도의 물류전문지식과 높은 서비스 능력, 화주 니즈의 이해와 알맞은 제안능력, 정보시스템(IT)능력, 국제복합일관 수송능력 같은 종합물류전반에 걸친 능력, 시장분석 등 컨설팅 능력이다. 물류서비스제공자(LSPs)의 핵심 능력을 살펴 보면 다음과 같다.

첫째, 물류서비스제공자의 궁극적인 추구목표를 세워야 한다. 물류서비스제공자가 제시하는 공급사슬관리(SCM)는 기업활동의 이상적 성과를 추구하는 관리기법이다. 공급사슬관리를 정의 한다면 공급사슬에 포함되어 있는 모든 활동들이 마치 하나의 기업처럼 조화롭게 협력하여, 각 단계별 수요와 공급을

---

[9] 양창호(2022), p.419

일치시키고, 혁신을 증강시키며, 리드타임을 줄이고, 재고를 흘러가게 만들고, 고객수요에 효율적으로 대응하고, 비용을 절감하며, 궁극적으로 고객만족을 증대시키는 것이다. 특히 공급사슬관리를 하는 주된 목적은 공급사슬 내 가용한 자원을 최대한 효율적으로 활용하게 하는 일이겠지만, 궁극적으로는 고객서비스를 향상시키고, 고객에 대한 가치를 부가시키는 일이다.

두 번째는 재고와 운송 등 주요 물류분야 의사결정이 전략적인 개념이 없이 판매나 생산부분에 의해 이루어져, 물류최적화를 못하고 있다는 점을 해결해야 한다. 대부분의 기업에서 재고유지는 대부분 영업부문이 담당하고 있다. 재고는 많은 고객의 주문에 응답하기 위해서 존재하기 때문에 자신들이 하는 것이 당연하다는 인식을 갖고 있다. 공급사슬관리에서 채찍효과(Bullwhip effect)가 발생하는 요인인 것이다.[10] 창고 안에 필요 없는 재고를 쌓아두고 있는 것은 생산부문도 마찬가지이다. 시장에서의 판매동향과 관계가 없는 형태로 생산하고 있는 경우가 많이 있기 때문이다.

또한 실무에서는 운송이나 배송관리에서 물류부문은 기본적으로 관여할 수 없는 상황에 놓여 있는 경우도 많다. 영업부문에서 언제 얼마만큼의 재고 보충을 요청하느냐에 따라 운송비용이 결정되고, 또한 고객이 어떻게 주문하고 어떻게 납품조건을 정하느냐에 따라 배송비용이 정해지기 때문이다.

세 번째는 물류비 계산이다. 물류서비스제공자의 주된 컨설팅이 물류최적화 의사결정이다. 전사적 물류시스템 운영, 혹은 공급사슬관리를 위해서는 여러 부문들 간의 이해가 상충되는 상황에서도 최적의사결정을 해야 한다. 물류시스템에서는 특정부문이 비용 최소화된다 해도, 이는 다른 부문의 비용증가로 이어져 총비용이 더 커질 수도 있기 때문에 항상 좋은 것만이 아니다. 이를 위해 일반적으로 물류에서 의사결정시 총 비용의 개념으로 접근하는 방식을 사용한다. 기업물류의 총비용분석(total-cost analysis)은 물류기능 상호 간에 상충관계가 생길 경우, 혹은 기업활동의 여러 기능 간의 상충이 생길 경우, 그리고 공급사슬 기업 간 활동의 상충이 생길 경우 총 물류비를 최소화할 수 있는 최적화(optimality)의 분석수단으로 활용될 수 있다.

공급사슬 모든 과정에서 총원가를 최소화하기 위해서는 정확한 물류비 산

---

10 양창호(2022), p.147

정이 필요하다. 물류비 산정이란 정확한 물류비 계산으로 기업의 물류능력과 원가를 파악하기 위한 것이다. 관리회계상 물류원가 분석을 위해서는 이보다 정교한 물류원가계산이 요구된다. 활동기준 원가계산(Activity-Based Costing) 방식도 그 방법의 하나이다. 물류 활동을 식별하여 해당 물류 활동에 필요로 하는 활동원가를 집계해서 각종의 원가 작용요인을 사용하여 활동원가를 제품별로 할당하는 물류원가 계산 방식이다.

네 번째 제3자 물류서비스 제공자가 되기 위해서는 화주를 능가하는 시장 수요예측능력이 가능해야 하고, 이것이 3PL이 화주기업의 SCM을 구축하고 이상적으로 운영할 수 있도록 만드는 핵심역량이다. 물류부문이 재고유지나 재공급, 운송 등 물류의사결정을 하기 위해서는 판매부서나, 생산부서보다 우수한 시장 수요예측을 할 수 있어야 가능한 일이다. 전문 물류서비스 제공자가 갖추어야 할 가장 중요한 능력이 시장분석, 매출수요분석, 고객분석과 같은 수요예측이다.

다섯째, MSC나 CMA CGM, 머스크와 같은 세계적인 해운 기업들이 하고 있는 행태를 살펴보면 과연 해운업체인지 디지털 플랫폼 업체인지 모를 정도로 변화되고 있다.

해운이라고 하는 그 수단은 화주 입장에서 본다면 자기 공장에서부터 시작해서 창고에 이르기까지 이용되는 모든 운송 중 한 부분이다. 그리고 과거 그 모든 운송이 오프라인으로 이루어졌다면 이제는 모든 것이 전부 디지털화됐다고 해도 과언이 아니다. 이러한 상황에서 그 플랫폼을 먼저 차지하는 업체가 전체 운송을 통제하는 것으로 이해해야 한다.

자칫 해운이 디지털 플랫폼의 일부 기능으로 될 가능성도 있다. 해운의 미래를 생각한다면 이 추세를 해운업이 주도할 수 있는 비전을 가지고 노력해야한다.

일반적으로 자산을 갖고 있는 서비스 제공자가 자산이 없는 서비스 제공자와 경쟁을 하게 되면 자산을 갖고 있는 서비스 제공자가 오히려 불리하게 된다. 자기 소유 선박을 갖고 있는 사람들은 자본비가 비싼 선박을 소유하고 있어 경제적으로 불리해질 수밖에 없다. 따라서 자산이 없는 서비스 제공자의 비용 경쟁력이 훨씬 유리할 수 있다.

결국 해운업도 LSP(logistics service provider), 즉 물류서비스 제공자로 발전해야 하며 거기에 디지털 플랫폼까지 함께 가야 하는 과제를 안고 있는 것이다. 즉 컨테이너 운송 공습사슬 통합자로 발전하면서 디지털화를 연결시켜 정보 흐름까지 제어하면 결국 화주는 다른 업체로 전환하는 데 비용이 발생될 수밖에 없게 되기 때문에 주요 해외선사들이 화주시장을 선점하면 이후 시장 점유율을 높이기 어려울 수 있다.

해운업의 디지털화는 디지털 플랫폼 회사로의 전환 이외에도 해운관련 공급사슬관리에도 영향을 미칠 수 있다. 우선 해운서비스를 계획하고 거래 및 학습 알고리즘을 실시간으로 분석하여 해운 및 물류 수요 계획자가 공급－수요 균형 문제를 분석하고 해결할 수 있는 능력을 갖추어야 한다. 누구에게 더 신속하게 처리해주어야 하는지, 혹은 누가 공급부족한 상태에 있는지를 파악해서 그 사람들에게 보상해 줄 수 있어야 한다. 단순히 예측 정확도나 완벽한 순서가 아니라 상업적 수익에 미치는 영향을 판단할 수 있어야 한다. 또한 해운을 포함한 복합운송전체의 고객에 대한 배송경로와 배송계획을 계획하고, 고객 맞춤형 수송과 배송을 구성하여 고객서비스를 최대화할 수 있다.

04

컨테이너선 해운의 미래 혁신

1) 해운업계의 보수성

2020년 하반기 이후 2022년까지 코로나19 팬더믹으로 항만체선, 컨테이너 박스 회수부진에 따른 기기부족 등으로 실질적인 공급축소효과와 팬더믹에 따른 실질 수요 증가로 컨테이너선 해운경기가 12년 만에 상승국면을 맞이하였다. 그러나 세계 컨테이너선 해운산업은 이러한 일시적인 경기호조에 또다시 초대형 컨테이너선 등을 대규모로 발주하여 2023년부터 많은 양의 신조선이 인도될 예정이다. 모처럼 맞은 경기 호전의 기회를 또다시 군중심리적인 과다 신조선 발주로 그 호황기를 일찍 하락국면으로 만들고 있으며 공급과잉에 의한 장기불황기를 다시 맞이할 가능성이 커진 것이다. 불황에도 지속가능한 컨테이너선 운영혁신을 만들어야 한다. 가장 시급한 혁신과제는 서비스 혁신으로 수익을 창출하는 일이다.

2008년 이후 2019년까지 장기적인 컨테이너선 시장의 불황기동안 컨테이너선 시장은 만성적인 공급과잉 상태에 있어 시장점유율 경쟁이 심화되어 산업의 파멸적 경쟁을 수반할 수밖에 없는 상황이 지속되었다. 시장점유율을 더 차지하기 선사들은 흡수합병 등을 통해 초대형 선사로 변모하고 소규모 업체들이 항로에서 퇴출되는 가격 전쟁을 벌였다. 해운사들은 일괄운임인상에 대한 가이드라인을 포기하고 현물시장 운임으로 고객과의 계약을 체결할 수밖에 없었다. 이러한 수주경쟁에서 현물시장운임은 한계비용으로 가격을 정해지는 경우가 많았다. 지속적으로 한계비용으로 운임을 결정하면서 이는 전체 원가의 극히 일부에 해당하는 평균비용 이하의 운임으로 적자가 누적될 수밖에 없는 구조였다.

결국 화주에 대한 제공 서비스가 표준화되면서 선사 간 서비스 차별화에 실패했기 때문에 이러한 파멸적 경쟁을 할 수밖에 없는 것이다. 정기선 서비스 혁신이 미진한 것이 이유이다. 대부분의 선사는 고객의 필요에 관계없이 모든 고객에게 동일하거나 유사한 서비스를 제공하고 있다. 선사들은 복합운송서비스, 또는 운송시간 보증서비스 등을 부가가치 서비스로 할증료를 부과할 기회를 찾아 이러한 혁신을 수익화할 수 있어야 한다.

이와 같이 정기선 해운업계의 혁신이 필요하지만 실상 컨테이너선 업계나 업체의 경우 새로운 솔루션에 대해 경영진이나 조직이 적극적으로 행동하지 않는 것을 볼 수 있다. 이를 해운업계의 보수주의라고 부를 수 있다.

해운업계의 보수주의는 호황과 불황이 반복되는 오랜 역사에서 생겨났다. 이러한 사이클로 인해 임직원들에게 의미 있는 성과 기반 인센티브를 제공하기 어려웠다. 이는 직원들이 현재 상황에 도전하거나 일하는 방식을 바꾸는 동기부여를 방해하는 요인이되고 있다.

회사 구조시스템에서도 또 다른 문제가 발생한다. 대부분은 컨테이너선 회사구조 대부분은 기능별로 구성되어 있다. 예산과 성과가 부서별로 책정되고 평가되고 있어 부서 간 협력을 보장하기 어렵다. 예를 들어 유지 관리 조직은 선체와 프로펠러의 청소비를 지불하지만, 이로 인한 연료절감 효과는 구매부서의 성과로 돌아간다. 이와 같이 정기선사들의 세분화된 기능별 조직이 전사적 운영 혁신의 걸림돌이 되기도 한다.

2) 선사의 혁신 과제

수요 공급의 불균형, 혹은 수요변동 같은 정기선 기업들이 직면한 여러 과제는 구조적이면 한 선사가 해결할 수 있는 능력 이상의 것이다. 그러나 선사가 추진할 수 있는 혁신과제도 있다. 컨테이너 선사가 수익성을 향상시키기 위해 추진 할 수 있는 분야는 영업활동, 운영기획, 네트워크 및 선대로 나누어 볼 수 있다.

(1) 영업활동

선사는 마케팅과 영업에서 비용 접근 방식에서 가치를 강조하는 접근 방식으로 전환해야 한다. 선사는 그들이 제공하는 서비스에 대해 전액을 지불받아야 한다. 가격 책정 전략부터 계약 전략, 인수 관리까지 모든 영업활동을 망라하는 포괄적인 프로그램을 수립한다면 수익 개선 효과가 나타날 것이다.

이를 위해 첫째, "고객분석"을 통해 어떤 고객이 선사의 이익에 가장 많이 기여하는지 파악해야 한다. 선사는 기여도가 높은 고객을 확인하고 이들에 대한 목표 매출을 설정하는 전략을 수립한다면 수익개선으로 이어질 수 있다. 두 번째는 "라스트 마일" 고객 서비스를 개선하는 영업활동이다. 정확한 송장 청구와 신속한 체화료 및 지체료 회수를 위해 엄격한 평가 관리 시스템을 구축할 필요가 있다. 셋째, 선사의 가격 책정 규율을 개선하여 가치 판매 접근법의 이점을 최대한 활용할 수 있도록 할 수 있어야 한다. 때로는 운임을 한계비용까지 내려서라도 선박에 화물을 채우는 것이 필요하다. 그러나 선사는 높은 운임을 받을 수 있는 화주, 화물과 운송시간, 안정적 재고유지, 운송신뢰성 보장, 복합운송 같은 고부가가치 서비스 등을 식별하여 차별화를 할 수 있어야 한다. 선박이 연간 요율로 계약된 저수익 화물로 가득 차지 않도록 계약하는 유연성을 구축해야 한다.

(2) 운영기획

선사의 통제하에 있는 운영기획업무에서 수익개선의 기회가 있다. 수익성이 있는 기간이든 수익성이 없는 기간이든 개선의 기회를 가질 수 있다. 연료유 관리, 구매개선, 그리고 자산 활용 측면에서 많은 비용이 발생하기 때문에 이에 대한 관리를 통해 수익을 개선할 수 있다.

① 연료유 관리
유가상승으로 인해 선박연료유인 벙커가격은 전체 선박비용의 40%를 초과하는 선박의 가장 큰 비용항목이 되었다. 연료비는 여러 가지 방법으로 절감할 수 있으며, 잘 알려진 방법은 감속운항, 선체 및 프로펠러 세척 등이 있고, 잘 알려지지 않은 비례적인 선수 트리밍, 재고관리 같은 방법도 있다. 이 밖에도 터미널 운영 요인도 선사들이 간과하는 중요한 요인이다. 항만에서의 빠른 회항은 운항시간을 절약해 주기 때문에 감속운항을 가능케 하여 연료비를 절감시키는 요인으로 작용한다. 선사들은 항만 및 터미널과의 협상을 통해 터미널 접안 및 터미널 작업 생산성 향상 및 신뢰성 보장을 통해 재항시간 단축을 가능하게 할 수 있다.

또한 벙커유가 상품이기 때문에 조달 프로세스를 개선하여 더 많은 공급업체로부터 조달할 경우 더 낮은 가격과 좋은 품질의 연료를 사용하여 연료비용을 절감할 수 있다. 그리고 선박에 적재되어 있는 연료유 재고의 최적관리를 통해 벙커비용을 절감할 수도 있다.

② 구매개선

또 선사는 터미널, 연계운송, 컨테이너에 대한 구매 개선을 통해 비용절감의 운영개선 기회를 모색해야 한다. 첫째, 터미널 비용을 절감해야 한다. 터미널 운영사와의 접안, 양적하서비스에 대한 생산성, 신뢰성, 비용 등에 대한 긴밀한 협력이 필요하며, 터미널과의 관계를 증진시키기 위해 공동팀을 배치하여 운영 최적화를 이룰 수도 있다. 터미널과의 계약에 인센티브와 벌칙을 잘 구성하면 재항시간 단축을 꾀할 수 있다.

둘째, 피더운송을 포함한 2차 연계 운송수단과의 연결 비용을 절감할 수 있다. 선사는 피더운송, 트럭운송, 철도운송 공급업체의 비용을 이해하고 이 정보를 협상 시 유리하게 사용해야 한다. 시장 분석을 통해 선사는 가격이 가장 낮은 시기를 파악하고 비용을 줄이기 위한 올바른 가격 구조를 수립할 수 있다.

셋째, 컨테이너 용기의 구매, 유지보수를 판단할 때 총소유비용을 최소화하는 방식으로 추진하는 것이 바람직하다. 총소유비용을 검토하면 예를 들어 구매 가격이 가장 저렴한 컨테이너가 장기적으로 가장 비용이 많이 드는 경우가 될 수도 있다. 또한 선사는 컨테이너 용기의 가격을 예측하는 등의 전략적 접근을 통해 구매시기를 결정하고 구매협상을 해야 할 것이다.

③ 자산 활용

선박적재계획(stowage planning)이나 컨테이너 선대관리(fleet management)는 선박이라는 자산 활용을 최적화하는 중요한 수단이다. 선박적재계획을 위해 새로운 소프트웨어의 도입도 필요하다. 이를 통해 계획과 실제 사이의 편차를 파악할 수 있어야 한다. 화물에 대한 정확한 크레인 작업횟수를 파악해 이를 청구된 계산서상 크레인 작업횟수와 비교할 수 있어야 한다. 특히 선박적재계획을 판단하는 소프트웨어를 사용할 때 확실성을 원하는 운영측면과 유연성을 중시하는 상업적 측면간의 차이를 함께 고려해야 한다. 또한 선대관리를 위한 새로운 소프트웨어를 사용할 경우 이를 통해 선사는 심지어 운항선대도 줄일 수 있다.

(3) 선대구성 및 네트워크 구축

네트워크 및 선대 개선은 영업활동이나 또는 운영기획상의 개선보다 시간이 오래 걸리고 전략적 타이밍이 필요하다. 사선, 용선의 문제는 컨테이너 운송전략의 핵심이다. 일반적으로 컨테이너선 업체들은 선대구성에서 용선에 너무 많이 의존한다. 이미 상당한 부채를 안고 있어 자금난에 처한 정기선사들에게 용선이 유일한 선택일 수도 있지만, 서비스 노선을 확대하기 위해 선대 수요가 증가하면서 용선 이용을 증대시키는 요인이 되기도 한다. 용선은 선박 배치를 변경할 수 있는 유연성을 가질 수 있지만 선박수요가 증가할 때 용선하는 경우가 많아 종종 높은 용선료가 수익성에 영향을 미치는 요인이 되기도 한다.

또 다른 선사의 전략은 직항으로 연결할 것인지 혹은 허브항에서 환적을 할지를 선택해야 한다. 이 결정은 초대형선과 같은 선박의 크기에 따라 그리고 연료비와 환적비용을 결정하는 환적거리 같은 요인에 달려 있다. 선사들은 이러한 문제를 최적화시키기 위해 새로운 네트워크 구축 소프트웨어를 사용할 수 있다.

용어(Glossary)

Alliance

얼라이언스, 전략적 제휴, 정기선사들이 선박공유협정(Vessel Sharing Agreements)을 체결해 구성한 연합체. 정기선 선사들이 공동으로 선박과 노선을 공유하면서 서비스 항로를 다변화해 안정적인 선대 운영을 목적으로 함

Arrival Notice

화물도착 통지서, 운송 계약 조건에 따라 운송업체가 화물의 도착을 수입자에 알리는 통지서. 수입자는 이 통지서를 받은 후 화물의 하역과 통관 준비를 하게 됨

Automated Guided Vehicle

자동이송장치, 안벽과 야드사이의 컨테이너 이송을 담당하는 무인차량

Automatic Identification System(AIS)

자동 선박 식별장치, 선박에 설치되어 해상교통관제서비스(VTS)가 선박을 식별하고 위치를 찾기 위해 사용하는 위성 시스템

Automated lifting vehicles(ALV)

스스로 컨테이너를 집어 올리기도 하고 내려놓을 수도 있는 야드크레인의 기능을 가진 자동이송장치

Anchoring

묘박, 정박, 선박이 해상에서 닻을 내리고 운항을 정지하는 것

Anchoring basin

묘박지, 정박지. 선박을 매어두는 장소. 즉 선박의 정박에 적합한 항내 지정된 넓은 수면. 이곳은 항로와는 떨어져 있으며 선적이나 양육부두가 마련될 때까지 선박이 기다리거나 연료 보급선으로부터 연료를 공급받는 장소

Backhaul

선박이 화물을 적재하고자 공선상태로 되돌아가는 것

Ballast water

선박평형수, 선박이 화물의 적재상태에 따라 필요한 균형을 잡기 위해 선박평형수 탱크에 주입하거나 배출하는 물(水)

BDI(Baltic Dry Freight Index)

영국의 발틱해운거래소가 '85.1.4 기준(BDI=1,000)으로 발표하고 있는 건화물(벌크) 종합 운임 지수

Beam

선폭

Berth

선석, 안벽(quay, wharf)에 나란히 접해있는 바다 영역으로, 화물을 내리거나 선적하기 위해 선박이 접안하는 곳

Berth dues

접안료, 안벽 접안에 따른 대가, 선박 톤당 접안시간당으로 계산

Bill of lading(B/L)

선화증권, 화주와 선박회사 간의 해상운송 계약에 의하여 선박회사가 발행하는 유가증권임. 선주가 자기 선박에 화주로부터 의뢰받은 운송화물을 적재 또는 적재를 위해 그 화물을 영수하였음을 증명하고 동 화물을 도착항에서 일정한 조건하에 수하인 또는 그 지시인에게 인

도할 것을 약정한 유가증권

Breakbulk
브레이크벌크 화물, 일반화물이며 팔레트에 포장되거나, 또는 포대나 묶음 화물로 하역하는
화물

Bulk vessel
벌크선, 건화물선 및 유조선을 의미. 곡물, 석탄, 광석 등의 대량 화물은 일정 단위로 포장
하지 않고 가루 또는 낱알 상태 화물을 전문적으로 운송하는 선박

Cabotage
연안운송금지, 국내 항만 간 운송은 해당 국가에 등록된 선박에 한정하여 허용하는 개념.
미국은 Jones Act에 의해 "미국 내 건조"라는 조건을 예외적으로 추가하고 있음

Cargo Manifest
적화목록, 선박이 적재한 화물의 목록, 통관에 필요한 서류이므로, 각국 양륙지의 세관은 본
선이 입항할 때 선장이 서명한 적화목록을 제출하도록 요구하는 것이 일반적임

Cargo tonnage
화물 톤수, 미국에서 많이 사용되는 쇼트톤은 2,000파운드(약 907kg), 영국에서 많이 사용
되는 롱톤은 2,240파운드(1,016kg)를 1톤으로 계산. 미터법에서는 1,000kg을 1톤으로
함. 용적톤수는 화물의 용적으로 표시되며 입방미터 혹은 40입방피트(약 1.12입방미터)로
표시됨

Car ferry
카페리, 여객선 중 화물이나 여객을 적재한 자동차를 그대로 적재하여 운송하는 선박

Carrier
운송인, 선사나 트럭운송업체, 철도운송업체를 의미

Chassis
새시, 트레일러에 의해 이동되는 컨테이너 상차용 바퀴달린 차대

C.I.Q.(Customs, Immigration, Quarantine)

사람이나 화물의 입출국에 필요한 항만이나 공항 등에서 이루어지는 통관, 입국심사, 검역 절차를 말함. 세관(Customs), 출입국 관리(Immigration), 동식물 검역(Quarantine)

Claim

물류에서 클레임(claim)은 고객이 운송회사에 물품의 손실이나 손해를 보상하기 위해 지불을 요구하는 것을 말함

Classification yard(shunting yard)

화차조차장, 여러 화차를 모아서 방향별 · 행선지별로 열차를 조성하기 위한 철송 야드를 의미

Cleat

클리트, 로프를 매지 않고 감아 두기만 함으로써, 로프의 끝을 고정시키는 역할을 함. 갑판 또는 선내(船內), 혹은 안벽에 설치하여 화물이나 선박을 묶는 로프를 고정시키는 고리

Common carrier

일반운송인, 불특정 다수의 화주를 대상으로 운임을 공시하고, 화주 및 화물에 차별을 두지 않고 운송서비스를 제공하는 사람

Consignee

수하인, 운송계약에서 화물을 양하지에서 수령하는 사람. 기명식 선화증권에서는 수하인 란에 기재된 사람이 수하인이며, 지시식 선화증권이 발행된 경우에는 소지인이 수하인이 됨

Consolidation

혼재, 컨테이너선 운송단위인 컨테이너 한 대를 채우지 못하는 소량화물(LCL화물)을 모아서 한 개의 컨테이너를 구성하는 작업

Container

컨테이너, 화물의 단위화(unification)를 목적으로 해상, 육상, 항공 등 수송수단에 적재할 수 있는 일정한 용적을 가지고, 용도에 따른 강도를 가져 반복사용을 견딜 수 있는 용기를 말함

Container Crane

컨테이너크레인, 부두의 안벽에 설치되어 컨테이너선으로부터 컨테이너를 부두로 하역하고

부두에 있는 컨테이너를 선박에 선적하는 컨테이너 전용 크레인

Container freight station(CFS)

컨테이너화물 조작장, 선사나 대리점이 선적할 화물을 화주로부터 인수하거나 양화된 화물을 화주에게 인도하기 위하여 지정한 장소

Container Load

컨테이너를 채울 수 있을 만큼 부피 또는 중량의 화물

Container vessel

컨테이너선, 컨테이너를 전문으로 수송하는 특수한 구조의 선박. 컨테이너선은 하역의 능률을 향상시키고, 비용을 절감시키며, 선박의 정박시간을 단축시켜 가동률을 상승시키는 등의 장점이 있음

Container terminal

컨테이너 터미널, 컨테이너선이 접안하여 컨테이너 화물의 적재 또는 양육 작업을 할 수 있는 부두로 배후에는 컨테이너 화물의 처리시설과 보관시설 등을 갖추고 있음

Container yard

컨테이너 야드. 컨테이너를 인수, 인도하고 보관하는 장소. 부두 밖의 CY는 off-dock CY, 부두 안의 CY는 on-dock CY(일반적 CY)라 칭함

Contract carrier

계약운송인, 운송계약을 화주와 직접 체결한 운송인. 화주와 계약하여 운송관련 업무를 하는 자. 무선박운송인(NVOCC), 운송주선인(freight forwarder) 등도 포함

Compulsory pilotage

강제도선, 법률로 도선사(導船士)에 의한 도선이 의무화되어 있는 경우. 대한민국 선박이 아닌 선박으로서 총톤수 500톤 이상인 선박, 국제항해에 취항하는 대한민국 선박으로서 총톤수 500톤 이상인 선박, 국제항해에 취항하지 아니하는 대한민국 선박으로서 총톤수 2천 톤 이상인 선박의 선장은 해양수산부령으로 정하는 도선구에서 그 선박을 운항할 때에는 도선사를 승무하게 하여야 한함

Customhouse

세관, 수출입화물에 대한 수출입의 신고와 수리. 관세 부과징수, 외국물품 및 운수기관의 단속에 관한 업무 수행

Customs broker

관세사, 수출입신고와 이와 관련되는 절차를 수행하고 과세가격의 확인과 세액의 계산을 하고 관세납부의무자를 대리하는 사람

Cut-off time(closing time)

선적마감 시간, 선박에 선적하기 위해 터미널에 도착해야 하는 마지막 시간

Demurrage

체화료(화주), Demurrage charge라 하며 화주가 허용된 시간(Free Time)을 초과하여 컨테이너를 CY에서 반출해 가지 않을 경우 선박회사에 지불해야 하는 비용
체선료(선주), Demurrage라 하며 적하 또는 양하일수가 약정된 정박기간(Laydays)을 초과하는 경우 용선자에게 지불하는 것으로 하루(1일) 또는 중량톤수 1톤당 얼마를 지불하는 비용

Dock or quay

선박 접안시설 혹은 이에 인접하는 에이프런을 의미, quay, pier, dock, wharf 등으로도 불림. 콘크리트 등으로 물 밑에서부터 수직으로 쌓아 올려 화물의 적하 및 양하를 위한 부두설비를 하고, 그 외에 야적장, 임항철도, 창고 및 하역설비 등이 상설된 부두지역을 총칭

Draft(or draught)

흘수, 선박이 물에 떠 있을 때 물속에 잠기는 침수부의 수직거리, 즉 용골 밑바닥에서 수면까지의 거리

DST(Double Stack Train)

이단적열차, 컨테이너를 2단 적재할 수 있는 화차. 1단적 화차보다 2배의 운송능력을 가지고 있음

Dunnage

던니지, 화물을 선박에 적재할 때 주로 화물과 선체 손상을 방지하는 것을 목적으로 사용되

는 판재, 각재 및 매트

DWT(deadweight tonnage)

재화 중량톤, 선박 만재상태의 흘수에 대한 배수량과 빈 배 상태의 흘수에 대한 배수량의 차이를 말함. 이는 선박이 적재할 수 있는 최대 중량을 나타내므로, 해운업에서는 이 톤수로 화물선의 크기를 평가하기도 하며, 선박의 매매, 선박임차료 산정의 기준 지표로 삼고 있음

Electronic data interchange(EDI)

전자 데이터 교환, 기업 간에 데이터를 효율적으로 교환하기 위해 지정한 데이터와 문서의 표준화 시스템

EDIFACT

행정, 상업 및 운송을 위한 전자 데이터 교환, UN에서 제정한 표준 EDI 표준

e-Navigation

이네비게이션, 기존의 선박운항기술에 첨단 정보통신기술(ICT)를 융·복합하여 각종 해양안전 정보를 선박과 육상간 실시간으로 공유·활용하기 위한 "차세대 해양안전종합 관리체계"로서, 국제해사기구(IMO)는 인적요인(人的要因)에 의한 해양사고 방지를 위해 '06년 도입을 결정

ETA, ETC, ETD, ETR, ETS

도착 예상시간, 완료 예상시간, 출발 예상시간, 준비 예상시간, 출항 예상시간

FAK(freight all kinds)

무차별 운임, 품목, 가치에 따르지 않고 용적, 중량에만 근거하여 책정하는 운임

FCL(Full Container Load) Cargo

1개의 컨테이너를 채우기에 충분한 양의 컨테이너 화물

Federal Maritime Commission (FMC)

미 연방해사위원회, 미국 연방 정부 기관으로 해상 운송과 관련된 법의 집행 임무 수행기관

Feeder service

피더 서비스, 대형 컨테이너선박(Mother Vessel, 모선)이 기항하는 허브항만과 인근 중소형 항만 간에 컨테이너를 수송하는 것. 통상적으로 대형 컨테이너선박은 수송의 신속성·경제성 확보를 위하여 허브항만(Hub Port)에만 기항하게 되는데, 이에 따라 이들 허브항만과 중소형 항만 간을 연결하는 피더 서비스가 필요

Force majeure

불가항력조항, 지진, 해일, 가뭄이나 홍수, 전쟁 등 피할 수 없는 재난으로 인해 계약의무를 이행하지 못할 경우 의무의 불이행에 따른 책임을 면하게 해주는 조항

Foreign trade zone

대외자유무역지대, 자유항 등 수입된 물품이 국내 판매용이나 국내 사용을 위해 철수되기 전까지 관세로부터 면제되는 세관에 의해 인가된 장소

Forty-foot equivalent unit (FEU)

40피트 컨테이너

Free Time

무료장치기간, 본선에서 양하된 화물을 CFS나 CY에서 보관료 없이 장치할수 있는 일정한 허용기간

Free trade zone

자유무역지역, 일반 관세지역에서 분리된 항만의 일정지역으로서 선박이 관세 수속을 거치지 않고 입항하여 화물을 하역하거나 환적할 수 있으며 세관의 수속 없이 화물을 재포장 및 가공하여 재수출할 수 있는 지역

Freight

운송화물

Freight forwarder

운송주선인, 계약운송인으로서 선박 등 운송수단을 보유하지 않으면서도 실제 운송인처럼 운송주체자로서의 기능과 책임을 가진 사람. 운송인에게는 화주 입장에서 화주에게는 운송인의 입장에서 책임과 의무를 수행

Gantry crane

갠트리 크레인, 부두의 안벽에 설치되어 컨테이너선으로부터 컨테이너를 부두로 하역하고 부두에 있는 컨테이너를 선박에 선적하는 컨테이너 전용 크레인.

Grounding

좌초, 선박의 밑부분이 암초 또는 해저에 닿아서 움직일 수 없게 된 상태

Hatch

해치, 화물칸에 접근할 수 있는 선박의 갑판의 개구부

Harbor dues(or port dues)

선박입항료, 선박이 항만에 입항하는 대가로 지급하는 요금. 항만시설사용료의 하나로서, 수역시설 중 항로, 선회장, 외곽시설, 항행보조시설 등이 징수대상 시설이며, 선주가 부담

Heavy lift charge

중량화물 할증료, 화물의 중량이 일정 기준을 초과할 때에 부과되는 할증료. 기준 부피를 벗어난 특수 컨테이너인 플랫렉(Flat Rack)과 오픈탑(Open Top)에 적입한 대형 화물에 부과

Hold

선창, 화물을 적재하는 상갑판 아래의 용적

Incoterms

인코텀스, 국제상업회의소(ICC)가 주관하여 작성한 국제규칙으로, 무역거래에서 가장 바탕이 되는 무역조건에 대해 원칙적인 해석을 내린 '무역조건의 해석에 관한 규칙(international rules for the interpretation of trade terms)'의 약칭. 국제거래에서 상품의 운송 및 배송과 관련된 업무, 비용 및 위험을 명확하게 전달하기 위한 세 글자의 코드로 구성

Inland Container Deport(ICD)

내륙컨테이너 기지, 내륙통관기지로서 컨테이너 집하, 통관수속 등의 업무를 처리할 수 있은 곳. 컨테이너 항만시설은 항만의 지리적 조건 및 배후시설 등 막대한 시설비가 소요되므로 입·출항 하역은 기존항만을 이용하고, 화물의 분류, 통관 배송 등 항만으로서의 역할은 내륙에서 할 수 있도록 내륙에 컨테이너 기지를 건설하여 기존 항만의 보조역할을 수행

Intermodal

복합운송, Combined Transport라고도 하며, 두 가지 이상의 상이한 운송수단(선박과 트럭, 철도 등)에 의해 화물을 목적지까지 운반하는 운송형태

Inter-terminal transportation(ITT)

타 부두 운송, 항만 내 여러 터미널이 전용터미널 등으로 구분되어 있을 경우 터미널 간 컨테이너 이동이 발생되며, 이를 의미함. 항만의 경쟁력을 저하시키는 요인으로 작용

Jetty(or pier)

강재나 콘크리트로 된 말뚝 위에 상부시설을 설치한 구조물로 잔교에는 해안선과 나란하게 축조하는 횡잔교와 직각으로 축조하는 돌제식 잔교로 구분됨

Keel

용골, 선체의 중심선을 따라 배밑을 선수에서 선미까지 꿰뚫은 부재. 선체의 세로강도를 맡은 중요한 부분

Knot

노트, 선박의 속력을 나타내는 단위로 1시간에 1해리(1,852m)의 속력이며 단위는 kt 또는 kn을 사용

Landed Cost

제품을 목적지까지 운송하는 데 소요된 총비용. 운송비, 관세, 세금, 수수료 등이 포함된 비용

LASH

래시선, 화물을 실은 바지선(barge), 소형선을 그대로 탑재하여 운반하는 화물선

Lashing

래싱, 화물을 선적하여 운항중 선박의 동요 등으로 인하여 화물의 손해방지나 화물의 안전 확보를 목적으로 화물의 위치를 고정하거나 하는 적화고정작업(Securing)

LCL(Less than Container Load) Cargo

컨테이너 1개를 채우기에 부족한 소량 컨테이너 화물을 말하며, FCL과 반대되는 개념임

Lighter

거룻배, 50톤 정도 또는 그 이하 크기의 소형선으로 자체 추진능력이 없는 일종의 바지. 연안 및 하천 등지에서 하역 또는 항만 공사용 재료나 공사 작업원의 운반 등 다목적으로 사용

Liner

정기선, 보통 컨테이너선을 의미함

Liner Conference

정기선 동맹, 정기선사 간 운임결정, 공급조절을 할 수 있는 해운동맹으로 미국, 유럽 등에서 독점금지법의 예외로 인정받았던 협정

Lloyds' Registry

로이드 선급, 런던에 위치한 1760년에 설립된 세계 최대의 선급, 선급이란 선박을 만들 때 관리 감독하여 선박을 보증하며 보험에 필요한 선가를 결정하는 것을 의미

Loaded draught(or draft)

만재흘수, 선박에 화물을 가득 실었을 때 흘수

Lo-lo(lift-on lift-off)

LO/LO 방식에 의한 풀 컨테이너선을 말함. 이 선박의 일반적인 선창 내 구조는 셀 스트럭처(cell structure)라고 하는데, 컨테이너를 적재하기 위한 특수한 창내 구조로 되어 적하나 양하 시에 컨테이너 크레인에 의한 수직하역방법을 사용. 최근 컨테이너 전용선은 대부분 이 방식으로 하역작업을 수행

Malacca-max

말라카 해협을 통과하는 최대선형으로 말라카 해협의 안전수심이 20m 정도여서 2000년대에는 18,000TEU 선박이 출현하면 선박의 만재흘수가 20m를 넘을 것이라 예상했기 때문에 18,000TEU 선박을 말라카막스라 불렀음. 그러나 24,000TEU 선박의 흘수도 16.5m로 건조하고 있어 말라카해협 통과에 문제가 되지 않음

Marshalling Yard

마샬링 야드, 컨테이너의 양적하 생산성을 향상시키기 위해 특별히 지정한 야드로 컨테이너의 도착지 항만, 규격, 무게를 고려해서 선적예정 순서대로 미리 쌓아놓는 장소. 현대의 터

미널에서는 양적하 계획능력이 고도화되면서 이런 마샬링 야드를 별도로 두지 않고 야드에서 직접 양하나 선적 순서에 의해 작업이 이루어지는 경우가 많음

Mooring
계선, 선박 등이 표류하지 않도록 안벽이나 부표 또는 해저에 매어 두는 것

Mooring buoy
항만 내의 부두 외에 외항에 선박을 매어두어 정박하기 위한 설비이며 통상 직경 3m 내외의 원통형의 철제통을 해상에 띄우고 움직이지 않도록 해저에 고정시켜 매어두는 시설

Multimodal Transport
복합운송, 2개 이상의 서로 다른 운송수단에 의하여 단일의 복합운송인이 복합운송증권을 발행하여 화물을 인수한 시점부터 인도할 시점까지 전 운송구간에 대하여 일괄 책임을 지면서 단일의 복합운임률에 의한 운송

Multiple weekly service
다중 주간서비스, 특정 정기선 항로의 주간(weekly) 서비스를 다중으로 운영

Nonvessel operating common carrier(NVOCC)
무선박운송인, 해상운송용 선박을 운항하지 않으나 화주로부터 운임을 받고 화물운송서비스를 제공하는 일반운송인을 말하며, 선사에 대해서는 화주의 지위를 가지는 자를 말함

ODCY(Off Dock Container Yard)
컨테이너 부두와 별도로 떨어져 위치하고 있는 컨테이너 장치장. 컨테이너 장치장은 컨테이너 부두 내에 위치하는 것이 이상적이나 컨테이너 부두가 협소할 경우에 컨테이너 부두 인근에 별도로 ODCY가 발달

On-Chassis System
온새시 시스템, 선박에서 하역된 수입컨테이너가 트레일러의 위에 올려 외부트럭에 의해서 견인될 때까지, 그리고 수출컨테이너가 안벽크레인에 의해서 선박에 선적될 때까지 트레일러의 위에 놓여진 채로 적재위치에서 대기하는 시스템. 이 시스템은 1단으로 적재해야 하므로 넓은 장치장이 필요한 단점이 있음

ON-Dock CY

컨테이너부두(내)의 컨테이너장치장. ODCY와 대비되는 개념

Over Storage Charge

지체보관료, CY로부터 화물 또는 컨테이너를 무료기간(free time) 내에 반출해 가지 않으면 보관료를 징수. 무료기간 종료 후 일정기간이 지나도 인수해 가지 않으면 선사는 공매처리할 권리를 가지며, 창고료 부대비용 일체를 화주로부터 징수할 수 있음

Pallet

팔레트, 화물을 일정 수량 단위로 모아 하역 보관 · 수송하기 위해 사용되는 하역 받침으로 지게차의 지겟날이 들어올 입구가 있음. 팔레트는 물류 표준화의 기본인 유닛로드 시스템의 기본수단이 되는 것으로 수송 장비의 적재효율을 높이고 자동설비와 장비와의 정합성이 있음. ISO 규격은 1x1.2m이고, 우리나라는 이와 함께 1.1x1.1m의 규격도 표준규격으로 사용

Panamax

파나막스, 파나마운하 통과 시 갑문에서 선폭 제한을 받으므로 파나마운하를 통과할 수 있는 최대크기의 화물선

Pilferage

발도, 화물의 내용물을 빼내어 훔치는 절도

Pilotage

도선, 선박이 항구나 항로를 통행할 때 선장을 대신하여 또는 보좌하여 배를 안전하게 운항하도록 이끄는 일

Pilotage dues

도선료, 선박이 특정 항만이나 항로를 통행할 때 선장을 대신하여 또는 보좌하여 배를 안전하게 운항한 대가

Plimsoll mark

플림솔 마크, 선수 선측에 원과 수평선을 페인트로 그린 것을 말하며 선박의 안정성 확보를 위해 수면이 이 선 위에 있도록 유지해야 함을 의미

Port state control(PSC)

항만국통제, 선박의 안전은 선박등록국(기국)이 국제협역에 의거하여 스스로의 책임으로 선박검사의 안정성과 실효성을 보증함으로써 확보했음. 그러나 편의치적선의 증가와 기준미달선(sub-standard vessels)의 증가로 기국에 의한 감독을 보완하고자 기항 항만국이 외국선박에 대해 국제협약을 제대로 지키고 있는지 점검하는 제도

Pure transshipment port

순환적항만, 환적에 특화된 환전 허브항만. 순환적항만은 배후지 화물처리를 거의 하지 않고 대부분 환적물동량만 처리하는 항만

Rail-mounted gantry(RMG)

철송장 또는 야드 내에서 레일(Rail) 위를 이동하면서 컨테이너를 처리하는 크레인

Reefer

리퍼 컨테이너, 냉장, 냉동 기능이 있는 특수 컨테이너

Relay

중계환적, 같은 방향의 항로상 두 개 이상의 서비스 라인의 서비스를 운항하는 모선들이 연결하여 환적하는 유형

Ro/ro

로로선, 선박의 선수미(船首尾)나 선측(船側)에 설치되어 있는 입구를 통해 트럭이나 지게차를 이용하여 컨테이너를 양륙하거나, 자동차 등을 램프를 통하여 바로 선석할 수 있도록 건조된 선박

Rubber-tired gantry(RTG)

야드 내에서 일정한 통로(고무타이어 부착)를 이동하면서 컨테이너를 처리하는 크레인으로, RMGC보다 이동성이 유리

Shed

가치장, 수출입화물을 모아놓고 검사, 분류, 포장 등을 하기 위하여 일시적으로 보관하는 장소, 창고(warehouse)는 장기간 보관하는 곳이고 가치장은 단기적으로 사용하는 공간

Ship chandler

선구상(船具商), 선박용품상

Ship's space

선복, 화물을 싣도록 구획된 장소. 즉 선주가 화주에게 해운서비스를 제공할 수 있는 적하 장소

Shipper

화주, 국제 무역에서 상품을 판매하는 회사를 말하며 이때 화주는 수출인이라 할 수 있음

Shipping Conference

해운동맹, 특정항로에 정기선을 투입하여 운항하고 있는 다수의 해운선사들이 서로 간의 과당경쟁을 지양하고, 상호이익의 유지 및 증진을 위해 운임·영업형태 등을 협정한 해운동맹. 1875년 영국/캘커타 동맹이 그 효시임

SOLAS(Safety of Life at Sea)

국제해상인명안전협약, 국제해사기구(IMO)에 의해 체결된 선박의 구조와 설비 등에 대해서 국제적으로 통일된 원칙과 규칙을 설정함으로써 해상에서 인명의 안전을 증진하는 목적의 협약

Spreader

스프레더, 크레인으로 컨테이너 양적하를 할 때 잡는 손과 같은 역할을 하는 장치

Stackcar

스택카, 컨테이너 철도수송시 컨테이너 적재차량

Stacktrain

컨테이너 적재열차, 컨테이너를 적재한 스택카를 수송하는 열차. 미 서부 항만에서 중서부 내륙지역으로 이단적열차(double stacktrain)로 수송

Stevedore

항만노무자, 하역업자. 선박회사 또는 부두회사에 전속 또는 고용되어 선내 하역 및 양하 화물의 구분, 정리, 수화인에의 인도 등 선박 또는 적양하 부두에서 일체의 하역을 청부맡

는 것을 주업으로 하는 자

Stowage factor

적화계수, 선창 내에 화물을 실었을 때, 화물 1톤이 차지하는 선창 용적을 의미

Stowage planning

선박적재 계획, 선사가 컨테이너의 목적지, 중량 또는 유형과 같은 컨테이너 특성을 고려하여 선박 내 컨테이너 선적위치를 계획하는 것

Straddle carrier

스트래들 캐리어, 컨테이너 부두의 야드에서 컨테이너를 이동시키거나 들고 내리는 하역장비이며, (통상) 1 열 2단의 컨테이너를 처리. 유사한 기능을 수행하는 Transfer Crane(통상 4단 6열)에 비하여 속도는 빠르나 처리능력 자체가 부족함

Stripping

적출, 컨테이너에서 화물을 적출

Stuffing

적입, 컨테이너에 화물을 적입

Supply chain

공급사슬, 원자재 구매부터 최종소비자에게 제품 판매에 이르기까지의 각각의 기업의 활동이 사슬모양으로 연결되어 있음을 의미하고 이 활동들은 서로에게 영향을 미치므로 통합하여 관리하는 것이 최적화의 방안임

Supply Chain Mannagement(SCM)

공급사슬 관리, 기업에서 생산 · 유통 등 모든 공급망 단계를 최적화해 수요자가 원하는 제품을 원하는 시간과 장소에 제공하는 것. 부품 공급업체와 생산업체 그리고 고객에 이르기까지 거래관계에 있는 기업들 간 IT를 이용한 실시간 정보공유를 통해 시장이나 수요자들의 요구에 기민하게 대응하도록 관리하는 것

TC(time charter)

정기용선, 선박 · 선원 등을 포함, 운항 준비를 갖춘 선박의 사용권만을 빌리는 계약

Terminal Handling Charge(THC)

터미널 화물처리비, 터미널이 컨테이너에 대한 하역요금. 작업범위는 통상적인 본선 양하, 적하, 터미널 내 이동, 육상 상차, 하차작업이 포함(OTH: Terminal Handling Charge at Origin, DTH: Terminal Handling Charge at Destination)

TEU(Twenty foot Equivalent Unit)

20피트 컨테이너, 컨테이너의 규격에는 그 길이에 따라 20피트, 40피트, 45피트가 있는데 20피트짜리 컨테이너 하나를 1TEU라고 함. 컨테이너와 관련된 모든 통계의 기준으로 사용되고 있음

Throughput

항만물동량, 일정기간동안 항만을 통해 이송된 처리 물동량, 컨테이너는 컨테이너 물동량(container throughtput)으로 표시

TOC(Terminal Operating Company)

부두운영회사, 항만시설운영자와 임대계약을 체결한 자로서 선석·보관시설·하역시설 등 부두시설에 대한 전용 운영권을 갖고서 그 시설에 대한 운영을 담당하는 회사

Toplifter

탑 리프터, 포크리프트는 컨테이너의 하부를 들어 올리는 데에 반하여, 탑 리프터는 컨테이너의 상부 네 모퉁이에 있는 쇠장식에 매달아 들어올리는 기계

Towage

예선료, 예선 사용료, 시간당 사용료를 부과

Transfer crane

트렌스퍼 크레인, 컨테이너부두의 야드에서 컨테이너를 이동시키거나 들고 내리는 하역 장비이며, '∩'형으로서 4단 6열의 컨테이너를 처리. 바퀴식과 레일식이 있는데 Trans Tainer(T/T)라고도 함

Transshipment

환적, 선적된 화물이 바로 목적지로 향하지 않고 다른 선박에 옮겨 실리는 것. 환적은 선박의 선적률을 높이고 규모의 경제를 달성하게 함

Transsshipment port

환적항, 인근의 소형 항만으로부터 화물을 받아 모선으로 옮겨 싣는 데 이용되는 항만ㆍ허브항만이 주로 환적항의 기능을 수행

Turnaround time

선박 재항시간, 선박이 항만에 입항해서 출항할 때까지의 시간으로 항만의 효율성 척도로 사용됨

Unmoor

안벽에 접안하기 위해 묶어 둔 로프를 제거하는 것

Vessel manifest

적하목록, 선박에 적재되어 있는 화물의 목록. 선사나 운송주선인이 적하운임 명세목록 및 선화증권의 사본을 기초로 하여 작성하는 화물명세서

Vessel traffic management system

선박교통관제시스템, 해상교통관제시스템이라고도 함. 레이더, CCTV, 무선전화 등 해상교통관제시설을 이용하여 관제구역 안에 이동하는 선박들의 해상교통, 질서유지 및 안전운항을 위한 관찰, 정보제공, 권고 및 지시를 하는 시스템

Vessel Traffic Service(VTS)

해상교통관제, 레이더, VHF, AIS 등을 이용하여 항만 또는 연안해역의 선박교통안전과 효율성을 확보하고 해양환경을 보호하기 위하여 관제구역 내 통항선박의 동정을 관찰하고 이에 필요한 정보를 제공하는 정보교환체제

Wharf

부두, 선석, 선박이 접안하여 화물을 적재ㆍ양화하는 곳

Wharfage

화물 적ㆍ양화를 위한 부두사용료. 우리나라에서는 화물입출항료로 징수함

Yard chassis

야드 섀시, 컨테이너 크레인에 의해 하역된 컨테이너 박스를 야드 크레인인 트랜스퍼 크레

인이 취급할 수 있도록 이송하는 중간 운송장비

Yard tractor

야드 트랙터, 야드 내에서 야드 새시를 연결하여 컨테이너를 이동 운송하는 데 사용되는 야드용 이동장비로서 도로 주행용 트랙터와 다른 점은 새시와 연결 시 브레이크 및 정기장치 등이 없어 도로 주행이 불가능하게 되어 있음

참고문헌

1. 외국문헌

公正取引委員会(2016), 諸外国における外航海運及び国際航空に関する競争法適用除外制
　　度の動向と我が国への示唆, 公正取引委員会 競争政策研究センター, 平成28年6月28日

今井昭夫(2009), 國際海上コンテナ輸送概論, 東海大學出版會

山岸 寛(2004), 海上コンテナ物流論, (東京海洋大学), 成山堂書店, 2004

日本海事新聞(2014), 物流/海コン 鉄道輸送拡大めざす 15年度予算で事業実施へ, 2014.9.5

日本海事センター(2016), 外航海運に係る独占禁止法適用除外制度に関する海運経済問題
　　委員会報告書, 2016. 6. 14,

赤倉康寛・渡部富弘(2008) アジア域内航路の線型動向に関する分析 運輸政策研究, Vol.11,
　　No.2 Summer, 2008

Agarwal, R. (2007), *Network design and alliance formation for liner shipping*, Ph. D.
　　Thesis, Georgia Institute of Technology

Agarwal, R., and Ö. Ergun.(2010), Network design and allocation mechanisms for
　　carrier alliances in liner shipping. Operations Research 58 (6): 1726-1742.

Alphaliner(2020) *Monthly Monitor*, Dec 2020

Alphaliner(2021) *Monthly Monitor*, Dec 2021

Alphaliner(2021a) All Service, 2021

Alpahaliner(2021b) Intra Asia Indian subcontinent Service, 2021.5

Alpahaliner(2022) Alphaliner Top 100, 2022.6

Baird, A. J.(2002) "the Economics of Transhipment", in C. Grammenos(ed) *The
　　Handbook of Maritime Economics and Business, London: Informa*, 832－859

Bierwirth, C. Meisel, F.(2015), A follow－up survey of berth allocation and quay crane
　　scheduling problems in container terminals. Eur. J. Oper. Res. 2015, 244, 675-689.

Brooks, M.(2000), Sea Change in Liner Shipping (Amsterdam: Pergamon)

Cariou, P.(2018). "Digitalisation of maritime supply chains. Emerging challenges in a
　　complex future". 28th Global Supply Chain Forum by ISLI－KEDGE Business
　　school

Cariou, P., and P. Guillotreau.(2021), Capacity management by global shipping
　　alliances: Findings from a game experiment. Maritime Economics & Logistics.

Clarke D. G. & Dolan R. J.(1984) A Simulation Analysis of Alternative Pricing Strategies for Dynamic Environments. The Journal of Business, 1984. 57, 179-200.

Clarkson(2020), Shipping Review & Outlook, Spring 2020

Clarkson(2021), Shipping Review & Outlook, December 2021

Coyle, J.J., E.J. Bardi and R.A. Novack(1994), Transportation, Fourth Edition, St. Paul/Minneapolis: West Publishing Company,

Cruijssen, F., W. Dullaert, and H. Fleuren.(2007), Horizontal cooperation in transport and logistics: A literature review. Transportation Journal 46 (3): 22-39.

Cullinane, V. Khanna, M.(1999), "Economic of Scale in Large Containerships", *Journal of Transport Economics and Policy*, 33(2): 185 – 208

Danish Ship Finance and Rainmaking(2018). Maritime Trend Report: Observations and perspectives on the future of the maritime Industry.

David Lowe(2005), Intermodal Freight Transport, Elsevier, 2005

Deloitte(2020), Gloabal Port Trends 2030

Dolan R. J.(1995) "How Do You Know When the Price is Right?". Harvard Business Review, 1. 1995.

Drewry(2010), *Container Forecaster, Q1, 2010*

Drewry(2017), Two steps away from liner paradise?, 2017.7

Drewry Maritime Research(2018), *Ports and terminal insight*

Drewry(2020), *Container Forecaster, Q2, 2020*

Drewry(2020a), *Global Container Terminal Operators Annual Review and Forecast*, 2020 – 21

Drewry Maritime Research(2018), *Ports and terminal insight*

Durvasula, S. Lysonski, S. Mehta, S.(2002), "Understanding the interfaces: how ocean freight shipping lines can maximize satisfaction", I*ndustrial Marketing Management,* 31(6): 491-504.

Dyos, H.J. and Aldcroft, D.H.(1969), British Transport: An Economic Survey from the Seventeenth Century to Twentieth (Leicester: Leicester University Press)

Furuichi, Masahiko & Shibasaki, Ryuichi(2015). Cascade strategy of container terminals to maximize their quantitative and qualitative capacity, IAME conference, August 2015

Fusillo, M.(2004), Is liner shipping supply fixed? Maritime Economics & Logistics, 6,

220 - 235.

Ge, J., Zhu, M., Sha, M., Notteboom, T., Shi, W., Wang, X.: Towards 25,000TEU vessels? A comparative economic analysis of ultra−large containership sizes under different market and operational conditions. Marit. Econ. Logist. (2019).

Geweke, Stefan and Busse, Frank(2010), Opportunities to Exploit Capacity Reserves of the Hinterland Connection to Road Transport, *Handbook of Terminal Planning,* Springer

Glave, T. Saxon, S.(2015), "How to rethink pricing at container terminal", McKinsey & Company

Graham, M.G.(1998), Stability and competition in intermodal container shipping: finding a balance. Maritime Policy and Management, 25, 129−147.

Greg Knowler(2017), Hong Kong grants five−year carrier block exemption, JOC, Aug. 8, 2017

Greve, M. Hansen, M. W. Schaumburg−Muller, H.(2007), Container shipping and Economic Development: A Case Study of A.P. Moller−Maersk in South East Asia, Copenhagen Business School Press, 2007

Gunther, Hans−Otto, Kim, Kap−Hwan(2006), Container terminals and terminal operations, OR Spectrum, 28: 437−445

Hapag−Lloyd(2019), HMM to join THE Alliance, Press Release, 2019. 07

Haralambides, Hercules(2017), "Globalization, public sector reform, and the role of ports in internationa supply chains", *Maritime Economics & Logistics*, 19: 1-51

Haralambides, HE.(2018), "Hub−and−Spoke systems in container shipping", Maritime Economics and Logistics Blog

Haralambides, H.E.(2019), Gigantism in container shipping, ports and global logistics: A time−lapse into the future. Maritime Economics & Logistics 21 (1): 1-60.

Hayuth, Yehuda(1994), "Spatial Characteristics of Transportation Hubs: Centrality and Intermediacy", *Journal of Transport Geography*, 2(1)

Heaver, T, Meersman, H, Van de Voorde, E.(2001), "Co−operation and competition in international container transport: strategies for ports", *Maritime Policy & Management,* 28(3): 293−305

Higashida, K.(2015), "Container liner shipping alliances, excess investment, and antitrust immunity", 11th Asia Pacific Trade Seminars Meeting

IADA Dry & Reefer Report 각 년호

IHS Fairplay(2020), World Fleet Statistics 2020

IHS Markit(2021), Sailing Stormy Waters: Mega Containerships, 2021.6

Japan Fair Trade Commission(2016), Review of the System for Exemption from the Antimonopoly Act for International Ocean Shipping, February 2016

Jungen, H., Specht, P., Ovens, J., Lemper, B. (2021). The Rise of Ultra Large Container Vessels: Implications for Seaport Systems and Environmental Considerations. In: Freitag, M., Kotzab, H., Megow, N. (eds) Dynamics in Logistics.

Kale, P., and H. Singh.(2009), Managing strategic alliances: What do we know now, and where do we go from here? Academy of Management Perspectives 23 (3): 45 -62.

Kavirathna, C. Kawasaki, T. Hanaoka, S. Matsuda, T.(2018), "Transshipment hub port selection criteria by shipping lines: the case of hub ports around the bay of Bengal", Journal of Shipping and Trade, 3:4

Kilian, L, N Nomikos and X Zhou(2021), "Container Trade and the U.S. Recovery", CEPR Discussion Paper 16277.

Kim KH, Park KT(2003), "A note on a dynamic space—allocation method for outbound containers". *European Journal of Operational Research*, 148(1):92-101

Kim, K.H. Lee, H.(2015), Container Terminal Operation: Current Trends and Future Challenges, In Handbook of Ocean Container Transport Logistics-Making Global Supply Chain Effective; Lee, C.—Y., Meng, Q., Eds.; Springer: New York, NY, USA, 2015; pp. 43-74.

Kou, Y. Luo, M.(2016), "Strategic capacity competition and overcapacity in shipping", *Maritime Policy & Management*, 43(4): 389—406

Lei, L. Fan, C, Boile, M. Theofanis, S.(2008), "Collaborative vs. non—collaborative container vessel scheduling", *Transportation Research Part E*, 44: 504—520

Lu, H, Chang, J, Lee, T.(2006), "An evaluation of strategic alliances in liner shipping – an empirical study of CKYH", *Journal of Marine Science and Technology*, 14(4): 202—212

Maersk(2018), "Maersk and IBM launch digital joint venture", Press release. https://www.maersk.com/stories/maersk—and—ibm—launch—digital—joint—venture

Maloni, M. Gligor, D. Lagoudis, I.(2016), "Linking ocean container carrier capabilities to shipper-carrier relationships: a case study", *Maritime Policy & Management*, 43(8): 1-17

Marx, D.(1953), International Shipping Cartels (Princeton: Princeton University Press)

Merk, O.(2018), The impact of alliances in container shipping. Paris: International Transport Forum/OECD.

MSI(2021) Containerships Q3, 2021

Murnane, J. Saxon, S. Widdows, R.(2016), "Container shipping: the untapped value of customer engagement", McKinsey.

Notteboom, T. and P. Carriou (2009) "Fuel surcharge practices of container shipping lines: Is it about cost recovery or revenue making?". Proceedings of the 2009 International Association of Maritime Economists (IAME) Conference, June, Copenhagen, Denmark

Notteboom, T. Rodrigue, J. P.(2009), "The future of containerization: perspectives from maritime and inland freight distribution", *GeoJournal*, 74: 7-22

Notteboom, T., Parolae, F., Sattae, G., Pallisf, A.(2017), "The relationship between port choice and terminal involvement of alliance members in container shipping", *Journal of Transport Geography*, 64: 158−173

Ocean Shipping Consultants(2016), Container Forecast, 2016

OECD(2014), *SHIFTING GEAR: POLICY CHALLENGES FOR THE NEXT 50 YEARS, OECD* Economic Policy Paper, No 9, July 2014

OECD(2015), *The Impact of Mega−ships,* International Transport Forum, Paris

OECD(2015a), "Chinese Taipei Competition issues in Liner Shipping", 2015

OECD(2016), *Big Data: Bringing Competition Policy to the Digital Era*, International Transport Forum, Paris

OECD(2018), *The Impact of Alliances in Container Shipping*, International Transport Forum, Paris

Parola, F. Satta, G. Panayides, P. M.(2015), "Corporate strategies and profitability of maritime logistics firms", *Maritime Economics and Logistics,* 17(1): 52−78

Payer, Hans G.(2001), "Ship Types and Sizes Developments and Expectations", Hamburg Liner Shipping Symposium

Photis M. Panayides, Robert W.(2011), "Strategic alliances in container liner shipping", *Research in Transportation Economics*, 32(1): 25−38

Premti, A. (2016). Liner shipping: is there a way for more competition? Retrieved from http://unctad.org/en/PublicationsLibrary/osgdp2016d1_en.pdf

Richard Sicotte(2022), International Shipping Cartels, Economic History Association

RICS Research(2009). Construction Supply Chain Management: Concepts and case Studies. 2009. S. Pryke (ed). Oxford: Wiley Blackwell.

Rijsenbrij, Joan C. Wieschemann, Armin(2010), Sustainable Container Terminals: A Design Approach(chapter 4), *Handbook of Terminal Planning*, Springer

Robert Martinez(1993), "Perspective from the office of intermodalism", ISTEA and Intermodal Planning, Special Report 240, Transport Research Board, 1993

Rodrigue, J. P. Ashar, A.(2015). "Transshipment Hubs in the New Panamax Era: The Role of the Caribbean", Journal of Transport Geography

Rodrigue, J. P.(2020), *The Geography of Transport Systems, FIFTH EDITION*, New York: Routledge

Saanen, Yvo A.(2013), "Mega−ships: positive assets or terminals' worst nightmare?", *Port Technology International*, May 2013

Seatrade Maritime News(2022), Hong Kong extends liner shipping block exemption, Jul 07, 2022

Shipping Intelligence Network Timeseries(2022), 2022.3

Solesvik, M., and P. Westhead.(2010), Partner selection for strategic alliances: Case study insights from the maritime industry. Industrial Management & Data Systems 110 (6): 841-860.

Song, D.P.(2021), Container Logistics and Maritime Transport; Routledge: London, UK, 2021.

Steadie Seife, M., Delleart, N. P., Nuijten, W., Van Woensel, T., & Raoufi, R.(2014). Multimodal freight transportation planning A literature review. pdf. European Journal of Operation Research, 233, 1-15.

Steenken, D. Stefan Voß, Stahlbock, R.(2004), " Container terminal operation and operations research − a classification and literature", *OR Spectrum* 26: 3-49

Stopford, Martin(2008) *Maritime Economics, 3rd edition*, Routledge

Sys, C.(2010), *Inside the Box: Assessing the Competitive Conditions, the Concentration and the Market Structure of the Container Liner Shipping Industry*, Ph. D. Thesis, Ghent University and University of Antwerp

Tally W. K.(2000) "Ocean Container shipping: Impacts of a Technological Improvement", *Journal of Economic Issues*, 34: 933−948

Tally Wayne. K.(2018), *Port Economics Second Edition*, Rouledge

Thanopoulou, H.A., D.K. Ryoo, and T.W. Lee.(1999), Korean liner shipping in the era of global alliances. Maritime Policy & Management 26 (3): 209-229.

Tran, N. K. Hassis H. D,(2015), "An Empirical study of fleet expansion and growth of ship size in container liner shipping", *International Journal of Production Economy*, 159: 241−253

Turloch Mooney(2020), Rising vessel, call sizes puts pressure on port productivity, JOC, 2020.6

UNCTAD(2019), *Review of Maritime Transport*

UNESCO(2015), Shipping Block Exemption from Competition Law, Policy Brief, 2015

US FMC(2017) Report (n 13)

Wang, Nanxi, Chang, Daofang, Shi, Xiaowei, Yuan, Jun, Gao, Yinping(2019), "Analysis and Design of Typical Automated Container Terminals Layout Considering Carbon Emissions". *Sustainability*, 2019. 11, 2957

Wang Jian Jun(2017), Ship Market Trend, sun Global Limited

Waters, W.(2021), Impact of Yantian Disruption 'Exceeds the Suez Incident'. Lloyds Loading List, 11 June 2021.

Wiese, J. Suhl, L. Kliewer, N.(2010), Planning Container Terminal Layouts Considering Equipment Types and Storage Block Design(chapter 12), Handbook of Terminal Planning, Springer

World Bank(2017), *Port Reform Toolkit Second Edition, Module 1*

World Bank(2017a), *Port Reform Toolkit Second Edition, Module 6*

Xie, Y. Song, D. P.(2018), Optimal planning for container prestaging, discharging, and loading processes at seaport rail terminals with uncertainty. Transp. Res. Part E Logist. Transp. Rev. 2018, 119, 88-109.

Yang, Chang Ho, Choi,, Yong Seok, Ha, Tae Young(2004), "Simulation based performauce evaluation of transport vehides at automated container terminals", *OR spectrum*, 26

Yap, W. (2010), "Container Shipping Services and Their Impact on Container Port Competitiveness", University press Antwerp (UPA), Antwerp

Zhang, A., Lam, J.(2014), "Impacts of schedule reliability and sailing frequency on the liner shipping and port industry: a study of Daily Maersk", Transportation Journal, 53(2): 235－253

Zhen, L. Jiang, X. Lee, L.H. Chew, E.P.(2013), A Review on Yard Management in Container Terminals. Ind. Eng. Manag. Syst. 2013, 12, 289-304.

2. 국내문헌

고병욱(2015), 해운시황포커스 통권 281호 2015.12.7.－12.11, 한국해양수산개발원

김갑환 외(1997), "컨테이너터미널에서의 유전자해법을 이용한 적하계획법", 「대한산업공학회지」, 제23권, 제4호

김갑환 외(1999), "자동화 컨테이너터미널의 통제시스템 설계와 운영방법 연구", 「대한산업공학회/한국공업경영학회 공동학술대회 논문집」

김은수, 김근섭, 박성준, 김영훈, 김병주, 공영덕(2017), 「컨테이너 해운기업의 환적 패턴분석과 항만의 대응방안」, 한국해양수산개발원

김태일(2013), 금융위기 이후 선박투자행태 평가 － 컨테이너선과 벌크선을 중심으로, 해양수산 Vol.2, No.3, 10－25

김형태, 최상희, 이주호, 김찬호, 이언경(2010), 「글로벌 시대를 선도하는 선진항만 구축전략」, 한국해양수산개발원

동남아정기선사협의회(2018), 통계, 2018

마크 레빈슨/이경식 역(2016), 「더 박스」, 청림출판

박종록(2019), 한국해운과 해운정책, 박영사

배동진(2011), 불확실성하에서 한국해운산업 의사결정 구조연구: 선박투자를 중심으로, 서강대학교 대학원, 2011

법무법인 김앤장(2021), 해운법 제29조와 공정거래법의 적용에 관한 의견, 2021.8.4.

법무법인 광장(2021), 한국－동남아 항로 컨테이너 해상화물운송 서비스 운임 관련 23개 사업자의 부당한 공동행위에 대한 건 및 동남아정기선사협의회의 사업자단체 금지행위에 대한 건, 2021.8.4.

법무법인 세종(2021), 한국－동남아 항로 컨테이너 해상화물운송 서비스 운임 관련 23개 사업자의 부당한 공동행위에 대한 건 및 동남아정기선사협의회의 사업자단체 금지행위에 대한 건, 2021.8.4.

법무법인 율촌(2021), 한국－동남아 항로 컨테이너 해상화물운송 서비스 운임 관련 23개 사업자의 부당한 공동행위에 대한 건 및 동남아정기선사협의회의 사업자단체 금지행

위에 대한 건, 2021.8.4.

법무법인 태평양(2021), 한국－동남아 항로 컨테이너 해상화물운송 서비스 운임 관련 23
　　개 사업자의 부당한 공동행위에 대한 건 및 동남아정기선사협의회의 사업자단체 금지
　　행위에 대한 건, 2021.8.4.

송동욱, 포티스 파나이데스(2018), 해상물류(이성우 등 역), 블루＆노트, 2018

신동권(2011), 독점금지법, 박영사, 2011

신현윤(2006), 경제법, 법문사, 2006

안영균, 김태일, 윤희성(2019), 운임공표제 실효성 제고를 위한 추진방안 연구, 해양수산
　　부, 2019.12.17

양창호(1997), 해운산업합리화 조치의 의의와 평가, 해운산업연구원 정책연구시리즈 002,
　　1997.12

양창호, 이충배, 이동현, 신승식(2015), 해운경제학(Maritime Economics 역서), 박영사, 2015

양창호(2016), 우리의 바다 DNA 가슴이 뛴다(양창호 칼럼집 No.1), 효민디엔피, 2016

양창호(2021), 공정거래위원회 심사보고서 판단에 대한 소고, 2021.7.23

양창호(2021a), 항만경제, 박영사, 2021.1

양창호(2022), 물류와 SCM의 이해(제3판 중판), 박영사, 2022.2

윤재웅, 안영균, 김주현(2018), 컨테이너 화물 해상운송계약 개선방향 연구, 2018.8. 한국
　　해양수산개발원

이정원(2012), 해운업에 있어 부당공동행위에 관한 연구, 한국해법학회지 제 34권 제1호
　　(2012년 4월)

이정원(2020), 복합운송계약과 운송인의 손해배상책임, 선진상사법률연구 제91호(2020.7)

이호영(2006), "규제산업과 공정거래법의 적용제외". 법학논총, 제23집 제1호(2006), 한양
　　대학교 법학연구소

재단법인 양현(2018), 정기선해운의 변혁과 대응, 한국해양수산개발원, 2018.10

전일수(1997), 국제복합운송시스템, 21세기 한국연구재단

주성호, 강밤구, 우예종, 류영하(2016), 신해양시대의 미래전략, 바다의 정원, 2016

코리아 쉬핑가제트(2006), 한국포워더 30년을 조명한다(上), 2006. 6. 2.

하태영 외(2017), "부산항 터미널 생산성 향상대책 수립 필요", KMI 동향분석 52호, 한국
　　해양수산개발원

하태영 외(2018), "2017년 우리나라 컨테이너항만 선석생산성 크게 개선", KMI 동향분석
　　81호, 한국해양수산개발원

한국국제복합운송업협회(1990), 복운협12년사, 1990

한국근해수송협의회(2018), 통계, 2018

한국해사문제연구소(2005), 大韓海運公社의 出帆 2005년 9월 8일

한국해양수산개발원(2021), 정기선사 공동행위에 대한 이해 및 평가보고서, 2021.6.10

황진회, 박용안, 최영석, 박정선(2011), 해상운임시장의 공정성 및 투명성 제고방안 연구, 한국해양수산개발원, 국토해양부 수탁과제 2011. 12

황해정기선사협의회(2019), 통계, 2019

해양수산부(2016),「선박 초대형화에 대응한 부산항 Mega-port 전략 및 부두기능 재배치 계획 수립」

해양수산부(2017), 해운시장 얼라이언스 재편의 영향 및 대응방안 연구, 한국해양수산개발원, 2017.7

색인

양창호(梁昌虎)

■ **학력**

연세대학교 및 연세대학교 대학원 경영학과(경영학석사)
서강대학교 대학원 무역학과(경영학박사)

■ **경력**

산업연구원(KIET) 산업정책실 책임연구원
한국해양수산개발원(KMI) 선임연구위원
한국공항공사 비상임 이사, 이사회 의장
한국선급(KR) 비상근 감사
한국해양수산개발원(KMI) 원장
인천대학교 동북아물류대학원 교수
성결대학교 특임교수

■ **현재**

한국해운협회 상근부회장

■ **각종 위원회 활동**

건설교통부 사회간접자본정보화 추진위원
과학기술부 국가과학기술위원회 국가연구개발사업 평가위원
기획재정부 국가연구개발사업 상위평가위원
국토해양부 국가교통조정실무위원회 민간위원
산업통상산업부 통상교섭 민간자문위원
국무총리실 국토정책위원회 민간위원
국회예산정책처 예산분석자문위원
해양수산부 해양수산정책자문위원회 자문위원
해양수산부 책임운영기관 운영심의회 위원장
부산 해양클러스터 기관장협의회 회장
Global Shipping Think-Tank Alliance 의장(Chairman)
한국해양진흥공사 경영자문위원 등

■ **저서**

「항만경제」, 박영사, 2021. 1
「물류와 SCM의 이해(3판)」, 박영사, 2019. 8
「내일의 꿈, 물류에서 찾다」, (양창호 칼럼집 No.2), 효민디엔피, 2016. 10
「우리의 바다 DNA, 가슴이 뛴다」, (양창호 칼럼집 No.1), 효민디엔피, 2016. 10
「해운경제학」, (역서) 박영사, 2015
「해운항만산업의 미래 신조류」, 혜민, 2009
「해운항만물류회계」, 박영사, 2009
「해운산업합리화 조치의 의의와 평가」, 해운산업연구원, 1997
「해운경기 결정요인 분석」, 해운산업연구원, 1996 외 다수

■ **블로그**

양창호 교수 블로그 : https://daedaero.tistory.com/

컨테이너선 해운경제

초판발행	2022년 8월 30일
중판발행	2023년 1월 30일
지은이	양창호
펴낸이	안종만 · 안상준
편 집	전채린
기획/마케팅	손준호
표지디자인	이수빈
제 작	고철민 · 조영환

펴낸곳   **(주)박영사**
서울특별시 금천구 가산디지털2로 53, 210호(가산동, 한라시그마밸리)
등록 1959. 3. 11. 제300-1959-1호(倫)

전 화	02)733-6771
f a x	02)736-4818
e-mail	pys@pybook.co.kr
homepage	www.pybook.co.kr
ISBN	979-11-303-1598-0 93320

정 가   30,000원